吉林省普通本科高校省级重点教材

普通高等教育经管类系列教材
一流本科专业建设点——会计学专业建设教材

会计学基础

主　编　史玉凤　程志刚　李秀彬
副主编　刘凤宇　王　敏　田　迪　迟明园
参　编　宋佳璐　刘宣杰　孙　蕾　王玉华

机械工业出版社

本书以《中华人民共和国会计法》《企业会计准则》和国家最新财税政策为依据，阐述了会计学的基础理论、基本知识和基本方法，详细介绍了会计信息的确认、计量和报告等基本内容。按照会计基础理论、会计凭证、会计账簿和会计报表这一顺序，依次阐述了会计要素、会计等式、记账方法、会计凭证的编制与审核、会计账簿的设置与登记、财产清查和财务报告的编制等基本会计技术和方法，内容由浅入深，使学生能完整地理解会计基本工作的全过程，赋予学生较为扎实的会计基础理论和科学的工作方法，为学生学习后续课程打下坚实的基础，同时也为学生在校期间通过会计专业技术初级资格考试提供帮助。

本书各章节都增加了课程思政的内容，坚持把立德树人作为中心环节，将思想政治教育贯穿教材始终，实现全程育人、全方位育人。

本书可作为高等院校经管类专业的教材，也可作为会计学专业自学考试的教材，以及企业财务工作者系统掌握会计理论与实务的参考用书。

图书在版编目（CIP）数据

会计学基础 / 史玉凤，程志刚，李秀彬主编 . —北京：机械工业出版社，2022.11（2024.1 重印）

吉林省普通本科高校省级重点教材　普通高等教育经管类系列教材　一流本科专业建设点——会计学专业建设教材

ISBN 978-7-111-70756-1

Ⅰ . ①会…　Ⅱ . ①史…②程…③李…　Ⅲ . ①会计学－高等学校－教材　Ⅳ . ① F230

中国版本图书馆 CIP 数据核字（2022）第 079855 号

机械工业出版社（北京市百万庄大街22号　邮政编码 100037）

策划编辑：曹俊玲　　　　　　责任编辑：曹俊玲　刘　静
责任校对：张亚楠　张　薇　　封面设计：张　静
责任印制：单爱军
北京虎彩文化传播有限公司印刷
2024年1月第1版第2次印刷
184mm×260mm・19印张・468千字
标准书号：ISBN 978-7-111-70756-1
定价：59.80元

电话服务　　　　　　　　　网络服务
客服电话：010-88361066　　机 工 官 网：www.cmpbook.com
　　　　　010-88379833　　机 工 官 博：weibo.com/cmp1952
　　　　　010-68326294　　金 书 网：www.golden-book.com
封底无防伪标均为盗版　机工教育服务网：www.cmpedu.com

前 言

根据《会计学本科专业教学质量国家标准（第三稿）》对课堂教学课程设置的规定，基础会计类课程是会计学、财务管理专业的核心课程，而这类课程也是工商管理、市场营销、国际贸易、金融学等其他管理学类、经济学类专业的学科基础课。本书是为适应新的经济环境而编写的，尤其体现了课程思政的元素，体现了截至2022年上半年《中华人民共和国会计法》《企业会计准则》的新变化和国家最新财税政策的变化等内容，为师生提供了最前沿的会计知识解读。

本书以我国当前的政治经济形势为中心，以马克思的价值理论为主线，结合我国当下最新的会计法规、会计准则、税收政策，体现了我国传统会计文化与现代会计文化的融合，重在培养学生的会计职业道德和职业素养，教育学生坚持"不做假账"的原则，树立高度的社会责任感、使命感和诚信服务意识，弘扬社会主义核心价值观。

本书以制造企业主要经济业务的核算为核心内容，融入管理学、金融学、法学、信息技术等交叉学科的知识，通过会计业务的流程，体现了价值形成—价值引领—价值创造的过程。

本书以学生的学习及工作生活为案例贯穿始终，在每一章"本章导读"部分加入职业情景模拟案例，使学生产生强烈的代入感，加深对教材内容的理解，实现了"职业情景"与"教材内容"的有机结合。

本书内容全面，定位准确，结构合理，对会计信息的确认、计量和报告等基本内容进行了详细介绍。通过学习本书，学生可以具备较为扎实的会计理论基础，学会科学的工作方法，更好地理解会计的商业语言，体会我国会计文化的产生、传承与发展，增强文化自信，培养家国情怀。

本书由史玉凤、程志刚、李秀彬任主编，刘凤宇、王敏、田迪、迟明园任副主编，宋佳璐、刘宣杰、孙蕾、王玉华参与编写。史玉凤负责本书的资料收集和总纂等工作。

由于编者水平有限，书中难免有错漏之处，敬请读者批评指正。

编 者

目 录

前 言
第一章 概论 ·· 1
 学习目标与要求 ··· 1
 本章重点与难点 ··· 1
 本章导读 ··· 1
 第一节 会计的产生、发展、含义及特点 ··· 2
 第二节 会计基本假设理论、会计目标及会计的任务 ························· 7
 第三节 会计的基本职能、会计的对象、会计要素及其计量属性 ······· 12
 第四节 会计核算基础及会计信息质量要求 ···································· 28
 第五节 会计方法及会计学科体系 ··· 31
 第六节 会计操作规范 ··· 34
 本章小结 ··· 38
 思维导图 ··· 39
 本章实训 ··· 39

第二章 会计科目和会计账户 ·· 47
 学习目标与要求 ··· 47
 本章重点与难点 ··· 47
 本章导读 ··· 47
 第一节 会计科目 ··· 48
 第二节 会计账户 ··· 52
 本章小结 ··· 66
 思维导图 ··· 67
 本章实训 ··· 67

第三章 复式记账 ··· 71
 学习目标与要求 ··· 71
 本章重点与难点 ··· 71
 本章导读 ··· 71
 第一节 记账方法及种类 ·· 72

  第二节 借贷记账法 73
  第三节 总分类账户与明细分类账户 88
  本章小结 92
  思维导图 92
  本章实训 93

第四章 制造企业主要经济业务的核算 99
  学习目标与要求 99
  本章重点与难点 99
  本章导读 99
  第一节 制造企业的主要经济业务和成本计算概述 100
  第二节 资金筹集业务的核算 102
  第三节 采购（供应）过程业务的核算 109
  第四节 生产过程业务的核算 117
  第五节 销售过程业务的核算 124
  第六节 利润形成与分配业务的核算 131
  本章小结 140
  思维导图 141
  本章实训 142

第五章 会计凭证 152
  学习目标与要求 152
  本章重点与难点 152
  本章导读 152
  第一节 会计凭证概述 153
  第二节 原始凭证 154
  第三节 记账凭证 160
  第四节 会计凭证的传递和保管 165
  本章小结 167
  思维导图 168
  本章实训 169

第六章 会计账簿 176
  学习目标与要求 176
  本章重点与难点 176
  本章导读 176
  第一节 会计账簿的含义、作用和种类 177
  第二节 会计账簿的内容、启用与记账规则 182
  第三节 会计账簿的登记方法和错账更正方法 185
  第四节 对账与结账 190

第五节　会计账簿的更换与保管 ·· 193
　　本章小结 ··· 194
　　思维导图 ··· 194
　　本章实训 ··· 195

第七章　财产清查 ·· 202
　　学习目标与要求 ··· 202
　　本章重点与难点 ··· 202
　　本章导读 ··· 202
　　第一节　财产清查概述 ··· 203
　　第二节　财产清查的内容与方法 ··· 206
　　第三节　财产清查结果的处理 ·· 210
　　本章小结 ··· 215
　　思维导图 ··· 215
　　本章实训 ··· 216

第八章　财务报告 ·· 224
　　学习目标与要求 ··· 224
　　本章重点与难点 ··· 224
　　本章导读 ··· 224
　　第一节　财务报告概述 ··· 225
　　第二节　资产负债表 ·· 229
　　第三节　利润表 ··· 237
　　第四节　现金流量表 ·· 243
　　第五节　所有者权益变动表 ·· 247
　　第六节　会计报表附注 ··· 250
　　本章小结 ··· 250
　　思维导图 ··· 251
　　本章实训 ··· 252

第九章　账务处理程序 ·· 263
　　学习目标与要求 ··· 263
　　本章重点与难点 ··· 263
　　本章导读 ··· 263
　　第一节　账务处理程序概述 ·· 264
　　第二节　记账凭证账务处理程序 ··· 265
　　第三节　汇总记账凭证账务处理程序 ····································· 266
　　第四节　科目汇总表账务处理程序 ·· 268
　　本章小结 ··· 269
　　思维导图 ··· 270

本章实训……………………………………………………………………………… 270
第十章　会计工作组织………………………………………………………………… 274
　　学习目标与要求……………………………………………………………………… 274
　　本章重点与难点……………………………………………………………………… 274
　　本章导读……………………………………………………………………………… 274
　　第一节　会计工作组织概述………………………………………………………… 275
　　第二节　会计人员…………………………………………………………………… 277
　　第三节　会计机构…………………………………………………………………… 283
　　第四节　会计档案…………………………………………………………………… 285
　　本章小结……………………………………………………………………………… 290
　　思维导图……………………………………………………………………………… 290
　　本章实训……………………………………………………………………………… 291
参考文献………………………………………………………………………………… 295

第一章 概论

> **学习目标与要求**
>
> **知识目标：** 1．了解会计的产生与发展。
> 2．理解什么是会计。
> 3．掌握会计的职能、会计基本假设、会计信息质量要求、会计基本要素。
>
> **技能目标：** 1．能对会计基本假设进行运用。
> 2．能对会计基本要素进行区分。
> 3．能明确会计信息质量要求。

> **本章重点与难点**
>
> - 会计的概念
> - 会计的基本职能
> - 会计基本假设
> - 会计信息质量要求
> - 会计基本要素

> **本章导读**
>
> 　　习近平总书记指出，要坚持不懈培育和弘扬社会主义核心价值观，引导广大师生做社会主义核心价值观的坚定信仰者、积极传播者、模范践行者。随着教育改革的深入，我们更多地强调综合素质人才的培养，让人才"有德有才，德才兼备"。会计学是随着人类社会生产的发展和经济管理的需要而产生并不断得到完善和发展的，它的发展是对科学和人文知识的引领和塑造，与中华民族优秀传统文化相呼应，体现了"文明""诚信"的社会主义核心价值观，增强学生的民族文化自信心，培育学生的家国情怀。
>
> 　　王棋是会计学专业的一名新生，在第一次上专业课时，史教授讲道："马克思说'过程越是按社会的规模进行，越是失去纯粹个人的性质，作为对过程的控制和观念总结的簿记就是必要；因此，簿记对于资本主义生产，比对于手工业和农民的分散生产更为必要，对于公有生产，比对资本主义生产更为必要。'⊖ 马克思说的'簿记'，实际上就是我们现在的'会计'；马克思

⊖ 中共中央马克思恩格斯列宁斯大林著作编译局．马克思恩格斯全集：第 24 卷 [M]．北京：人民出版社，1972：152．

说的'公有生产'，就是社会主义所有制下的现代的生产。"

听到这里，王棋心中有几个疑惑：会计到底是如何产生和发展的？会计是什么，有什么职能，其目标是什么？为什么马克思这样描述会计？……带着这些问题，我们跟王棋同学一起走进会计殿堂吧！

第一节　会计的产生、发展、含义及特点

一、会计的产生与发展

会计的产生与发展离不开人们对生产活动进行管理的客观需要。

（一）会计的产生

社会物质财富的生产是人类社会赖以生存在和发展的基础，人们在进行生产活动时，一方面要创造物质财富，在这个过程中会有一定的所得；另一方面要投入和耗费一定的财产物资及人工劳动，即要有一定的耗费。

马克思说："在一切社会形态下，人们对生产生活资料所耗用的劳动时间必然是关心的，虽然在不同发展阶段上关心的程度不同。"⊖不论在什么样的社会状态下，人们进行物资生产活动时总是要力求以最少的劳动耗费来取得最大的劳动成果，提高经济效益。为达到经济效益最大化的目的，人们在社会生产中除了不断地采用新技术、新工艺，还必须加强经营管理，对劳动耗费和劳动成果进行记录、计算、分析和比较，借以掌握生产经营活动的过程和结果，促使人们进行的生产经营活动按照预期的目标进行，**在记录劳动耗费和劳动成果的同时就产生了会计**。会计汇集了生产经营活动的各种文字与数据，并将其有机地结合起来，反映生产经营过程中占用的财产物资及劳动耗费等，通过价值的变化来描述经济管理过程，评价经济管理的优势与弊端。

（二）会计的发展

会计作为经济管理的重要组成部分，是适应社会生产的发展和管理需要而不断发展和完善的。会计经历了漫长的发展过程。

1. 国内会计的发展

会计的产生始于人类社会的早期生产，在**原始社会**，生产过程比较简单，人类只要在头脑中**做些简单的计算和记忆**，就可以掌握生产活动的基本情况。随着人类社会生产的发展，生产过程的复杂，劳动占用、劳动消耗和劳动成果的种类不断增多，人们之间的经济往来也频繁起来，单凭头脑中简单的记忆，已经满足不了人类社会生产和发展的需要。这时，**会计作为生产职能的附带部分**，在生产活动时间之外附带地把生产所得、生产耗费等记载下来。如原始社会末期的"结绳记事""刻木记日"等，就是早期会计的雏形。

在**奴隶社会**，社会生产已经发展到一定水平，劳动生产率提高了，劳动产品不断增加，

⊖ 中共中央马克思恩格斯列宁斯大林著作编译局. 马克思恩格斯全集：第23卷[M]. 北京：人民出版社，1972：88.

特别是出现剩余产品以后，人类需要进一步控制和总结生产过程，要计算产品的劳动耗费和进行产品的分配，将耗费与成果进行比较分析，这时**会计就逐渐从生产附带的职能中分离出来，形成特殊的、专门的独立职能**。我国早在**西周时代就出现了"会计"一词**。《孟子》记载："孔子尝为委吏矣，曰：'会计当而已矣。'"其中，"当"有以下含义：对经济活动的事项处理要遵循财制（得当）；会计事项的计算、记录要正确（适当）；要善于选择合格（恰当）的会计人才；财务收支要平衡（相当）。

我国周朝就已经有了严密的财计组织，专门设置了**"司会"这一官职来核算国家的财赋收支**，对王朝的收支定期实行"日成"（相当于现在的旬报）、"月要"（相当于现在的月报）和"岁会"（相当于现在的年报）。

在**封建社会**，随着人类社会的进步，商品经济的发展，会计得到了快速的发展，特别是我国封建社会的鼎盛时期的唐朝和之后的宋朝，农业、手工业和商业都出现空前的繁荣，反映到会计的方法和技术方面，其突出的成就是发明了**"四柱清册"的结账与报账方法**（在唐代中期的官厅会计核算中，已有了"四柱"基本名目的运用，而后唐寺庙的账目中，已发现运用"四柱"核算财物的基本思想萌芽）。所谓"四柱"，是指旧管或元管（相当于"期初余额"）、新收（相当于"本期收入"）、开除或已支（相当于"本期支出"）、实在或见在（相当于"期末余额"）四个部分。"四柱清册"把一定时期内财物收付的记录，通过"旧管＋新收＝开除＋实在"这一平衡公式加以计算与总结，既可以检查日常记录的正确性，又可以分类汇总日常的会计记录，在某种程度上起到系统、全面和综合反映的作用。**"四柱清册"的发明与应用，奠定了中式簿记的理论基础**。明末清初，我国民间采用了"龙门账"，它是我国最早出现的复式记账法。"龙门账"将经济业务分为"进（收入）""缴（支出）""存（资产）""该（权益）"四大项，并以"该＋进＝存＋缴"为试算平衡公式通过"进缴结册"和"存该结册"来计算盈亏。其关系如下：

进缴结册：进－缴＝盈利。

存该结册：存－该＝盈利。

"进缴结册""存该结册"分别结出的盈亏数额，应该完全相等，并将"进缴结册"与"存该结册"间的关系称为"合龙门"。在此基础上，清朝后期又创立了"天地合账"（又称"四脚账法"），可以反映每项经济业务的来龙去脉。这种方法一直沿用到20世纪上半叶。

1949年中华人民共和国成立至今，我国会计取得了丰硕的成果。1950年，随着国民经济的恢复，我国的会计事业也得到了发展。当时财政部着手统一全国企业的会计制度，吸收和引进了苏联的会计理论与实务。"一五"期间，对各种制度进行了补充和修改，充实和完善了我国的统一会计制度，同时也培养了一大批会计人才。1962年5月，财政部、中国人民银行总行召开了全国会计工作会议，检查了会计工作的情况，讨论了如何保证会计数据准确、及时、可靠等问题。1962年年末，国务院颁布了**《会计人员职权试行条例》，第一次用法令的形式对会计工作做出了明确的规定**，使人们逐渐认识到会计是一项重要的工作。1962年—1966年，我国的会计工作逐步得到了恢复和发展，制度不断完善，机构不断健全，队伍逐渐壮大，会计理论研究也有了新的起色。中国共产党十一届三中全会以后，我国经济得到了巨大的发展，会计事业又一次得到提升。1978年，国务院重新颁布了《会计人员职权条例》。**1985年，第六届全国人民代表大会常务委员会第九次会议通过了《中华人民共和国会计法》**，使会计工作受到法律保护和约束。这个时期我国的注册会计师制度建设、涉外会计制度管理和会计电算化也得到了较大的发展。随着改革开放的不断深入，原有的会计信息已满足不了市场经济条件下的会计信息使用者的要求，为了与国际接轨，1992 年 11 月 30 日，**财政部颁布了《企业会计准则》和《企业财务通则》，并规定在 1993 年 7 月 1 日，在全国范围内实施两则和新制定的分行业的会计制度**。这是中华人民共和国成立以来财务会计改革方面的一次模式性的转变，它推动了具有中国特色的会计管理体系的建立。财政部于 1997 年 5 月起又陆续颁布了多个具体会计准则，于 2000 年 12 月 29 日颁布了《企业会计制度》，从 2001 年 1 月 1 日起暂在股份有限公司范围内执行。2006 年 2 月 15 日，财政部正式发布了我国新的企业会计准则体系，2007 年 1 月 1 日，新的企业会计准则体系在上市公司全面推行，包括 1 项基本准则、38 项具体准则。

随着经济全球化，资本跨国流动，我国境外投融资如果按照所在上市国的会计准则编报表并进行审计，成本较高，而双边贸易谈判也需要与国际会计准则趋同。2008 年爆发的金融危机对全球影响非常大，国际会计准则改革推进非常迅速，二十国集团会议提出在全球建立高质量的准则，增加财务报告（本书中又称财务会计报告）的相关性，使经济全球化下的会计准则趋于统一。为响应二十国集团和金融稳定理事会关于建立全球统一高质量会计准则的倡议，顺应会计国际趋同新形势的需要，财政部于 **2010 年 4 月适时发布了《中国企业会计准则与国际财务报告准则持续趋同路线图》**。2014 年，我国财政部新修订了 5 个具体准则，新增加了 3 个具体准则；2017 年，新修订了 6 个具体准则，新增加了 1 个具体准则。2018 年，财政部对《企业会计准则第 21 号——租赁》进行了修订；2019 年，对《企业会计准则第 7 号——非货币性资产交换》《企业会计准则第 12 号——债务重组》进行了修订。我国企业会计准则体系已获得国际认同并持续与国际财务报告准则趋同。

2．国外会计的发展

14 世纪—15 世纪，地中海沿岸城市诸如威尼斯、热那亚等，渐渐地出现了资本主义的萌芽，商业和金融业得到了发展，促进了意大利复式簿记的发展。当时，**意大利**的一位修道士、学者**卢卡·帕乔利于 1494 年在他的专著《算术、几何、比与比例概要》**的第二部分"簿记论"中，系统地总结了当时流行于意大利的威尼斯、佛罗伦萨等地的**复式记账法**，使其迅速传遍欧洲各国，并陆续传播到世界各地，引起了会计记账方法的变革，同时也标志着财务会计理论的初步形成，为复式簿记在西方的传播奠定了基础。**借贷记账法的出现是近代会计发展的重要标志**，该种方法现已成为世界上绝大多数国家所采用的记账方法。

随着资本主义生产的发展，生产规模日趋扩大，经济生活日渐复杂，生产社会化程度日益提高，会计也有了长足的发展。18 世纪以后，出现了以计算和控制产品成本为目标的成本会计。同时随着股份公司制的发展，企业的经营权与所有权相分离，股东和债权人主要通过企业会计报表（又称财务报表）来了解企业的财务状况和经营成果，因此要求由独立的第三方对企业的会计资料进行审查验证，以确保会计报表的客观性和公正性，于是出现了专门以查账为主的职业会计师。1853 年，在英国的苏格兰出现了世界上第一个特许会计师协会——爱丁堡特许会计师协会。

20 世纪以后，以美国为首的资本主义国家的科学技术和经济迅速发展，各垄断集团之间的竞争加剧，迫使企业加强内部管理，重视经济预测和决策，逐渐产生了为企业内部管理服务的管理会计。管理会计从传统会计中分离出来，成为与财务会计并列的独立工作，并形成独立的学科，从此，现代会计形成了财务会计和管理会计两大领域，丰富了会计学科内容，增强了会计的功能性。管理会计的出现，使高等数学和电子计算机进入会计领域，并推动了会计电算化的发展。20世纪50年代起，电子计算机、互联网等科学技术成果在会计上的应用，引起了记账手段的伟大变革。20世纪50年代后，出现了国际会计，20世纪70年代后，出现了通货膨胀会计，20世纪末，会计学者开始研究人力资源会计、环境会计。可见，随着社会经济的发展，会计的内涵及外延都在不断地丰富和发展。

二、会计的含义及特点

（一）会计的含义

由于商品经济的发展，货币成为衡量和计算商品的价值尺度，会计可以利用货币作为价值尺度的职能进行价值核算，综合地记录、计算、控制、分析和考核财产物资的利用情况和生产经营过程中的各种耗费及其成果。在商品生产及商品交换日益复杂化的过程中，会计的核算体系不断充实、完善。会计广泛地采用了借贷记账法，从而可以全面、系统地记录与各项经济业务相关的交易与事项，并且检查、核对会计账簿记录的正确性。这样，会计工作不仅具有独立的管理职能，而且逐渐具备了完整的核算方法。

会计是一门管理学科，随着社会进步和经济的迅速发展，会计的职能和内容也在迅速发展。什么是会计？目前会计学界主要有两种观点：一种是"会计是一个信息系统"；另一种是"会计是一种管理活动"。

1．会计是一个信息系统

会计是一个信息系统，是指通过会计工作，产生并输出有用的会计信息，依据它所提供的信息，会计信息使用者可以做出合理的经济决策。这个系统由三部分组成，即信息输入、信息加工、信息输出。会计信息作为公共信息资源和国际通用商业语言，其相互可比，真实公允，对各国经济的发展与世界经济的融合起着不可或缺的作用。

2．会计是一种管理活动

会计是一种管理活动，是指会计人员参与企业的管理工作，通过收集、处理和利用经济信息，为企业管理服务。其目的是提高企业的经济效益。

从实质上说，信息系统论和管理活动论两者并不矛盾，管理需借助信息，提供信息也是为了管理。

综上所述，对于现代会计，本书的观点可以概括为：**会计是经济管理的重要组成部分，它是以一定的货币单位作为主要计量单位来表现经济信息，对经济活动进行组织、控制、调节和指导，促使人们比较得失、权衡利弊、讲求经济效益的一种管理活动**。将会计视为一种经济管理活动，比较准确地反映了会计的实质，有助于推动会计工作的发展。

会计按照不同会计信息使用者需求的不同，可以分为财务会计和管理会计。

财务会计是指按照会计法律、法规的要求对发生的与经济业务相关的交易与事项，通过确认、计量和报告等专门方法，**向单位外部会计信息使用者提供本单位的账务状况、经营成果和现金流量情况等有关信息的会计**。

管理会计是指根据单位内部经营管理者的需要和成本效益分析原理的要求，采用一系列的专门方法，**对单位内部现在和未来的经济活动进行规划、控制与评价，向单位经营管理**

者提供进行经营规划、经营管理、经营预测及决策所需的相关信息的会计。

财务会计和管理会计的主要区别：①服务的对象不同。财务会计的服务对象是单位外部的会计信息使用者，而管理会计的服务对象是企业内部的会计信息使用者。②提供的信息不同。财务会计侧重于提供过去的信息，而管理会计侧重于提供未来的信息。

（二）会计的特点

会计的本质决定了它具有与其他经济管理活动不同的特点，这些特点主要包括：

1．会计以货币为主要计量单位

在记录经济业务时，人们通常使用的计量单位包括实物计量单位（如 t、kg、m、km、件、台等）、劳动计量单位（如 h、工作日等）和货币计量单位（如元、角、分等）。会计在确认、计量、报告过程中选择以货币为主要计量单位，这是由于货币是充当一般等价物的商品，是衡量一般商品价值的共同尺度，具有价值尺度、流通手段、贮藏手段和支付手段等职能，只有以货币为主要计量单位，才能按统一的、标准的表现形式来综合计算和反映各种错综复杂的经济业务，从而全面清晰地对其进行说明，为经济管理提供可靠的会计信息。而其他计量单位，只能从一个侧面反映经济管理的情况，无法在量上进行汇总和比较，不便于会计计量和经营管理。实物计量单位和劳动计量单位在会计上作为辅助计量单位。

2．会计具有连续性、系统性和综合性

会计日常记录的内容，应当符合国家的法律、法规、会计惯例以及经济管理的要求，按照时间发生的顺序定期进行归类管理，采用科学方法为特定单位提供经营管理所需的各种会计信息。而且会计对各个单位经济业务的记录必须全面、准确、连续不间断。

3．会计具有一整套科学实用的专门核算方法

为了正确反映单位的经济业务，会计在长期的发展过程中，形成了一系列科学实用的专门核算方法，即设置会计科目和账户、复式记账、填制和审核凭证、登记会计账簿、成本计算、财产清查、编制财务会计报告。这些专门核算方法相互联系、相互配合，构成了一个完整的核算和监督单位经济管理的过程及其结果的方法体系，这是会计区别于其他管理活动的重要特征之一。

综上所述，会计的特点就是进行价值管理，它主要利用货币量度对单位经营过程中使用的财产物资、发生的劳动耗费、取得的劳动成果进行系统的记录、计算、分析、检查，以达到加强管理的目的。其中记录、计算、分析、检查都是手段。通过货币量度，计算和分析利用财产物资的有效程度以及劳动耗费的合理程度，可据以判断得失，调整偏差，采取相应措施改进经营管理。

三、会计的作用

会计的作用是指会计在经济管理中所起的作用，主要包括会计在微观经济管理和宏观经济管理中的作用。

（一）会计在微观经济管理中的作用

（1）预测经济活动。各单位通过会计预测，确定目标利润和目标成本，对单位经济发

展形势做出客观而科学的估计,并在此基础上编制全面预算,为把握形势、明确目标、加强日常控制、沟通单位内部的情况、协调各部门工作奠定基础,同时还可以作为评定单位内部各部门业绩的依据。

(2)反映经济情况。各单位通过运用会计核算的各种专门方法,如实、正确地记录、计算各项经济活动和财务收支,系统、及时地向单位经营管理部门反映计划和预算执行情况。

(3)控制经济活动。各单位通过运用会计控制的各种专门方法,对预期可能发生及已经发生的各项经济活动,进行事前的或适时的控制。

(4)帮助经营决策,促进生产经营发展。各单位通过会计核算、会计分析和会计检查所提供的经济信息、数据和资料,为单位经营者选择实现增产节约的最优方案进行决策提供依据,为促进挖掘单位生产发展潜力、提高经济效益发挥作用。

(二)会计在宏观经济管理中的作用

会计信息有助于有关各方(政府管理部门等)了解企业财务状况、经营成果和现金流量,并据以做出宏观决策,进行宏观经济管理。随着生产社会化程度的不断提高和发展,会计在宏观经济管理中所处的地位和作用必将越来越重要。

✦ 课堂思考
1. 我国会计的发展经历了哪些重要的历史时期?
2. 会计的作用有哪些?

第二节 会计基本假设理论、会计目标及会计的任务

一、会计基本假设理论

会计基本假设,又称会计核算的基本前提,是单位进行会计确认、计量、报告的基本前提。它是指对会计领域存在着的某些尚未确知的事物所做出的合理判断,这些判断以有限的事实和观察为基础,是会计核算得以正常进行,并据以选择会计处理程序和方法的必要前提和条件,是对会计核算所处的时间、空间环境所做的合理设定。我国《企业会计准则——基本准则》规定了四个会计基本假设,总结起来即会计主体、持续经营、会计分期和货币计量。

(一)会计主体

会计主体,也称会计实体或会计个体,是指企业会计确认、计量和报告的空间范围。是会计人员进行会计核算的特定单位及核算范围。

《企业会计准则——基本准则》第五条规定:"企业应当对其本身发生的交易或者事项进行会计确认、计量和报告。"这就是对企业会计主体基本假设的描述。

为了向会计信息使用者反映财务状况、经营成果和现金流量的信息,提供对会计信息使用者决策有用的会计信息,会计处理与财务报告的编制应当反映特定单位的经济管理活动,这就必须明确界定各个会计主体的界限。

只有明确了会计主体，才能界定会计所要处理的各项交易或事项的范围。各个单位的资产、负债、收入、支出等的产生，都是针对特定的会计主体来说的。

各个单位的一切会计工作都是站在特定会计主体的立场上进行的。如果主体不明确，资产和负债就难以界定，收入和支出便无法衡量。因此，在会计核算中必须将会计主体的所有者的财务活动、其他经济实体的财务活动与该会计主体自身的财务活动严格区分开。会计核算的对象是该会计主体自身的财务活动。

需要注意的是，会计主体不能等同于法律主体，一般来说，法律主体必然是会计主体。例如，一个企业作为一个法律主体，就应当建立会计凭证、账簿、报表等财务会计系统，以便反映该企业的财务状况、经营成果和现金流量。但会计主体不一定是法律主体。例如，企业集团中的母公司拥有若干个子公司，母公司、子公司虽然是不同的法律主体，但是，母公司对子公司拥有控制权，为了全面反映集团整体的财务状况、经营成果和现金流量，需要将企业集团作为一个会计主体编制合并财务报表。在这种情况下，尽管企业集团不是法律主体，但它是会计主体。又如，从法律上看，独资及合伙企业所有的财产和债务，应视为所有者个人财产延伸的一部分，独资企业及合伙企业在业务上的种种行为也视其为个人行为，独资及合伙企业的利益与行为和个人的利益与行为是一致的，因此独资企业与合伙企业都不具备法人资格。但是，独资企业与合伙企业都是会计主体，在会计处理上都要把独资企业与合伙企业的财务活动与所有者个人的财务活动截然分开。再如，由企业管理的证券投资基金、企业年金基金等，尽管不属于法律主体，但属于会计主体，应当对每项基金进行会计确认、计量和报告。

以会计主体作为会计的基本假设条件，对会计核算范围从空间上进行了有效的界定，有利于正确地反映一个经济实体所拥有的财产及承担的债务，计算其经营收益或可能遭受的损失，提供准确的财务信息。

（二）持续经营

持续经营是指在可以预见的未来，企业将会按当前的规模和状态继续经营，不会停业，也不会大规模削减业务，更不会面临破产和清算，而是持续不断地经营下去。 如果说会计主体作为基本假设是一种空间范围的界定，那么持续经营则是一种时间范围的界定。

《企业会计准则——基本准则》第六条指出："企业会计确认、计量和报告应当以持续经营为前提。"因此，企业应将持续经营作为会计确认、计量和报告的基本假设条件。持续经营这一时间范围，涵盖了会计主体从成立到清算（包括破产）的整个期间的交易或者事项的会计处理。既然假设会计主体不会清算，会计主体将按照既定用途使用各项资产，承担的债务也在正常的经营过程中按照合同进行清偿，并不断计算生产经营成果。否则，一个会计主体不能持续经营时，就应当停止使用持续经营这个假设。这时会计主体将由清算管理人接管，采用清算的方法进行会计核算。

持续经营假设是从会计主体假设引申出来的，也就是说，单位要组织会计核算工作，首先必须明确会计核算的主体，即解决为谁核算的问题；其次还必须明确会计核算主体是否持续经营。

持续经营对于会计十分重要，它为正确地计量财产计价和收益提供了理论依据。只有具备了这一前提条件，才能够以历史成本作为会计主体资产的计价基础，才能够认为资产在未来的经营活动中可以给会计主体带来经济效益，固定资产的价值才能够按照使用年限的长短以折旧的方式分期转为费用。对一个会计主体来说，如果持续经营这一前提条件不存在了，那么一系列的会计准则和会计方法也相应地会丧失其存在的基础。所以，作为一个会计主体，必须以持续经营作为前提条件。

（三）会计分期

会计分期是指将会计主体持续进行的生产经营活动人为地划分为一个个连续的、长短相同的期间。 会计分期这一假设是从持续经营假设引申出来的，通过会计期间的划分，将持续进行的生产经营活动划分成连续、相等的期间，据以结算盈亏，按期编制财务报告，从而及时向财务报告使用者提供有关会计主体的财务状况、经营成果和现金流量等会计信息。

《企业会计准则——基本准则》第七条指出："企业应当划分会计期间，分期结算账目和编制财务会计报告。会计期间分为年度和中期。中期是指短于一个完整的会计年度的报告期间。"根据这一规定，会计期间一般可分为年度、半年度、季度、月度。年度会计期间也称为会计年度，半年度、季度、月度会计期间称为会计中期。我国会计年度的起止日期与公历年一致，即从每年的1月1日至12月31日为一个会计年度。世界各国会计主体的会计年度起止日期并不相同，有的国家会计主体是以本年的7月1日至下年的6月30日为一个会计年度，也有的国家会计主体是以本年的4月1日至下年的3月31日为一个会计年度。

会计期间的划分是一种人为的划分，实际的经济活动周期可能与会计期间不一致，有的经济活动可以持续多个会计期间。但是，与会计主体有利益关系的单位或个人都需要在一个期间结束之后掌握会计主体的财务状况和经营成果，而不可能等待全部经营过程完结之后再考察企业经营成果。所以，将划分会计期间作为会计的基本前提是由持续经营和及时提供会计信息的要求决定的。

会计期间划分的长短会影响损益的确定。一般来说，会计期间划分得越短，反映经济活动的会计信息质量就越不可靠。当然，会计期间的划分也不能太长，划分越长会影响会计信息使用者及时获取和使用会计信息的需要。因此必须恰当地划分会计期间。

（四）货币计量

货币计量是指会计主体在会计确认、计量和报告时以货币为主要计量单位，反映会计主体的生产经营活动。 以货币作为主要的计量单位来反映一切经济业务是会计核算的基本特征，也是会计核算的一个重要的假设条件。

《企业会计准则——基本准则》第八条指出："企业会计应当以货币计量。"这是因为货币是充当一般等价物的商品，选择以货币为计量单位对会计的内容进行核算，可以综合反映会计主体的财务状况、经营成果和现金流量等会计信息。

会计计量是会计核算的关键环节，是会计记录和会计报告的前提，货币则是会计计量的统一尺度。会计主体经济活动中凡是能够用这一尺度计量的，都可以进行会计反映。

货币计量实际上是对经济活动进行货币估价，而货币估价的习惯做法是以历史成本计价。不言而喻，采用历史成本计价，就必须假定货币本身的价值稳定不变，或者变动的幅度不大，可以忽略不计。也就是说，货币计量假设实际上还包括另一个重要假设，即币值稳定假设。在以币值稳定为假设的条件下，对财产物资采用历史成本计量原则进行计价是目前通行的一种选择。

随着我国经济的快速发展，历史成本计量原则正在不断受到冲击，公允价值计量原则等多种计量原则已经陆续运用到会计核算中。

会计主体在会计确认、计量、记录时，应该选择恰当的记账本位币。记账本位币是指会计主体经营所处的主要经济环境中通行的货币。《中华人民共和国会计法》第十二条规定，**会计核算以人民币为记账本位币**。**业务收支以人民币以外的货币为主的单位**，可以选定**其中一种货币作为记账本位币**，但是**编报的财务会计报告应当折算为人民币**。也就是说，我国规定财务会计报告的列报货币是人民币。

（五）会计基本假设之间的关系

上述四项会计基本假设之间具有相互依存、相互补充的关系。会计主体假设为会计核算确定了空间范围，是持续经营假设和会计分期假设的基础；持续经营假设与会计分期假设确定了会计核算的时间长度，而货币计量假设则为会计核算提供了必要的手段。没有会计主体，就不会有持续经营；没有持续经营，就不会有会计分期；没有货币计量，就不会有会计核算。

二、会计目标

会计目标也称会计目的，是指会计主体进行会计工作所要达到的终极目的，会计工作主要是为会计主体在经济管理活动中生成和提供会计信息，以反映会计信息使用者向会计主体提出的它应达到的要求，从而为会计主体的工作指明活动的方向。

会计的基本目标是会计主体**向会计信息使用者提供与该主体财务状况、经营成果和现金流量等有关的会计信息，反映会计主体管理层受托责任履行情况，有助于财务会计报告使用者做出经济决策**。会计的基本目标有以下两层含义：

（一）决策有用观

决策有用观下的会计基本目标是向会计信息使用者提供有助于决策的信息。会计信息使用者包括投资者、债权人、职工、政府及其有关部门和社会公众等。不同的会计信息使用者，对会计信息的需求也不同。随着我国经济体制改革的不断深化，企业产权日益多样化，资本市场快速发展，互联网技术提高，机构投资者及其他投资者队伍日益壮大，投资者更加关心其投资的风险和报酬，对会计信息的要求也越来越高，并利用会计信息帮助其进行决策。例如，根据财务状况来决定买进、持有或卖出企业根据其管理金融资产的业务模式和金融资产的合同现金流量特征划分的金融资产，并利用会计信息帮助评估企业支付股利的能力。

各个会计主体应当如实反映其所拥有或控制的经济资源、对经济资源的要求权及其对经济资源要求权的变化情况，如实反映会计主体的收入、支出金额及其变动情况，如实反映现金流入和现金流出的情况，以便于现在的或潜在的投资者正确、合理地评价会计主体的资产质量、偿债能力、盈利能力和运营效率等，并有助于投资者根据会计主体的相关会计信息做出理性的投资决策。

会计主体的债权人通常十分关心企业的偿债能力和财务风险，他们需要根据会计主体提供的会计信息来评估其能否按期偿还贷款的本金和利息，能否按期支付所欠的购货款等。

政府及其有关部门作为经济管理和经济监督部门，通常关心经济资源分配是否合理、公平，市场经济秩序是否公正、有序，他们需要会计主体提供的会计信息来监管会计主体的经济活动及制定税收政策等。

社会公众关心会计主体的经营活动及其对所在地经济做出的贡献，例如增加就业、刺激消费、提供社区服务等。在会计信息中提供有关会计主体发展前景及其能力、经营效益及其效率等方面的信息，可以满足社会公众对会计信息的需要。

（二）受托责任观

受托责任观下的会计基本目标是反映企业管理层受托责任的履行情况。现代企业制度强调两权分离，即企业所有权与经营权分离，企业管理层是受所有者的委托经营管理企业及其各项资产的，负有受托责任。因此，企业管理层有责任妥善保管并合理、有效运用企业的资产。企业投资者和债权人等也需要及时或者经常性地了解企业管理层保管、使用资产的情况，以评价企业管理层的经营管理情况和业绩，决定是否调整投资政策或信贷政策，是否需要加强企业内部控制等制度的建设，是否更换管理层等。因此，会计信息应当反映企业管理层受托责任的履行情况，以便于外部投资者和债权人等评价企业经营管理和资源使用的有效性。

《企业会计准则——基本准则》第十三条规定，企业提供的会计信息应当与财务会计报告使用者的经济决策需要相关，有助于财务会计报告使用者对企业过去、现在或者未来的情况做出评价或者预测。同时，会计的目标还必须满足经济管理工作总的目标的要求——提高企业的经济效益。

三、会计的任务

会计的任务是指会计主体对会计对象（会计客体）进行反映和监督所要达到的目的。会计的任务取决于会计的职能和经济管理的要求，也是对会计目标的具体分解。会计任务的具体内容主要包括：

（一）加强会计核算，真实正确地提供会计信息

会计信息是经济信息的重要方面，每个会计主体的财会部门必须利用会计的全面性和综合性特点，按照《中华人民共和国会计法》的规定，正确、及时、完整地反映各个单位的财务状况和经营成果，提供会计信息，为各个单位经营决策和为投资者的投资决策等提供可靠的会计信息，加强经济核算和提高经济效益。

（二）严格会计监督，遵守会计法规，控制经营活动全过程

每个会计主体在提供会计信息的同时，必须严格监督各单位对会计法规、制度以及各项财经政策的执行情况，维护财经纪律，保护国家利益、社会公众利益和投资者利益。为此必须做到：

1）会计主体的一切经济活动必须严格按照国家的政策法令和财务制度进行，并监督本主体的执行情况。

2）保障投资者的权益，不得任意增减资本金，不得任意转移资金和盈余，并保证国有资产不受损害。

3）全面记录会计主体财物的增减变动情况，定期组织财产的清查和核对，保证会计主体财物在数量上和质量上的安全和完整。

4）加强会计稽核和检查，进行事先、事中和事后的控制，促使会计主体合理有效地运行，并制止乱挤成本、乱摊费用和铺张浪费、违法乱纪的行为。

（三）充分利用会计信息资料，加强预算和计划管理

在市场经济的条件下，会计主体的一切经济活动在很大程度上受市场变化的影响。因此，对会计主体资金的筹集和使用都必须加强预算和计划，防止脱节和浪费。财会部门更应当在会计主体内部实行人、财、物的综合利用，节约人力、财力和物力，并对会计主体的货源和销售实行有效的控制，对财产物资实行严格的管理，以促进会计主体经营管理的改善。

（四）检查分析会计主体经营业绩，参与会计主体的预测和决策

通过会计信息的检查分析，预测会计主体经济前景，参与会计主体经营计划和经营决策是会计主体对会计工作提出的新要求。加强经济核算，重视经济效益，收集和利用经济信息对经济活动进行组织、控制、调节和指导是会计主体提高经济效益的一种管理活动。它要求财会部门在日常核算和监督过程中加强财务管理，促进会计主体按计划目标和市场要求，不断提高经济效益。

（五）保护财产安全完整

会计通过核算资产、负债和所有者权益，成本、费用、收入、盈利的形成与分配的增减变动情况，加强对资金和成本的管理，保护会计主体各方面财产的安全与完整。

❀ 课堂思考
1．会计基本假设之间的关系如何体现？
2．会计目标的内容是什么？

第三节 会计的基本职能、会计的对象、会计要素及其计量属性

一、会计的基本职能

会计的职能是指会计在经济管理中所具有的功能。会计的职能可以有很多种，包括核算、监督、分析、预测、决策。但其基本职能应当概括为两个：核算与监督。

（一）会计核算职能

会计核算是会计基本职能中的首要职能，也可以称为会计的反映职能，它是全部会计管理工作的基础。**会计核算职能是指会计主体以货币为主要计量单位，对其经济活动进行确认、计量、记录，并进行公正报告的工作**。会计核算职能的基本特点如下：

1．会计核算主要从价值量上体现各单位的经济活动状况

虽然会计可以采用三种量度（货币量度、实物量度、劳动量度）从数量上体现经济活动，但是在市场经济条件下，会计核算主要利用货币计量模式，通过价值量的核算反映经济活动的过程和结果。所以，会计核算从数量上体现各单位的经济活动情况，是以货币量度为主，以实物量度及劳动量度作为辅助量度。

2．会计核算具有完整性、连续性和系统性

会计核算的完整性、连续性和系统性，是会计资料完整性、连续性、系统性的保证。会计核算的完整性，是指对所有的会计对象都要进行计量、记录、报告，不能有任何遗漏；会计核算的连续性，是指对会计对象的计量、记录、报告要连续进行，而不能有任何中断；会计核算的系统性，是指要采用科学的核算方法对会计信息进行加工处理，保证所提供的会计数据资料能够成为一个有序的整体，从而揭示客观经济活动的规律性。

3．会计核算要对各单位经济活动的全过程进行体现

会计核算在对已经发生的经济活动进行事后核算的同时，还要对经济活动进行事前核算和事中核算。事前核算的主要形式为预测未来的经济活动、参与决策；而事中核算的主要形式是在计划执行过程中，为使经营活动按照计划或预期的目标进行，通过核算和监督相结合的方法，对经济活动进行控制。

（二）会计监督职能

会计监督是会计的另一个基本职能。任何经济活动都有既定的目的，都要按一定的目的来运行。会计监督是指会计在核算经济活动的同时，对经济活动的合法性、合理性进行审查，促使经济活动按照规定的要求运行，以达到预期的目的。会计监督具有以下两方面的特点：

（1）会计监督主要是通过价值指标来进行的。会计核算通过价值指标综合地体现经济活动的过程及其结果，会计监督的主要依据就是这些价值指标。由于会计主体进行的经济活动同时都伴随着价值运动，表现为价值量的增减和价值形态的转化，因此，会计监督与其他各种监督相比较，是一种更为有效的监督。会计监督通过价值指标可以全面、及时、有效地控制各个单位的经济活动。

（2）会计监督要对单位经济活动的全过程进行监督，包括事后监督、事中监督及事前监督。会计的事后监督是对已经发生的经济活动以及相应的核算资料进行审查、分析；事中监督是对正在发生的经济活动过程及取得的核算资料进行审查，并以此纠正经济活动进程中的偏差及失误，促使有关部门合理组织经济活动，使经济活动按照预定的目的及规定的要求进行，发挥控制经济管理进程的作用；事前监督是在经济活动开始前进行的监督，即审查未来的经济活动是否符合有关法令、政策的规定，是否符合商品经济的规律，在经济上是否可行。

会计监督的依据有合法性依据及合理性依据两种。合法性依据是国家颁布的法令、政策；合理性依据是客观经济规律及经营管理方面的要求，监督会计主体各项财务收支是否符合国家的财政收支计划，是否有利于预算目标的实现，是否有奢侈浪费行为，是否有违背内部控制制度要求等。会计监督的目的就是保证会计目标的顺利实现。

会计的核算职能与监督的职能既是相互制约的，也是辩证统一的，只有在对经济业务活动进行正确核算的基础上，才可能提供可靠资料作为监督依据；同时，也只有做好会计监督，保证经济业务按规定的要求进行，并且达到预期的目的，才能发挥会计核算的作用。

随着社会的发展、互联网技术的进步、经济关系的复杂化及管理理论的不断创新，会计的基本职能不断地发展和完善，会计的新职能也不断出现。会计职能学说不仅有核算和监督两职能说，还有三职能甚至九职能说等。目前，在国内会计学界比较流行的是"六职能说"。这一学说认为，会计具有"反映经济情况、监督活动、控制经济过程、分析经济效果、预测经济前景、参与经济决策"六项职能，并认为这六项职能是密切结合、相辅相成的。

二、会计的对象

会计的对象是指会计所核算和监督的内容。凡是特定会计主体能够以货币表现的经济活动，都是会计核算和监督的内容，也就是会计的对象。以货币表现的经济活动通常又称为价值运动或资金运动。

任何一个单位要想生产经营，就必须拥有一定的物质基础，如生产制造企业若想制造产品，就必须拥有厂房、建筑物、机器设备、材料物资等，并将这些物质基础和劳动力相结合后，才能生产出产品。可见，这些物质基础是进行生产经营的前提。而在市场经济条件下，这些物质基础又属于商品，有商品就要有衡量商品价值的尺度，即商品价值的一般等价物——货币。当对各项财产物资用货币来计量价值时，就得到了一个会计概念——资金。**资金是社会再生产过程中各项财产物资的货币表现以及货币本身**，也就是说，进行生产经营活动的前提是必须拥有资金。

每个单位所拥有的资金不是闲置不动的，而是随着物资流动的变化而不断地运动、变化的。例如，生产制造业企业进行生产经营活动时，首先要用货币资金去购买材料物资，为生产过程做准备；生产产品时，再从仓库领取材料物资；生产产品后，还要对外出售，出售后还应收回已售产品的货款。这样，生产制造业企业的资金就陆续经过了采购（供应）过程、生产过程和销售过程。资金的形态也在发生变化：用货币购买材料物资的时候，货币资金转化为储备资金（材料物资等所占用的资金）；车间生产产品领用材料物资时，储备资金又转化为生产资金（生产过程中各种在产品所占用的资金）；将车间加工完毕的产品即产成品验收入库，此时，生产资金又转化产成品资金（待售出产成品或自制半成品占用的资金，简称成品资金）；将产成品出售又收回货币资金时，成品资金又转化为货币资金。资金从货币形态开始，依次经过储备资金、生产资金、成品资金，最后又回到货币资金，这一运动过程称为资金循环，即**货币资金（G1）→储备资金→生产资金→成品资金→货币资金（G2）**。周而复始的资金循环称为资金周转。

生产制造业企业（又称制造企业）的资金是不断地循环周转的，其过程也可以划分为三个阶段，即采购（供应）过程阶段、生产过程阶段和销售过程阶段。生产制造业企业的资金在采购（供应）、生产、销售三个过程阶段不断循环周转。

上述过程只是资金在生产制造业企业内部的循环周转，就整个资金运动而言，还包括资金的投入和资金的退出。资金的投入包括所有者的资金投入和债权人的资金投入。所有者的资金投入构成了企业的所有者权益，债权人的资金投入形成了企业的债权人权益，即企业的负债。投入企业的资金一部分形成流动资产，另一部分形成企业的长期资产，统称为资产。资金的退出包括按法定程序返还投资者的投资、偿还各项债务及向所有者分配利润等形式，这时一部分资金离开企业，还有一部分资金上缴税金。

从以上内容可以看出，生产制造业企业因资金的投入、循环周转和资金的退出等经济活动而引起的各项资源的增减变化，各项成本费用的形成和支出，各项收入的取得以及损益的发生、实现和分配，共同构成了会计对象的内容。

商品流通企业的职能是组织商品流通，为社会生产服务。商品流通企业的经营过程分为商品购进和商品销售两个过程。在商品购进过程中，主要是采购商品，此时货币资金转化为商品资金；在商品销售过程中，主要是销售商品，此时资金又由商品资金转化为货币资金。在商业经营过程中，也会获得销售收入和实现经营成果。因此，商品流通企业的资金是沿着**货币资金→商品资金→货币资金**的形式运动，其具体内容也是资产、负债、所有者权益、收入、费用和利润等。

行政、事业单位为完成国家赋予的任务，同样需要一定数量的资金，但其资金来源主要是国家财政拨款。行政、事业单位在正常的业务活动过程中，所消耗的人力、物力和财力的货币表现，即单位管理费用和业务活动费用。一般来说，行政、事业单位没有或只有很少一部分业务收入，因而费用开支主要是靠国家财政取得拨款。因此，行政、事业单位的经济活动，一方面按预算向国家财政取得拨入资金；另一方面按预算以货币资金支付各项费用，其资金运动的性质就是**资金拨入→资金付出**。行政、事业单位会计对象的内容就是预算资金及其收支。

综上所述，不论是生产制造业企业、商品流通企业还是行政、事业单位都是社会再生产过程中的基层单位，会计反映和监督的对象都是资金运动过程，正因为如此，可以把会计的对象概括为社会再生产过程中的资金运动或以货币形式表现的经济活动。

三、会计要素

（一）会计要素的含义及分类

会计要素是根据交易或事项的经济特征确定的对会计对象进行的基本分类，它构成会计主体经济活动的必要因素或元素。

在会计实际工作中，为了满足会计信息使用者获得不同种类的会计信息，就必须对会计对象的具体内容进行适当的分类，会计对象的具体化分类就是会计要素。

会计要素分为**政府会计**要素和**企业会计**要素。

政府会计要素又分为政府预算会计要素和政府财务会计要素。政府预算会计要素包括预算收入、预算支出与预算结余；政府财务会计要素包括资产、负债、净资产、收入和费用。

企业会计要素包括资产、负债、所有者权益、收入、费用和利润。这六大企业会计要素又可以分为两大类：

一是反映企业财务状况的会计要素，又称资产负债表要素。资产负债表要素是反映企业一定日期的财务状况的要素，也是企业资金运动相对静止状态的表现，是构成资产负债项目的基本元素，包括资产、负债和所有者权益。

二是反映企业经营成果的会计要素，又称利润表要素。利润表要素是反映企业一定时期从事生产经营活动中所取得的最终成果情况要素，它是资金运动的显著变动状态的主要表现，是构成利润表的基本元素，包括收入、费用和利润。

（二）企业会计要素的具体内容

1. 资产

（1）资产的定义。**资产是指由企业过去的交易或者事项形成的，由企业拥有或者控制的，预期会给企业带来经济利益的资源**。资产可以具有实物形态，如房屋、机器设备、现金、商品、原材料等，也可以不具有实物形态，如以债权形态出现的各种应收款项，以特殊权利形态出现的专利权、商标权等无形资产。

（2）资产的特征。

1）**资产是由企业过去的交易或事项所形成的**。企业过去的交易或者事项包括购买、生产、建造行为及其他交易或事项。资产是现时的资产，预期在未来发生的交易或事项不形成资产。也就是说，只有过去发生的交易或事项才能增加或减少企业的资产，不能根据未来发生的交易或事项确认资产。例如，已经购入的机器形成了企业的固定资产，但尚未履行的机器采购计划则不会形成固定资产。

2）**资产应为企业拥有或者控制的资源**。这一特征是指企业享有某项资源的所有权，或者虽然不享有某项资源的所有权，但该资源能被企业所控制。这里拥有泛指企业的各种财产、债权和其他权利，而控制则指企业只具有使用权而没有所有权的各种经济资源，企业能够主导该经济资源的使用并从中获得几乎全部的经济利益。例如，某企业以租赁方式租入一项资产（短期租赁和低价值资产租赁除外），尽管企业并不拥有其所有权，但拥有在租赁期内使用资产的权利，表明企业控制了该资产的使用及其带来的经济利益，就应当将相关权利视为本企业的一项资产（使用权资产）进行确认、计量和报告等。

3）**资产预期会给企业带来经济利益**。这一特征是指资产具有直接或者间接导致现金和现金等价物流入企业的潜力。这种潜力可以来自企业日常的生产经营活动，也可以来自非日常活动；带来的经济利益可以是现金或现金等价物的形式，也可以是能转化为现金或现金等价物的形式，或者是可以减少现金或现金等价物流出的形式。资产预期会给企业带来经济利益是资产的本质特征，如果某项资源不能为企业带来经济利益，就不能将其确认为资产。

（3）资产的分类。**资产按其流动性可以分为流动资产和非流动资产**（长期资产）。

1）流动资产。**流动资产是指企业在一年内或超过一年的一个营业周期内变现或者耗用的资产**，包括货币资金、交易性金融资产、应收票据、应收账款、预付账款、应收利息、应收股利、其他应收款、原材料、库存商品等。流动资产的一个重要特点是，它在参加生产经营活动时，其全部价值一次计入产品成本或费用中，由收入得到补偿。

2）非流动资产。**非流动资产是指不能在一年内或超过一年的一个营业周期内变现或者耗用的资产**，包括长期应收款、长期股权投资、投资性房地产、固定资产、无形资产、商誉、长期待摊费用、递延所得税资产等。非流动资产的价值一般将会分期计入产品成本或费用中，由收入得到补偿，如固定资产就是以计提折旧的方式将其价值分期计入成本费用中。

（4）资产的确认条件。将一项资源确认为资产，需要符合资产的定义，并同时满足以下两个条件：

1）**与该项资源有关的经济利益很可能流入企业**。资产的本质特征是能为企业带来经济利益，但现实生活中，由于经济环境瞬息万变，与资源有关的经济利益能否流入企业或者能够流入多少实际上带有不确定性。因此，资产的确认还应与对经济利益的不确定性程度的判断结合起来。如果根据编制财务报表时取得的证据，与资源有关的经济利益很可能流入企业，就应当将其作为资产予以确认；反之，则不能确认为资产。

2）**该项资源的成本或者价值能够可靠地计量**。财务会计系统是一个确认、计量和报告的系统。其中，计量起着枢纽的作用，可计量性是所有会计要素确认的重要前提，资产的确认也是如此。只有当有关资源的成本或者价值能够可靠地计量时，资产才能予以确认。在实务中，企业取得的许多资产都是发生了实际成本的，例如企业购买或者生产的原材料、库存商品、机器设备等，对于这些资产，只要实际发生的购买成本或者生产成本能够可靠地计量，就视为符合了资产的确认的可计量条件。

2．负债

（1）负债的定义及特征。**负债是指由企业过去的交易或者事项形成的，预期会导致经济利益流出企业的现时义务**。根据定义，负债具有以下几个方面的特征：

1）**负债是由过去的交易或者事项形成的**。负债应当是由企业过去的交易或者事项所形成的。换句话说，只有过去的交易或者事项才形成负债，企业将在未来发生的承诺、签订的合同等交易或者事项，不形成负债。

2）**负债是企业承担的现时义务**。负债必须是企业承担的现时义务，它是负债的一个基本特征。其中，现时义务是指企业在现行条件下已承担的义务。未来发生的交易或者事项形成的义务，不属于现时义务，不应当确认为负债。

这里所指的义务可以是法定义务，也可以是推定义务。其中法定义务是指具有约束力的合同或者法律、法规规定的义务，通常在法律意义上需要强制执行。例如，企业购买库存商品形成的应付账款，企业按照税法规定应当缴纳的税款等，均属于企业承担的法定义务，需要依照法律予以偿付。推定义务是指根据企业多年来的习惯做法、公开的承诺或者公开宣布的政策而导致企业将承担的责任，这些责任也使有关各方形成了企业将履行义务和解脱责任的合理预期。例如，某企业多年来制定一项销售政策，对于售出的商品提供一定期限内的售后保修服务，预期将为售出商品提供的保修服务就属于推定义务，应当将其确认为一项负债。

3）负债预期会导致经济利益流出企业。**预期会导致经济利益流出企业也是负债的一个本质特征**。只有企业在履行义务时会导致经济利益流出企业的义务，才符合负债的定义；如果不会导致企业经济利益流出的义务，就不符合负债的定义。在履行现时义务清偿负债时，导致经济利益流出企业的形式多种多样，例如用现金偿还或以实物资产偿付，以提供劳务形式偿付，以部分转移资产、部分提供劳务形式偿付，将负债转为资本等。

（2）负债的分类。负债按其流动性，一般可分为流动负债和非流动负债（长期负债）。

1）流动负债。流动负债是指将在一年或者超过一年的一个营业周期内偿付的债务，包括短期借款、应付票据、应付账款、预收账款、应付职工薪酬、应交税费、应付利息、应付股利、其他应付款等。

2）非流动负债。非流动负债是指偿还期在一年或者超过一年的一个营业周期以上的各种债务，包括长期借款、应付债券、长期应付款、递延所得税负债、预计负债等。

（3）负债的确认条件。将一项义务确认为负债，需要符合负债的定义，并同时满足以下两个条件：

1）**与该义务有关的经济利益很可能流出企业**。负债的一个本质特征是预期会导致经济利益流出企业。在实务中，履行义务所需流出的经济利益带有不确定性。如果有确凿证据表明，与某项现时义务有关的经济利益很可能流出企业，就应当将其作为负债予以确认；反之，如果企业承担了某项现时义务，但是导致经济利益流出企业的可能性已不复存在，就不符合负债的确认条件，不应将其作为负债予以确认。

2）**未来流出的经济利益能够可靠地计量**。负债的确认在考虑经济利益很可能流出企业的同时，对于未来流出的经济利益的金额应当能够可靠地计量。对于与法定义务有关的经济利益流出金额，通常可以根据合同或者法律规定的金额予以确定，考虑到经济利益流出的金额通常在未来期间，有时未来期间较长，有关金额的计量需要考虑货币时间价值等因素的影响。对于与推定义务有关的经济利益流出金额，企业应当根据履行相关义务所需支出金额的最佳估计数进行估计，并综合考虑货币时间价值、风险等因素的影响。

3．所有者权益

（1）所有者权益的定义。**所有者权益是指企业资产扣除负债后，由所有者享有的剩余权益**。股份有限公司的所有者权益又称为股东权益。所有者权益是所有者对企业资产的剩余索取权，它是企业资产扣除债权人权益后由所有者享有的部分，即**所有者权益 = 资产 − 负债**。

（2）所有者权益的来源构成。所有者权益的来源包括所有者投入的资本、直接计入所有者权益的利得和损失（其他综合收益）、留存收益等，通常由实收资本（或股本）、资本公积（包含资本溢价或股本溢价、其他资本公积）、盈余公积和未分配利润等构成。

所有者投入的资本，是指所有者投入企业的资本部分。它既包括构成企业注册资本或者股本部分的金额，也包括投入资本超过注册资本或者股本部分的金额，即资本溢价或股本溢价。

直接计入所有者权益的利得和损失（其他综合收益），是指不应计入当期损益、会导致所有者权益发生增减变动的、与所有者投入资本或者向所有者分配利润无关的利得或损失。

利得是指由企业非日常活动所形成的、会导致所有者权益增加的、与所有者投入资本无关的经济利益的流入。利得包括直接计入所有者权益的利得、直接计入当期利润的利得。

损失是指由企业非日常活动所发生的、会导致所有者权益减少的、与向所有者分配利润无关的经济利益的流出。损失包括直接计入所有者权益的损失、直接计入当期利润的损失。

留存收益，是指企业历年实现的净利润留存于企业的部分，它主要包括企业累计计提的盈余公积和未分配利润。

（3）所有者权益的特征。

1）除非发生减资、清算或分派现金股利，在正常的经营情况下，企业不需要偿付所有者投资。

2）所有者权益的增减变动受到所有者增资或减资以及留存收益等因素的影响，所有者凭借所有者权益能够参与企业利润分配。

3）当企业清算时，只有在清偿全部债务后，剩余财产才能够用于偿付所有者投资。

（4）所有者权益的确认条件。由于所有者权益体现的是所有者在企业中的剩余权益，因此，所有者权益的确认主要依赖于其他会计要素，尤其是资产和负债的确认；所有者权益金额的确定也主要取决于资产和负债的计量。

4．收入

（1）收入的定义。**收入是指企业在日常活动中形成的（收入的本质），会导致所有者权益增加的，与所有者投入资本无关的经济利益的总流入**。企业取得收入意味着或者增加了资产，或者减少了负债，或者两者兼而有之。对企业来说，收入是补偿费用、取得盈利的源泉，是企业经营活动取得的经营成果。企业的收入包括销售商品获得的收入、提供劳务获得的收入和因他人使用本企业资产而获得的收入。

（2）收入的特征。

1）**收入是企业在日常活动中形成的**。日常活动是指企业为完成其经营目标所从事的经常性活动以及与之相关的活动。例如，生产制造业企业制造产品并销售，商品流通企业买卖商品，租赁企业出租资产，旅游企业提供餐饮服务，软件公司为客户开发软件，咨询企业提供咨询服务，施工企业建造房屋等，均属于日常活动。企业日常活动形成的经济利益的流入可以确认为收入；非企业日常活动形成的经济利益的流入不能确认为收入，而应当计入利得。

2）**收入会导致所有者权益增加**。企业日常活动形成的经济利益的流入，如最终会导致所有者权益的增加，则可确认为收入，不会导致所有者权益增加的经济利益的流入，不应确认为收入。例如，企业取得的银行借款，就只能确认为负债。

3）**收入是与所有者投入资本无关的经济利益的总流入**。收入应使得经济利益流入企业，从而导致企业资产增加或者负债减少。例如，汽车制造企业将制造的汽车销售给客户，并收取价款，该企业将收取的价款确认为收入。但是，经济利益的流入有时是由所有者投入资本的增加所导致的，所有者投入资本的增加不应确认为收入，应当直接确认为所有者权益。

（3）收入的确认条件。收入在确认时除了应当符合收入的定义外，还应当满足严格的确认条件。收入只有在经济利益很可能流入，从而导致企业资产增加或者负债减少，且经济利益的流入额能够可靠地计量时才能予以确认。财政部 2017 年 07 月 05 日颁布的《关于修订印发〈企业会计准则第 14 号——收入〉的通知》对收入的确认条件重新进行了规定。《企业会计准则第 14 号——收入》第四条规定："企业应当在履行了合同中的履约义务，即在客户取得相关商品控制权时确认收入。取得相关商品控制权，是指能够主导该商品的使用并从中获得几乎全部的经济利益。"因此，当企业与客户之间的合同同时满足下列条件时，企业应当在客户取得相关商品控制权时确认收入：

1）合同各方已批准该合同并承诺将履行各自义务。

2）该合同明确了合同各方与所转让商品或提供劳务（以下简称"转让商品"）相关的权利和义务。

3）该合同有明确的与所转让商品相关的支付条款。

4）该合同具有商业实质，即履行该合同将改变企业未来现金流量的风险、时间分布或金额。

5）企业因向客户转让商品而有权取得的对价很可能收回。

（4）收入的分类。收入按企业经营业务的主次分为主营业务收入和其他业务收入。

主营业务收入一般是指营业执照注明的主营业务所取得的收入。例如，某钢材生产企业销售钢材取得的收入。其他业务收入一般是指营业执照注明的兼营业务所取得的收入。例如，某钢材生产企业销售钢材时提供运输所出售钢材这一服务时取得的收入。

5．费用

（1）费用的定义。**费用是指企业在日常活动中发生的，会导致所有者权益减少的，与向所有者分配利润无关的经济利益的总流出**。费用与收入是相对应的概念，也可以说是企业为取得收入而付出的代价。费用有多种表现形式，但其本质是资产的转化形式，是企业资产的耗费。

（2）费用的特征。

1）**费用是企业在日常活动中发生的**。企业的费用必须是企业在日常活动中发生的。企业在日常活动所发生的费用通常包括生产成本、销售成本、固定资产折旧费、管理费用等。企业非日常活动形成的经济利益的流出不能确认为费用，而应当确认为损失。

2）**费用应当会导致经济利益的流出，该流出不包括向所有者分配的利润**。企业费用的发生会导致相关的经济利益流出企业，最终应当会导致所有者权益的减少。不会导致所有者权益的减少的经济利益流出，不应确认为费用。例如，企业偿还的银行借款不会导致所有者权益的减少，不应当确认为费用。企业向所有者分配利润也会导致经济利益的流出，但该经济利益的流出显然属于所有者权益的抵减项目，不应确认为费用。

3）**费用应当最终会导致所有者权益的减少**。费用的发生应当会导致经济利益的流出，从而导致资产的减少或者负债的增加，进而导致所有者权益的减少。这一特征通常表现为现金或者现金等价物的流出、资产的消耗等，例如企业的原材料被消耗，形成生产费用等。

（3）费用的确认条件。费用的确认至少应当符合以下条件：

1）**与费用相关的经济利益很可能流出企业**。

2）**经济利益流出企业的结果会导致资产的减少或者负债的增加**。

3）**经济利益的流出的金额能够可靠地计量**。

（4）费用的分类。按照经济用途不同，费用可以分为生产费用和期间费用。

生产费用计入产品成本，包括直接材料、直接人工和制造费用；期间费用不计入产品成本而直接计入当期损益，包括管理费用、财务费用和销售费用。

6．利润

（1）利润的定义。**利润是指企业在一定会计期间的经营成果**。通常情况下，如果企业实现了利润，表明企业的所有者权益将增加，企业经营业绩得到提升；反之，如果企业发生了亏损，表明企业的所有者权益将减少，企业经营业绩下滑。利润反映的是企业的经营业绩，是企业经营业绩考核的重要指标。

（2）利润的来源构成。利润包括收入减去费用后的净额、直接计入当期利润的利得和损失等。其中，收入减去费用后的净额，反映的是企业日常经营活动的业绩；直接计入当期利润的利得和损失，反映的是企业非日常经营活动的业绩。

利得是指由企业非日常活动形成的、会导致所有者权益增加的、与所有者投入资本无关的经济利益的流入。损失是指企业非日常活动中发生的、会导致所有者权益减少的、与向投资者分配利润无关的经济利益的流出。企业应严格区分收入和利得、费用和损失之间的关系，以便全面地反映企业的经营业绩。

（3）利润的确认条件。利润反映的是收入减去费用、利得减去损失后的净额，因此，利润的确认主要依赖于收入和费用以及利得和损失的确认，其金额的确定也主要取决于收入、费用、利得、损失金额的计量。

（三）企业财务状况会计要素和经营成果会计要素的关系

由于企业的收入是影响企业利润的主要因素。企业通过销售商品或提供劳务，以现金或者应收账款的形式，从客户处获得的收入，大多会导致资产的增加或负债的减少，当然也使得所有者权益增加。收入是一个特定的概念，并非任何流入企业的资产（如现金、存款）都是收入，投资者投入的资本及债权人借给企业的借款都不是收入。企业为了获得收入就需要支付费用，费用一般需要由收入补偿，会导致收入的减少。费用也是一个特定的概念，它与资产有着密切的关系，将经营过程作为一个动态过程来看，一切费用都可以视为一瞬间的资产，而取得资产也是为了获得收入，一旦资产投入使用，就从资产形态转变为费用形态。利润可以理解为企业净资产的增加额，即所有者权益的增加额。

从企业的产权关系来看，企业实现的利润是属于所有者的，企业发生的亏损最终也应由所有者来承担。因此，利润大于零（实现利润）时，一方面表现为资产的净增加或负债的净减少，另一方面表现为所有者权益的增加；利润小于零（发生亏损）时，一方面表现为资产的净减少或负债的净增加，另一方面表现为所有者权益的减少。

四、企业会计等式

企业会计等式也称为企业会计方程式或企业会计平衡等式，它是表明企业各会计要素之间基本关系的恒等式。企业会计的对象可概括为企业经营活动中的资金运动，具体表现为企业会计要素。每发生一笔经济业务，都是企业资金运动的一个具体过程，每一企业资金运动过程都必然涉及相应的企业会计要素，从而使企业全部资金运动所涉及的企业会计要素之间存在一定的相互联系。企业会计要素之间的这种内在关系可以通过企业会计等式表现出来。企业会计等式是企业设置账户、复式记账和编制会计报表的理论依据。

（一）企业会计基本等式

1. 会计基本等式的含义

企业会计要素之间客观存在着数额相等的关系，因为企业的资产来源有两个渠道：一个渠道是债权人，归属于债权人的部分形成负债（即债权人权益）；另一个渠道是投资者，即所有者，归属于所有者的部分形成所有者权益，债权人权益和所有者权益总称为权益。因此，企业有多少资产就有多少权益，在任何情况下资产与权益都保持着数量相等的关系。把企业资产与权益恒等的数量关系用数学等式表达出来，就叫企业会计基本等式，或称企业会计方程式。

2. 企业会计基本等式的公式表示

企业会计基本等式用公式表示为资产 = 负债 + 所有者权益。这一会计基本等式，表明了企业资产、负债、所有者权益这三个反映财务状况的会计要素之间的数量关系。该等式反映的是企业资金的相对静止状态，也称为静态企业会计基本等式。

由此可见，企业一定数额的资产必然对应着相同数额的负债和所有者权益，而一定数额的负债与所有者权益也必然对应着相同数额的资产。这一恒等关系用公式表示，就是

资产 = 负债 + 所有者权益

或

资产 = 债权人权益 + 所有者权益

或

资产 = 权益

【例 1-1】 佳敏迪公司 2021 年 12 月 31 日拥有 1 900 万元的资产，其中货币资金 600 万元，应收账款 350 万元，存货 490 万元，固定资产 460 万元。该公司已确认收到的投资者投入的资本 500 万元，银行借款 300 万元，应付账款 450 万元，资本公积 200 万元，盈余公积 290 万元，未分配利润 160 万元。则该公司资产、负债、所有者权益之间的平衡关系见表 1-1。

表 1-1 资产负债表简表（1）

2021 年 12 月 31 日　　　　　　　　　　　　　　　　单位：万元

资　产	金　额	负债和所有者权益	金　额
货币资金	600	短期借款	300
应收账款	350	应付账款	450
存货	490	实收资本	500
固定资产	460	资本公积	200
		盈余公积	290
		未分配利润	160
资产合计	1 900	负债和所有者权益合计	1 900

从例 1-1 中可以看出，佳敏迪公司资产总额（1 900 万元）= 负债总额（750 万元）+ 所有者权益总额（1 150 万元），这反映了该公司 2021 年 12 月 31 日这个时点上的企业财务状况会计要素之间的平衡关系。

3. 企业会计基本等式的恒等性

资产 = 负债 + 所有者权益这一等式表明在某一时点上，企业资产、负债、所有者权益之间的恒等关系，是最基本的会计等式，也是复式记账法的理论基础和编制资产负债表的理论依据。

企业在各项生产经营过程中，会不断地发生各种交易与事项，我们把这些交易与事项统称为经济业务。当企业经济业务发生时会对企业相关的会计要素产生影响，会引起各个会计要素数量上的增减变动，即可能引起会计基本等式资产方（左方）内部要素项目增减变化、负债及所有者权益方（右方）内部要素项目增减变化或资产方和权益方（左右两方）要素项目同时发生增减变化。但是，无论发生什么样的增减变化，都不会破坏企业会计基本等式的恒等性。这是因为，根据数学逻辑分析原理，当等式的一方加上的同时减去相同数额，

并不破坏等式的恒等性;在等式的两方同时加上相等的数额,或者同时减去相等的数额,也不会打破等式的平衡关系。根据上述理论分析,不论企业发生什么样的经济业务,也不会破坏企业会计基本等式的平衡关系。

一个企业的经济业务虽然纷繁复杂,但归纳起来不外乎以下四类九种情况:

第一类经济业务:经济业务发生引起企业会计基本等式的左右两方等额增加,即资产增加,负债和所有者权益也同时等额增加,企业会计基本等式保持平衡。

(1)一项资产和一项负债同时增加。

【例1-2】 佳敏迪公司2022年1月3日向银行借入款项300万元,已经办好相关手续,款项已存入本公司的存款账户。本例中的经济业务对企业会计基本等式的影响为

资产 + 银行存款增加额 = 负债 + 所有者权益 + 短期借款增加额

1 900万元 +300万元 =1 900万元 +300万元

资产 =2 200万元 = 负债 + 所有者权益 =2 200万元

从例1-2中可以看出,佳敏迪公司银行存款增加了300万元,短期借款增加了300万元,资产与负债同时增加300万元,增加的金额相等,会计基本等式的平衡关系没有被破坏。

(2)一项资产和一项所有者权益同时增加。

【例1-3】 佳敏迪公司2022年1月5日接受投资者向本公司投入固定资产60万元,已经办好相关手续,固定资产已经交付使用。本例中的经济业务对企业会计基本等式的影响为

资产 + 固定资产增加额 = 负债 + 所有者权益 + 实收资本增加额

2 200万元 +60万元 =2 200万元 +60万元

资产 =2 260万元 = 负债 + 所有者权益 =2 260万元

从例1-3中可以看出,佳敏迪公司固定资产增加了60万元,实收资本增加了60万元,资产与所有者权益同时增加60万元,增加的金额相等,会计基本等式的平衡关系没有被破坏。

第二类经济业务:经济业务发生引起会计基本等式的左右两方等额减少,即资产减少,负债或所有者权益也同时等额减少,会计基本等式保持平衡。

(3)一项资产和一项负债同时减少。例如,以银行存款偿还前欠货款(银行存款减少,应付账款减少)。

【例1-4】 佳敏迪公司2022年1月6日,以银行存款5万元偿还前甲公司欠货款。本例中的经济业务对企业会计基本等式的影响为

资产 − 银行存款减少额 = 负债 + 所有者权益 − 应付账款减少额

2 260万元 −5万元 =2 260万元 −5万元

资产 =2 255万元 = 负债 + 所有者权益 =2 255万元

从例1-4中可以看出,佳敏迪公司银行存款减少了5万元,应付账款减少了5万元,资产与负债同时减少5万元,减少的金额相等,会计基本等式的平衡关系没有被破坏。

(4)一项资产和一项所有者权益同时减少。

【例1-5】 2022年1月10日,佳敏迪公司的投资者收回投入的资本10万元,佳敏迪公司以银行存款支付,相关手续已经办理完毕。本例中的经济业务对企业会计基本等式的影响为

资产 − 银行存款减少额 = 负债 + 所有者权益 − 实收资本减少额

2 255万元 −10万元 =2 255万元 −10万元

资产 =2 245 万元 = 负债 + 所有者权益 =2 245 万元

从例 1-5 中可以看出，佳敏迪公司银行存款减少了 10 万元，实收资本减少了 10 万元，资产与所有者权益同时减少 10 万元，减少的金额相等，会计基本等式的平衡关系没有被破坏。

第三类经济业务：经济业务发生引起会计基本等式的左方内部各项目之间发生增减变化，资产项目内部此增彼减，即资产项目内部一项增加，另一项减少，增减额相等，会计基本等式也会保持平衡。

（5）**一项资产增加，另一项资产同时减少**。

【例 1-6】 2022 年 1 月 12 日，佳敏迪公司从银行存款提取现金 0.5 万元，以备零星开支。本例中的经济业务对企业会计基本等式的影响为

资产 – 银行存款减少额 + 库存现金 = 负债 + 所有者权益

2 245 万元 –0.5 万元 +0.5 万元 =2 245 万元

资产 =2 245 万元 = 负债 + 所有者权益 =2 245 万元

从例 1-6 中可以看出，佳敏迪公司银行存款减少了 0.5 万元，库存现金增加了 0.5 万元，资产内部此增彼减，增减的金额相等，会计基本等式的平衡关系没有被破坏。

第四类经济业务：经济业务发生引起会计基本等式的右方内部各项目之间发生增减变化，增减额相等，即负债类内部项目之间、所有者权益类内部项目之间或者负债类项目与所有者权益类项目之间此增彼减，会计基本等式也会保持平衡。

（6）**一项负债增加，另一项负债减少**。例如，从银行借款，并用该借款偿还原欠货款（银行借款增加，应付账款减少）。

【例 1-7】 佳敏迪公司 2022 年 1 月 14 日，从银行借款 16 万元偿还前欠甲公司货款。本例中的经济业务对企业会计基本等式的影响为

资产 = 负债 + 所有者权益 – 应付账款减少额 + 银行借款增加额

2 245 万元 =2 245 万元 –16 万元 +16 万元

资产 =2 245 万元 = 负债 + 所有者权益 =2 245 万元

从例 1-7 中可以看出，佳敏迪公司银行借款增加了 16 万元，应付账款减少了 16 万元，负债内部此增彼减，增减的金额相等，会计基本等式的平衡关系没有被破坏。

（7）**一项所有者权益增加，另一项所有者权益减少**。

【例 1-8】 佳敏迪公司 2022 年 1 月 15 日将资本公积 12 万元转赠资本。本例中的经济业务对企业会计基本等式的影响为

资产 = 负债 + 所有者权益 + 实收资本增加额 – 资本公积减少额

2 245 万元 =2 245 万元 +12 万元 –12 万元

资产 =2 245 万元 = 负债 + 所有者权益 =2 245 万元

从例 1-8 中可以看出，佳敏迪公司实收资本增加了 12 万元，资本公积减少了 12 万元，所有者权益内部此增彼减，增减的金额相等，会计基本等式的平衡关系没有被破坏。

（8）**一项负债增加，一项所有者权益减少**。

【例 1-9】 佳敏迪公司 2022 年 1 月 31 日，决定向投资者分配利润 14 万元，已经办理了相关的手续。本例中的经济业务对企业会计基本等式的影响为

资产 = 负债 + 所有者权益 + 应付利润增加额 – 未分配利润减少额

2 245 万元 =2 245 万元 +14 万元 –14 万元

资产 =2 245 万元 = 负债 + 所有者权益 =2 245 万元

从例 1-9 中可以看出，佳敏迪公司应付股利增加了 14 万元，未分配利润减少了 14 万元，即负债增加了 14 万元，所有者权益中未分配利润减少了 14 万元，增减的金额相等，会计基本等式的平衡关系没有被破坏。

（9）**一项负债减少，一项所有者权益增加。**

【例 1-10】 2022 年 1 月 31 日，乙公司决定将佳敏迪公司前欠的货款 10 万元转作对佳敏迪公司的投资，已经办理了相关手续。本例中的经济业务对企业会计基本等式的影响为

资产 = 负债 + 所有者权益 + 实收资本增加额 − 应付账款减少额

2 245 万元 =2 245 万元 +10 万元 −10 万元

资产 =2 245 万元 = 负债 + 所有者权益 =2 245 万元

从例 1-10 中可以看出，佳敏迪公司实收资本增加了 10 万元，应付账款减少了 10 万元，即所有者权益增加了 10 万元，负债减少了 10 万元，增减的金额相等，会计基本等式的平衡关系没有被破坏。

经过上述发生的各项经济业务，变化后的资产负债表简表见表 1-2。

表 1-2 资产负债表简表（2）

2022 年 1 月 31 日　　　　　　　　　　　　　　　　　　　　单位：万元

资产	金额	负债和所有者权益	金额
货币资金	600+300−5−10+0.5−0.5	短期借款	300+300+16
应收账款	350	应付账款	450−5−16−10
存货	490	应付股利	14
固定资产	460+60	实收资本	500+60−10+12+10
		资本公积	200−12
		盈余公积	290
		未分配利润	160−14
资产合计	2 245	负债和所有者权益合计	2 245

从表 1-2 中可以看出，佳敏迪公司变化后的资产负债表的资产总额 2 245 万元 = 权益总额 2 245 万元，说明公司在经营过程中无论发生什么样的经济业务，都不会打破会计基本等式的平衡关系。因此，会计上把资产 = 负债 + 所有者权益这一会计基本等式称为会计恒等式。

（二）扩展的企业会计等式

如果考虑收入、费用和利润这三个会计要素，则企业会计基本等式就会演变为

资产 = 负债 + 所有者权益 +（收入 − 费用）

= 负债 + 所有者权益 + 利润

这一等式被称为扩展的会计等式。以下分析企业经济业务的发生对该等式的影响：

1）企业收入的取得，或者表现为资产要素和收入要素同时、相等金额的增加，或者表现为收入要素的增加和负债要素相等金额的减少，结果是等式仍然保持平衡。

2）企业费用的发生，或者表现为负债要素和费用要素同时、相等金额的增加，或者表现为费用要素的增加和资产要素相等金额的减少，结果是等式仍然保持平衡。

3）在会计期末，将收入与费用相减得出企业的利润。利润在按规定程序进行分配后，留存企业的部分（包括盈余公积和未分配利润）转化为所有者权益的增加（或减少），同时，要么资产要素相应增加（或减少），要么负债要素相应减少（或增加），结果是等式仍然保持平衡。

由于收入、费用和利润这三个要素的变化实质上都可以表现为所有者权益的变化，因此，上述三种情况都可以归纳到前面总结的九种经济业务中。也正因为如此，上述扩展的会计等式才会始终保持平衡。

以上分析说明，资产、负债、所有者权益、收入、费用和利润这六大会计要素之间存在着一种恒等关系。会计等式反映了这种恒等关系，因而它始终成立。

五、会计要素的计量属性及其应用原则

（一）会计要素的计量属性

会计计量过程包括两方面的内容：①被计量对象的实物数量计量；②被计量对象的货币数量计量。这两方面的内容又转化为确定会计计量单位、会计计量属性，以及二者相结合的会计计量模式。会计计量是为了将符合条件的会计要素登记入账，并列报于财务报表而确定其金额的过程。单位在将符合确认条件的会计要素登记入账并列报于财务报表时，应当按照规定的会计计量属性进行计量，确定其金额。**会计计量属性是确定会计要素金额的基础，主要包括历史成本、重置成本、可变现净值、现值和公允价值。**

1．历史成本

历史成本又称实际成本，是指在取得或制造某项财产物资时所实际支付货币资金或耗用的其他等价物。 在历史成本计量下，资产按照购置时支付的现金或者现金等价物的金额计量，或者按照购置时所支付的对价的公允价值计量；负债按照因承担现时义务而实际收到的资产的金额，或者承担现时义务的合同金额计量，或者按照日常活动中为偿还负债预期需要支付的现金或者现金等价物的金额计量。

历史成本计量的优点是操作简便、容易采集数据、符合会计核算的可靠性要求；缺点是在物价剧烈波动的情况下，不能真实地反映会计要素的实际价值，可能使得会计信息使用者做出错误的判断。历史成本应用于多数资产和负债的计量。

2．重置成本

重置成本又称现行成本，是指按照当前市场条件下，重新取得同样一项资产所需支付的现金或者现金等价物的金额。 在重置成本计量下，资产按照现在购买相同或者相似资产所需支付的现金或者现金等价物的金额计量；负债按照现在偿付该项债务所需支付的现金或者现金等价物的金额计量。

重置成本计量的优点是可以反映现在形成某一会计要素应付出的代价；缺点是这种计价的可操作性比较差。重置成本通常用于资产盘盈情况下的计量。

3．可变现净值

可变现净值是指在正常生产经营过程中，以资产预计售价减去进一步加工成本和预计销售费用以及相关税费后的净值。 在可变现净值计量下，资产按照其正常对外销售所能收到

的现金或者现金等价物的金额扣减该资产至完工时估计将要发生的成本、估计的销售费用以及相关税费后的金额计量。

可变现净值计量的优点是可以真实反映资产的价值；缺点是在操作上有一定的难度。可变现净值通常应用于存货资产减值情况下的后续计量。

4．现值

现值是指对相关的未来现金流量以恰当的折现率进行折现后的价值，是考虑了货币时间价值的一种计量属性。在现值计量下，资产按照预计从其持续使用和最终处置中所产生的未来净现金流入量的折现金额计量；负债按照预计期限内需要偿还的未来净现金流出量的折现金额计量。

现值计量的优点是可以反映资产所带来经济利益流入的金额及与偿还债务相关经济利益流出的金额；缺点是受主观因素的影响较多。现值通常应用于长期资产和长期负债的计量。

5．公允价值

公允价值是指市场参与者在计量日发生的有序交易中，出售一项资产所能收到或者转移一项负债所需支付的价格。在公允价值计量下，资产和负债按照市场参与者在计量日发生的有序交易中，出售资产所能收到或者转移负债所需支付的价格计量。企业以公允价值计量相关资产或负债，应当假定市场参与者在计量日出售资产或者转移负债的交易，是在当前市场条件下的有序交易。有序交易是指在计量日前一段时期内对相关资产或负债进行的具有惯常市场活动性质的交易，清算等被迫交易不属于有序交易。

公允价值计量的优点是可以真实地反映资产、负债的价值；缺点是由于公允价值要求市场必须是成熟的，因此具有不易操作的问题。

（二）各种会计计量属性之间的关系

在各种会计要素的会计计量属性中，历史成本通常反映的是资产或者负债的过去价值，重置成本、可变现净值、现值、公允价值通常反映的是资产或者负债的现时成本或者现时价值，是与历史成本相对应的计量属性。

公允价值相对于历史成本来说，具有很强的时间概念，也就是说，当前环境下某项资产或者负债的历史成本可能是过去环境下该项资产或者负债的公允价值，而当前环境下某项资产或者负债的公允价值也许就是未来环境下该项资产或者负债的历史成本。一项交易在交易时点通常是按照公允价值交易的，随后这一公允价值就转变成历史成本。资产或者负债的历史成本许多是根据交易时有关资产或者负债的公允价值确定的。

企业在使用公允价值计量属性，对相关资产或负债使用估值技术确定公允价值时，通常会采用现值的估值技术和现行重置成本的估值技术。

（三）会计计量属性的应用原则

企业在对会计要素进行计量时，一般应当采用历史成本。在某些情况下，为了提高会计信息质量，实现财务报告目标，企业会计准则允许采用重置成本、可变现净值、现值、公允价值计量的，应当保证相关的会计要素金额能够取得并可靠地计量，如果这些金额无法取得或者可靠地计量的，则不允许采用其他计量属性。

【例 1-11】 佳敏迪公司 2018 年 1 月 1 日购买了一台设备，设备预计使用 10 年，截至

2019 年 12 月 31 日，该设备的相关计量属性见表 1-3。

表 1-3　设备的相关计量属性

内　　容	金额（元）	计量属性
2018 年 1 月 1 日，以银行存款 200 000 元购进	200 000	历史成本
2021 年 12 月 31 日，如果重新购买一台已使用 4 年的设备，预计须支付的全部款项为 150 000 元	150 000	重置成本
2021 年 12 月 31 日，如果将该设备出售，预计售价为 165 000 元，出售时支付的各项费用合计为 5 000 元	160 000	可变现净值
该设备可以继续使用 7 年，预计每年带来的收益为 26 000 元，共计 182 000 元，将未来的收益折现后的价值为 175 000 元	175 000	现值
该设备在类似的市场上，双方自愿交易的价格是 180 000 元	180 000	公允价值

❋ 课堂思考

1．会计的基本职能有哪几项？它们之间的关系是什么？
2．会计基本职能与会计要素有什么联系？
3．会计计量属性在实务中如何运用？
4．简述会计等式及其作用。

第四节　会计核算基础及会计信息质量要求

一、会计核算基础

会计核算基础属于会计要素确认计量方面的制度，它解决的是收入和费用何时确认、确认多少的问题。会计核算基础有两种：一种是权责发生制，又称应收应付制或应计制；另一种是收付实现制，又称现收现付制或现金制。

企业会计的确认、计量和报告应当以权责发生制为基础。**权责发生制，是指对于收入和费用，不论是否已有款项的收付，均按其使各个会计期间经营成果受益的情况确定归属期**。也就是说，**凡属本期应当实现的收入，不管其款项是否收到，都应作为本期收入；凡本期应当负担的费用，不管其款项是否付出，都应作为本期费用**。反之，凡不应归属本期的收入，即使款项已经收妥，也不能作为本期收入；凡不应归属本期的费用，即使款项已经付出，也不能作为本期费用。由于权责发生制确定本期收入和费用以应收应付作为标准，而不问款项的收付，所以又称为应收应付制或应计制。

权责发生制是一种会计核算基础，建立在该基础之上的记账模式可以正确地将收入与费用相配合，正确地计算损益。

与权责发生制相对应的另外一种记账基础是收付实现制。**收付实现制对于收入和费用按照实际收付日期确定其归属期**。也就是说，**凡属本期收到的收入和支出的费用，不管其是否应归属本期，都作为本期的收入和费用；反之，凡本期未收到的收入和未支付的费用，即使应归属本期，也不能作为本期的收入和费用**。由于收付实现制确定本期收入和费用以款项的实际收付为准,所以又称为实收实付制或现金制。

采用收付实现制,由于按照款项收付日期确定收入和费用的归属期,因此,这些实收的收入和实付的费用均已登记,不存在对账簿记录进行期末账项调整的问题。这种处理方法的优点是会计处理简便,不需要对账簿记录进行期末账项调整。但是,它确认本期收入、费用的方法不符合《企业会计准则》的要求。收付实现制把预收款项作为本期收入,把预付款项作为本期费用;把应列入本期收入的应收账款不计入本期收入,把应列入本期费用的应付账款不计入本期费用等,据此计算出来的本期损益就不够合理。

目前,我国的政府预算会计实行收付实现制,政府财务会计实行权责发生制。

【例 1-12】 佳敏迪公司于 6 月预收 A 公司的货款 20 000 元,按合同规定,产品于 7 月发出,并于 6 月预付 7 月的房屋租赁费 4 000 元。佳敏迪公司 7 月售出产品,价款 10 000 元,款项将在 8 月收到;7 月发生设备维修费用 5 000 元,款项将在 8 月支付。若佳敏迪公司按照权责发生制确认收入与费用,则有

佳敏迪公司 7 月份收入 =20 000+10 000=30 000(元)
佳敏迪公司 7 月份费用 =4 000 + 5 000=9 000(元)
佳敏迪公司 7 月份利润 =30000−9 000=21 000(元)

二、会计信息质量要求

会计的目标是向会计信息使用者提供有助于经营决策的会计信息,而会计信息质量的高低,关系到投资决策及市场经济秩序等重大问题。我国已经颁布的《企业会计准则》,规定了会计信息质量要求共有八项,即可靠性、相关性、可理解性、可比性、实质重于形式、重要性、谨慎性、及时性。

(一)可靠性

可靠性即客观性,又称真实性。**可靠性要求企业应当以实际发生的交易或者事项为依据进行确认、计量和报告,如实反映符合确认和计量要求的各项会计要素及其他相关信息,保证会计信息真实可靠、内容完整。**也就是说,会计核算应以实际发生的经济业务为依据,内容真实,数字准确,资料可靠,会计的记录和报告不加任何修饰;应当编报的报表及其附注内容等应当保持完整,不能随意减少应予披露的信息,对与会计信息使用者决策相关的有用信息都应当充分披露。

(二)相关性

相关性又称有用性。**相关性要求企业提供的会计信息应当与会计信息使用者的经济决策需要相关,有助于会计信息使用者对企业过去、现在或者未来的情况做出评价或者预测。**这一原则要求企业所提供的会计信息应与会计信息使用者的经济决策有关,要求在收集、记录、处理和提供会计信息的过程中充分考虑会计信息使用者决策的需要。一项信息是否具有相关性取决于两个因素,即预测价值和反馈价值。

预测价值:如果一项信息能帮助决策者对过去、现在及未来事项的可能结果进行预测,则此项信息具有预测价值。

反馈价值:一项信息如果有助于决策者验证或修正过去的决策和方案,则此项信息具有

反馈价值。

（三）可理解性

可理解性又称明晰性。可理解性要求企业提供的会计信息应当清晰明了，便于会计信息使用者理解和使用。这一原则要求会计记录清晰，填制凭证、登记账簿、编制会计报告要数字正确、项目齐全、勾稽关系清楚。

（四）可比性

可比性要求企业提供的会计信息应当具有可比性。具体包括下列要求：

（1）**纵向可比**。同一企业对于不同时期发生的相同或者相似的交易或者事项，应当采用一致的会计政策，不得随意变更。企业会计政策和会计估计如有必要变更，应当将变更的内容和理由、变更的累积影响数，以及累积影响数不能合理确定的理由等，在会计报表附注中予以说明。

（2）**横向可比**。不同企业发生的相同或者相似的交易或者事项，应当采用一致的会计政策，确保会计信息口径一致、相互可比，以使不同企业按照一致的确认、计量和报告基础提供有关会计信息。

（五）实质重于形式

实质重于形式要求企业按照交易或者事项的经济实质进行会计确认、计量和报告，不应仅以交易或者事项的法律形式为依据。如果企业仅仅以交易或者事项的法律形式为依据进行会计确认、计量和报告，那么就容易导致会计信息失真，无法如实反映经济现实和实际情况。例如，在租赁业务中，出租人应当在租赁开始日将租赁分为融资租赁和经营租赁。一项租赁属于融资租赁还是经营租赁取决于交易的实质，而不是合同的形式。如果一项租赁实质上转移了与租赁资产所有权有关的几乎全部风险和报酬，出租人应当将该项租赁分类为融资租赁。

（六）重要性

重要性要求企业提供的会计信息应当反映与企业财务状况、经营成果和现金流量有关的所有重要交易或者事项。这一原则要求会计人员在会计确认、计量过程中对交易或事项区别其重要程度，采用不同的会计核算方式。对资产、负债、损益等有较大影响，并进而影响财务会计信息使用者据以做出合理判断的重要会计事项，必须按照规定的会计方法和程序予以处理，并在财务会计报告中予以充分、准确披露；对于次要的会计事项，在不影响会计信息真实性和不至于导致会计信息使用者做出正确判断的前提下，可适当简化处理。从性质方面讲，只要该会计事项发生就可能对决策有重大影响的，属于具有重要性的事项。从数量方面讲，当某一会计事项的影响金额达到总资产的一定比例（如 5%）时，一般认为其具有重要性。

（七）谨慎性

谨慎性要求企业对交易或者事项进行会计确认、计量和报告时保持应有的谨慎，不应高估资产或者收益，低估负债或者费用。但是，谨慎性的应用并不允许企业违背其他会计信息质量要求。如果企业故意低估资产或者收益，或者故意高估负债或者费用，将不符合会计信息的可靠性和相关性要求，损害会计信息质量，扭曲企业实际的财务状况和经营成果，从而对会计信息使用者的决策产生误导，这是《企业会计准则》所不允许的。

（八）及时性

及时性要求企业对于已经发生的交易或者事项，应当及时进行确认、计量和报告，不得提前或者延后。 企业要及时收集、处理、传递会计信息。

上述会计信息质量要求中，可靠性、相关性、可理解性、可比性是会计信息的首要质量要求，是企业财务报告中所提供会计信息应具备的基本质量特征；实质重于形式、重要性、谨慎性、及时性是对会计信息的次级质量要求，是对可靠性、相关性、可理解性、可比性这些首要质量要求的补充与完善。

> **课堂思考**
> 1．权责发生制与收付实现制的区别有哪些？
> 2．会计信息质量要求对会计目标实现的影响是什么？

第五节　会计方法及会计学科体系

一、会计方法

会计方法是指完成会计任务，实现会计核算与监督的职能的手段。会计方法究竟包括哪些方面的内容，在会计理论界与实务界存在不同的看法。大多数观点认为，它至少包括五个方面的内容：会计核算方法、会计分析方法、会计考核方法、会计预测方法及会计决策方法。其中，会计核算方法是最基本、最主要的方法。

（一）会计核算方法

会计核算方法是对会计对象的具体内容进行核算所采用的手段。 会计作为经济管理的重要组成部分，需要有一整套科学的方法体系。随着我国市场经济体制的不断改革，互联网经济的出现，各种会计主体的经济业务越来越复杂，社会再生产过程中生产、分配、交换、消费等环节发生的经济信息数不胜数，要将经济信息转换成为会计信息，就必须依照《企业会计准则》的规定进行确认、计量、记录、分类、汇总、加工处理，使之成为有效的会计信息。这个信息转换的过程就是会计核算。会计核算方法是会计方法中的主要方法，是其他各种方法的基础。当会计主体发生了经济业务之后，就可以依据《企业会计准则》从大量的经济信息中进行选择和确认，并且以货币为尺度进行计量；在选定某种标志进行分类以后，就要根据一定的规则进行记录，将经济信息转换为会计信息；对于形成的会计信息还需要进行加工处理，即进行调整、分类、汇总，最后编制财务报告予以披露。

会计核算方法又包括一系列具体的方法。会计核算主要采用以下方法：设置会计科目及账户、复式记账、填制与审核凭证、登记账簿、成本计算、财产清查、编制财务报表。下面简要阐述这些方法的内容。

1．设置会计科目及账户

设置会计科目及账户是对会计对象具体内容进行分类核算的方法。会计对象包含的内容纷繁复杂，设置会计科目及账户就是根据会计对象具体内容的不同特点和经济管理的不同要求，选择一定的标准进行分类，并事先规定分类核算的项目，在账簿中开设相应的账户，以取得所需要的核算指标。

正确、科学地设置会计科目及账户，是满足经营管理需要、完成会计核算任务的基础。

2．复式记账

复式记账是当经济业务发生时，对每一项经济业务，都要以相等的金额同时在两个或两个以上的相关账户中进行记录的方法。复式记账法要使得每项经济业务所涉及的两个或两个以上的账户之间产生一种平衡关系，以便于了解和掌握经济业务的内容，检查会计记录的正确性。同时，采用复式记账法记录各项经济业务，能够全面、系统地反映各项经济业务之间的联系，反映经济活动过程的全貌。

3．填制与审核凭证

填制和审核凭证是为会计核算提供完整的、真实的原始资料，保证账簿记录正确、完整的方法。会计凭证是记录经济业务和明确经济责任的书面证明，是登记账簿的依据。会计凭证分为原始凭证和记账凭证。对于已经发生的经济业务，都必须由经办人或单位填制原始凭证并签名盖章。所有原始凭证都要经过会计部门和其他有关部门的审核。只有审核后并认为正确无误的原始凭证，才能作为填制记账凭证和登记账簿的依据。所以，填制和审核凭证是保证会计资料真实性、正确性的有效手段。

4．登记账簿

登记账簿是根据填制和审核无误的会计凭证，在账簿上对经济业务进行全面、连续、系统记录的方法。账簿是用来记录经济业务发生的簿籍。登记账簿一般应以记账凭证为依据，按照规定的会计科目开设账户，并将记账凭证中所反映的经济业务分别记入有关账户。这样，账簿记录就对会计凭证中分散记录的经济业务内容进行了进一步的分类、汇总，使之系统化，能够更加适应经济管理的需要。账簿记录的各种数据资料，还是编制财务报表的重要依据。所以，登记账簿是会计核算的主要方法。

5．成本计算

成本计算就是指会计主体在生产经营过程中，对应计入特定成本计算对象上的全部费用进行归集、计算，并确定各成本计算对象的总成本和单位成本的会计方法。通过成本计算可以正确地对会计核算对象进行计价，可以考核经济活动过程中物化劳动和活劳动的耗费程度，为在经营管理中正确计算盈亏提供数据资料。

6．财产清查

财产清查是通过实物盘点及往来款项的核对来检查会计主体各项财产物资和货币资金实有数额的方法。在财产清查中发现的各项财产物资、货币资金账面数额与实存数额不符的情况，应该及时调整账簿记录，使账存数与实存数保持一致，并查明账实不符的原因，明确责任。清查中发现的积压或残损物资以及往来账款中的呆账、坏账，要积极清理，加强财产管理。因此，财产清查是保证会计核算资料的真实性、正确性的一种手段。

7．编制财务报表

编制财务报表是根据账簿记录的数据资料，采用一定的表格形式，概括地、综合地反映各会计主体在一定时期内经济活动过程和结果的一种方法。编制财务报表是对日常核算的总结，是在账簿记录基础上对会计核算资料的进一步加工整理。财务报表提供的资料是进行会计分析、会计检查的重要依据。

从填制与审核会计凭证到登记账簿及最终编制出财务报表，一个会计期间的会计核算工作即告结束，然后按照上述程序进入新的会计期间，如此循环往复，直至企业停业清算。习惯上，人们将从填制与审核凭证到登记账簿再到编制财务报表这一会计核算过程称为会计循环。

会计核算方法的相互联系、相互配合，构成了一个完整的方法体系。在会计主体的经济业务发生时，首先要根据业务的内容取得或填制会计凭证并加以审核；同时，按照规定的会计科目，在会计账簿中开设会计账户，并根据审核无误的会计凭证，运用复式记账法登记账簿，对于每个会计主体生产经营过程中发生的各项费用，以及各种需要确定成本构成的业务，要进行成本计算，对于会计凭证和会计账簿记录要通过财产清查加以核实；最后，根据核实的账簿资料编制财务报表。

（二）会计分析方法

会计分析是会计的又一主要方法。会计分析要依照会计核算提供的各项资料及经济业务发生的过程，运用一定的分析方法，对企业的经营过程及其经营成果进行定性或定量的分析。会计分析的资料将成为会计预测、考核、决策的主要根据。从一定意义上说，会计分析是会计考核、会计预测、会计决策的前奏。

（三）会计考核方法

会计考核（会计监督、控制）是通过会计核算及会计分析所提供的资料与原定目标之间比较，来考核、检查企业的生产经营过程或单位的经济业务是否合理、合法，与原定目标有多大偏差；考核会计实体的经营业绩，监督经济运行的全过程，控制经济运行按预定的轨道进行。

（四）会计预测方法

会计预测方法是通过会计核算及会计分析所提供的资料与市场环境因素的相关性，运用一定的预测方法，对会计主体的财务指标未来发展趋势做出测算、预计和估价，为会计决策提供可选择方案。会计预测是企业经济活动可行性研究的重要组成部分。

（五）会计决策方法

会计决策方法是企业经营决策的重要组成部分。由于会计信息主要使用货币量度，所以它具有综合性的特点。会计信息能够综合反映企业生产经营活动的优缺点。会计信息中的利润（或亏损）指标可以综合说明一个单位经营管理水平的高低。会计参与经营决策，选择经济效益较高的方案，是我国会计工作发展的总趋势。

二、会计学科体系

（一）会计学科体系的概念

会计学从属于管理学，是管理学的二级学科，会计学是随着社会经济的不断发展和管理的需要而进一步发展的。它是建立在经济学和管理学基础上的一门应用学科，也是交叉学科。

随着我国社会经济体制的不断深入改革,实体经济与互联网经济的高速发展,会计发展到一个新的水平,因而会计学的内容也不断丰富,已经形成一个较为完整的知识体系,这就是会计学科体系。

早期的会计学构成内容比较简单。随着科学领域的扩展和研究的不断深入,特别是电子计算机与数学方法在会计中的应用以及管理科学的发展及其向会计领域的渗透,会计学的内容得到不断充实,并已初步形成了独立完整的现代会计学科体系。

(二)会计学科体系的内容

会计学科体系的内容可以按照不同的标志进行分类。

1. 按照会计提供信息的对象不同分类

(1) 财务会计学。财务会计学主要是以货币为计量单位,按照一定的会计专门方法,将会计主体的生产经营活动中大量的、日常的业务数据,通过会计确认、会计计量、会计记录、会计报告等方式,主要为会计主体外部相关方面提供会计主体的财务状况、经营成果、现金流量等方面的信息,并全面介入会计主体内部各项业务的一种经济管理活动,又称外部报告会计。

(2) 管理会计学。管理会计学主要是以会计主体现在和未来的经济活动为对象,以提高经济效益为目的,为会计主体内部管理者提供经营管理决策的科学依据而进行的经济管理活动,又称内部报告会计。

2. 按照会计学科体系研究的内容分类

按照会计学科体系研究的内容分类,会计学科可以分为初级财务会计(会计学原理、会计学基础等)、中级财务会计、高级财务会计、成本会计、管理会计、财务管理、审计学、会计信息化等。

3. 按照会计的运用行业分类

按照会计的运用行业分类,会计学科可以分为工业企业会计、商品流通企业会计、交通运输企业会计、施工企业会计、房地产开发企业会计、金融保险企业会计、邮电通信企业会计、旅游饮食服务企业会计、农业企业会计等。

目前还产生了一系列会计新学科,如税务会计、法务会计、社会责任会计、环境会计、人力资源会计等。

❋ 课堂思考

1. 会计方法与会计核算方法有什么区别与联系?
2. 会计核算方法的具体内容是什么?各种会计核算方法之间的联系是什么?

第六节 会计操作规范

会计操作规范是指从事和评判会计工作的标准,一般包括会计法规、会计准则、会计制度。

一、会计法规

《中华人民共和国会计法》是会计工作的根本法规。凡是在我国境内的所有企业、行政事业单位和其他组织都必须依照《中华人民共和国会计法》的规定来办理会计事务。会计准则、会计制度和其他会计法规都是在《中华人民共和国会计法》的基础之上制定的。

1985 年 1 月 21 日,第六届全国人民代表大会常务委员会第九次会议通过了《中华人民共和国会计法》,于 1985 年 5 月 1 日正式施行,这是我国首次颁布会计法律。当时主要是为了适应我国经济改革开放的需要,维护财经纪律,保障会计人员履行会计职责和享有合法权利。

为了适应市场经济的需要,1993 年 12 月 29 日,第八届全国人民代表大会常务委员会第五次会议通过了《关于修改〈中华人民共和国会计法〉的决定》,这是我国第一次修正《中华人民共和国会计法》。

为了解决会计实务中的会计信息失真问题,1999 年 10 月 31 日,第九届全国人民代表大会常务委员会第十二次会议修订了《中华人民共和国会计法》,并于 2000 年 7 月 1 日起施行。

2017 年 11 月 4 日,第十二届全国人民代表大会常务委员会第三十次会议通过《关于修改〈中华人民共和国会计法〉等十一部法律的决定》,对《中华人民共和国会计法》进行了第二次修正,并于 2017 年 11 月 5 日起正式施行。

会计法共分七章五十二条,其内容主要包括**总则,会计核算,公司、企业会计核算的特别规定,会计监督,会计机构和会计人员,法律责任,附则**。

二、会计准则

会计准则是约束会计核算工作的规则,也是评价会计工作质量的标准。会计准则是对会计工作实践经验的概括和总结,并指导会计工作实践。

会计准则可以由政府制定,也可以由民间机构制定。我国的会计准则由国家财政部门负责制定。会计准则分为**基本准则和具体准则**。基本准则的适用范围较广,对会计工作具有普遍的指导意义,同时也是制定具体准则的依据。具体准则是对会计工作所做的具体规定,体现了基本准则的要求。基本准则和具体准则必须保持协调一致。

我国已经颁布了企业会计准则、政府会计准则、小企业会计准则等一系列的基本准则和具体准则。现主要介绍我国的企业会计准则。

我国于 1992 年 11 月颁布的《企业会计准则》属于基本准则。当时的《企业会计准则》全文共十章六十六条,对我国会计核算工作进行了全面规范,对会计目标、会计假设、会计要素的确认基础和会计核算的基本原则等做出了明确的规定,从 1993 年 7 月 1 日起施行,适用于我国境内的所有企业。根据《国务院关于〈企业财务通则〉、〈企业会计准则〉的批复》(国函〔1992〕178 号)的规定,2006 年 2 月 15 日,财政部对《企业会计准则》进行了修订,修订后的《企业会计准则——基本准则》自 2007 年 1 月 1 日起施行。2014 年 7 月 23 日,《财政部关于修改〈企业会计准则——基本准则〉的决定》对《企业会计准则——基本准则》进行了修改。

具体会计准则是确认、计量、报告具体会计事项时应遵循的准则。财政部于 1997 年 5 月 22 日颁布了第一个具体准则——《关联方关系及其交易的披露》，首先由上市公司执行。此后，财政部又陆续颁布了多个具体准则，有《现金流量表》《资产负债表日后事项》《债务重组》《收入》《建造合同》《投资》《会计政策、会计估计变更和会计差错更正》《非货币性交易》《或有事项》《无形资产》《租赁》《借款费用》《存货》《中期财务报告》。每个具体会计准则除正文外，还包括指南，以便在会计实务中操作。

2006 年 2 月 15 日，财政部正式发布了我国新的会计准则体系，2007 年 1 月 1 日，新会计准则体系在上市公司范围内施行，并鼓励其他企业执行。我国的《企业会计准则》属于法规体系的组成部分，具有强制性的特点，要求企业必须执行，否则属于违规行为。2007 年施行的会计准则体系，包括有 1 个基本准则、38 个具体准则和应用指南。38 个具体准则具体包括《企业会计准则第 1 号——存货》《企业会计准则第 2 号——长期股权投资》《企业会计准则第 3 号——投资性房地产》《企业会计准则第 4 号——固定资产》《企业会计准则第 5 号——生物资产》《企业会计准则第 6 号——无形资产》《企业会计准则第 7 号——非货币性资产交换》《企业会计准则第 8 号——资产减值》《企业会计准则第 9 号——职工薪酬》《企业会计准则第 10 号——企业年金基金》《企业会计准则第 11 号——股份支付》《企业会计准则第 12 号——债务重组》《企业会计准则第 13 号——或有事项》《企业会计准则第 14 号——收入》《企业会计准则第 15 号——建造合同》《企业会计准则第 16 号——政府补助》《企业会计准则第 17 号——借款费用》《企业会计准则第 18 号——所得税》《企业会计准则第 19 号——外币折算》《企业会计准则第 20 号——企业合并》《企业会计准则第 21 号——租赁》《企业会计准则第 22 号——金融工具确认和计量》《企业会计准则第 23 号——金融资产转移》《企业会计准则第 24 号——套期保值》《企业会计准则第 25 号——原保险合同》《企业会计准则第 26 号——再保险合同》《企业会计准则第 27 号——石油天然气开采》《企业会计准则第 28 号——会计政策、会计估计变更和差错更正》《企业会计准则第 29 号——资产负债表日后事项》《企业会计准则第 30 号——财务报表列报》《企业会计准则第 31 号——现金流量表》《企业会计准则第 32 号——中期财务报告》《企业会计准则第 33 号——合并财务报表》《企业会计准则第 34 号——每股收益》《企业会计准则第 35 号——分部报告》《企业会计准则第 36 号——关联方披露》《企业会计准则第 37 号——金融工具列报》《企业会计准则第 38 号——首次执行企业会计准则》）。

2014 年财政部新颁布了 3 个具体准则，分别是《企业会计准则第 39 号——公允价值计量》《企业会计准则第 40 号——合营安排》《企业会计准则第 41 号——在其他主体中权益的披露》修订了《企业会计准则第 2 号——长期股权投资》《企业会计准则第 9 号——职工薪酬》《企业会计准则第 30 号——财务报表列报》《企业会计准则第 33 号——合并财务报表》等具体准则。这是自 2006 年 2 月颁布《企业会计准则——基本准则》和 38 个具体会计准则之后，财政部第一次大规模准则修订和增补企业会计准则体系。这些新准则基本与相关国际财务报告准则一致，保持了与国际持续趋同。

2017 年 4 月 28 日，财政部又颁布了 1 个新的具体准则，即《企业会计准则第 42 号——持有待售的非流动资产、处置组和终止经营》，从 2017 年 5 月 28 日起施行。

2017 年修订了 6 个具体准则，即《企业会计准则第 14 号——收入》《企业会计准则第 16 号——政府补助》《企业会计准则第 22 号——金融工具确认和计量》《企业会计准则第 23

号——金融资产转移》《企业会计准则第 24 号——套期会计》《企业会计准则第 37 号——金融工具列报》。这是自 2014 年财政部首次大规模准则修订和增补企业会计准则体系之后第二次大规模修订企业会计具体准则，这也体现了与国际持续趋同的理念。

为了适应社会主义市场经济发展需要，规范租赁的会计处理，提高会计信息质量，2018 年 12 月 7 日，财政部发布《关于修订印发〈企业会计准则第 21 号——租赁〉的通知》（财会〔2018〕35 号），对《企业会计准则第 21 号——租赁》进行了修订，在境内外同时上市的企业以及在境外上市并采用国际财务报告准则或企业会计准则编制财务报表的企业，自 2019 年 1 月 1 日起施行；其他执行企业会计准则的企业自 2021 年 1 月 1 日起施行。

2019 年 5 月 9 日，财政部发布了《关于印发修订〈企业会计准则第 7 号——非货币性资产交换〉的通知》（财会〔2019〕8 号）；2019 年 5 月 16 日，财政部发布了《关于印发修订〈企业会计准则第 12 号——债务重组〉的通知》（财会〔2019〕9 号）。

2020 年 12 月 19 日，财政部发布了《关于修订印发〈企业会计准则第 25 号——保险合同〉的通知》（财会〔2020〕20 号）。

2020 年 12 月 31 日，财政部发布 2020 年第 47 号公告，公告指出，欧盟于 2012 年发布《欧盟委员会实施决定》（2012/194 号），自 2012 年 1 月 1 日起认定中国企业会计准则与欧盟认可的、由国际会计准则理事会发布的国际财务报告准则（以下简称国际财务报告准则）等效，并在欧盟成员内生效。同年，我国发布《中华人民共和国财政部公告》（2012 年第 65 号），自 2012 年 1 月 1 日起认定欧盟成员上市公司在合并财务报表层面所采用的国际财务报告准则与中国企业会计准则等效。英国作为欧盟成员执行上述等效规定。

根据英国《脱欧法案》等法律规定，欧盟委员会在英国脱欧前做出的认可中国企业会计准则等效的决定将在英国脱欧过渡期结束后转为英国法律，英国继续认可中国企业会计准则与国际财务报告准则等效，英国上市公司在合并财务报表层面仍然采用国际财务报告准则。

据此，按照对等原则，根据《中华人民共和国会计法》和其他相关规定，现将有关事项明确如下：

自英国脱欧过渡期结束后，英国上市公司在合并财务报表层面所采用的国际财务报告准则与中国企业会计准则等效。

上述内容表明，我国的企业会计准则体系在逐步与国际财务报告准则等效。

三、会计制度

会计制度是从事会计工作的具体行为规范。在中华人民共和国成立以后的很长一段时间内，我国财政部主要通过颁布统一的会计制度来规范全国的会计工作。在 1993 年以前，我国的会计制度按照行业和所有制形式加以制定，当时全国有 60 多个统一的会计制度。改革开放后，由于企业所有制的多样化，企业经营方式的多元化，以及新经济业务的不断出现，分行业、分所有制的会计制度已经不再适用，因此财政部于 1992 年 11 月颁布了《企业会计准则》，同时在具体会计准则尚未出台的情况下，陆续颁布了 13 个行业的会计制度，取代原来的会计制度，形成会计准则与多种会计制度并存的格局。此后，随着发展社会主义市场经济总目标的确立，我国的社会经济环境发生了重大变化，为了适应新形势的要求和全球经济一体化的发展趋势，提高会计信息质量，防范和化解金融风险并与国际会计接轨，财政部于 2000 年 12 月颁布了《企业会计制度》，从 2001 年 1 月 1 日起在股份有限公司范围内执行。《企业会计制度》适用于我国境内除金融企业和小企业以外的所有企业，国家财政部另外制定有《金融企业会计制度》和《小企业会计制度》。《企业会计制度》打破了行业界限，借鉴了国际上通行的会计处理方法，扩大了谨慎性原则的应用范围，在一定程度上解决了由于会计规则不科学所造成的会计信息失真问题。

《企业会计制度》包括两部分内容。第一部分是会计核算制度，全文共 14 章 160 条，提出了对企业会计核算的具体规定，并对资产、负债、所有者权益、收入、成本和费用、利润及利润分配、非货币性交易、外币业务、会计调整、或有事项、关联方关系及交易、财务会计报告的基本概念和内容等进行了规范。第二部分是会计科目和会计报表，规定了企业统一会计科目的名称及其用法，会计报表的格式和编制方法，以及会计报表附注的内容和编制方法等。

《企业会计制度》的颁布，使国家进一步统一了企业的会计核算工作，同时国家财政部也在陆续起草和颁布具体会计准则。

课堂思考
1．我国会计信息质量要求有哪些？
2．会计法规与会计准则之间的关系是什么？

本章小结

会计是由于经济管理的客观需要而产生和发展起来的。历史证明，经济越发展，会计越重要。

会计核算的基本假设有会计主体、持续经营、会计分期和货币计量。会计对象的确立、会计政策和方法的选择都要以会计核算的基本假设为依据。

会计的基本目标是会计主体为会计信息使用者进行经济决策提供会计信息。会计信息使用者包括投资者、债权人、职工、政府及其有关部门和社会公众等。

会计的基本职能是核算和监督。会计对象是会计核算和监督的内容，具体体现在会计要素中。企业会计要素包括反映财务状况的会计要素和反映经营成果的会计要素，具体分为资产、负债、所有者权益、收入、费用、利润六类。

会计信息的质量要求是进行会计处理、编制财务报表所依据的一般规则和准绳，是进行会计核算的基本要求。

会计方法包括五个方面的内容：会计核算方法、会计分析方法、会计考核方法、会计预测方法及会计决策方法。其中，会计核算方法是最基本、最主要的方法。具体的会计核算方法包括设置会计科目及账户、复式记账、填制与审核凭证、登记账簿、成本计算、财产清查、编制财务报表。

我国的会计操作规范包括会计法规、会计准则和会计制度。

第一章 概论

思维导图

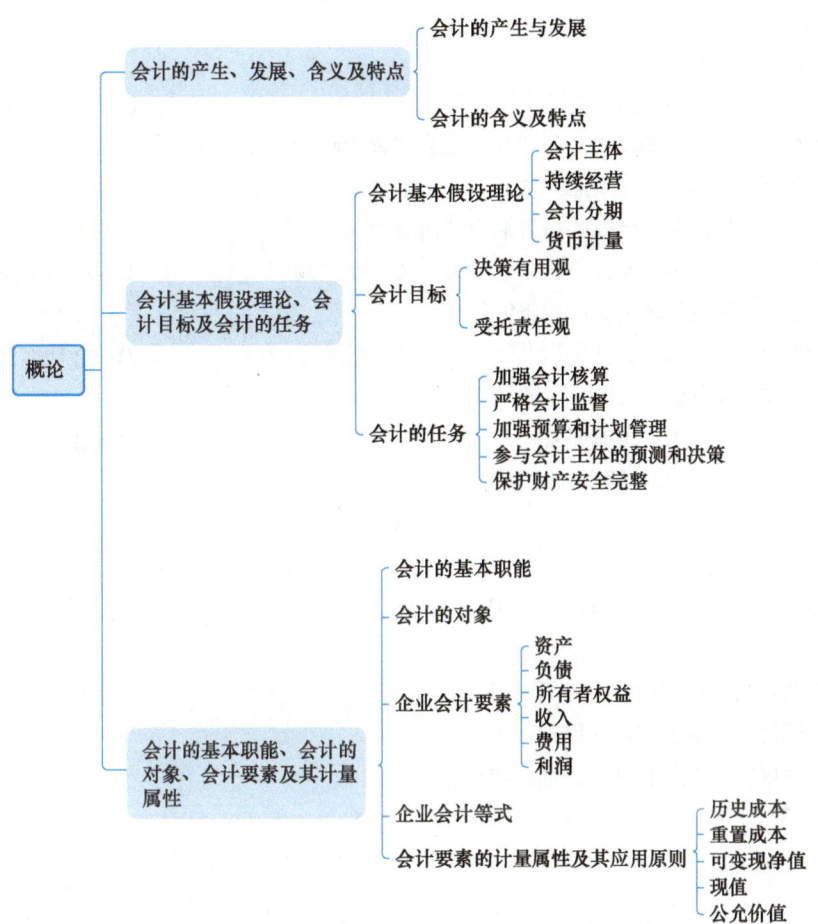

本章实训

一、单项选择题

1. 最初的会计只作为（　　）。
   A. 生产职能的组成内容之一　　　B. 生产职能的附带部分
   C. 生产职能之外的一种独立职能　　D. 一种简单的工作职能

2. 针对"经济业务应当以实际发生的交易或者事项为依据进行确认、计量和报告，保证会计信息真实可靠、内容完整"这一要求所进行的审查是（　　）。
   A. 真实性审查　　B. 合法性审查　　C. 合理性审查　　D. 有效性审查

3. 管理会计主要为（　　）提供所需数据。
   A. 投资者　　　B. 债权人　　　C. 政府各部门　　D. 企业内部管理部门

39

4. 会计的基本职能是对再生产过程的经济活动进行（　　）。

　　A．核算　　　　B．监督　　　　　　C．核算和监督　　　　D．控制

5. 会计监督主要是通过（　　）指标来进行的。

　　A．数量　　　　B．价值量　　　　　C．实物量　　　　　　D．劳动量

6. 经营业务收支以外币为主的企业（　　）。

　　A．只用人民币记账

　　B．只设外币"库存现金日记账"

　　C．有多种外币的，都折算成一种外币，设置"库存现金日记账"

　　D．可以选择某种外币作为记账本位币

7. 短于一个完整的会计年度的报告期间是指会计（　　）。

　　A．中期　　　　B．年报　　　　　　C．生产周期　　　　　D．经营周期

8. 会计工作所服务的特定单位或组织是（　　）。

　　A．法律主体　　B．会计主体　　　　C．经济上的法人　　　D．会计客体

9. （　　）前提明确了会计工作的时间范围。

　　A．会计主体　　B．持续经营　　　　C．会计客体　　　　　D．会计分期

10. 采购员预借差旅费，所引起的变化是（　　）。

　　A．资产负债同增　　　　　　　　　　B．资产负债同减

　　C．资产一增一减　　　　　　　　　　D．资产增所有者权益减

11. 甲公司在与乙公司联营期满后以固定资产退还乙公司部分投资，这笔经济业务将导致甲公司（　　）。

　　A．资产项目与所有者权益项目同时增加

　　B．资产项目与所有者权益项目同时减少

　　C．资产项目减少与所有者权益项目增加

　　D．资产项目增加与所有者权益项目减少

12. 企业2月末的所有者权益总额为20 000元，负债总额30 000元，则该企业2月末的资产总额为（　　）元。

　　A．50 000　　　B．30 000　　　　　C．40 000　　　　　　D．10 000

13. 会计的主要方法是（　　）。

　　A．会计分析方法　　　　　　　　　　B．会计核算方法

　　C．会计预测方法　　　　　　　　　　D．会计决策方法

14. 会计分期是从（　　）引申出来的。

　　A．会计主体　　B．持续经营　　　　C．货币计量　　　　　D．币值稳定

15. 下列选项中属于长期负债的是（　　）。

　　A．应付股利　　B．预收账款　　　　C．应付债券　　　　　D．应付利息

16. 企业月初资产总额为3 000 000元，本月发生下列经济业务：①赊购材料100 000元；②用银行存款偿还短期借款200 000元；③收到购货单位偿还欠款150 000元存入银行。则该企业月末资产总额为（　　）元。

　　A．3 100 000　B．2 900 000　　　　C．2 950 000　　　　 D．3 050 000元

17. 事中核算的主要形式是在计划执行过程中，为使经营活动过程按照计划或预期的目标进行，

通过核算和监督相结合的方法，对经济活动进行（　　）。

A．核算　　　　B．监督　　　　　C．考核　　　　　D．控制

18．企业期末所有者权益总额等于（　　）。

A．期末资产－期末负债　　　　　B．本期收入－本期费用

C．期末资产－本期费用　　　　　D．期末负债＋本期费用

19．制定会计准则的主要依据是（　　）。

A．会计实践　　B．宪法　　　　　C．会计法　　　　D．会计制度

20．目前，我国的政府预算会计主要采用（　　）。

A．收付实现制　B．应收应付制　　C．应计制　　　　D．权责发生制

21．财务会计侧重于提供（　　）。

A．外部过去信息　B．现在信息　　C．未来信息　　　D．全过程信息

22．会计主体在下述哪一方面对会计核算范围进行了有效的界定（　　）。

A．空间　　　　B．时间　　　　　C．空间和时间　　D．会计对象

23．所有者权益是企业所有者对（　　）的要求权。

A．资产　　　　B．其他资产　　　C．总资产　　　　D．净资产

24．利润是企业在一定时期内的经营成果，是企业在生产经营过程中（　　）的余额。

A．各种收入扣除各种费用　　　　B．各种收入扣除产品成本

C．各种资产扣除各种费用　　　　D．各种资产扣除各种成本

二、多项选择题

1．下列各项经济业务中，属于企业资金退出的有（　　）。

A．偿还借款　　B．上缴税款　　C．发放工资　　D．购买材料　　E．销售商品

2．关于管理会计和财务会计的区别，下列说法正确的是（　　）。

A．财务会计主要侧重于向外部会计信息使用者提供相关信息

B．财务会计主要侧重于为内部管理部门提供相关信息

C．财务会计侧重于提供未来信息

D．管理会计侧重于为内部管理部门提供相关信息

E．管理会计侧重于提供未来信息

3．会计按其报告的对象不同分为（　　）。

A．成本会计　　B．基础会计　　C．财务会计　　D．管理会计　　E．税务会计

4．会计核算职能主要是通过（　　），从数量方面反映企业单位已经发生或已经完成的各项经济活动，为经营管理提供信息的。

A．确认　　　　B．计量　　　　C．记录　　　　D．计算　　　　E．报告

5．会计的两项基本职能是相辅相成、辩证统一的关系，下列说法正确的是（　　）。

A．会计监督是会计核算的基础

B．没有会计核算所提供的信息，会计监督就失去依据

C．会计监督是会计核算的质量保证

D．会计还具有预测经济前景、参与经济决策、评价经营业绩等功能

E．会计监督是会计核算的依据

6. 企业的资金运动表现为（　　）几个过程。

A．资金投入　　B．资金运用　　C．上缴税款　　D．资金退出　　E．资金分配

7. 明确会计分期假设意义重大，由于有了会计分期，才产生了权责发生制和收付实现制的区别。采用权责发生制会计后，对于收入和费用要按照权责关系在本期和以后会计期间进行分配，确定其归属的会计期间，进而出现了（　　）的会计处理方法。

A．预收　　B．预付　　C．应收　　D．应付　　E．摊销

8. 会计方法包括（　　）。

A．会计核算方法　　　　　　B．会计分析方法

C．会计监督方法　　　　　　D．会计决策方法

E．会计预测方法

9. 我国企业会计期间分为（　　）。

A．年度　　B．月份　　C．日期　　D．中期　　E．生产周期

10. 一般来说，具有（　　）特征的企业或单位构成了一个会计主体。

A．拥有独立的资金　　　　　B．自主经营

C．独立核算收支　　　　　　D．独立核算盈亏

E．独立编制会计报表

11. 按权责发生制，下列货款中应列入本期收入的是（　　）。

A．本月销售产品货款收回　　　B．本月销售产品货款尚未收回

C．本月收到预付货款　　　　　D．本月收到上月销售产品货款

E．本月收回上月销售产品代购货方垫付的运费

12. 所有者权益具有以下特征（　　）。

A．除非发生减资、清算或分派现金股利，企业不需要偿还所有者权益

B．企业清算时，只有在清偿所有的负债后，所有者权益才可还给所有者

C．所有者凭借所有者权益能够参与利润分配

D．企业在任何时候都需要偿还所有者权益

E．企业清算时，应在清偿负债前将所有者权益还给所有者

13. 所有者权益与负债有着本质的不同，即（　　）。

A．两者性质不同　　　　　　B．两者性质相同

C．两者偿还期不同　　　　　D．两者偿还期相同

E．两者对应的权利不同

14. 会计计量属性主要包括（　　）。

A．历史成本　　B．重置成本　　C．公允价值　　D．可变现净值　　E．现值

15. 经济业务事项具体包括下列哪些选项（　　）。

A．款项和有价证券的收付　　　B．财物的收发、增减和使用

C．债权债务的结算　　　　　　D．财务成果的计算和处理

E．资本的增减

16. 下列引起会计等式左右两边会计要素变动的经济业务有（　　）。

A．收到某企业前欠货款存入银行　　B．以银行存款偿还银行借款

C．收到某企业投入机器一台　　　　D．以银行存款偿还前欠货款

E．将应收债券转为应收账款

17．以下属于收入类要素的选项是（　　）。
A．未实现融资收益　　　　　　　　　　B．营业外收入
C．主营业务收入　　　　　　　　　　　D．其他业务收入
E．利息收入

18．资产按其流动性通常可以划分为（　　）。
A．流动资产　　B．长期资产　　C．固定资产　　D．无形资产　　E．其他资产

19．仓库发出材料一批，其中直接制造产品用料金额为1 000元，车间一般耗料金额为800元。该业务应涉及下列（　　）项目。
A．生产成本　　B．管理费用　　C．原材料　　D．制造费用　　E．本年利润

20．下列项目中（　　）是企业流动性最强的资产。
A．资本　　B．借款　　C．现金　　D．银行存款　　E．信用证存款

21．会计的职能除了核算和监督外，还有（　　）。
A．预测经济前景　　　　　　B．参与经济决策　　　　　　C．评价经营业绩
D．报账　　　　　　　　　　E．记账

22．生产制造业企业资金的运动（资金的循环和周转）分为（　　）几个阶段。
A．筹集　　B．供应　　C．生产　　D．耗费　　E．销售

23．会计的基本假设是会计（　　）的前提。
A．确认　　B．计量　　C．报告　　D．计算　　E．分析

24．企业是否持续经营，在（　　）的选择上有很大差别。
A．会计理论　　B．会计工具　　C．会计原则　　D．会计制度　　E．会计方法

25．资产的特征是（　　）。
A．由过去的交易或事项形成　　　　　　B．企业拥有或者控制
C．企业拥有和控制　　　　　　　　　　D．预期会导致经济利益流出企业
E．预期会导致经济利益流入企业

26．下列业务中使企业资产总额不变的有（　　）。
A．完工产品验收入库　　　　　　　　　B．生产产品领用材料
C．资本公积转增资本　　　　　　　　　D．从银行存款中提取现金
E．发放职工薪酬

三、判断题

1．会计是以货币为辅助计量单位，反映和监督一个会计主体的一种经济活动。（　　）

2．会计监督职能是指会计人员在进行会计核算的同时，对社会经济活动的真实性、合法性和合理性进行审查。（　　）

3．资金的投入包括企业所有者投入的资金和债权人投入的资金两部分，前者属于企业所有者权益，后者属于企业债权人权益，即企业负债。（　　）

4．会计监督的合理性审查是指检查各项财务收支是否符合国家的财政收支计划，是否有利于预算目标的实现，是否有奢侈浪费行为，是否有违背内部控制制度要求等现象，为增收节支、提高经济效益严格把关。（　　）

5．会计需要以货币为主要计量单位，对特定单位的经济活动进行核算和监督，因此，凡是特定单位能够以货币表现的经济活动，都是会计核算和监督的内容，也就是会计的对象。（ ）

6．现代会计核算就是对已经发生的经济业务进行记录和反映，属于事后算账。（ ）

7．会计监督不仅体现在已经发生的经济业务中，还体现在经济业务发生过程之中和尚未发生之前，包括事前、事中和事后监督。（ ）

8．财务会计只是向外部会计信息使用者提供有关财务状况、经营成果和现金流量情况的信息。管理会计只是向内部管理者提供进行经营规划、经营管理、预测决策所需的相关信息。（ ）

9．会计核算是会计监督的基础，没有会计核算所提供的各种信息，会计监督就失去了依据；而会计监督又是会计核算质量的保障，只有会计核算、没有会计监督，就难以保证会计核算所提供信息的真实性、可靠性。（ ）

10．记账是指对特定对象的经济活动采用一定的记账方法，在账户中进行登记。（ ）

11．研究会计对象的目的，就是明确会计在经济管理中的作用，从而确定会计的任务，建立和发展会计的方法体系。（ ）

12．企业作为一个会计主体，不仅要独立于其他会计主体，而且要独立于本企业的所有者。当企业与业主有经济往来时，会计应将业主当作另一个实体，做到往来账目清楚。（ ）

13．《企业会计准则——基本准则》规定，会计确认、计量和报告应选择实物量度、货币量度和劳动量度作为计量单位。（ ）

14．成本是指企业为生产产品、提供劳务而发生的各种耗费，它与一定期间相联系，是对象化的费用。（ ）

15．中期财务报告是指报告期间短于一个完整的会计年度的财务报告，通常是指半年度的财务报告。（ ）

16．会计等式揭示了会计要素之间的内在联系，是设置账户、进行复式记账、编制会计报表的依据。（ ）

17．在企业集团内，一个母公司拥有若干子公司，母子公司是不同的法律主体，虽然母公司对于子公司拥有控制权，但不能将企业集团作为一个会计主体，编制合并财务报表。（ ）

18．根据权责发生制进行收入和成本费用的核算，能够更加准确地反映特定会计主体真实的财务状况和经营成果。（ ）

19．按照持续经营假设，就意味着会计主体将按照既定用途使用资产，按照既定的合约条件清偿债务，会计人员就可以在此基础上选择会计原则和会计方法。（ ）

20．如果一个企业在不能持续经营时还假定自身能够持续经营，并仍按持续经营基本假设选择会计确认、计量和报告的原则与方法，就不能客观地反映企业的财务状况、经营成果和现金流量，会误导会计信息使用者的经济决策。（ ）

21．在会计的确认、计量和报告过程中之所以选择货币为基础进行计量，是由货币的流通属性决定的。（ ）

22．将短期借款转为银行对本企业的投资属于权益内部的变化，并不影响资产的总额。（ ）

23．费用是企业所实际发生的各项开支和损失。（ ）

24．收入常常表现为使货币资金注入企业，因而所有使货币资金注入企业的都是收入。（ ）

25．资产与权益恒等式关系是复式记账法的理论基础，也是企业编制资产负债表的依据。（ ）

四、填空题

1. 会计是适应_____和_____而不断发展和完善的。
2. 会计的特点是_____，即对_____的管理。
3. 会计的职能可以有很多，但其基本职能应当概括为_____与_____。
4. 以_____作为统一的主要计量单位，包含着_____前提。
5. 会计监督的依据有_____和_____两种。
6. 资产按其流动性分为_____和_____。
7. 广义的权益包括_____和_____。
8. 所有者权益是投资者对企业净资产的所有权，包括_____和_____。
9. 收入一般导致企业_____的增加或_____的减少，当然也导致_____的增加。
10. 负债是由企业过去的交易或事项形成的_____，一般可以分为_____和_____。
11. 会计基本假设包括_____、_____、_____、_____。
12. 会计期间的划分会影响_____。
13. 会计主体就是界定_____。
14. _____是会计的基本计量单位。
15. 会计核算应当划分会计期间，会计期间分为_____、_____和_____。
16. 企业会计核算应当采用_____作为记账基础。
17. 所有者权益是企业所有者对_____的所有权。
18. 经济业务发生引起会计等式左右两方中的任何一方的项目之间发生等额增减，会计等式_____。
19. 会计上计算利润时应持_____态度，在有多种核算方法可供选择时，应避免使用导致企业虚增利润的核算方法，这就是_____原则，也称为_____。
20. _____要求企业在期末结账时，将本期应收未收的收入和应付未付的费用记入账簿。
21. 会计恒等式是_____。
22. 会计事项的处理必须于当期内及时进行，不得_____和_____。

五、计算题

1. 某企业 6 月初的资产总额为 60 000 元，负债总额为 25 000 元。6 月取得收入共计 28 000 元，发生费用共计 18 000 元，则 6 月末该企业的所有者权益总额为（　　）元。

    A．85 000　　B．35 000　　C．10 000　　D．45 000　　E．28 000

2. 某企业资产总额为 60 000 元，负债总额为 30 000 元，以银行存款 10 000 元偿还短期借款，并以银行存款 15 000 元购置设备，则上述业务入账后该公司的资产总额为（　　）元。

    A．30 000　　B．50 000　　C．25 000　　D．10 000　　E．80 000

3. 企业 1 月末的资产总额为 70 000 元，所有者权益总额 30 000 元，则该企业 1 月末的负债总额为（　　）元。

    A．50 000　　B．30 000　　C．40 000　　D．10 000　　E．20 000

4. 企业 5 月的收入总额为 60 000 元，5 月发生费用共计 25 000 元，则该企业 5 月的利润总额为（　　）元。

    A．85 000　　B．35 000　　C．60 000　　D．25 000　　E．80 000

5．企业 4 月的利润总额为 75 000 元，4 月发生费用共计 25 000 元，则该企业 4 月的收入总额为（　　）元。

A．75 000　　　B．100 000　　　C．60 000　　　D．25 000　　　E．50 000

六、简答题

1．什么是财务会计？

2．如何理解会计与经济发展的关系？

3．会计的基本目标是什么？

4．我国的会计规范由哪些部分构成？未来趋势是什么？

5．会计核算的基本前提的内容是什么？

6．会计核算的信息质量要求包括哪几项内容？各自的含义是什么？

7．什么是企业会计要素？企业会计要素分为哪几类？各自的含义是什么？

8．什么是会计方法？它的内容有哪些？

9．什么是会计核算方法？它的内容包括哪些？

10．会计基本假设之间的关系是如何体现的？

第二章

会计科目和会计账户

学习目标与要求

知识目标： 1. 了解会计科目和会计账户设置的意义。
2. 理解会计科目和会计账户之间的关系。
3. 掌握会计科目和会计账户的含义及会计账户的基本结构。

技能目标： 1. 能对会计科目和会计账户进行区分。
2. 能正确使用会计账户的基本结构。

本章重点与难点

- 会计科目的内容
- 会计账户的概念
- 会计账户的基本结构

本章导读

马克思辩证唯物主义主张一切从实际出发，具体问题具体分析，要把客观存在的实际事物作为思考和处理问题的根本出发点。在建立会计信息系统、设置会计科目和会计账户时，一定要针对具体问题用具体适当的方法反映相应的会计信息，学习马克思主义的活的灵魂——具体问题具体分析。

通过第一章的学习，王棋清楚了会计产生和发展的过程，明白了企业会计的目标和职能、会计的基本假设和信息质量要求、六大会计要素以及各个会计要素的确认和计量、企业经济业务类型及其对会计等式的影响。王棋在学习时遇到了如下问题：假设佳敏迪公司将购入的生产用钢材作为资产，那么该钢材应归属于哪个具体的资产？会计上是通过什么来对钢材进行会计核算的？会计科目和会计账户是相同的吗？王棋已经迫不及待想知道答案了。还等什么，开始本章的学习吧！

第一节　会计科目

一、会计科目的概念及设置会计科目的意义

（一）会计科目的概念

会计科目是指对会计要素的具体内容做进一步的分类的项目。会计要素作为对会计主体财务报表的结构性分类项目，反映了会计主体会计信息的基本构成，但它只能反映对会计主体会计信息进行的基本分类情况。如果要了解会计主体的会计信息具体内容，就**必须将会计要素进行具体的详细分类，并为具体分类项目赋予一定的名称**。这就是会计学上统称的会计科目，也可简称为科目。会计科目是会计主体设置会计账户的主要依据，是正确组织会计核算的重要条件。在实际工作中，通常是先设置会计科目，再依据会计科目开设会计账户。设置会计科目是会计核算的方法之一。

（二）设置会计科目的意义

会计科目是进行各项会计记录和提供各项会计信息的基础，在会计核算中具有重要的意义。通过设置会计科目，可以详细地反映不同的经济业务，可以将复杂的经济信息变成有规律、易识别的经济信息，并为其转换为会计信息提供准备条件，以便全面、系统地反映和监督各项会计要素的增减变动情况，分门别类地为会计主体的经营管理提供会计核算资料。

设置会计科目，就是根据会计要素的具体内容和经济管理的要求，事先规定分类核算的项目或标志的一种专门的方法。在设置会计科目时，需要将会计要素中具体内容相同的归为一类，设立一个会计科目，凡是具备这类信息特征的经济业务，都应该在这个会计科目下进行核算。例如，根据资产这一会计要素的特征以及经济管理的要求，可以设置"固定资产""无形资产""库存现金""银行存款""原材料"等会计科目，这样才能够对资产这一会计要素的具体内容进行核算。

设置会计科目时，要为每一具体的类别规定一个科目名称，并且限定在该科目名称下包括的内容。例如，企业的货币资金是一种资产，但是它的保管及收付方式不一样，因此可以将其划分为银行存款、库存现金、其他货币资金。相应地也设置两个会计科目，即"银行存款"和"库存现金"。其中，"银行存款"科目核算会计主体存放在银行款项的存入、支取及结存情况，"库存现金"科目核算会计主体的库存现金的收入、支付与结存情况。可见，会计科目是对会计要素具体内容分类的标志，在每一个会计科目名称的项目下，都要有明确的含义、核算范围。通过设置会计科目对会计要素的具体内容进行科学分类，可以为会计信息使用者提供科学、详细的分类指标体系，同时也为复式记账、填制与审核凭证、登记账簿、成本计算、财产清查、编制财务报表等提供了方便。

二、设置会计科目的原则

会计科目作为对会计要素的具体内容进行科学分类的项目或标志，每个会计主体都必须根据一定的原则来设置。在我国，会计科目设置一般采用国家集中统一管理的方法，即由

财政部制定。各个会计主体应按统一规定设置和使用会计科目，在不影响会计核算要求和财务报表指标汇总以及对外提供会计信息的前提下，可以根据实际情况自行增设、减少或合并某些会计科目。设置会计科目时，应该遵循以下几项原则：

（一）设置会计科目必须结合会计主体业务的特点

所谓结合会计主体业务的特点，就是结合不同会计主体经济业务的特点，以全面核算会计主体经济业务的全过程及结果为目的来确定应该设置哪些会计科目。这里所说的结合会计主体经济业务的特点，首先要考虑不同会计主体的行业特点，并在此基础上考虑会计主体自身的业务特点。例如，制造业是制造产品的行业，根据其业务特点，制造业企业的会计科目首先应该反映产品的生产过程，在此前提下再根据企业生产产品的特点及规模大小决定各个会计科目的具体设置；商品流通业是组织商品购销活动的行业，商品流通企业不生产产品，而是以商品买卖为主要经营业务，其会计科目主要应该反映商品的买卖过程。所以，在成本费用核算方面，制造业企业需要设置"生产成本""制造费用"等会计科目，而商品流通企业则需要设置"商品进销差价"等会计科目。

（二）设置会计科目必须符合经济管理的要求

所谓符合经济管理的要求，一是要符合国家宏观经济管理的要求；二是要符合会计主体自身经济管理的要求，为会计主体的经营预测、决策及管理设置分类的项目，提供会计信息；三是要符合包括投资者在内的有关各方对会计主体生产经营情况的要求。

例如，制造业企业为了反映向国家上缴税金的情况，设置"应交税费"会计科目；为了反映会计主体所欠职工应付未付的工资，设置"应付职工薪酬"会计科目等。

（三）设置会计科目应将统一性与灵活性相结合

由于会计主体的经济业务多种多样，在分类核算会计要素的增减变动时，需要将统一性与灵活性相结合。所谓统一性，就是在设置会计科目时，各会计主体要根据《企业会计准则》的要求，对一些主要会计科目的设置进行统一的规定，对于核算指标的计算标准、口径都要统一。所谓灵活性，就是在能够提供统一核算指标的前提下，各个会计主体根据自己的具体情况及投资者的要求，设置或者增补会计科目。既要防止会计科目过于简单，因为过于简单就不能满足经济管理的要求；也要防止会计科目过于烦琐，如果核算资料过多，就会加大会计核算工作量。

（四）会计科目的名称要简单明确、字义相符、通俗易懂

会计科目作为分类核算的标志，要求简单明确、字义相符、通俗易懂，这样才能避免误解和混乱。简单明确是指根据经济业务的特点尽可能简洁明了地规定科目名称；字义相符是指按照中文习惯，能够望文生义，不致产生误解；通俗易懂是指便于大多数人正确理解。会计科目的名称除了要简单明确、字义相符、通俗易懂之外，还要尽量采用在经济生活中大多数人熟悉的名称，以避免产生不必要的误解。例如，将会计主体的房屋、建筑物、机器统一规定为"固定资产"等。

（五）保持相对稳定性

为了便于在不同时期分析比较会计核算指标和在一定范围内汇总核算指标，应保持会

计科目相对稳定，不能经常变动会计科目的名称、内容、数量，使核算指标保持可比性。

三、会计科目的分类

会计科目作为一个体系，包括会计科目的内容和级次。会计科目的内容反映各会计科目之间的横向联系，会计科目的级次反映各会计科目内部的纵向联系，会计科目可以按其经济内容和提供会计信息的详细程度及其统驭关系进行分类。

（一）按经济内容分类

所谓会计科目的经济内容，是指会计科目所反映的会计对象的具体内容， 如前文所述，企业会计对象的具体内容按其经济特征可归结为资产、负债、所有者权益、收入、费用和利润六项会计要素。与此相适应，为了全面、系统地核算和监督企业发生的各项经济业务，以及分类反映各会计要素的具体内容，会计科目也就分为资产类、负债类、共同类、所有者权益类、成本类、损益类。本书以企业为例，按照我国2006年颁布的《企业会计准则——应用指南》附录中规定的会计科目表（一般企业常用的会计科目），并结合近几年会计准则的变化，将企业常用会计科目按经济内容分类展示出来，见表2-1。

表2-1　企业常用会计科目表

编　号	会计科目名称	编　号	会计科目名称
	一、资产类	1411	周转材料
1001	库存现金	1461	融资租赁资产
1002	银行存款	1471	存货跌价准备
1012	其他货币资金	1501	债权投资
1101	交易性金融资产	1502	债权投资减值准备
1121	应收票据	1503	其他权益工具投资
1122	应收账款	1511	长期股权投资
1123	预付账款	1512	长期股权投资减值准备
1131	应收股利	1521	投资性房地产
1132	应收利息	1531	长期应收款
1221	其他应收款	1532	未实现融资收益
1231	坏账准备	1601	固定资产
1401	材料采购	1602	累计折旧
1402	在途物资	1603	固定资产减值准备
1403	原材料	1604	在建工程
1404	材料成本差异	1605	工程物资
1405	库存商品	1606	固定资产清理
1406	发出商品	1611	未担保余值
1407	商品进销差价	1701	无形资产
1408	委托加工物资	1702	累计摊销

（续）

编　号	会计科目名称	编　号	会计科目名称
1703	无形资产减值准备	4002	资本公积
1711	商誉	4101	盈余公积
1801	长期待摊费用	4103	本年利润
1811	递延所得税资产	4104	利润分配
1901	待处理财产损溢	4201	库存股
	二、负债类	4004	其他综合收益
2001	短期借款		五、成本类
2101	交易性金融负债	5001	生产成本
2201	应付票据	5101	制造费用
2202	应付账款	5201	劳务成本
2203	预收账款	5301	研发支出
2211	应付职工薪酬		六、损益类
2221	应交税费	6001	主营业务收入
2231	应付利息	6051	其他业务收入
2232	应付股利	6061	汇兑损益
2241	其他应付款	6101	公允价值变动损益
2401	递延收益	6111	投资收益
2501	长期借款	6301	营业外收入
2502	应付债券	6401	主营业务成本
2701	长期应付款	6402	其他业务成本
2702	未确认融资费用	6403	税金及附加
2711	专项应付款	6601	销售费用
2801	预计负债	6602	管理费用
2901	递延所得税负债	6603	财务费用
	三、共同类	6604	勘探费用
3101	衍生工具	6701	资产减值损失
3201	套期工具	6702	信用减值损失
3202	被套期项目	6711	营业外支出
	四、所有者权益类	6801	所得税费用
4001	实收资本	6901	以前年度损益调整

注：会计科目编号供企业填制会计凭证、登记会计账簿、查阅会计账目、使用会计软件系统参考。

（二）按提供会计信息的详细程度及其统驭关系分类

会计科目按其所提供信息的详细程度及其统驭关系不同，分为总分类科目和明细分类科目。

1．总分类科目

总分类科目又称一级科目，是**对会计要素具体内容进行总括分类、提供总括信息**的会计科目。例如，"库存现金""固定资产""应付职工薪酬""实收资本"等均为总分类科目。按我国现行会计准则规定，总分类科目一般由财政部统一制定。上述会计科目表中的科目都是总分类科目。

2．明细分类科目

明细分类科目简称明细科目，是**对总分类科目进一步分类、提供更详细更具体会计信息的科目**。明细分类科目可以具体分为二级科目（也称子目）、三级科目（也称细目）等等。明细科目是在某一个总分类科目下设置的，不是每个总分类科目都要设置明细科目，如"累计折旧"就不需要设置明细科目。每个总分类科目是否设置明细分类科目，主要取决于会计主体核算和管理的需要。

3．总分类科目和明细分类科目的关系

总分类科目概括地反映会计对象的具体内容，明细分类科目详细反映会计对象的具体内容。总分类科目对明细分类科目具有控制作用，而明细分类科目是对总分类科目的补充和说明。

下面以原材料为例说明总分类科目与各级明细分类科目之间的关系，见表 2-2。

表 2-2　总分类科目与各级明细分类科目之间的关系

总分类科目 （一级科目）	明细分类科目	
	二级科目（子目）	三级科目（细目）
原材料	原料及主要材料	钢材、木材、原棉、棉纱
	辅助材料	润滑油、油漆、防锈剂
	燃料	柴油、汽油、天然气、焦炭

❄ 课堂思考

1．会计科目与会计要素的关系是什么？
2．会计科目的分类有哪些？

第二节　会计账户

一、会计账户的概念

会计账户（简称账户）是按照规定的会计科目在会计账簿中开设的户头，是对各项经济业务进行分类、系统和连续记录的一种工具。会计科目仅仅是对会计要素进行分类核算的项目或标志，而核算指标的具体数据资料则要通过会计账户的记录取得。所以，设置会计科目以后，还必须根据规定的会计科目开设一系列反映不同经济内容的会计账户，用来对各项经济业务进行分类记录。可见，会计科目就是会计账户的名称。

二、设置会计账户的意义

设置会计科目只是对会计要素的具体内容进行分类，不能连续、系统、综合反映和记录各项经济业务的增减变化，也不便于编制财务报表。所以，设置会计科目以后，还必须根据设置的会计科目开设相应的会计账户，在会计账户上分类记录各项经济业务的增减变化及其结果情况。

会计账户是根据会计科目设置的，具有一定格式和结构，用于分类反映会计要素增减变动情况及其结果的载体。设置会计账户是会计核算的重要方法之一。

三、会计科目与会计账户的联系和区别

会计科目与会计账户是两个既相互区别又相互联系的不同概念。它们的相同点在于，会计科目和会计账户都要对经济业务进行为分类，都说明一定的经济业务内容。它们的不同点在于，会计科目只是经济业务分类核算的项目或标志，只是说明一定经济业务的内容，没有具体的格式，不存在结构问题，而会计账户则具体记录经济业务内容的增减变化，可以提供具体的会计数据资料，具有一定的结构。会计科目是进行分类核算的依据，而会计账户则是进行分类核算的工具。

在实际会计工作中，对会计科目和会计账户一般不加以严格区分，而是相互通用。

四、会计账户的基本结构

会计账户是根据会计科目开设，并根据会计要素的增减变化及各单位经济管理要求而设置的。各项经济业务所引起资产与权益的变化，虽然错综复杂，但归纳起来，不外乎增加和减少两种情况，变化的结果也就相应地体现出这两种情况。因此，会计账户分增加与减少两个基本部分，增加的数量记在特定位置，减少的数量记在特定位置，增减变动后的结果记在特定位置。采用不同的记账方法，会计账户的结构是不同的，即使采用相同的记账方法，不同性质的会计账户结构也是不同的。但是，不管采用何种记账方法，也不论是何种性质的会计账户，其基本结构总是相同的。

会计账户的基本结构一般可以划分为左右两方，每一方再根据实际需要分成若干栏次，用来分类登记经济业务及会计要素的增加与减少，以及增减变动的结果。会计账户在会计账簿中的格式设计一般应包括以下内容（见表2-3）：

1）会计账户的名称，即会计科目。
2）日期和摘要，即经济业务发生的时间和内容。
3）凭证号数，即账户记录的来源和依据。
4）增加和减少的金额。
5）页码。

表2-3　会计账户格式

会计账户名称									第　页	
日期	凭证号数	摘要	金额	日期	凭证号数	摘要	金额

会计账户左右两方的主要内容是记录期初余额、本期增加额、本期减少额及期末余额。本期增加额和减少额是指在一定的会计期间（月、季或年）内，会计账户在左右两方分别登记的增加金额合计数和减少金额的合计数，又可以将其称为本期增加发生额和本期减少发生额。本期增加发生额和本期减少发生额相抵后的差额，就是本期的期末余额。如果将本期的期末余额转入下一期，就是下一期的期初余额。上述四项金额的关系可以用下列公式来表示：

本期期末余额 = 本期期初余额 + 本期增加发生额 − 本期减少发生额

会计账户的左右两方是按相反方向来记录增加额和减少额的。也就是说，如果规定在左方记录增加额，就应该在右方记录减少额；反之，如果在右方记录增加额，就应该在左方记录减少额。在具体会计账户的左右两方中究竟规定哪一方记录增加额，哪一方记录减少额，取决于各会计账户所记录的经济内容和所采用的记账方法。会计账户的余额一般与记录的增加额在同一方向。

为了教学方便，在教科书中经常用简化格式"丁"字形账户（又称"T"形账户）来说明会计账户结构。这时，会计账户就省略了有关栏次。"丁"字形账户的格式如图 2-1 所示。

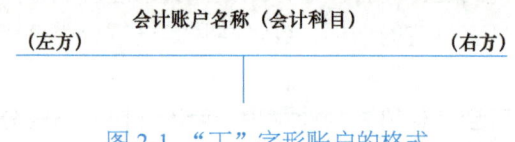

图 2-1 "丁"字形账户的格式

例如，某企业某一期间"银行存款"账户的记录如图 2-2 所示。

银行存款

（左方）		（右方）	
期初余额	100 000		
本期增加	60 000	本期减少	50 000
本期增加发生额合计	60 000	本期减少发生额合计	50 000
期末余额	110 000		

图 2-2 "银行存款"账户的记录

根据图 2-2 的账户记录，可以了解到企业期初的银行存款为 100 000 元，本期增加了 60 000 元，本期减少了 50 000 元，期末企业银行存款额余额为 110 000 元。

五、会计账户的分类

每一个会计账户只能记录企业经济活动的某一个方面，不能对企业的全部经济业务加以记录。企业的经济活动作为一个整体，是需要一个相互联系的会计账户体系加以反映的。会计账户分类就是研究会计账户体系中各会计账户之间存在的共性，寻求其规律，探明每一会计账户在会计账户体系中的地位和作用，以便加深对会计账户的认识，更好地运用会计账户对企业的经济业务进行反映。

按不同的标准对会计账户分类，可以从不同的角度认识会计账户，并把全部会计账户划分为各种类别。其分类标准一般有按经济内容分类、按提供指标的详细程度及控制关系分类、按用途和结构分类、按所提供的会计信息是否属于会计主体分类、按体现在财务报表中的项目分类、按是否有余额分类等。

（一）按经济内容分类

所谓会计账户的经济内容，就是指会计账户所要核算与监督会计主体经济业务的具体内容，即会计对象的具体内容。会计账户按经济内容分类主要包括六大类，即"资产类""负债类""所有者权益类""共同类""成本类""损益类"。通过会计账户按经济内容分类，可以了解各个会计主体经济活动的特点。会计账户按经济内容分类的具体内容如下：

1．资产类账户

资产类账户即反映资产的账户，按照资产的流动性和经营管理核算的需要，又分为反映流动资产、非流动资产等的账户。

反映流动资产的账户即流动资产类账户，按照各项资产的流动性和在生产经营过程中所起的作用，又可分为反映货币资金的账户，如"库存现金""银行存款"等账户；反映应收债权的账户，如"应收账款""应收票据""其他应收款"账户；反映存货的账户，如"原材料""库存商品""在途物资"等账户。

反映非流动资产的账户即非流动资产类账户，如"固定资产""无形资产""长期股权投资"等账户。

2．负债类账户

负债类账户即反映负债的账户，按照负债偿还期限的短长，又划分为流动负债类账户和非流动负债类账户。流动负债类账户主要包括"短期借款""应付账款""应付票据""预收账款""应付职工薪酬""应交税费""应付股利""应付利息"等账户。非流动负债类账户主要包括"长期借款""应付债券"等账户。

3．所有者权益类账户

按照权益的来源划分，又分为反映投入资本的账户、反映从利润中提取资金的账户和反映收益及收益分配的账户。反映投入资本的账户包括"实收资本""资本公积"账户；反映从利润中提取资金的账户包括"盈余公积"账户；反映收益及收益分配的账户包括"本年利润""利润分配""其他综合收益"等账户。

4．共同类账户

共同类账户是具有资产和负债双重性质的账户，其账户的特点是需要根据账户的期末余额的方向来判断账户的性质是属于资产类还是负债类。共同类账户主要包括"衍生工具""套期工具""被套期项目""货币兑换"等账户。

5．成本（费用）类账户

成本（费用）类账户主要是反映会计主体生产经营过程中所发生的成本费用的账户，主要包括"生产成本""制造费用""劳务成本""研发支出"等。

6．损益类账户

损益类账户按照损益与会计主体的生产经营活动是否有密切关系，又分为营业性损益类账户和非营业性损益类账户。营业性损益类账户是指反映营业性损益的账户，主要包括"主营业务收入""其他业务收入""主营业务成本""其他业务成本""所得税费用""销售费用""管理费用""财务费用"等账户；非营业性损益类账户是指反映非营业性损益的账户，主要有"营业外收入""营业外支出"等账户。

账户按经济内容分类如图 2-3 所示。

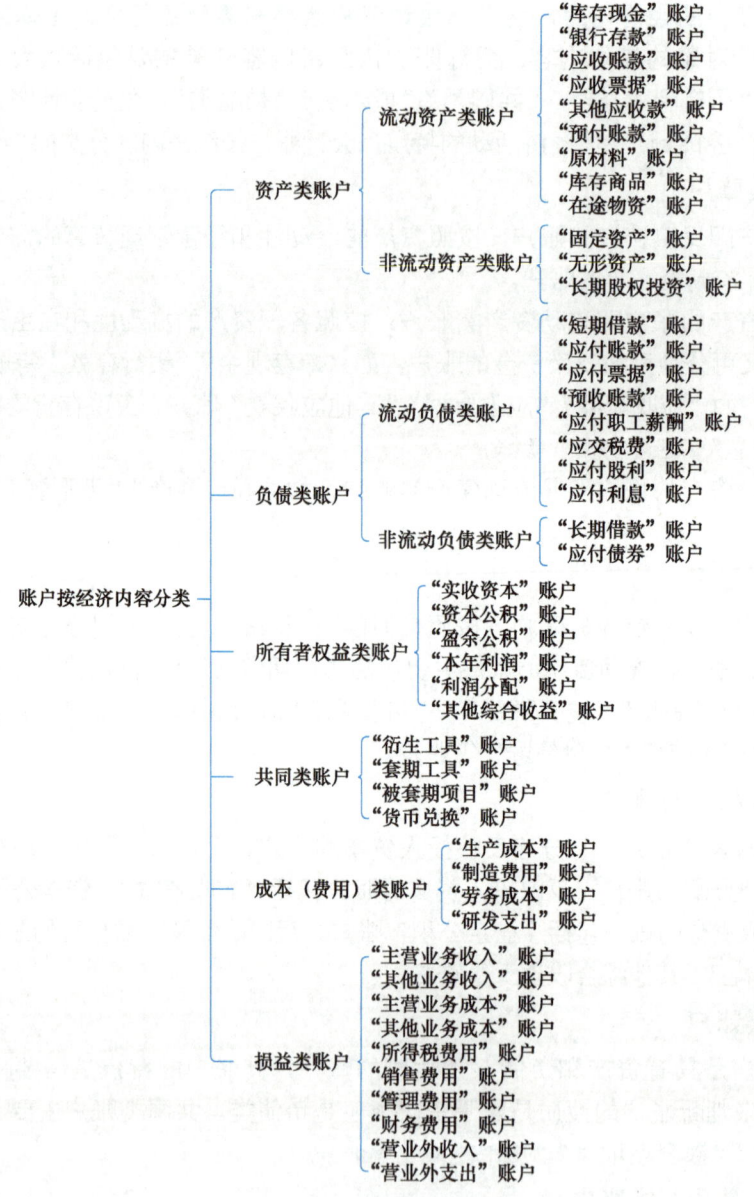

图 2-3 账户按经济内容分类

账户按经济内容的分类，目的在于理解和掌握账户的设置以及核算指标的规律性，以便正确地运用账户，为经济管理提供一套完整的会计核算指标体系。

（二）按提供指标的详细程度及控制关系分类

为了满足会计信息使用者对多方面的会计核算资料的需要，会计主体在会计核算时不仅要提供一些总括的、控制性的核算指标，还要提供一些详细的、被控制的指标。例如，通过"库存商品"账户的核算，不仅要提供有关库存商品增减变动及结存情况的总括资料，还要反映某一类库存商品、某一种库存商品的具体增减变动及结存情况。因此，各类账户还需要按提供指标的详细程度及控制关系分类，形成不同层次的账户，提供各类经济活动的相关资料。会计账户按提供指标详细程度及控制关系分类，分为总分类账户和明细分类账户。

1．总分类账户

总分类账户也称总账账户或一级账户，是对会计主体的经营管理活动所涉及的会计要素具体内容进行总括核算的账户。它能够提供某一会计要素具体内容的总括的、控制性的核算指标。每个会计主体按照总分类科目设置的会计账户均为总分类账户。总分类账户一般只提供货币指标。例如，根据"实收资本"科目开设的"实收资本"账户，能够提供会计主体所拥有的投资者投入的实收资本总额。总分类账户的名称、核算内容、使用方法通常是财政部统一制定的。

2．明细分类账户

明细分类账户是对会计主体的经营管理所涉及的会计要素进行详细核算的账户。它是根据总分类账户的核算内容，按照会计主体的实际需要和更详细的分类要求设置的。明细分类账户能够提供会计主体具体经济活动的详细的、被控制的会计核算资料，明细分类账户既可以提供货币（如元、千元、万元）指标，也可以提供实物指标（件、千克、台）或劳动指标（工时）等。

在实际工作中，不是所有的总分类账户都需要设置明细分类账户，如"累计折旧"等账户就不必设置明细分类账户。而多数总分类账户为了控制和反映相关的会计信息，都要设置明细分类账户。各个会计主体的经济活动具体内容不同，经营管理的水平不一致，明细分类账户的名称、核算内容及使用方法也就不能统一规定，只能由各会计主体根据经营管理的实际需要和经济活动的具体内容自行规定。例如，企业根据"应交税费"总分类账户下的"应交增值税""应交消费税""应交所得税"明细分类账户，就可以了解企业应交增值税、消费税、所得税等有关具体税种的金额。

如果某一总分类账户下的明细分类账户较多，为了便于控制，还可增设二级账户。二级账户是介于一级账户和三级账户之间的账户，它也是由会计主体根据经营管理的实际需要和经济业务的具体内容自行确定的。例如，如果企业的原材料类别、品种较多，可在"原材料"总分类账户下，按原材料的类别设置"水泥""木材""钢材"等明细分类账户。现以"原材料"为例，与之相关的总分类账户与明细分类账户见表2-4。

表2-4 总分类账户与明细分类账户

总分类账户 （一级账户）	明细分类账户	
	二级账户	明细账户（三级账户）
原材料	原料及主要材料	水泥
		木材
		钢材
	辅助材料	防锈漆
		润滑油
	燃料	天然气
		煤炭

将会计账户按提供指标详细程度及控制关系分类，目的在于把握不同层次账户提供核算指标的规律性，以便于准确地运用各级账户，提供全方位的核算指标，满足经营管理的不同需要。

（三）按用途和结构分类

会计账户的**用途是指通过账户的记录能够提供的核算指标**，也就是开设和运用账户的目的。例如开设"原材料"账户的目的是为了提供库存原材料的收、发和结存情况，通过"原材料"账户的记录，可以提供一定期间内原材料的收入、发出和结存指标。**账户的结构是指在账户中怎样记录经济业务，才能取得各种必要的核算指标，也就是账户的左（借）⊖ 方和右（贷）方登记的内容，余额的方向及其表示的内容**。账户按经济内容分类是基本的、主要的分类，而账户按用途和结构分类也是必要的，并且是对按经济内容分类的补充。账户按用途和结构分类，可分为盘存账户、资本账户、结算账户、期间账户、跨期摊提账户、成本计算账户、计价对比账户、财务成果账户、调整账户九类。现以企业常用的基本账户为例说明各类账户的特点。

1．盘存账户

盘存账户是用来核算和监督各种财产物资和货币资金的增减变动及其结存情况的账户。这类账户的左（借）方登记各种财产物资或货币资金的收入或增加数，右（贷）方登记其支出或减少数；账户的余额总是在左（借）方，表示各项财产物资或货币资金的结存数额。盘存账户的结构如图2-4所示。

盘存账户

左（借）方	右（贷）方
期初余额：期初财产物资或货币资金结存额	
发生额：本期财产物资或货币资金的增加额	发生额：本期财产物资或货币资金的减少额
期末余额：期末财产物资或货币资金的结存额	

图2-4　盘存账户的结构

属于盘存账户的有"库存现金""银行存款""原材料""库存商品""固定资产"等账户。盘存账户均可以通过财产清查的方法，如实地盘点法、核对账目法等方法来检查财产物资的账存、实存对比情况及会计主体在财产物资的经营管理上存在的问题。这类账户中除货币资金账户外，其他账户的实物明细账均可以提供实物和货币两种指标。

2．资本账户

资本账户是用来核算和监督取得资本及提取公积金的增减变动及其实有情况的账户。这类账户的右（贷）方登记各项资本、公积金的增加数或形成数，左（借）方登记其减少数或支用数；账户的余额总是在右（贷）方，表示各项资本、公积金的实有数额。资本账户的结构如图2-5所示。

属于资本账户的有"实收资本""资本公积""盈余公积"等账户。这类账户的总分类账及其明细分类账只能提供货币指标。

⊖　借贷记账法相关知识在本书第三章第二节详细介绍。

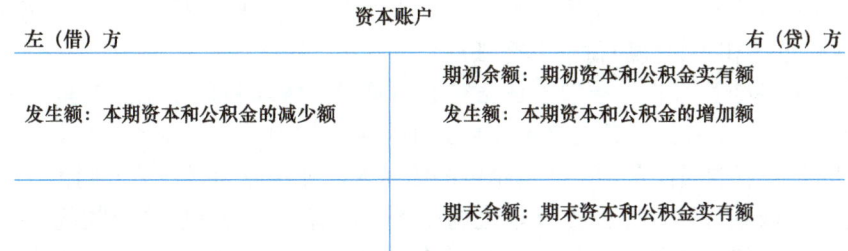

图 2-5　资本账户的结构

3．结算账户

结算账户是用来核算和监督企业同其他单位或个人之间发生的债权、债务结算情况的账户。按照账户的用途和结构具体分类，结算账户又可分为债权结算账户、债务结算账户和债权债务结算账户三类。

（1）债权结算账户。**债权结算账户是专门用于核算和监督企业作为债权方同各个债务单位或个人之间结算业务的账户**。这类账户的左（借）方登记债权的增加数，右（贷）方登记债权的减少数；账户的余额一般在左（借）方，表示期末债权的实有数。债权结算账户的结构如图 2-6 所示。

债权结算账户	
左（借）方	右（贷）方
期初余额：期初尚未收回的应收款项及未结算的预付款项	
发生额：本期应收款项的增加额及预付款项的增加额	发生额：本期应收款项的减少额及预付款项的减少额
期末余额：期末尚未收回的应收款项及未结算的预付款项	

图 2-6　债权结算账户的结构

属于债权结算账户的有"应收账款""其他应收款""预付账款"等账户。

（2）债务结算账户。**债务结算账户是专门用于核算和监督企业作为债务方同各个债权单位或个人之间结算业务的账户**。这类账户的右（贷）方登记债务的增加数，左（借）方登记债务的减少数；账户的余额一般在右（贷）方，表示期末债务的实有数。债务结算账户的结构如图 2-7 所示。

债务结算账户	
左（借）方	右（贷）方
	期初余额：期初结欠的应付款项及未结算的预收款项
发生额：本期应付款项及预收款项的减少额	发生额：本期应付款项及预收款项的增加额
	期末余额：期末结欠的应付款项及未结算的预收款项

图 2-7　债务结算账户的结构

属于债务结算账户的有"长期借款""应付账款""应付职工薪酬""应交税费""应付股利""预收账款"和"其他应付款"等账户。

（3）债权债务结算账户。**债权债务结算账户是用于核算和监督企业与某一单位或个人之间发生的债权和债务往来结算业务的账户**。在实际工作中，与企业经常发生结算业务的往来单位，有时是企业的债权人，有时是企业的债务人。如企业向同一单位销售产品，有些款项是预收的，预收款项时，企业是该单位的债务人。有些款项是应收未收的，应收未收款项构成了企业的债权。为了集中反映企业同某一单位或个人所发生的债权和债务的往来结算情况，可以在同一个账户中核算应收和应付款项的增减变动和余额。债权债务结算账户的左（借）方登记债权的增加数和债务的减少数，右（贷）方登记债务的增加数和债权的减少数；余额可能在左（借）方，也可能在右（贷）方。从明细分类账的角度看，左（借）方余额表示期末债权的实有数，右（贷）方余额表示期末债务的实有数；从总分类账的角度看，左（借）方余额表示期末债权大于债务数的差额，右（贷）方余额表示期末债务大于债权数的差额。债权债务结算账户的结构如图 2-8 所示。

债权债务结算账户

左（借）方	右（贷）方
期初余额：期初债权大于债务的差额	期初余额：期初债务大于债权的差额
发生额：本期债权增加额、本期债务减少额	发生额：本期债务增加额、本期债权减少额
期末余额：期末债权大于债务的差额	期末余额：期末债务大于债权的差额

图 2-8　债权债务结算账户的结构

当企业不单独设置"预收账款"账户时，可以用"应收账款"账户同时反映销售产品或提供劳务的应收款项和预收款项，此时，"应收账款"账户便是债权债务结算账户；当企业不单独设置"预付账款"账户时，可以用"应付账款"账户同时反映购进原材料的应付款项和预付款项，此时，"应付账款"账户也是债权债务结算账户；当企业将其他应收款和其他应付款的增减变动情况和结果都集中在"其他往来"账户中核算时，"其他往来"账户也是一个债权债务结算账户。债权债务结算账户须根据总分类账户下的明细分类账户的余额方向分析判断其账户性质。债权债务结算账户只能提供货币指标，该类账户都是按发生结算业务的对应单位或个人开设明细分类账户，以便及时进行结算和核对账目。

4．期间账户

期间账户是用来归集企业生产经营过程中某个会计期间的收入和费用的账户。按照账户的用途和结构具体分类，期间账户又可分为期间收入账户和期间费用账户两类。

（1）期间收入账户。**期间收入账户是专门用于归集企业在经营过程中的各项收入的账户**。这类账户的右（贷）方登记一定会计期间发生的收入的数额，左（借）方登记转入"本年利润"账户的收入的数额。由于各项期间收入都要在期末转入"本年利润"账户，所以，这类账户期末一般没有余额。期间收入账户的结构如图 2-9 所示。

期间收入账户

左（借）方	右（贷）方
发生额：结转到"本年利润"账户的数额	发生额：本期内各项收入的发生数额

图 2-9　期间收入账户的结构

属于期间收入账户的主要有"主营业务收入""其他业务收入""投资收益""营业外收入"等账户。

（2）期间费用账户。**期间费用账户是专门用于归集企业在生产经营过程中各项费用的账户**。这类账户的左（借）方登记一定会计期间发生的费用的数额，右（贷）方记录转入"本年利润"账户的费用的数额。各期间费用账户在期末全部转入"本年利润"账户后，一般都没有余额。期间费用账户的结构如图 2-10 所示。

期间费用账户	
左（借）方	右（贷）方
发生额：本期内各项费用的发生数额	发生额：结转到"本年利润"账户的数额

图 2-10　期间费用账户的结构

属于期间费用账户的有"主营业务成本""其他业务成本""销售费用""管理费用""财务费用""税金及附加""营业外支出""所得税费用"等账户。

期间账户期末一般都没有余额，该类账户的一方归集本期发生的收入或费用的数额，另一方将本期归集的数额全部转出。这类账户具有明显的过渡性质。

5．跨期摊提账户

跨期摊提账户是用来核算和监督应由几个会计期间共同负担的费用，并将这些费用在各个会计期间中进行分摊或预提的账户。企业的生产经营过程中，有些费用是在某一个会计期间支付，但应由几个受益的会计期间共同负担，以正确地计算各个会计期间的损益。按照权责发生制的原则，为严格划清费用的受益期限，设置"待摊费用"和"预提费用"账户，这两个账户均为跨期摊提账户。账户按会计要素分类时，"待摊费用"账户属于资产类账户，"预提费用"账户属于负债账户。但这两个账户在用途和结构上有相同之处，即它们的左（借）方都是用来登记费用的实际支出数，右（贷）方都是用来登记由各个会计期间负担的费用数。"待摊费用"账户的期末余额在左（借）方，表示已支付而尚未摊销的待摊费用数额。"预提费用"账户的期末余额一般在右（贷）方，表示已预提而尚未支付的预提费用数额。有时"预提费用"账户的期末余额也会出现在左（借）方，当预提计入各期的费用额小，实际支出的数额大，"预提费用"账户会出现左（借）方余额，这时表示已支付而尚未摊销的费用数额。跨期摊提账户的一般结构如图 2-11 所示。

跨期摊提账户	
左（借）方	右（贷）方
期初余额：已支付而尚未摊销的待摊费用数额	（或）期初余额：已预提而尚未支付的预提费用数额
发生额：本期费用的支付数额	发生额：本期费用的摊销或预提数额
期末余额：已支付而尚未摊销的待摊费用数额	（或）期末余额：已预提而尚未支付的预提费用数额

图 2-11　跨期摊提账户的一般结构

6．成本计算账户

成本计算账户是用来核算和监督企业经营过程中某一阶段发生的全部费用，并据此计算该阶段各个成本计算对象实际成本的账户。这类账户的左（借）方汇集经营过程中某个阶段发生的、应计入成本的全部费用，右（贷）方登记转出已完成某个阶段的成本计算对象的实际成本；账户的期末余额都在左（借）方，表示尚未完成的某个阶段成本计算对象的实际成本。成本计算账户的结构如图2-12所示。

成本计算账户

左（借）方	右（贷）方
期初余额：期初尚未完成的某个阶段的成本计算对象的实际成本	
发生额：汇集经营过程某个阶段发生的全部费用	发生额：结转已完成某个阶段的成本计算对象的实际成本
期末余额：尚未完成的该阶段的成本计算对象的实际成本	

图2-12 成本计算账户的结构

成本计算账户主要有"在途物资""材料采购""生产成本""在建工程"等账户。

7．计价对比账户

计价对比账户是用来对某项经济业务，按两种不同的计价进行核算对比，借以确定其业务成果的账户。这类账户的左（借）方登记某项经济业务的一种计价，右（贷）方登记该项业务的另一种计价，期末将两种计价对比确定成果。计价对比账户的结构如图2-13所示。

计价对比账户

左（借）方	右（贷）方
发生额：业务的第一种计价	发生额：业务的第二种计价
期末余额：第一种计价大于第二种计价的差额	期末余额：第二种计价大于第一种计价的差额

图2-13 计价对比账户的结构

属于计价对比账户的有"本年利润"账户。"本年利润"账户的右（贷）方登记各项收入，左（借）方登记各项费用，将左（借）、右（贷）方发生额对比，确定本期的利润成果。

8．财务成果账户

财务成果账户是用来计算并确定企业在一定时期内全部经营活动最终成果的账户。这类账户的右（贷）方登记一定期间发生的各项收入数，左（借）方汇集一定期间内发生的、与收入相配比的各项费用数；期末如为右（贷）方余额表示收入大于费用的差额，即企业实现的利润总额，如为左（借）方余额表示收入少于费用的差额，即企业发生的亏损总额。财务成果账户的结构如图2-14所示。

财务成果账户	
左（借）方	右（贷）方
发生额：转入的各项费用	发生额：转入的各项收入
（或）期末余额：发生的亏损总额	期末余额：实现的利润总额

图 2-14　财务成果账户的结构

属于财务成果账户的主要是"本年利润"账户。这类账户只反映企业在一年内财务成果（即利润）的形成，平时的余额为本年的累计利润总额或亏损总额，年终结转后无余额。

9．调整账户

调整账户是为调整某个账户的余额，以反映被调整账户的实际余额而开设的账户。在会计核算工作中，由于经营管理上的需要或其他原因，要求某些账户反映经济活动的原始数据。但在实际工作中，一项经济活动的原始数据又往往会发生增减变化。例如，固定资产由于使用，其价值不断减少，但从经营管理的角度考虑，需要"固定资产"账户反映固定资产的原始价值。为反映固定资产不断减少的价值，需开设"累计折旧"账户，通过"累计折旧"账户对"固定资产"账户进行调整，以反映固定资产的净值。反映经济活动原始余额的账户，称为"被调整账户"；对被调整账户进行调整的账户，称为"调整账户"。调整账户按调整方式划分，又可分为抵减账户、附加账户和抵减附加账户三类。

（1）抵减账户。抵减账户是用来抵减被调整账户的余额，以求得被调整账户实际余额的账户。其调整方式可用下列计算公式表示：

$$被调整账户余额 - 抵减账户余额 = 被调整账户实际余额$$

抵减账户的余额一定要与被调整账户的余额方向相反，上述公式才能成立。如果被调整账户的余额在左（借）方，则抵减账户的余额一定在右（贷）方，如"固定资产"与"累计折旧"账户；如果被调整账户的余额在右（贷）方，则抵减账户的余额一定在左（借）方，如"本年利润"与"利润分配"账户。抵减账户对被调整账户的抵减方式如图 2-15 和图 2-16 所示。

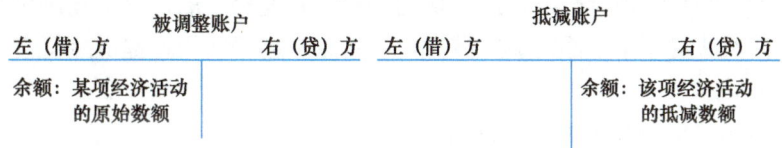

图 2-15　抵减账户对被调整账户的抵减方式（1）

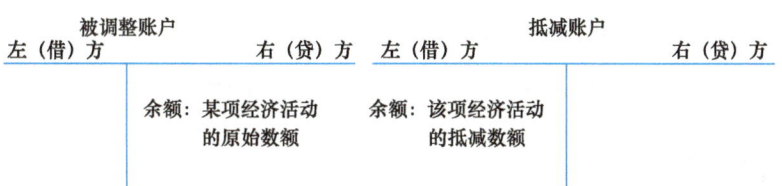

图 2-16　抵减账户对被调整账户的抵减方式（2）

图 2-15 这一类抵减账户与被调整账户的关系可通过下式表示：

被调整账户的左（借）方余额 − 抵减账户的右（贷）方余额 = 该项经济活动的实际数额

图 2-16 这一类抵减账户与被调整账户的关系可通过下式表示：

被调整账户的右（贷）方余额 − 抵减账户的左（借）方余额 = 该项经济活动的实际数额

（2）附加账户。附加账户是用来增加被调整账户的余额，以求得被调整账户实际余额的账户。附加账户的调整方式可通过下式表示：

被调整账户余额 + 附加账户余额 = 被调整账户实际余额

附加账户的余额一定要与被调整账户的余额方向一致，上述公式才能成立。如果被调整账户的余额在左（借）方，附加账户的余额也一定在左（借）方；如果被调整账户的余额在右（贷）方，附加账户的余额也一定在右（贷）方。附加账户对被调整账户的附加方式如图 2-17 所示。

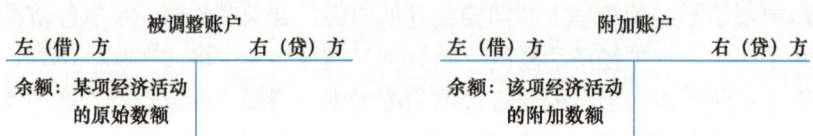

图 2-17 附加账户对被调整账户的附加方式

图 2-17 这一类附加账户与被调整账户的关系可通过下式表示：

被调整账户的某一方余额 + 附加账户同一方余额 = 该项经济活动的实际余额

（3）抵减附加账户。抵减附加账户是依据调整账户的余额方向不同，用来抵减被调整账户余额，或者用来附加被调整账户余额，以求得被调整账户实际余额的账户。当抵减附加账户的余额与被调整账户的余额方向相反时，该类账户起抵减账户的作用，其调整方式与抵减账户相同；当抵减附加账户的余额与被调整账户的余额方向一致时，该类账户起附加账户的作用，其调整方式与附加账户相同。抵减附加账户的具体运用将在"中级财务会计"课程中阐述。

属于调整账户的，在本书中只有"累计折旧""利润分配"两个账户。调整账户不能离开被调整账户而独立存在，有调整账户就一定有被调整账户，它们是相互联系、结合在一起的一组账户。调整账户与被调整账户所反映的经济内容是相同的，只是被调整账户反映原始数额，调整账户反映对原始数额的调整数额，二者结合起来使用，提供经营管理上所需要的某些特定的指标。

账户按用途和结构分类如图 2-18 所示。

账户按用途和结构分类，目的在于理解和掌握各类账户提供的指标种类及账户结构的规律性，以便准确地运用账户为经济管理提供有用的会计核算指标体系。

（四）按所提供的会计信息是否属于会计主体分类

会计账户按照所提供的会计核算信息是否属于会计主体分类，可以分为表内账户和表外账户。

1. 表内账户

表内账户是核算某一会计主体的资产、负债、所有者权益、收入、费用及利润的账户。

依据《企业会计准则——应用指南》附录中的会计科目表开设的账户均为表内账户。

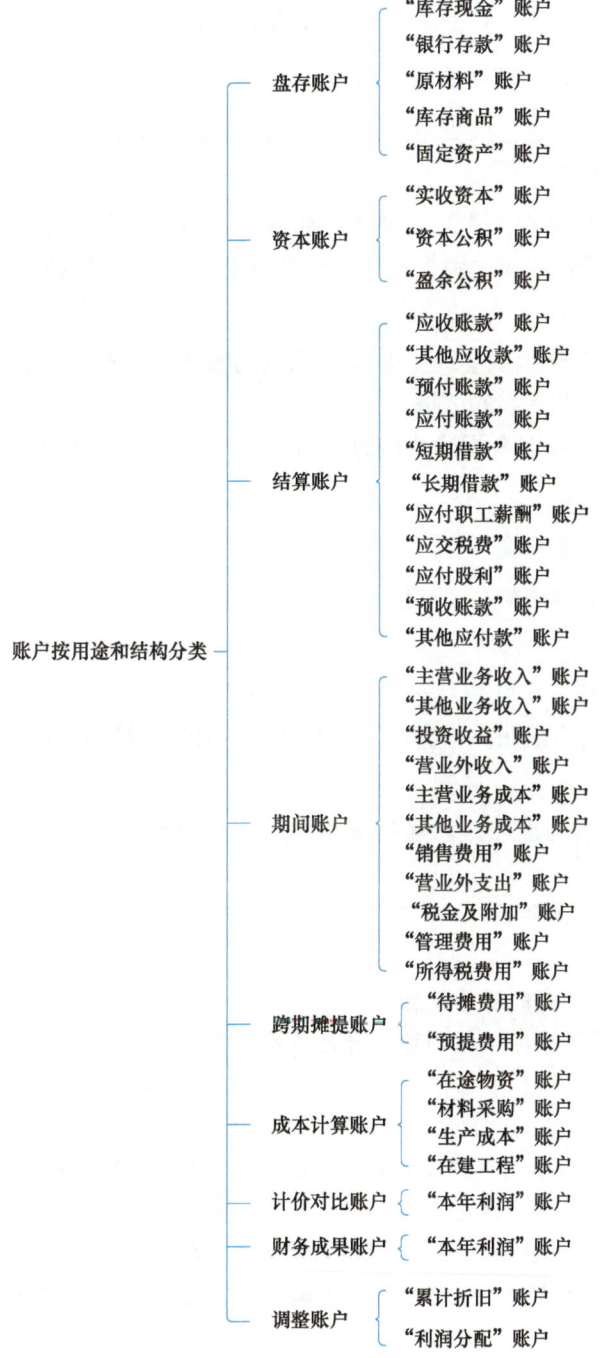

图 2-18 账户按用途和结构分类

2. 表外账户

表外账户是用来核算不属于本会计主体的会计要素的账户。例如，短期租入的资产、受托代销商品等的备查账户。表外账户不能体现在会计主体的会计报表的表内项目中，但与会计主体有一定的联系。

会计账户按照所提供的会计信息是否属于会计主体分类，有利于划清会计核算与监督的空间范围，为会计信息使用者提供更多的经济活动资料。

（五）按体现在财务报表中的项目分类

会计账户按照体现在财务报表中的项目分类，可以分为资产负债表账户和利润表账户。

1．资产负债表账户

资产负债表账户是指资产类、负债类、所有者权益类、共同类、成本类的账户。资产负债表账户主要体现会计主体的财务状况，也是编制资产负债表的依据。

2．利润表账户

利润表账户是指主要体现会计主体经营成果的账户。反映收益、费用损失的账户均属于利润表账户，是编制利润表的依据。

会计账户按照体现在财务报表中的项目分类，有利于获取各个会计期末编制财务报表所需要的数据资料。

（六）按是否有余额分类

会计账户按照是否有余额分，可以分为有余额账户和无余额账户。

1．有余额账户

有余额账户一般称为实账户。通常情况下，资产类、负债类、所有者权益类、共同类、成本类的账户均属于有余额账户，这些账户到会计期末时一般都有余额的存在。

2．无余额账户

无余额账户一般称为虚账户。通常损益类账户属于无余额账户，这类账户到会计期末时一般都没有余额。

会计账户按照是否有余额分类，有利于会计期末进行结转业务的核算。

> **课堂思考**
> 1．会计账户不同分类的目的是什么？
> 2．会计账户的不同分类中，哪种分类是最基本的？

本章小结

会计科目是对会计要素具体内容的进一步分类。会计账户是依据会计科目开设的，具有一定的结构，是记录经济业务增减变化的工具。会计科目与会计账户之间既有区别、又有联系。

会计账户的分类多种多样，可以按经济内容分类、按提供指标详细程度及控制关系分类、按用途与结构分类、按所提供的会计信息是否属于会计主体分类、按体现在财务报表中的项目分类、按是否有余额分类等。

研究会计账户的分类，是为了从相互联系的账户中探求其区别，认识设置和运用账户的规律性。会计账户的分类标准是依据会计账户的一些特征确定的，每个会计账户都具有若干个特征，因此，每个会计账户都可以按不同的标准加以分类。

思维导图

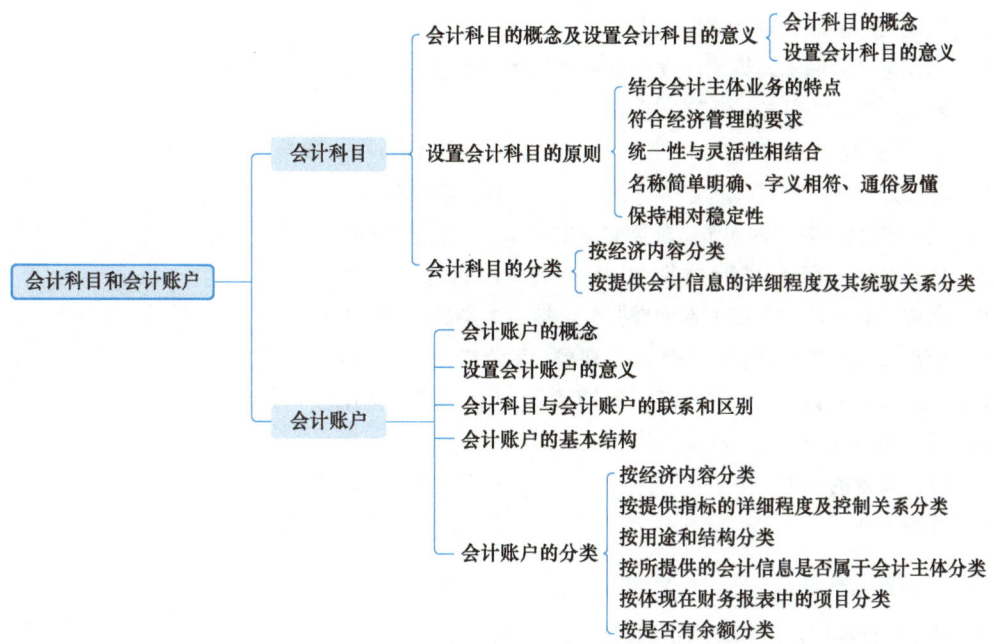

本章实训

一、单项选择题

1. 对每个会计要素所反映的具体内容进一步分门别类，需要（　　）。
   A．设置会计科目　　B．填制凭证　　C．复式记账　　D．编制财务报表

2. 会计要素是对（　　）的基本分类。
   A．会计主体　　B．会计期间　　C．会计对象　　D．会计科目

3. 会计科目的实质是（　　）。
   A．反映会计对象的具体内容　　B．为设置会计账户奠定基础
   C．记账的理论依据　　D．会计要素的进一步分类

4. 是否要设置二级科目，设置多少，主要取决于（　　）的需要。
   A．总分类科目　　B．企业效益　　C．企业经营管理　　D．管理层意图

5. 设置会计账户是（　　）的重要方法之一。
   A．会计监督　　B．会计决策　　C．会计分析　　D．会计核算

6. 下列会计科目属于损益类的是（　　）。
   A．主营业务收入　　B．生产成本　　C．应收账款　　D．应付股利

7. 会计账户之间最本质的区别在于（　　）。
   A．会计账户的用途不同　　　　B．会计账户的结构不同

C．会计账户反映的经济内容不同　　　D．会计账户的分类不同

8．会计账户的期末余额是指（　　）。

A．本期增加发生额 – 本期减少发生额

B．本期期初余额 – 本期减少发生额

C．本期期初余额 + 本期增加发生额

D．本期期初余额 + 本期增加发生额 – 本期减少发生额

9．会计账户的"期末余额"一般在（　　）。

A．会计账户在左方　　　　　　　　B．会计账户的右方

C．增加方　　　　　　　　　　　　D．减少方

10．下列对会计账户的四个金额要素之间基本关系表述正确的是（　　）。

A．期末余额 = 期末余额 + 本期增加发生额 – 本期减少发生额

B．期末余额 = 期初余额 + 本期增加发生额 – 本期减少发生额

C．期初余额 = 本期增加发生额 – 本期减少发生额 – 期末余额

D．期末余额 = 本期增加发生额 – 本期减少发生额 – 期初余额

11．会计科目是（　　）。

A．会计要素的名称　　　　　　　　B．会计账户的名称

C．账簿名称　　　　　　　　　　　D．会计报表项目名称

二、多项选择题

1．关于会计科目，下列说法正确的是（　　）。

A．会计科目是对会计要素的进一步分类

B．会计科目按其所提供指标的详细程度不同，可以分为总分类科目和明细分类科目

C．所有的会计科目都可以根据企业的具体情况自行设定

D．会计科目是复式记账和编制记账凭证的基础

E．设置会计科目应遵循合法性原则

2．会计科目是进行各项会计记录和提供各项会计信息的基础，在会计核算中具有重要意义。以下选项中正确的有（　　）。

A．会计科目是复式记账的基础　　　B．会计科目是编制记账凭证的基础

C．会计科目是填制原始凭证的基础　D．会计科目为成本计算提供了前提条件

E．会计科目为财产清查提供了前提条件

3．会计科目设置应遵循的原则有（　　）。

A．必须结合会计主体业务的特点

B．必须符合经济管理的要求

C．统一性与灵活性相结合

D．会计科目的名称要简单明确、字义相符、通俗易懂

E．保持相对稳定性

4．"固定资产"属于（　　）科目。

A．损益类　　　B．所有者权益类　　C．总分类　　　D．成本类　　　E．负债类

5．下列属于总账科目的有（　　）。

A．原材料　　　B．甲材料　　　　　C．应付账款　　D．资本公积　　E．乙产品

6．总分类账户与明细分类账户的区别在于（　　）。
A．反映经济业务内容的详细程度不同　　　　B．反映的经济业务内容不同
C．登记账簿的依据不同　　　　　　　　　　D．作用不同
E．登记的方向不同

7．会计账户一般应包括下列内容中的（　　）。
A．会计账户名称　　　B．日期　　　C．摘要
D．增加和减少的金额　　E．余额

8．会计账户分为左右两方，至于哪一方登记增加，哪一方登记减少，取决于（　　）。
A．所记录的经济业务的内容　　B．企业经营管理的需要　　C．会计核算手段
D．所采用的记账方法　　　　　E．会计等式

9．下列对会计科目和会计账户之间的关系表述正确的是（　　）。
A．两者都是对会计对象具体内容的科学分类
B．两者口径一致，性质相同
C．会计科目是会计账户的名称
D．会计账户具有一定的格式和结构，而会计科目不具有格式和结构
E．会计账户是会计科目的名称

10．根据会计账户体现在财务报表中的项目分类可分为（　　）。
A．负债类账户　　　　B．利润表账户　　　　C．资产账户
D．资产负债表账户　　E．现金流量表账户

11．某企业采用非定额制管理备用金。该企业行政管理部门人员出差归来，报销差旅费并退回多余现金，该笔业务涉及的会计科目有（　　）。
A．库存现金　　B．其他应收款　　C．管理费用　　D．其他应付款　　E．应收账款

12．与货币资金增加有关的会计账户有（　　）。
A．应收票据　　B．应收账款　　C．其他应收款　　D．材料采购　　E．累计折旧

13．下列选项中属于企业资产类账户的是（　　）。
A．应收账款　　B．预收账款　　C．应付账款　　D．预付账款　　E．原材料

14．某企业用银行存款5万元偿还以前欠其他单位的货款4万元和1个月前于银行取得的借款1万元。在借贷记账法下，这笔经济业务涉及（　　）等账户。
A．长期股权投资　　　　B．银行存款　　　C．短期借款
D．应付账款　　　　　　E．应收账款

15．下列会计科目中，属于反映固定资产内容的是（　　）。
A．原材料　　B．固定资产　　C．在建工程　　D．无形资产　　E．累计折旧

三、判断题

1．会计科目是对会计要素的具体内容进行分类核算的项目。（　　）

2．总分类科目下设的明细分类科目太多时，可在总分类科目与明细分类科目之间设置二级科目。（　　）

3．总分类科目是对会计对象进行总括分类，提供总括信息的会计科目。（　　）

4．设置会计科目必须与《企业会计制度》所列举的完全一致。（　　）

5．在我国，会计科目的名称、编号及其说明，不需要通过国家统一会计制度进行规范。（　　）
6．管理费用和制造费用一样，都属于成本类科目。（　　）
7．一级账户又称总分类账户或总账户。（　　）
8．会计科目是设置会计账户的依据，是会计账户的名称。因此，会计科目与会计账户一样具有一定的结构，用于反映会计要素的增减变动情况和结果。（　　）
9．"生产成本"账户是用来计算产品的生产成本，而产品属于资产。因此，"生产成本"账户按照经济内容分类属于资产类账户。（　　）
10．对于一个账户的同一方，可能既记录某类经济业务的增加，同时又记录该类经济业务的减少。（　　）
11．会计账户按照会计要素进行分类，可分为资产类、负债类、所有者权益类、收入类、费用类及利润类六类。（　　）
12．会计账户的基本结构是由会计要素的数量变化情况决定的，从数量上看不外乎增加和减少两种情况。（　　）
13．会计账户使原始数据转换为会计信息，通过会计账户可以对大量复杂的经济业务进行分类核算，从而提供不同性质和内容的会计信息。（　　）
14．会计账户期末余额的方向，与本期增加额方向一定一致。（　　）
15．共同类科目可能具有资产性质，也可能具有负债性质。（　　）
16．在总分类账户中，通常提供的是货币指标。（　　）
17．会计账户就是会计科目。（　　）
18．总分类科目是对会计对象进行具体分类，提供详细信息的会计科目。（　　）
19．会计账户是对会计要素的具体内容进行分类核算的项目。（　　）
20．会计科目是依据会计账户开设的，二者的结构一致、性质相同。（　　）
21．会计科目是对会计对象具体内容进行分类的项目，也可以进行具体的会计核算。（　　）
22．在明细分类账户中，只使用货币计量单位反映经济业务。（　　）

四、填空题

1．会计账户的名称是_____。
2．会计账户的左右两方，哪一方记增加，哪一方记减少，取决于_____和_____。
3．会计账户与_____所反映的经济内容是一致的。
4．_____是分类核算的项目。
5．会计账户按提供指标详细程度及控制关系分类，可分为_____和_____。
6．会计账户按所提供的会计信息是否属于会计主体分类，可分为_____和_____。
7．会计账户按体现在财务报表中的项目分类，可分为_____和_____。
8．会计账户按是否有余额分类，可分为_____和_____。

五、简答题

1．什么是会计科目？
2．什么是会计账户？
3．会计科目与会计账户的关系是什么？
4．会计科目和会计账户都是如何分类的？

第三章

复式记账

学习目标与要求

知识目标： 1. 了解记账方法的含义及种类。
2. 掌握复式记账法和借贷记账法的含义。
3. 掌握借贷记账法账户的基本结构。

技能目标： 1. 能够利用借贷记账法进行业务处理。
2. 能够正确编制会计分录。

本章重点与难点

- 复式记账法的概念
- 借贷记账法的内容
- 借贷记账法账户的结构

本章导读

复式簿记（记账法）的诞生是对单式簿记的重大变革，被称为"会计发展史上的第一个里程碑"，其中的借贷记账法是现代会计学理论发展的重要标志。对这一方法论的学习，不仅可以提高会计专业能力，还能培养独立分析问题、解决问题的创新能力和科学精神。借贷记账法是人们在会计实践活动中总结出来的科学方法，当今世界上绝大多数国家所采用的记账方法都是借贷记账法，这同时也是马克思辩证唯物主义认识论在会计方法中的体现。

通过第二章的学习，王棋掌握了企业会计科目的定义和分类，会计科目和会计账户的关系，不过她对会计账户结构的认识还有点儿模糊。王棋在学习《中华人民共和国会计法》时看到其中第九条规定："各单位必须根据实际发生的经济业务事项进行会计核算，填制会计凭证，登记会计账簿，编制财务会计报告。任何单位不得以虚假的经济业务事项或者资料进行会计核算。"那么，采用什么方法才能进行会计核算呢？带着王棋的疑问，让我们一起学习复式记账法吧！

第一节　记账方法及种类

为了核算与监督会计对象，应当首先设置会计科目，并根据规定的会计科目开设会计账户，但是，**要取得经济管理所需要的核算指标，就需要采用一定的记账方法将经济业务所反映的会计要素的增减变动登记在会计账户中。**

一、记账方法概述

记账方法是根据记账凭证，运用一定的记账符号和记账规则将经济业务登记在会计账户中的技术方法，即**在会计账簿中登记各项经济业务发生情况的方法**。在会计工作中，为了有效地反映和监督会计对象，会计主体除了要按照规定的会计科目设置会计账户外，还应采用一定的记账方法来记账。会计上的记账方法有两类：一类是单式记账法，另一类是复式记账法。随着社会经济的发展和人们的实践与总结，通行的记账方法已由最初的单式记账法逐步演变成为复式记账法。

二、记账方法的种类

记账方法按记录经济业务及登记账簿的方式不同，可以分为单式记账法和复式记账法。

（一）单式记账法

单式记账法是对发生经济业务之后所产生会计要素的增减变动一般只在一个账户中进行登记的方法。例如，企业用库存现金900元购入原材料一批，原材料已经验收入库。使用单式记账法，该笔业务发生后，只在"库存现金"账户中记录支出900元，而对原材料验收入库的业务内容，却不在账户中予以记录和反映。也有同时登记现金账户与实物账户的，但两个账户之间没有必然的联系。单式记账法造成账户之间的记录既没有直接的联系，也没有相互平衡的关系，不能全面、系统地反映经济业务的来龙去脉，也不便于检查账户记录的正确性、真实性。因此，这种记账方法无法适应社会经济发展的客观需要，目前已经不再采用。

单式记账法的优点是简单易学，适合所有权和经营权合一的个体经营者，记账手续比较简单；单式记账法的缺点是账户与账户之间没有必然的内在联系，也没有相互对应的平衡关系。

（二）复式记账法

复式记账法是与单式记账法相对应的记账方法，它是在每一项经济业务发生后，同时在相互联系的两个或两个以上的账户中以相等的金额进行登记的一种记账方法。例如，用银行存款购买商品的业务，不仅要在"银行存款"账户中记录银行存款的支出，而且还要在"库存商品"账户中记录库存商品的增加。再如，企业赊购一项材料，一方面要在"应付账款"账户中记录欠款的增加，另一方面要在"原材料"账户中记录材料的增加。使用复式记账法登记账户，两个相互联系的账户中记录的金额必须是相等的。这样一来，上例中的"银行存款"账户和"库存商品"账户之间、"应付账款"账户和"原材料"账户之间就形成了一种相互联系的对应关系。

复式记账方法是在社会经济长期发展的过程中，通过会计实践逐步形成和发展起来的。在其他一些会计核算方法中，如填制会计凭证和登记账簿，都必须运用复式记账法进行相应的反映、记录和报告。所以，在会计核算的方法体系中，复式记账法占有重要位置。

复式记账法与单式记账法相比，具有以下特点：

1）由于复式记账法对于发生的每一项经济业务，都要在两个或两个以上相互联系的账户中同时登记，因此通过账户记录不仅可以全面、清晰地反映经济业务的来龙去脉，而且还能通过会计要素的增减变动，全面、系统地反映经济活动的过程和结果。

2）由于复式记账法在每项经济业务发生后，都要以相等的金额在有关账户中进行登记，因此，可以对账户记录的结果进行试算平衡，以检查账户记录是否正确。

在我国的会计发展史上，曾经采用过和正在采用的复式记账法有三种："增减记账法""收付记账法"和"借贷记账法"。各种复式记账法在其基本原理相同的条件下，主要表现为记账符号、记账规则和试算平衡公式的不同。其中，借贷记账法是世界各国普遍采用的一种记账方法，也是在我国应用最广泛的一种记账方法。《企业会计准则——基本准则》明文规定，我国境内的所有会计主体都应该采用借贷记账法记账。

无论何种复式记账法，都包括以下基本要素：

（1）**平衡原理**。由于复式记账法对发生的每笔经济业务所涉及会计要素的具体内容及其增减变动，都以相等的金额在两个或两个以上的相互联系的账户中进行登记，所以，各会计要素之间在数量上存在着会计等式所描述的平衡关系。复式记账法正是以会计要素之间在数量上的平衡关系，即会计等式为基础的。不同的复式记账法以不同的会计等式为基础。

（2）**记账符号**。账户的基本结构划分为左右两方，分别记录会计要素具体内容的增减变动。在每一种复式记账法下，账户左右两方都用专门的符号来表示，这个用以表明记账方向的符号就是记账符号。不同的复式记账法具有不同的记账符号。

（3）**记账规则**。记账规则是运用复式记账法在账户中登记经济业务应遵循的基本规定，它是建立在复式记账平衡原理的基础上，根据资金增减变动的客观规律制定的。记账规则是保证账户记录正确性的基础。不同的复式记账法具有不同的记账规则。

（4）**试算平衡**。试算平衡是检验账户记录是否正确的方法。复式记账法能对一定时期内的账户记录综合试算平衡，其依据是平衡原理。不同的复式记账法具有不同的试算平衡方法。

课堂思考

1．怎样理解记账方法？
2．复式记账法的基本要素有哪些？

第二节　借贷记账法

一、借贷记账法的含义

借贷记账法是以"借""贷"二字为记账符号，记录会计主体中各个会计要素的增减变动及其结果的一种复式记账法。

借贷记账法起源于 13 世纪—14 世纪的意大利。在这个时期,西方资本主义的商品经济有了长足发展,在商品交换中,为了适应商业资本和借贷资本经营管理的需要,逐步形成了借贷记账法。"借""贷"二字的含义最初是从借贷资本家的角度来解释的。借贷资本家以经营货币资金的借入和贷出为主要业务,对于借进的款项,记在贷主(Creditor)名下,表示自身的债务增加;对于贷出的款项,则记在借主(Debtor)名下,表示自身的债权增加。这样,"借""贷"二字分别表示债权(应收款)和债务(应付款)的变化。

随着社会的不断进步及商品经济的持续发展,社会经济活动的内容日趋复杂化,会计主体记录各种经济活动也不再仅限于货币资金的借贷业务,而逐渐扩展到财产物资、经营损益和经营资本等的增减变化。这时,为了求得记账的一致性,对于非货币资金借贷业务,也利用"借""贷"二字说明经济业务的变化情况。因此,"借""贷"二字逐渐失去了最初的含义,而演变成纯粹的记账符号。借贷记账法作为一种科学的复式记账方法,为世界上许多国家广泛采用。也使得会计信息成为一种国际信息和一种国际商业语言。学习借贷记账法,就必须掌握它的理论基础、记账符号、账户结构、记账规则、账户对应关系及会计分录、试算平衡及特点。

二、借贷记账法的理论基础

借贷记账法一般以"资产 = 负债 + 所有者权益"这一会计恒等式为理论基础。这种恒等关系是借贷记账法进行记账的必然结果。

会计主体运用借贷记账法记录会计要素的增减变动及其结果。会计要素的增减变动过程及其结果可用公式表示为:

(1)**资产 = 负债 + 所有者权益**。这个等式是会计恒等式中的基本等式。这个等式表明:有一定数量的资产,就必然有相应数量的负债和所有者权益与之对应;反之,有一定数量的负债和所有者权益,就一定有相应数量的资产与之对应。由基本等式可以演变出"资产 − 负债 = 所有者权益"或者"资产 − 负债 − 所有者权益 =0"。这些会计等式的演变过程,都是会计主体某一时点资产、负债、所有者权益存在的结果,体现了会计主体静态的财务状况。

(2)**收入 − 费用 = 利润**。这个等式反映了会计主体会计要素的增减变动过程。这个等式表明,一个会计要素的某一项发生变化时,另一个会计要素的某一项也必然发生增减变化,等式的平衡关系不会被破坏。

(3)**资产 = 负债 + 所有者权益 +(收入 − 费用)**及**资产 + 费用 = 负债 + 所有者权益 + 收入**。这两个等式是将前述两个等式结合的结果。因为会计主体在会计期初静态的反映下,有一定数量的资产,就必然有相应数量的负债和所有者权益。在会计主体进行生产经营的过程中体现了收入、费用,通过"收入 − 费用 = 利润"这个会计等式计算出利润,而利润恰好是所有者权益的组成内容,所以就有"资产 = 负债 + 所有者权益 +(收入 − 费用)"这个会计等式的变形。按照数学的逻辑关系,还可以将会计等式演变成为"资产 + 费用 = 负债 + 所有者权益 + 收入"。

借贷记账法根据会计等式的平衡原理,将会计主体发生的各项经济业务同时在相互联系的两个或两个以上的账户中以相等的金额进行登记,全面反映会计主体的生产经营活动及其结果。

三、借贷记账法的记账符号

借贷记账法以"借""贷"为记账符号,在"丁"字形账户中,人们习惯将账户的左方作为"借方",将账户的右方作为"贷方"。至于"借方"表示增加,还是"贷方"表示增加,则取决于会计账户所反映的经济内容及其本身的性质。

四、借贷记账法的账户结构

采用借贷记账法时,**会计主体设置的每一个账户的借贷两方必须做相反方向的记录**。即对于每一个账户来说,如果规定借方用来登记增加额,则贷方就用来登记减少额;如果规定借方用来登记减少额,则贷方就用来登记增加额。究竟哪个账户的哪一方用来登记增加额,哪一方用来登记减少额,要看账户反映的经济内容和账户的性质。不同性质的账户,其结构是不同的。

人们在多年的会计实践中,习惯于在资产类账户中用借方登记资产的增加数,贷方登记资产的减少数。而在负债及所有者权益类账户中,则用贷方登记负债及所有者权益的增加数,借方登记负债及所有者权益的减少数。

在一个会计期间内,借方记录的数额合计称为借方发生额,贷方记录的数额合计称为贷方发生额。在每一会计期间的期末,将借方发生额与贷方发生额相比较,其差额称为期末余额。资产类账户的期末余额一般在借方。例如,"库存现金"账户,期初余额加上借方记录的增加额要大于(至少等于)贷方记录的减少额,所以形成借方期末余额(或无余额)。本期借方期末余额结转到下一期就成为借方期初余额。

(一)资产类账户的结构

资产类账户借方记录资产的增加额,贷方记录资产的减少额,如果有余额,则余额在借方。资产类账户余额的计算公式如下:

资产类账户期末借方余额 = 资产类账户期初借方余额 + 资产类账户本期借方发生额 − 资产类账户本期贷方发生额

用"丁"字形账户来表示资产类账户的结构,如图 3-1 所示。

借方	资产类账户		贷方
期初余额	×××		
①本期增加额	×××	①本期减少额	×××
②本期增加额	×××	②本期减少额	×××
本期借方发生额	×××	本期贷方发生额	×××
期末余额	×××		

图 3-1 用"丁"字形账户表示资产类账户的结构

(二)负债及所有者权益类账户的结构

根据"资产 = 负债 + 所有者权益"这一会计恒等式的理论依据,负债及所有者权益类账户的结构与资产类账户的结构恰好相反,负债及所有者权益类账户的贷方记录负债及所有者权益的增加额,借方记录负债及所有者权益的减少额。一般来说,负债及所有者权益类账户的贷方发生额要大于（或等于）借方发生额，所以期末余额一般应在贷方。例如"实收资本（或股本）"账户，企业从外部取得投资者投入的资本时应记入该账户的贷方，减少实收资本则应记入该账户的借方，期末余额在贷方，表示实存的实收资本数额。用公式表示如下：

负债及所有者权益类账户贷方期末余额 = 负债及所有者权益类账户期初贷方余额 + 负债及所有者权益类账户本期贷方发生额 − 负债及所有者权益类账户本期借方发生额

用"丁"字形账户来表示负债及所有者权益类账户的结构，如图 3-2 所示。

负债及所有者权益类账户

借方		贷方	
		期初余额	×××
①本期减少额	×××	①本期增加额	×××
②本期减少额	×××	②本期增加额	×××
本期借方发生额	×××	本期贷方发生额	×××
		期末余额	×××

图 3-2 用"丁"字形账户表示负债及所有者权益类账户的结构

（三）成本（费用）类账户的结构

会计主体在生产经营中有各种耗费，于是就有了成本（费用）的发生。在成本（费用）抵销收入以前，可以将其看作一种暂时性的资产。所以，成本（费用）类账户的结构与资产类账户基本相同。成本（费用）类账户借方记录成本（费用）的增加额，贷方记录成本（费用）的减少（转出）额，由于借方记录的成本（费用）的增加额一般都要通过贷方转出，所以账户通常没有期末余额。如果在某种情况下有余额，也表现为借方余额。

用"丁"字形账户来表示成本（费用）类账户的结构，如图 3-3 所示。

成本（费用）类账户

借方		贷方	
①本期增加额	×××	本期减少（转出）额	×××
②本期增加额	×××		
本期借方发生额	×××	本期贷方发生额	×××

图 3-3 用"丁"字形账户表示成本（费用）类账户的结构

（四）收入类账户的结构

会计主体在生产经营活动中取得的收入最终会导致所有者权益的增加，所以收入类账户的结构与负债及所有者权益类账户的结构基本相同，收入的增加额记入账户的贷方，收入减少（转出）额则应记入账户的借方，由于贷方记录的收入增加额要通过借方转出，所以账户通常也没有期末余额。如果因某种极特殊的情况导致账户有余额，同样也表现为贷方余额（现在会计实务中几乎不存在）。用"丁"字形账户来表示收入类账户的结构，如图 3-4 所示。

综上所述，"借方""贷方"两方作为记账符号所表示的经济内容含义是不同的：

1）借方表示资产的增加，费用成本的增加，负债及所有者权益的减少和收入的结转。

	收入类账户		
借方		贷方	
①本期减少（转出）额	×××	①本期增加额	×××
②本期减少（转出）额	×××	②本期增加额	×××
本期借方发生额	×××	本期贷方发生额	×××

图 3-4　用"丁"字形账户表示收入类账户的结构

2）贷方表示资产的减少，费用成本的转销，负债及所有者权益的增加和收入的增加。

"借""贷"作为记账符号，指示着账户记录的方向是左方还是右方。一般来说，各类账户的期末余额与记录增加额的一方都在同一方向，即资产类账户的期末余额一般在借方，负债及所有者权益类账户的期末余额一般在贷方。因此，根据账户余额所在的方向来判定账户性质，成为借贷记账法的一个重要特点。借贷记账法下各类账户的结构归纳见表 3-1。

表 3-1　借贷记账法下各类账户的结构归纳

账户类别	借方登记内容	贷方登记内容	余额方向
资产类	增加	减少	借方
负债类	减少	增加	贷方
所有者权益类	减少	增加	贷方
收入类	减少（转出）	增加	一般无余额
成本（费用）类	增加	减少（转出）	一般无余额

需要说明的是，在借贷记账法下，可以设置双重性质的账户。双重性质的账户是指既可以用来反映资产，又可以用来反映负债的账户。例如，会计科目表中"共同类"账户，该类账户有时表现为资产，有时表现为负债，视其余额的方向而定。如果期末有借方余额则是资产，如果期末有贷方余额则是负债或者所有者权益。再如，"应收账款"账户，如果期末余额在借方，表示企业应收未收的款项，属于资产类账户；如果期末余额在贷方，就表示企业预收的款项，属于负债类账户。

五、借贷记账法的记账规则

会计主体在采用借贷记账法时，对发生的每一项经济业务，不论其只涉及资产、负债、所有者权益其中一方面的账户，还是同时涉及资产和负债与所有者权益两方面的账户，都必须同时登记一个账户的借方和另外一个账户的贷方，而且记入借方与记入贷方的数额必须相等。因此，**借贷记账法的记账规则可以概括为"有借必有贷，借贷必相等"**。借贷记账法的记账规则是根据以下两个原理来确定的：

1）根据复式记账的原理，对任何一项经济业务都必须以相等的金额在两个或两个以上相互联系的账户中进行登记。

2）根据借贷记账法账户结构的原理，对每一项经济业务都应当做借贷相反的记录。

因此，借贷记账法要求对每一项经济业务都要按借贷相反的方向，以相等的金额，在两个或两个以上相互联系的账户中进行登记。具体地说，如果在一个账户中记借方，则必须同时在另一个或几个账户中记贷方；或者在一个账户中记贷方，则必须同时在另一个或几个账户中记借方。记入借方的总额与记入贷方的总额必须相等。

在实际运用借贷记账法的记账规则登记经济业务时,一般要按以下两个步骤进行:

首先,需要分析经济业务的内容,确定该经济业务所涉及的要素是资产要素,还是负债或所有者权益要素;并确定哪些要素增加,哪些要素减少,或同时增加(减少)等情况。

其次,根据上述分析,确定该项经济业务应记入相关账户的借方或贷方,以及各账户应记金额。凡是涉及资产及成本(费用)的增加,负债及所有者权益的减少,收入的减少或结转,都应该记入各该类账户的借方;凡是涉及资产及成本(费用)的减少、转销,负债及所有者权益的增加,收入的增加,都应该记入各该类账户的贷方。

以下举例说明借贷记账法记账规则的运用。

佳敏迪公司 2021 年 6 月发生业务如下:

【例 3-1】 6 月 2 日,佳敏迪公司从银行取得短期借款 200 000 元,银行通知款项已经划入佳敏迪公司的"银行存款"账户。

这笔业务使得资产类要素中的"银行存款"账户和负债类要素中的"短期借款"账户发生变化,两类要素同时增加。一方面,取得借款使企业短期借款增加,应该在"短期借款"账户中的贷方进行记录;另一方面,款项划入企业账户,使得银行存款增加,应该在"银行存款"账户的借方进行记录。这笔业务的账户记录如图 3-5 所示。

图 3-5　取得短期借款业务的账户记录

【例 3-2】 6 月 3 日,佳敏迪公司购入新机器设备 10 台,不含税价款共计 500 000 元,增值税税额为 65 000 元。设备已安装完毕并投入使用,价款已开转账支票付讫。

这笔业务使得资产类要素中的"固定资产"账户和"银行存款"账户发生变化,负债类要素中"应交税费"发生变化,资产类要素同时出现一增一减,负债类要素减少。一方面,购入机器设备使得固定资产增加,应该在"固定资产"账户的借方进行记录;另一方面,付出款项使得银行存款减少,应该在"银行存款"账户的贷方进行记录,同时要反映负债类要素中"应交税费"的减少。这笔业务的账户记录如图 3-6 所示。

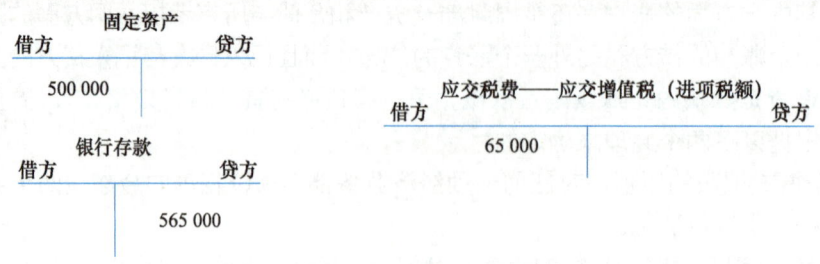

图 3-6　购入机器设备业务的账户记录

【例 3-3】 6 月 4 日,佳敏迪公司以银行存款 82 000 元缴纳税金并支付利息。其中,税金为 52 000 元,利息为 30 000 元。

这笔业务使得资产类要素中的"银行存款"账户和负债类要素中的"应交税费"账户和"应付利息"账户发生变化,两类要素同时减少。应该一方面在"银行存款"账户贷方进行记录,另一方面在"应交税费""应付利息"账户的借方进行记录。这笔业务的账户记录如图 3-7 所示。

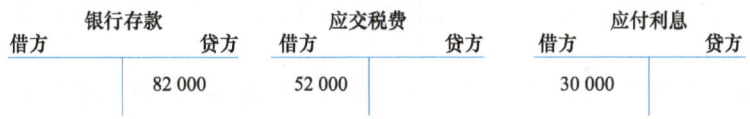

图 3-7　缴纳税金及支付利息业务的账户记录

【例 3-4】　6 月 5 日,佳敏迪公司的应付账款到期,向银行借款 40 000 元,借款期限为 6 个月,直接偿还到期的应付账款。

这笔业务使得负债类要素中的"短期借款"账户和"应付账款"账户发生变化,负债类要素同时出现一增一减。一方面,偿还应付款使得应付账款减少,应在"应付账款"账户的借方进行记录;另一方面,向银行借款使得借款增加,应在"短期借款"账户的贷方进行记录。这笔业务的账户记录如图 3-8 所示。

图 3-8　以借款偿还应付账款业务的账户记录

【例 3-5】　6 月 6 日,佳敏迪公司取得乙投资者投入的货币资金 300 000 元,款项直接汇入银行。

这笔业务使得资产类要素中的"银行存款"账户和所有者权益类要素中的"实收资本"账户发生变化,两类要素同时增加。一方面,银行存款因存入而增加,应该在"银行存款"账户的借方进行记录;另一方面,实收资本增加,应该在"实收资本"账户的贷方进行记录。这笔业务的账户记录如图 3-9 所示。

图 3-9　取得实收资本业务的账户记录

【例 3-6】　6 月 7 日,佳敏迪公司接到银行通知,已用公司的银行存款偿还长期借款 60 000 元。

这笔业务使得资产类要素中的"银行存款"账户和负债类要素中的"长期借款"账户发生同时减少的变化。一方面,因用银行存款还借款而使得银行存款减少,应该在"银行存款"账户的贷方进行记录;另一方面,偿还长期借款,应该在"长期借款"账户的借方进行记录。这笔业务的账户记录如图 3-10 所示。

图 3-10　偿还长期借款业务的账户记录

【例 3-7】 6月16日，佳敏迪公司按照法定程序，经批准，以银行存款 30 000 元退还个人投资款。

这笔业务使得资产类要素中的"银行存款"账户和所有者权益类要素中的"实收资本"账户发生变化。一方面，因用银行存款退还个人投资款而使得银行存款减少，应该在"银行存款"账户的贷方进行记录；另一方面，个人投资款减少，应该在"实收资本"账户的借方进行记录。这笔业务的账户记录如图 3-11 所示。

图 3-11　退还个人投资款业务的账户记录

【例 3-8】 6月21日，佳敏迪公司收回大宏公司前欠货款 20 000 元，款项存入银行。

这笔业务使得资产类要素中的"银行存款"账户和"应收账款"账户发生变化。一方面，因用存款而使得银行存款增加，应该在"银行存款"账户的借方进行记录；另一方面，收回大宏公司前欠货款，应该在"应收账款"账户的贷方进行记录。这笔业务的账户记录如图 3-12 所示。

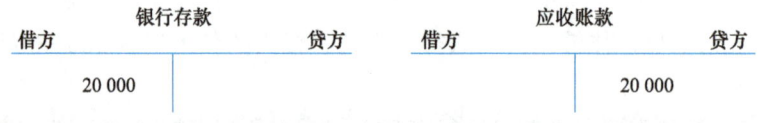

图 3-12　收回货款业务的账户记录

【例 3-9】 6月26日，佳敏迪公司购入价值 5 600 元的原材料，其中 5 000 元用银行存款支付，其余货款未付（不考虑增值税）。

这笔业务使得资产类要素中的"银行存款"账户和"原材料"账户发生一增一减的变化，负债类账户"应付账款"发生增加的变化。一方面，因购买原材料使得原材料增加，应在"原材料"账户的借方记录；另一方面，因用银行存款购买而使得银行存款减少，应该在"银行存款"账户的贷方进行记录。尚未支付的货款，应该在"应付账款"账户的贷方进行记录。这笔业务的账户记录如图 3-13 所示。

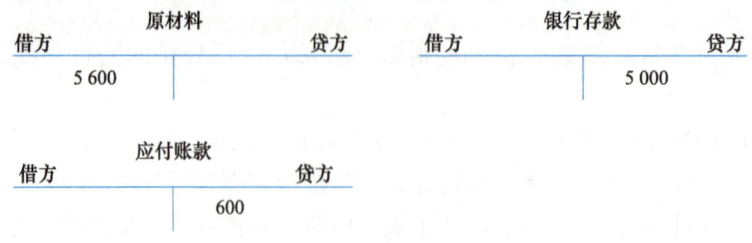

图 3-13　购入原材料业务的账户记录

【例 3-10】 6月30日，佳敏迪公司按规定将盈余公积 4 000 元转增资本。

这笔业务使得所有者权益类要素中的"盈余公积"账户和"实收资本"账户发生变化，所有者权益类要素同时出现一增一减。一方面，公司按规定将盈余公积 4 000 元转增资本，使得盈余公积减少，应在"盈余公积"账户的借方进行记录；另一方面，使得投资者资本增加，应在"实收资本"账户的贷方进行记录。这笔业务的账户记录如图 3-14 所示。

图 3-14　盈余公积转增资本业务的账户记录

通过上述例题可以看出，不管是资产类与负债及所有者权益类要素同增或同减的业务，还是资产类要素内部或负债及所有者权益类要素内部此增彼减的业务，都同样适用"有借必有贷，借贷必相等"的记账规则。

六、借贷记账法的账户对应关系及会计分录

（一）借贷记账法的账户对应关系

会计主体采用借贷记账法，当某项经济业务发生，在会计账户中进行会计记录时总会在相互联系的账户之间形成应借应贷的关系。我们将**账户之间应借、应贷的相互关系称为账户的对应关系，将形成对应关系的账户，称为对应账户**。例如，用银行存款 6 000 元购买商品，就要在"库存商品"账户的借方和"银行存款"账户的贷方进行记录。这样"库存商品"与"银行存款"这两个账户就形成了对应关系，"库存商品"与"银行存款"这两个账户也就相互成了对应账户。用"丁"字形账户来表示的账户对应关系如图 3-15 所示。

图 3-15　用"丁"字形账户表示的账户对应关系

会计主体可以通过账户的对应关系了解经济业务的内容，检查对经济业务的处理是否合理合法。

（二）会计分录

1. 会计分录的概念

在借贷记账法下，会计主体将自身发生的经济交易与事项进行分析后，通过会计账户直接登记到会计账簿中，这中间需要一个桥梁和依据，这就是人们通常说的会计分录。

会计分录是指会计主体对发生的某项经济交易与事项，标明其应借应贷账户的名称及其金额的书面记录。一般情况下，会计分录是在经济交易与事项发生时，运用借贷记账法的记账规则根据原始凭证在记账凭证上编制的，是将会计账户记录的内容登记到会计账簿的依据。

对于初学者来说，编制会计分录应该逐步分析，按以下步骤进行：

1）分析经济交易与事项涉及的资产、负债、所有者权益、收入、费用、成本。

2）分析确定应该设置哪些会计账户，所开设的会计账户登记增加还是减少。

3）分析确定应该记入哪个（或哪些）会计账户的借方，哪个（或哪些）会计账户的贷方。

4）编制会计分录，并检查是否符合借贷记账法的记账规则。

会计分录的书写格式：会计分录应该是上借下贷、左右错开，即先写借后写贷，借贷方的账户名称和金额要分行、错开写。具体格式如下：

借：×××（账户名称）　　　　　　　　　×××（金额）

　　贷：×××（账户名称）　　　　　　　×××（金额）

【例 3-11】 根据例 3-1～例 3-10 中佳敏迪公司发生的十笔经济交易与事项，编制会计分录如下：

① 借：银行存款　　　　　　　　　　　　200 000
　　贷：短期借款　　　　　　　　　　　　200 000

② 借：固定资产　　　　　　　　　　　　500 000
　　　应交税费——应交增值税（进项税额）　65 000
　　贷：银行存款　　　　　　　　　　　　565 000

③ 借：应交税费　　　　　　　　　　　　52 000
　　　应付利息　　　　　　　　　　　　30 000
　　贷：银行存款　　　　　　　　　　　　82 000

④ 借：应付账款　　　　　　　　　　　　40 000
　　贷：短期借款　　　　　　　　　　　　40 000

⑤ 借：银行存款　　　　　　　　　　　　300 000
　　贷：实收资本　　　　　　　　　　　　300 000

⑥ 借：长期借款　　　　　　　　　　　　60 000
　　贷：银行存款　　　　　　　　　　　　60 000

⑦ 借：实收资本　　　　　　　　　　　　30 000
　　贷：银行存款　　　　　　　　　　　　30 000

⑧ 借：银行存款　　　　　　　　　　　　20 000
　　贷：应收账款　　　　　　　　　　　　20 000

⑨ 借：原材料　　　　　　　　　　　　　5 600
　　贷：银行存款　　　　　　　　　　　　5 000
　　　　应付账款　　　　　　　　　　　　600

⑩ 借：盈余公积　　　　　　　　　　　　4 000
　　贷：实收资本　　　　　　　　　　　　4 000

2．会计分录的分类

会计分录按照所涉及账户的多少，可以分为简单会计分录和复合会计分录。

简单会计分录是指只涉及一个账户借方和另一个账户贷方的会计分录，即一借一贷的会计分录。 上述案例中的会计分录①④⑤⑥⑦⑧⑩都是简单会计分录。简单会计分录反映问题直观，便于检查。

复合会计分录是指由两个以上（不含两个）对应账户所组成的会计分录，即一借多贷、一贷多借或多借多贷的会计分录。上述案例中的会计分录②③⑨是复合会计分录。编制复合会计分录，可以集中、全面地反映某项经济业务的情况，也可以简化记账手续。通常情况下，复合会计分录可以分解为若干个简单会计分录。

在实际工作中，如果一项经济业务涉及多借多贷的情况，为全面地反映此项经济业务，可以编制多借多贷的复合会计分录。应当指出，为了保持账户对应关系清楚，一般不得把不同类型的经济业务合并在一起编制多借多贷的复合会计分录。

七、借贷记账法的试算平衡

（一）试算平衡的含义

试算平衡是指根据借贷记账法的记账规则和资产与权益的恒等关系，通过对所有账户的发生额和余额的汇总计算和比较，来检查记录是否正确的一种方法。

（二）试算平衡的种类

试算平衡有发生额试算平衡和余额试算平衡两种类型。

1. 发生额试算平衡

根据借贷记账法的记账规则"有借必有贷，借贷必相等"，对会计主体发生的每一笔经济交易与事项，都要以相等的金额在两个或两个以上相互联系的会计账户中进行登记。具体地说，如果在一个账户中记借方，必须同时在另一个或几个账户中记贷方；如果在一个账户中记贷方，必须同时在另一个或几个账户中记借方；记入借方的总额与记入贷方的总额必须相等；因此，本期所有账户借方发生额合计一定等于本期所有账户贷方发生额合计。发生额试算平衡是指通过这一恒等关系来检查本期发生额记录是否正确的方法，具体计算公式为

全部账户本期借方发生额合计 = 全部账户本期贷方发生额合计

2. 余额试算平衡

余额试算平衡是指根据借贷记账法的记账符号"借""贷"和"资产 = 负债 + 所有者权益"这一会计基本等式，检验会计主体某一时点上的资产余额与权益余额是否相等的试算平衡方法。即根据本期所有账户借方余额合计与本期所有账户贷方余额合计的恒等关系，检查本期账户记录是否正确的方法。

余额试算平衡根据余额时间的不同，又分为期初余额试算平衡与期末余额试算平衡两种。

期初余额试算平衡是根据期初所有账户借方余额合计与贷方余额合计相等来进行试算平衡。计算公式为

全部账户的借方期初余额合计 = 全部账户的贷方期初余额合计

期末余额试算平衡是根据期末所有账户借方余额合计与期末所有账户贷方余额合计相等来进行试算平衡。计算公式为

全部账户的借方期末余额合计 = 全部账户的贷方期末余额合计

每个月度结束时，在已经结出各个账户的本月发生额和月末余额后，试算平衡通常是通过编制总分类账户试算平衡表进行的，试算平衡表一般在月末编制。试算平衡表的格式分为两种：一种是将总分类账户本期发生额和期末余额试算平衡表分别编制，见表 3-2 和表 3-3；另一种是将总分类账户本期发生额和期末余额的试算平衡合并编制在一张表上，见表 3-4。

表 3-2　总分类账户本期发生额试算平衡表

年　月　　　　　　　　　　　　　　　　　　　　　单位：元

借方发生额	账 户 名 称	贷方发生额
	合　计	

表 3-3　总分类账户余额试算平衡表

年　月　　　　　　　　　　　　　　　　　　　　　单位：元

借方余额	账 户 名 称	贷方余额
	合　计	

表 3-4　总分类账户本期发生额余额试算平衡表

年　月　　　　　　　　　　　　　　　　　　　　　单位：元

账 户 名 称	期初余额		本期发生额		期末余额	
	借方	贷方	借方	贷方	借方	贷方
合计						

必须指出的是，试算平衡只是通过借贷金额是否平衡来检查账户记录是否正确的一种方法，它对账户记录正确性的判断并不是绝对的。如果借贷不平衡，就可以肯定账户的记录或计算有错误；但是如果借贷平衡，却不能肯定记账没有错误，因为有些错误并不影响借贷双方平衡。不能通过试算平衡发现的错误主要有以下几种：

（1）重记某些经济业务。这类错误会使本期借贷双方的发生额和余额等额虚增，借方总额和贷方总额仍然相等。

（2）漏记某些经济业务。这类错误会使本期借贷双方的发生额和余额等额减少，借方总额和贷方总额仍然相等。

（3）颠倒了借贷方向。这类错误不会影响借方总额和贷方总额的相等关系。

（4）将某项经济业务记错了账户，借方总额和贷方总额仍然相等。

（5）借贷双方发生差错的金额正好相等，能相互抵消，一项错误恰好掩盖了另一项错误，借方总额和贷方总额仍然相等。

针对上述情况，会计人员还需要采取其他的对账方法，进一步检查账户记录的正确性。

【例 3-12】 下面以佳敏迪公司 2021 年 6 月发生的十项经济业务为例来说明借贷记账法的试算平衡。

1）假设佳敏迪公司 2021 年 6 月账户的期初余额见表 3-5。

表 3-5　佳敏迪公司 2021 年 6 月账户期初余额表　　　　　　　　单位：元

资产	期初余额（借方）	负债及所有者权益	期初余额（贷方）
库存现金	1 000	短期借款	20 000
银行存款	500 000	应付账款	70 000
原材料	60 000	长期借款	60 000
应收账款	29 000	实收资本	663 000
固定资产	400 000	盈余公积	15 000
		应交税费	132 000
		应付利息	30 000
合计	990 000	合计	990 000

2）该公司 6 月份发生的经济业务见例 3-1～例 3-10。

3）根据上述经济业务编制的会计分录见例 3-11。

4）根据期初余额和发生的十笔经济业务编制的会计分录登记有关账户，可以结出期末余额。结果如下：

库存现金			
借方		贷方	
期初余额	1 000		
本期发生额	0	本期发生额	0
期末余额	1 000		

银行存款			
借方		贷方	
期初余额	500 000		
①	200 000	②	565 000
⑤	300 000	③	82 000
		⑥	60 000
⑧	20 000	⑦	30 000
		⑨	5 000
本期发生额	520 000	本期发生额	742 000
期末余额	278 000		

应交税费			
借方		贷方	
		期初余额	132 000
② 65 000			
③ 52 000			
本期发生额	117 000	本期发生额	0
		期末余额	15 000

应付利息			
借方		贷方	
		期初余额	30 000
③ 30 000			
本期发生额	30 000	本期发生额	0
		期末余额	0

原材料				应收账款		
借方		贷方		借方		贷方
期初余额	60 000			期初余额	29 000	
⑨	5 600					⑧ 20 000
本期发生额	5 600	本期发生额	0	本期发生额	0	本期发生额 20 000
期末余额	65 600			期末余额	9 000	

固定资产				短期借款		
借方		贷方		借方		贷方
期初余额	400 000					期初余额 20 000
② 500 000						① 200 000
						④ 40 000
本期发生额	500 000	本期发生额	0	本期发生额	0	本期发生额 240 000
期末余额	900 000					期末余额 260 000

应付账款				长期借款		
借方		贷方		借方		贷方
		期初余额	70 000			期初余额 60 000
④ 40 000		⑨	600	⑥ 60 000		
本期发生额	40 000	本期发生额	600	本期发生额	60 000	本期发生额 0
		期末余额	30 600			期末余额 0

实收资本				盈余公积		
借方		贷方		借方		贷方
		期初余额	663 000			期初余额 15 000
⑦ 30 000		⑤	300 000	⑩ 4 000		
		⑩	4 000			
本期发生额	30 000	本期发生额	304 000	本期发生额	4 000	本期发生额 0
		期末余额	937 000			期末余额 11 000

5）根据账户记录编制总分类账户本期发生额试算平衡表（见表3-6）、余额试算平衡表（见表3-7）和本期发生额及余额试算平衡表（见表3-8）。

表 3-6　总分类账户本期发生额试算平衡表

2021年6月　　　　　　　　　　　　　　　　　　　　　　　单位：元

借方发生额	账 户 名 称	贷方发生额
520 000	银行存款	742 000
5 600	原材料	0
0	应收账款	20 000
500 000	固定资产	0
0	短期借款	240 000
40 000	应付账款	600
60 000	长期借款	0
117 000	应交税费	0
30 000	应付利息	0

（续）

借方发生额	账户名称	贷方发生额
30 000	实收资本	304 000
4 000	盈余公积	0
1 306 600	合　计	1 306 600

表 3-7　总分类账户余额试算平衡表

2021 年 6 月 30 日　　　　　　　　　　　　　　　　　单位：元

借方余额	账户名称	贷方余额
1 000	库存现金	0
278 000	银行存款	0
65 600	原材料	0
9 000	应收账款	0
900 000	固定资产	0
0	短期借款	260 000
0	应付账款	30 600
0	长期借款	0
0	应交税费	15 000
0	应付利息	0
0	实收资本	937 000
0	盈余公积	11 000
1 253 600	合　计	1 253 600

表 3-8　总分类账户本期发生额及余额试算平衡表

2021 年 6 月　　　　　　　　　　　　　　　　　　单位：元

账户名称	期初余额		本期发生额		期末余额	
	借方	贷方	借方	贷方	借方	贷方
库存现金	1 000	0	0	0	1 000	0
银行存款	500 000	0	520 000	742 000	278 000	0
原材料	60 000	0	5 600	0	65 600	0
应收账款	29 000	0	0	20 000	9 000	0
固定资产	400 000	0	500 000	0	900 000	0
短期借款	0	20 000	0	240 000	0	260 000
应付账款	0	70 000	40 000	600	0	30 600
长期借款	0	60 000	60 000	0	0	0
应交税费	0	132 000	117 000	0	0	15 000
应付利息	0	30 000	30 000	0	0	0
实收资本	0	663 000	30 000	304 000	0	937 000
盈余公积	0	15 000	4 000	0	0	11 000
合　计	990 000	990 000	1 306 600	1 306 600	1 253 600	1 253 600

八、借贷记账法的特点

借贷记账法作为复式记账法中的科学方法之一，与其他复式记账法相比，具有如下特点：

1）**借贷记账法以"借"和"贷"作为记账符号**，反映资产、负债、所有者权益、收入、费用、利润等会计要素的增减变动情况。

2）**借贷记账法的记账规则是"有借必有贷，借贷必相等"**，并通过这一规则记录各个会计主体的交易与事项的资金增减变动的来龙去脉。

3）**借贷记账法的账户性质由账户的余额方向来决定**，即账户的余额在"借方"，表示为资产类账户；账户的余额在"贷方"，表示为负债及所有者权益类账户。如果一个账户的余额不确定，就应该按照账户的余额方向来决定该账户的性质。例如，"应付账款"账户，如果余额在贷方，表示本单位欠其他客户的债务，即应付未付的款项；如果余额在借方，表示本单位对其他单位的债权，即本单位预付的款项。

4）**借贷记账法以"资产＝负债＋所有者权益"这个会计恒等式为理论基础**，通过试算平衡方法来检查账户记录的正确性。

> ❋ **课堂思考**
> 1．借贷记账法包括哪些内容？
> 2．如何进行试算平衡？

第三节　总分类账户与明细分类账户

一、总分类账户与明细分类账户的相互作用

（一）总分类账户对其明细分类账户具有控制（或统驭）的作用

一般来说，总分类账户提供的是货币指标，反映的是综合性的会计信息。总分类账户提供的总括会计核算资料是对其有关明细分类账户会计核算资料的综合；明细分类账户所提供的明细会计核算资料是对总分类账户会计核算资料的具体化。因此，总分类账户对其明细分类账户具有控制（或统驭）的作用。

（二）明细分类账户对总分类账户具有补充说明的作用

总分类账户是对每一个会计主体的交易与事项的资金增减变化的总括反映，提供总括的会计核算资料；而明细分类账户反映的是每一个会计主体的交易与事项的资金增减变化的详细情况，提供某一具体方面的会计核算详细资料，不但可以提供货币指标，有些明细分类账户还可以提供实物数量指标和劳动量指标等。因此，明细分类账户对总分类账户具有补充说明作用。例如，某汽车制造厂为了反映汽车的库存情况，在设置"库存商品"总分类账户来反映汽车的库存增减变化及结果的同时，还需要设置"库存商品——客车""库存商品——轿车"等明细分类账户来反映汽车的库存增减变化及结果的详细情况。不仅要反映"库存商品"的价值指标，还需要反映"库存商品——客车"等有多少"辆"这类实物量指标。

（三）总分类账户与其明细分类账户反映的经济内容相同

明细分类账户是对总分类账户的进一步补充说明，它与总分类账户所反映的经济内容是相同的。每个会计主体通过总分类账户与其明细分类账户之间存在的相互联系、相互制约的关系，完整地反映其自身交易与事项的变化及结果情况，提供有用的会计信息。

二、总分类账户与明细分类账户的平行登记

在经济业务发生时，会计人员需要根据原始凭证编制记账凭证，并据以登记账簿。在登记账簿时，既要登记总分类账户，以反映总括的会计核算资料，又要登记明细分类账户，以反映具体的会计核算资料；不设置明细分类账户的情况除外。为了保持总分类账户与明细分类账户的一致，要采用平行登记的方法进行记账。

所谓**总分类账户与明细分类账户的平行登记，是指对所发生的每一项经济业务，根据同一会计凭证，既在有关的总分类账户中进行总括登记，又在有关的明细分类账户中进行详细登记**。

按照平行登记的方法，登记总分类账户和明细分类账户的登记要点可以概括如下：

1．登记总分类账户和明细分类账户的原始依据相同

对于发生的每一项经济交易与事项，会计人员都要取得或填制会计凭证，并根据相同的原始依据，一方面在有关的总分类账户中进行登记，另一方面在该总分类账户的明细分类账户中进行登记。

2．登记总分类账户和明细分类账户的会计期间相同

对于发生的每一项经济交易与事项，会计人员都要在同一会计期间根据相同的原始依据登记总分类账户及其明细分类账户。登记总分类账户及其明细分类账户的过程可以有先有后，但会计期间必须一致。

3．登记总分类账户和明细分类账户的记账方向相同

对于发生的每一项经济交易与事项，会计人员根据相同的原始依据登记总分类账户与其明细分类账户时，所记录的相关账户的方向必须相同。即在总分类账户中记入借方，在其明细分类账户中也应记入借方；在总分类账户中记入贷方，在其明细分类账户中也应记入贷方。

4．记入总分类账户的金额应与记入其明细分类账户的金额合计数相等

对于发生的每一项经济交易与事项，当会计人员根据相同的原始依据记入总分类账户与其明细分类账户时，记入总分类账户的金额应与记入其所对应的几个明细分类账户的金额合计数相等。

三、总分类账户与明细分类账户平行登记的案例

现以"原材料"账户为例，说明总分类账户和明细分类账户平行登记及核对的方法。

【例 3-13】 假设佳敏迪公司 2021 年 4 月"原材料"账户的期初余额为 60 000 元。其中：甲种材料 300kg，单价 100 元，合计 30 000 元；乙种材料 200 件，单价 150 元，合计 30 000 元。

该公司本期有关材料的收入和发出业务如下：

1）4 月 3 日购入甲种材料 40kg，单价 100 元，价款 4 000 元；乙种材料 60 件，单价 150 元，价款 9 000 元。两种材料均已验收入库，货款尚未支付（不考虑增值税）。该笔业务的会计分录如下：

　　借：原材料——甲种材料　　　　　　　　　　　　　　　　4 000
　　　　　　　　——乙种材料　　　　　　　　　　　　　　　　9 000
　　　　贷：应付账款　　　　　　　　　　　　　　　　　　　13 000

2）4 月 9 日仓库发出甲种材料 180kg，单价 100 元，共计 18 000 元；乙种材料 100 件，单价 150 元，共计 15 000 元。两种材料均直接用于产品生产。该笔业务的会计分录如下：

　　借：生产成本　　　　　　　　　　　　　　　　　　　　33 000
　　　　贷：原材料——甲种材料　　　　　　　　　　　　　　18 000
　　　　　　　　　——乙种材料　　　　　　　　　　　　　　15 000

3）4 月 24 日购入乙种材料 40 件，单价 150 元，价款 6 000 元，材料已验收入库，货款尚未支付（不考虑增值税）。该笔业务的会计分录如下：

　　借：原材料——乙种材料　　　　　　　　　　　　　　　　6 000
　　　　贷：应付账款　　　　　　　　　　　　　　　　　　　 6 000

根据上述资料，在"原材料"总分类账户及"甲种材料""乙种材料"两个明细分类账户中进行平行登记。登记结果见表 3-9～表 3-11。

表 3-9　总分类账户

账户名称：原材料　　　　　　　　　　　　　　　　　　　　　　　　　　　　　单位：元

2021 年		摘　要	借　方	贷　方	借或贷	余　额
月	日					
4	1	期初余额			借	60 000
	3	购入材料	13 000		借	73 000
	9	发出材料		33 000	借	40 000
	24	购入材料	6 000		借	46 000
	30	本期发生额及余额	19 000	33 000	借	46 000

表 3-10　"原材料"明细分类账户（甲种材料）

材料名称：甲种材料　　　　　　　　　　　　　　　　　　　　　　　　　　　金额单位：元

2021 年		摘　要	计量单位	单价	收入		发出		余　额	
月	日				数量	金额	数量	金额	数量	金额
4	1	期初余额	kg	100					300	30 000
	3	购入材料	kg	100	40	4 000			340	34 000
	9	发出材料	kg	100			180	18 000	160	16 000
	30	发生额及余额	—	100	40	4 000	180	18 000	160	16 000

表 3-11 "原材料"明细分类账户（乙种材料）

材料名称：乙种材料　　　　　　　　　　　　　　　　　　　　　　　　金额单位：元

2021年		摘　要	计量单位	单价	收入		发出		余额	
月	日				数量	金额	数量	金额	数量	金额
4	1	期初余额	件	150					200	30 000
	3	购入材料	件	150	60	9 000			260	39 000
	9	发出材料	件	150			100	15 000	160	24 000
	24	购入材料	件	150	40	6 000			200	30 000
	30	发生额及余额	—	150	100	15 000	100	15 000	200	30 000

按照平行登记法进行总分类账户和明细分类账户的核对时，由于每笔业务都是以相同的记账方向和相等的金额在总分类账户和明细分类账户中同时登记的，因此，总分类账户和明细分类账户之间的数量关系可以用下列公式概括：

总分类账户的期初余额 = 各明细分类账户的期初余额合计
总分类账户的本期借方发生额 = 各明细分类账户的本期借方发生额合计
总分类账户的本期贷方发生额 = 各明细分类账户的本期贷方发生额合计
总分类账户的期末余额 = 各明细分类账户的期末余额合计

在会计核算关系中，人们通常利用这种数量关系来核对账户的记录是否正确、完整。在实际工作中，这项核对工作通常是采用月末编制"明细分类账户本期发生额及余额表"的形式来进行的。例如，根据上例中的"原材料"明细分类账户的记录，编制其本期发生额及余额表，见表 3-12。

表 3-12 "原材料"明细分类账户本期发生额及余额表

金额单位：元

材料名称	计量单位	单价	期初余额		本期发生额				期末余额	
			数量	金额	收入		发出		数量	金额
					数量	金额	数量	金额		
甲种材料	kg	100	300	30 000	40	4 000	180	18 000	160	16 000
乙种材料	件	150	200	30 000	100	15 000	100	15 000	200	30 000
合计	—	—	—	60 000	—	19 000	—	33 000	—	46 000

表 3-12 各栏的合计数，应与"原材料"总分类账户的期初余额、本期借方发生额、本期贷方发生额和期末余额核对相符，表明"原材料"总分类账户与"原材料"明细分类账户的平行登记未发生差错。如果通过核对发现有关数额不等，则表明总分类账户与明细分类账户的登记必有差错，应及时查明原因，并予以更正。

❋ **课堂思考**
1．为什么说复式记账法是科学的记账方法？
2．借贷记账法的内容有哪些？

本章小结

记账方法分为单式记账法和复式记账法。复式记账法是指在经济业务发生时，以相等的金额在相互联系的两个或两个以上的账户中进行登记的方法。复式记账法分为借贷记账法、增减记账法、收付记账法等。

借贷记账法是以"借""贷"两个字作为记账符号，记录会计要素增减变动情况的一种复式记账法。"借""贷"在账户中的含义取决于账户性质。对资产类账户来说，"借"表示增加，"贷"表示减少，余额在借方；对负债和所有者权益类账户来说，"贷"表示增加，"借"表示减少，余额在贷方。成本费用类账户的结构与资产类账户相同，只是一般情况下没有期末余额；收入类账户的结构与负债和所有者类账户相同，期末没有余额。

借贷记账法的记账规则是"有借必有贷，借贷必相等"。借贷记账法可以采用发生额试算平衡法和余额试算平衡法进行试算平衡，以检查账簿记录是否正确。

借贷记账法通过会计分录将经济业务体现在会计凭证中，运用平行登记的方法，将经济业务在总分类账户与明细分类账户中进行登记。

思维导图

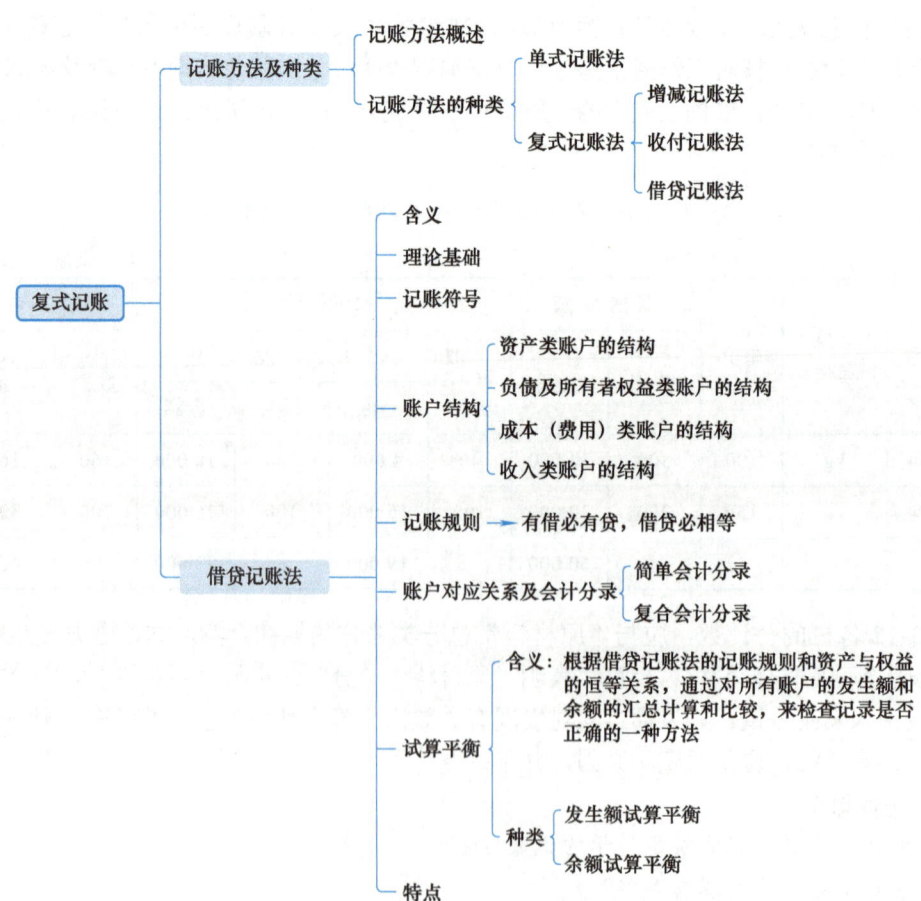

第三章 复式记账

本 章 实 训

一、单项选择题

1. 在复式记账法下，对每项经济业务都要以相等的金额，在（　　）。
   A．一个或一个以上账户中登记　　　　B．两个账户中登记
   C．两个或两个以上账户中登记　　　　D．相互关联的两个或两个以上账户中登记
2. 我国《企业会计准则》规定，企业应采用（　　）。
   A．增减记账法　　B．借贷记账法　　C．收付记账法　　D．单式记账法
3. 借贷记账法起源于13世纪—14世纪的（　　）。
   A．中国　　　　　B．意大利　　　　C．法国　　　　　D．英国
4. 在借贷记账法下，将账户划分为借、贷两方，哪一方登记增加，哪一方登记减少的依据是（　　）。
   A．凡借方都登记增加，贷方都登记减少　　　　B．记账方法
   C．账户反映的经济内容和账户的性质　　　　　D．账户的结构
5. 在账户中，分别用借方和贷方登记资产、负债、所有者权益的增加、减少数额，以下说法正确的是（　　）。
   A．借方登记资产、负债及所有者权益的增加，贷方登记其减少
   B．借方登记资产、负债及所有者权益的减少，贷方登记其增加
   C．借方登记资产的增加、负债及所有者权益的减少，贷方反之
   D．借方登记负债的减少、资产及所有者权益的增加，贷方反之
6. 一般来说，资产类账户的借方登记（　　）。
   A．资产的减少　　B．资产的增加　　C．资产的转销　　D．费用的转销
7. 对于每一个账户来说，期末余额（　　）。
   A．只能在借方　　　　　　　　　　　B．只能在贷方
   C．只能在账户的一方　　　　　　　　D．无余额
8. 采用复式记账法，主要是为了（　　）。
   A．便于登记账簿　　　　　　　　　　B．提高工作效率
   C．便于会计人员分工工作　　　　　　D．全面、清晰地反映经济业务的来龙去脉
9. 标明某项经济业务应借应贷账户名称及其金额的一种记录，称为（　　）。
   A．账户的对应关系　　　　　　　　　B．对应账户
   C．会计账簿　　　　　　　　　　　　D．会计分录
10. 企业购入原材料价值5 000元，其中3 000元以银行存款支付，余款未付。该项业务应做一笔（　　）的会计分录。
    A．一借一贷　　B．一借多贷　　C．多借多贷　　D．一贷多借
11. 在实际工作中，确定会计分录前应（　　）。
    A．编制原始凭证　　　　　　　　　　B．编制记账凭证
    C．设置账簿　　　　　　　　　　　　D．编制试算平衡表

12. 按照平行登记法的原则，发生的经济业务在相关的总分类账户和明细分类账户中的登记方法是（   ）。

   A．根据总分类账户登记明细分类账户 B．根据明细分类账户登记总分类账户
   C．根据相同的原始依据各自独立登记 D．先登记明细分类账户后记总分类账户

13. 登记总分类账户和明细分类账户的方向一致是指（   ）。

   A．增加方向一致 B．减少方向一致
   C．借贷方向相同 D．期初余额方向一致

14. 根据（   ）可以对账户记录进行试算平衡，以检查账户记录的正确性。

   A．会计等式 B．账户结构 C．经济业务的内容 D．账户用途

15. 下列记账差错中，能通过编制试算平衡表判断的记账差错是（   ）。

   A．漏记了某项经济业务
   B．记账中一项错误恰好掩盖了另一项错误
   C．只登记了会计分录的借方或贷方，漏记了另一方
   D．颠倒了记账方向

16. 总分类账户与明细分类账户平行登记的要点可以概括为（   ）。

   A．依据相同、方向一致、金额相等
   B．依据相同、方向一致、期间相同、金额相等
   C．同时登记、同方向登记、同金额登记
   D．依据相同、方向一致、期间相同

17. 某企业"原材料"总分类账户的本期借方发生额为 25 000 元，本期贷方发生额为 24 000 元。其有关明细分类账户的发生额分别为：甲材料本期借方发生额为 8 000 元，贷方发生额为 6 000 元，乙材料借方发生额为 13 000 元，贷方发生额为 16 000 元。则丙材料本期借方和贷方发生额分别是（   ）。

   A．借方发生额为 12 000 元，贷方发生额 2 000 元
   B．借方发生额为 4 000 元，贷方发生额为 2 000 元
   C．借方发生额为 4 000 元，贷方发生额 1 000 元
   D．借方发生额为 6 000 元，贷方发生额 8 000 元

18. 下列关于复式记账方法的说法正确的是（   ）。

   A．经济业务发生时只在一个账户中登记
   B．经济业务发生时在两个账户中登记
   C．经济业务发生时在两个或两个以上账户中登记
   D．经济业务发生时在相关账户中登记

19. 总分类账户与明细分类账户的主要区别在于（   ）。

   A．记账内容不同 B．记录经济业务的详细程度不同
   C．记账的方向不同 D．记账的依据不同

20. 在借贷记账法下，负债类账户的结构是（   ）。

   A．借方记增加，贷方记减少，余额在借方
   B．贷方记增加，借方记减少，余额在贷方
   C．借方记增加，贷方记减少，一般无余额

D．贷方记增加，借方记减少，一般无余额

二、多项选择题

1．下列关于复式记账法的特点，表述正确的是（　　）。

A．对于每项经济业务，都在两个或两个以上相互关联的账户中进行记录

B．以相等金额在有关账户中进行记录，因而可以据以进行试算平衡，以检查账户记录是否正确

C．通过账户记录可以了解经济业务的来龙去脉

D．相对于单式记账法而言具有操作简单的优势

E．以相等金额在有关账户中进行记录，但不能据以进行试算平衡，检查账户记录是否正确

2．复合会计分录有（　　）的会计分录。

A．一借一贷　　B．一借多贷　　C．一贷多借　　D．多借多贷　　E．一借三贷

3．下列错误中，不能通过试算平衡发现的有（　　）。

A．某项经济业务未登记入账　　　　　　B．借贷双方同时多记了相等的金额

C．只登记了借方金额，未登记贷方金额　D．某项经济业务重复登记入账

E．借贷方向记录相反

4．借贷记账法下的试算平衡方法有（　　）。

A．发生额试算平衡法　　　　　　　　　B．总额试算平衡法

C．差额试算平衡法　　　　　　　　　　D．余额试算平衡法

E．倒挤试算平衡法

5．在编制试算平衡表时，应该注意（　　）。

A．如果试算平衡，说明账户记录正确无误

B．必须保证所有账户的余额均已记录到试算平衡表

C．如果试算不平衡，账户记录肯定有错误，应该认真查找，直到平衡为止

D．即使试算平衡，也不能说明账户记录绝对正确

E．必须保证所有账户的发生额均已记录到试算平衡表

6．学生小王、小张、小李、小孙、小赵一起讨论有关账户借贷方登记的问题，下列说法正确的是（　　）。

A．小张说：借方登记增加，贷方登记减少

B．小孙说：借方登记成本、费用的增加，收入的减少，贷方相反

C．小王说：借方登记资产、负债、所有者权益的增加，贷方登记收入、费用的增加

D．小李说：借方登记资产的增加，贷方登记负债、所有者权益的增加

E．小赵说：借方登记减少，贷方登记增加

7．在下列选项中的（　　）情况下，试算平衡表依然是平衡的。

A．少记某账户发生额　　　　　　　　　B．记账时一项错误恰好掩盖了另一项错误

C．某项经济业务发生后记错了账户　　　D．某一账户贷方的金额记错

E．某一账户借方的金额记错

8．构成会计分录的基本内容是（　　）。

A．应记账户的名称　　　　　　　　　　B．应记账户的方向

C．应记金额　　　　D．记账时间　　　　E．原始凭证

9. 以下会计分录中，属于复合会计分录的有（   ）。
   A. 借：原材料   5 000
       贷：银行存款   5 000
   B. 借：银行存款   1 000
       贷：库存现金   1 000
   C. 借：生产成本   5 000
         制造费用   1 500
       贷：原材料   6 500
   D. 借：管理费用   7 200
         制造费用   1 200
       贷：累计折旧   8 400
   E. 借：库存商品   1000
       贷：生产成本   1 000

10. 总分类账户与明细分类账户平行登记的基本要点是（   ）。
    A. 登记的原始依据相同   B. 登记的次数相同
    C. 登记的方向相同   D. 登记的会计期间相同
    E. 记入总分类账户的金额与记入明细分类账户的合计金额相等

11. 总分类记账户与明细分类账户的平行登记，其必然结果是（   ）。
    A. 总分类账户的期初余额＝相关明细分类账户的期初余额合计
    B. 总分类账户的期末余额＝相关明细分类账户的期末余额合计
    C. 总分类账户的借方发生额＝相关明细分类账户的借方发生额合计
    D. 总分类账户的贷方发生额＝相关明细分类账户的贷方发生额合计
    E. 总分类账户的期初余额＝相关明细分类账户的期末余额合计

12. 总分类账户与明细分类账户发生额及余额对照表的基本栏目有（   ）。
    A. 期初借方余额栏   B. 期初贷方余额栏
    C. 本期借方发生额栏   D. 本期贷方发生额栏
    E. 期末借方余额栏

13. 一笔会计分录主要包括的要素是（   ）。
    A. 会计科目   B. 记账符号   C. 金额   D. 记账公式   E. 试算平衡

14. 总分类账户与明细分类账户的联系是（   ）。
    A. 反映经济业务内容的详细程度相同
    B. 记录的经济业务内容相同
    C. 总分类账户对其明细分类账户具有统驭控制作用
    D. 明细分类账户对总分类账户具有补充说明的作用
    E. 反映经济业务内容的详细程度不同

15. 总分类账户与明细分类账户的区别（   ）。
    A. 反映经济业务内容的详细程度不同
    B. 作用不同，总分类账户总括记录经济业务，明细分类账户详细记录经济业务
    C. 记录的经济业务内容不同

D．登记账簿的依据不同

E．总分类账户记录经济业务具体，明细分类账户记录经济业务综合

三、判断题

1．对于不同性质的账户，"借"和"贷"的含义各不相同。（　　）
2．在借贷记账法下，"借""贷"只作为记账符号使用，用以表明记账方向。（　　）
3．成本（费用）类账户的结构与收入类账户的结构完全相同。（　　）
4．所有者权益类账户的余额在贷方，表示所有者权益的结存数。（　　）
5．收入类账户在期末结转后，一般无余额。（　　）
6．成本（费用）类账户期末一般无余额。（　　）
7．借贷记账法中的记账规则，概括地说就是"有借必有贷，借贷必相等"。（　　）
8．单式记账法是一种较为简单、不完整的记账方法。（　　）
9．期末进行试算平衡时，发现所有总分类账户的本期借方发生额合计数与所有总分类账户的本期贷方发生额合计数不相等，则说明账户记录不正确。（　　）
10．如果试算平衡表是平衡的，则说明账户记录是正确的。（　　）
11．若企业所有总分类账户期初余额是平衡的，即使本期发生额试算不平衡，期末余额试算也有可能会平衡。（　　）
12．复合会计分录仅指账户的对应关系属于多借多贷的会计分录。（　　）
13．账户的结构是指账户的借、贷方如何进行登记，余额如何反映。（　　）
14．损益类账户增加在借方，减少在贷方，期末没有余额。（　　）
15．为判断会计账户记录是否正确，常用编制试算平衡表的方法。只要试算平衡表实现平衡，即说明账户记录正确无误。（　　）
16．《企业会计准则》规定，我国所有企业在进行会计核算时，都必须统一采用借贷记账法。（　　）
17．账户期末余额的方向，与本期增加额方向一定一致。（　　）
18．在每一项经济业务记入总分类账户的同时，必须记入该总分类账户所属的明细分类账户。（　　）
19．每一个账户本期借方发生额与本期贷方发生额一定是相等的。（　　）
20．所有账户期末借方余额合计一定等于所有账户期末贷方余额合计。（　　）
21．在借贷记账法下，账户哪方记增加，哪方记减少，是根据账户反映的经济业务内容决定的。（　　）
22．一般来说，一个复合会计分录可以分解为若干个简单会计分录。（　　）
23．企业必须在登记完明细分类账户后才能登记总分类账户。（　　）
24．在会计处理中，只能编制一借一贷、一借多贷、一贷多借的会计分录，而不能编制多借多贷的会计分录，以避免对应关系混乱。（　　）

四、填空题

1．复式记账是以＿＿＿＿＿＿＿这一会计等式为理论依据的。
2．我国《企业会计准则》规定，会计记账采用＿＿＿＿＿＿＿。
3．借贷记账法的记账规则是＿＿＿＿＿＿＿。

4．记账方法按其登记各项经济业务时是涉及一个还是两个或两个以上账户分为_____和_____。

5．各种复式记账法的基本要素包括_____、_____、_____和_____。

6．复式记账法包括_____、_____、_____。

7．采用借贷记账法时，账户的借贷两方必须做_____记录。

8．一般地说，各类账户的期末余额与_____的一方都在同一方向。

9．形成对应关系的账户叫_____。

五、简答题

1．什么是复式记账法？它的特点有哪些？

2．什么是借贷记账法？它的特点有哪些？

3．编制会计分录应该考虑的因素是什么？

4．总分类账户与明细分类账户的关系是什么？

5．总分类账户与明细分类账户的平行登记的要点有哪些？

6．资产类、负债类及所有者权益类、收入类、成本（费用）类账户结构的具体内容是什么？

六、综合业务题

佳敏迪公司 2021 年 6 月发生下列经济业务，请编制会计分录。

1．2 日，收到投资者李某投入资金 150 000 元存入银行。

2．8 日，购入 A 材料 10t，货款 20 000 元，增值税进项税额 2 600 元，货款已付，材料已验收入库。

3．15 日，结算本月应付职工工资 46 000 元。其中：生产工人工资 34 000 元（甲产品生产工人工资 18 000 元，乙产品生产工人工资 16 000 元）；车间管理人员工资 7 000 元；行政管理人员工资 5 000 元。

4．15 日，从银行提取现金 6 000 元备用。

5．18 日，张亮报销差旅费 750 元，冲销出差时预借差旅费 1 000 元，余额退回现金。

6．20 日，开出转账支票一张购买价值 320 元办公用品，交厂部使用。

7．25 日，销售乙产品一批，货款 40 000 元，增值税销项税额 5 200 元，款项未收，乙产品的生产成本 24 000 元，进行结转。

8．28 日，完工丙产品一批，生产成本 21 000 元，产品已经验收入库。

9．28 日，以银行存款支付广告费用 1 500 元。

10．29 日，用银行存款支付生产车间的办公经费 5 000 元。

11．30 日，用银行存款支付本公司负担的短期借款利息 3 000 元。

12．30 日，计提本月固定资产折旧费，其中：车间用固定资产应计提旧 5 200 元，厂部用固定资产应计提旧 1 800 元。

13．30 日，按照规定计算出本月应负担的消费税 7 600 元、城市维护建设税 6 500 元、教育费附加 3 000 元。

14．30 日，计提当期应纳所得税 300 000 元。

15．30 日，将现金 1 000 元存到银行。

16．30 日，车间管理人员李显明报销差旅费 1 200 元，冲销出差时预借差旅费 1 000 元，补付现金 200 元。

第四章

制造企业主要经济业务的核算

学习目标与要求

知识目标： 1. 理解制造企业主要经营过程中的一般经济业务内容。
2. 掌握不同经济业务应该设置的账户。
3. 掌握制造企业主要经济业务核算的内容。

技能目标： 1. 能正确运用借贷记账法对会计业务进行处理。
2. 能正确使用各种账户。
3. 能核算制造企业日常发生的具体经济业务。

本章重点与难点

- 制造企业的主要经济业务
- 制造企业应该设置的主要账户
- 制造企业会计处理的具体内容

本章导读

中国第一汽车集团有限公司（以下简称一汽）是国有特大型汽车生产企业，总部位于吉林省长春市，其前身为第一汽车制造厂，由毛泽东主席题写厂名。1956年，一汽制造出新中国第一辆解放牌卡车，1958年制造出新中国第一辆东风牌小轿车和第一辆红旗牌高级轿车。一汽的建成，开创了中国汽车工业新的历史。经过60多年的发展，一汽已经成为国内最大的汽车企业集团之一。

一汽肩负着中国汽车工业发展的重任，经历了三个大规模发展阶段，始终遵循"第一汽车，第一伙伴"的核心价值观，践行"让中国每一个家庭都拥有自己的汽车"的产业梦想。一汽人正在为建设"规模百万化、管理数字化、经营国际化"的新一汽而努力奋斗。企业产品的生产过程，涉及上游的供应过程及下游的销售过程，体现了以生产为中心的供、产、销的统一，也体现了价值链的复杂关系，更体现了企业精益求精的工匠精神和严肃认真、诚实守信、遵纪守法、具有社会责任感的科学创新精神。

通过前面三章的学习，王棋对会计的基本概念、原理、原则、方法等有了较为全面的认识。她在学习《中华人民共和国会计法》时看到其中第十条规定："下列经济业务事项，应当办理会计手续，进行会计核算：（一）款项和有价证券的收付；（二）财物的收发、增减和使用；

(三) 债权债务的发生和结算；(四) 资本、基金的增减；(五) 收入、支出、费用、成本的计算；(六) 财务成果的计算和处理；(七) 需要办理会计手续、进行会计核算的其他事项。"这些是企业常见的经济业务。那么企业是如何运用复式记账法来进行会计核算的呢？王棋还未体验过"会计业务实战"。让我们和王棋一起开始本章的学习，一起进入"会计业务实战"吧！

第一节 制造企业的主要经济业务和成本计算概述

为了进一步熟练地掌握账户和借贷记账法的运用，本节将以制造企业日常发生的主要经济业务为例，系统地说明在采用借贷记账法的情况下，如何建立一套完整的账户体系，以及如何利用这套账户体系进行日常的会计账务处理。

一、制造企业的主要经济业务

制造企业的生产经营过程实际上是以生产过程为中心，实现采购（供应）过程、生产过程和销售过程三者的统一。制造企业生产经营过程的正常进行，需要有库存现金、银行存款、原材料、固定资产等资产，这些资产的来源主要是债权人提供和所有者投资。制造企业利用债权人和所有者提供的资金，通过购建形成特定的资产，如原材料、固定资产等。并将资产投入生产，生产出产品，再将这些产品通过销售转化为货币资金，形成销售收入。销售收入在抵补各项成本费用后形成经营成果。经营成果如果表现为利润，制造企业应该进行分配；经营成果如果表现为亏损，制造企业应该进行弥补。同时，在产品购销过程中又可能形成各种债权、债务结算关系。以上这些构成了制造企业的主要经济业务。

制造企业按各类经济业务的特点，可将其分为采购业务、生产业务、销售业务、利润形成及分配业务等，制造企业为了进行生产经营活动，必须以一定数额的资金为基础。随着生产经营活动的进行，资金以"**货币资金（G1）→储备资金→生产资金→成品资金→货币资金（G2）**"的形式不断运动，依次经过采购（供应）、生产和销售三个过程。

（一）资金筹集

资金是企业经营活动的血液，因此，资金筹集是制造企业开展生产经营活动的首要环节。在市场经济条件下，制造企业资金筹集的主要渠道有接受投资者投入和向债权人借入等。资金筹集业务完成后，制造企业就可以运用筹集到的资金开展正常的生产经营业务，进行材料、设备等的采购，产品的生产和销售。

（二）采购（供应）过程

采购（供应）过程是制造企业生产经营过程的第一阶段，即产品生产的准备过程。在这个过程中，制造企业用货币资金等购建厂房、设备等相关的劳动资料形成固定资产，购买原材料等劳动对象形成生产储备资金，为生产产品做好物资上的准备，资金的形态从货币资金分别转化为固定资产形态和原材料形态，即储备资金形态。采购（供应）过程主要核算的经济业务是购建固定资产和采购原材料以及因此而发生的增值税的核算和货款结算等。

（三）生产过程

生产过程是制造企业生产经营过程的第二阶段，即产品的制造形成阶段，是制造企业生产经营过程的中心环节。在这一过程中，制造企业的生产工人利用各种机器、设备，通过对材料进行加工生产制造出各种产品。因为产品的生产而发生了各种生产费用，主要包括材料费用、人工费用和其他费用等。通过对生产费用的归集和分配，计算出产品成本。因此，制造企业生产过程中主要核算的经济业务就是生产费用的归集和分配。在制造企业生产过程中，制造企业的资金形态由储备资金和部分货币资金转化为生产资金（生产成本），再转化为成品资金（库存商品）。

（四）销售过程

销售过程是制造企业生产经营过程的第三阶段，即产品价值的实现过程。在这一过程中，制造企业通过产品销售活动，取得销售收入，资金形态由成品资金转化为货币资金。销售过程主要核算的经济业务是销售产品，以及因产品销售而发生的货款的结算和税金的缴纳等。

（五）利润的形成与分配

制造企业在生产经营过程中所获得的各项收入抵偿了各项成本、费用之后的余额，形成企业的税前利润（或亏损）。制造企业实现的利润，首先应以所得税的形式上缴国家，形成国家的财政收入，剩余部分为企业的税后利润（即净利润），要按照规定的程序在有关各方间进行合理的分配。正确计算财务成果并对其进行分配，是制造企业经营过程的又一项会计核算业务内容。

综上所述，制造企业在经营过程中发生的主要经济业务包括：①筹集资金业务；②采购（供应）过程业务；③生产过程业务；④销售过程业务；⑤利润形成与分配业务。

二、成本计算概述

成本是商品经济的产物，是社会主义市场经济中客观存在的价值范畴，是商品价值的主要组成部分。

在制造企业产品生产的过程中，生产的耗费主要表现为原材料等劳动对象在产品制造过程中或者被消耗掉，或者改变其原有的实物形态，其价值也一次全部地转入到所制造的产品中去，构成产品成本的重要的组成部分；房屋、机器设备等作为固定资产的劳动资料，在产品生产过程中可以长期发挥作用，基本不改变实物形态，但它们的价值则会随着使用逐渐地、部分地以折旧费用的形式转入到所制造的产品中去，构成产品生产成本的组成部分；在产品的生产过程中，劳动者借助于劳动工具对劳动对象进行加工、制造产品，通过劳动者对劳动对象的加工，改变原有劳动对象的使用价值并创造新的价值，劳动者通过劳动为自己所创造的那部分价值，则以职工薪酬的形式支付给劳动者用于个人消费，这部分的职工薪酬也构成了产品生产成本的一部分。

制造企业在生产经营的过程中所发生的全部劳动耗费可以分为生产费用和期间费用两大部分，制造企业在一定时期（例如一个月）内发生的、能以货币计量的生产耗费称为生产费用。制造企业进行产品生产，就要发生各种生产耗费，诸如材料耗费、人工耗费、机器设备及厂房的折旧费用等。如果将生产费用归集分配到一定种类和数量中去，就成为产品成本。**所谓产品成本，就是企业为生产一定种类和数量的产品所支出的各种生产费用的总和，也称作产品制造成本**。期间费用是指不能计入产品成本，而直接计入当期损益的费用，包括管理费用、财务费用和销售费用。在制造成本法下，期间费用是不能计入产品成本的。

制造企业在采购（供应）过程中需要计算材料采购成本，生产过程中需要计算产品生产成本，销售过程中需要计算产品销售成本。有关成本计算的理论与计算方法，将在后续课程"成本会计"中讲解。本章仅简单介绍材料采购成本、产品生产成本、产品销售成本的计算与结转。

> ❋ 课堂思考
> 1．制造企业生产经营业务与商品流通企业的经营业务有什么不同？
> 2．如何理解制造企业不同生产经营阶段的业务特点？
> 3．制造企业的生产成本包括哪些内容？

第二节 资金筹集业务的核算

一、资金筹集业务的主要内容

筹集资金是企业生产经营活动的首要前提，是资金运动全过程的起点。对于制造企业来说，资金的来源一般有两种途径，即接受投资者投入资金和向债权人借入资金。投资者投入资金是企业得以创立的一个基本条件，是企业赖以生存和发展的基础，这一部分资金也是所有者权益的基本组成部分。制造企业筹集资金，除了投资者投入资本外，为了补充资金的不足，还经常需要向银行等金融机构借入资金或者以发行企业债券等方式募集资金。投资者对企业进行投资后就成为企业的所有者，他们对企业资产的要求权形成企业的所有者权益。债权人对企业资产的要求权形成企业的债权人权益，即负债。因此，所有者权益实质上是指所有者在企业资产中享有的经济利益，其金额为资产减去负债后的余额。

（一）投资者投入资本概述

制造企业的投资者投入资本按照投资主体的不同，可以分为**国家投入资本**——企业接受国家投资而形成的资本；**法人投入资本**——企业接受其他法人单位的投资而形成的资本；**个人投入资本**——企业接受个人包括企业内部职工的投资而形成的资本；**境外投入资本**——企业接受境外投资而形成的资本。企业的投资者投入资本按照投入资本的不同形式，可以分为**货币投资、实物投资、证券投资、无形资产投资**等。

投资者投入的资本形成企业所有者权益的重要组成部分，企业的所有者权益包括**投入资本和留存收益**两大部分。投入资本是指所有者投资形成的权益，包括**实收资本**（股本）和**资本公积**，它们分别表示所有者直接投入企业的资本和资本溢价等。**留存收益**是指企业通过经营活动增加的所有者权益，包括**盈余公积和未分配利润**，是企业在生产经营过程中所实现的利润留存于企业的部分。

1．实收资本的主要内容

实收资本是指投资者按照企业章程或合同、协议的约定，实际投入企业的资本，股份

有限公司的实收资本也称"股本"。我国采用注册资本制，注册资本是企业在市场监督管理登记机关登记的投资者缴纳的出资额。企业会计核算中的实收资本即为法定资本，通常应当与注册资本相一致，企业不得擅自改变注册资本数额或抽逃资金。投资者投入资本是投资者作为资本实际投入到企业的资金数额，一般情况下，投资者的投入资本即构成企业的实收资本，也正好等于注册资本。但是，在一些特殊情况下，投资者也会因种种原因超额投入（如溢价发行股票等），从而使得其投入资本超过企业注册资本，在这种情况下，企业进行会计核算时，应将投入资本超过注册资本的部分单独核算，计入资本公积，而不再计入实收资本中。

2．资本公积的主要内容

资本公积是企业收到的投资者投资超出其在企业注册资本中所占份额的部分，以及直接计入所有者权益的利得和损失等。资本公积包括资本溢价（或股本溢价）和直接计入所有者权益的利得和损失等。

资本溢价（或股本溢价）是企业收到投资者的超出其在企业注册资本（或股本）中所占份额的投资。形成资本溢价（或股本溢价）的原因有溢价发行股票、投资者超额缴入资本等。

直接计入所有者权益的利得和损失是指不应计入当期损益、会导致所有者权益发生变动，与所有者投入资本或向所有者分配利润无关的利得或损失。

资本公积从本质上属于投入资本范畴，与留存收益有根本区别，因为留存收益是由企业实现的利润转化而来的。虽然资本公积与实收资本同属于投入资本范畴，但它们又有所不同。实收资本一般是投资者为谋求资本增值而投入的原始投资，属于法定资本，与企业的注册资本一致。而资本公积既可以来源于投资者的额外投入，也可以来源于企业中某项资产的评估价值变动等。资本公积的主要用途是在企业办理增资手续后用于转增资本。

（二）借入资金概述

制造企业在生产经营过程中不仅要依靠投资者（或所有者）投入资本，还要通过向银行和其他金融机构借入资金以弥补投入资本的不足，以满足扩大再生产的需要。制造企业从债权人处筹集到的资金形成制造企业的负债，负债表示制造企业的债权人对制造企业资产的要求权利，即债权人权益。

本章将以最具代表性的短期借款和长期借款为例说明借入资金业务的核算。

二、投入资本业务的核算

（一）投入资本业务的账户设置

1．"实收资本（或股本）"账户

"实收资本（或股本）"账户属于所有者权益类账户，用来核算投资者投入企业的资本。"实收资本（或股本）"账户贷方登记企业实际收到投资者投入的资本，借方一般不进行核算，这是因为，根据《中华人民共和国公司法》的规定，一般不允许企业的投资者或股东在经营期间抽回其投资，为了保护债权人的权益，只有企业解散或减资时，投资者才能抽回投资，当企业抽回投资时才能反映"实收资本（或股本）"账户的借方发生额。"实收资本

（或股本）"账户期末余额在贷方，表示期末企业实有的资本数额或股本数额。当企业收到投资者投入的资金超过其在注册资本中所占份额，则将超过部分的资金作为资本溢价或股本溢价，在"资本公积"账户中核算，不记入"实收资本（或股本）"账户。

企业收到的所有者投资应按实际投资数额入账。其中以货币资金投资的，应按实际收到的款项作为投资者的投资额入账；以实物资产和无形资产形式投资的，应按投资合同或协议约定的价值作为实际投资数额入账，但合同或协议约定的价值不公允的除外。

企业在生产经营过程中所取得的收入和利得、所发生的费用和损失，不得直接增减投入资本。

"实收资本（或股本）"账户应该按照投资者设置明细分类账。"实收资本（或股本）"账户的结构如图 4-1 所示。

实收资本（或股本）	
借方	贷方
①企业当期按照法定程序报经批准减少的注册资本	期初余额：企业期初实收资本（或股本）的实际数额 ①当期实际收到投资者投入的资本数额 ②当期用资本公积转增的资本数额 ③当期用盈余公积转增的资本数额 期末余额：企业期末实收资本（或股本）的实际数额

图 4-1 "实收资本（或股本）"账户的结构

2．"资本公积"账户

"资本公积"账户属于所有者权益类账户，用以核算企业收到投资者出资额超出其在注册资本中所占份额的部分，以及直接计入所有者权益的利得和损失。"资本公积"账户的贷方登记企业取得的资本公积，借方登记由于转增资本等原因而引起的资本公积减少数。期末贷方余额，反映企业实有的资本公积。"资本公积"账户应按资本公积形成的类别设置"资本溢价（或股本溢价）""其他资本公积"明细分类账户进行明细分类核算。"资本公积"账户的结构如图 4-2 所示。

资本公积	
借方	贷方
①当期用资本公积转增资本的数额 ②当期其他资本公积的减少数额	期初余额：企业期初资本公积的实际数额 ①当期收到投资者投入资本（或股本）的溢价数额 ②当期其他资本公积的增加数额
	期末余额：企业期末资本公积的实际总额

图 4-2 "资本公积"账户的结构

（二）投入资本业务的账务处理

【例 4-1】 佳敏迪公司收到投资者秀园投入公司的资本金 500 000 元，存入银行。

这项经济业务的发生，一方面使得佳敏迪公司的银行存款增加 500 000 元，另一方面使得佳敏迪公司收到的投入资本金增加 500 000 元。会计分录如下：

借：银行存款   500 000
　　贷：实收资本——秀园   500 000

【例 4-2】 佳敏迪公司收到竭诚公司投资共 666 700 元，包括一台新设备价值 500 000

元和一批原材料价值 90 000 元,增值税税额合计 76 700 元。

这项经济业务的发生,一方面使得佳敏迪公司的固定资产增加 500 000 元,原材料增加 90 000 元,应交增值税减少 76 700 元,另一方面使得佳敏迪公司收到的投入资本增加 666 700 元。会计分录如下:

借:固定资产——设备　　　　　　　　　　　　　　500 000
　　原材料　　　　　　　　　　　　　　　　　　　 90 000
　　应交税费——应交增值税(进项税额)　　　　　　 76 700
　　贷:实收资本——竭诚公司　　　　　　　　　　　　　　666 700

【例 4-3】 佳敏迪公司注册资本金为 2 000 000 元,现有投资者明刚集团同意出资 700 000 元,约定投资完成后占有佳敏迪公司注册资本的 25%。佳敏迪公司已收到明刚集团的投资,并存入银行。

这项经济业务的发生,一方面使得佳敏迪公司的银行存款增加 700 000 元,另一方面使得佳敏迪公司的实收资本和资本公积分别增加 500 000 元和 200 000 元。会计分录如下:

借:银行存款　　　　　　　　　　　　　　　　　　700 000
　　贷:实收资本——明刚集团　　　　　　　　　　　　　 500 000
　　　　资本公积——资本溢价　　　　　　　　　　　　　 200 000

【例 4-4】 佳敏迪公司收到玉志公司的一项专利技术投资,经评估确认其价值为 40 000 元。

这项经济业务的发生,一方面使得佳敏迪公司的无形资产增加 40 000 元,另一方面使得佳敏迪公司收到的投入资本金增加 40 000 元。会计分录如下:

借:无形资产——专利技术　　　　　　　　　　　　40 000
　　贷:实收资本——玉志公司　　　　　　　　　　　　　 40 000

三、借入资金业务的核算

(一)借入资金业务的账户设置

1."短期借款"账户

短期借款是企业向银行或其他金融机构等借入的期限在一年以下(含一年)的各种款项。 短期借款一般是企业为维持正常的生产经营或为抵偿某项短期债务而借入的。

"短期借款"账户属于负债类账户,用以核算企业向银行或其他金融机构等借入的期限在一年以下(含一年)的各种借款。"短期借款"账户贷方登记借入的各种短期借款,借方登记短期借款的归还。"短期借款"账户期末余额在贷方,反映企业尚未偿还的短期借款的本金。"短期借款"账户应按借款种类、贷款人和币种设置明细分类账户,进行明细核算。"短期借款"账户的结构如图 4-3 所示。

借方	短期借款　　　　　　　　　　　　　　　　　　　　　　　　　贷方
①当期短期借款的偿还数额	期初余额:企业期初尚未偿还的短期借款数额 ①当期借入的各种短期借款数额
	期末余额:企业期末尚未偿还的短期借款数额

图 4-3 "短期借款"账户的结构

2．"长期借款"账户

长期借款是企业向银行或其他金融机构等借入的期限在一年以上（不含一年）的各种款项。与短期借款相比，长期借款的借款期限较长，此外，二者对借款利息费用的处理不同。《企业会计准则》规定，长期借款的利息费用，应按照权责发生制原则的要求，按期预提计入所购建资产的成本（即予以资本化）或直接计入当期财务费用。

"长期借款"账户属于负债类账户，用以核算企业向银行或其他金融机构借入的期限在一年以上的各种借款。"长期借款"账户贷方登记借入长期借款的数额（包括本金和到期还本付息形式下的利息），借方登记偿还的长期借款的数额（包括本金和利息）。"长期借款"账户期末贷方余额，反映企业尚未偿还的长期借款的数额（包括本金和利息）。"长期借款"账户应按贷款单位和贷款种类，分别按照"本金"和"利息调整"设置明细分类账户，进行明细核算。"长期借款"账户的结构如图 4-4 所示。

长期借款

借方	贷方
①当期偿还长期借款的数额	期初余额：企业期初尚未偿还的长期借款数额 ①当期实际收到借入的长期借款数额 ②当期资产负债表日计算的利息费用数额（到期还本付息）
	期末余额：企业期末尚未偿还的长期借款数额

图 4-4 "长期借款"账户的结构

3．"财务费用"账户

"财务费用"账户属于损益类账户，用以核算企业为筹集生产经营资金等而发生的各种筹资费用，包括利息收支、汇兑损益以及相关的手续费、企业发生或收到的现金折扣等。"财务费用"账户借方登记企业发生的财务费用，贷方登记发生的应冲减财务费用的利息收入、汇兑收益、现金折扣。期末应将"财务费用"账户的余额转入"本年利润"账户，结转后"财务费用"账户无余额。"财务费用"账户应按费用项目设置明细分类账户，进行明细核算。"财务费用"账户的结构如图 4-5 所示。

财务费用

借方	贷方
①企业发生的利息支出数额 ②企业发生的汇兑损失及银行手续费数额	①企业发生的利息收入、汇兑收益等数额 ②月末转入到"本年利润"的数额

图 4-5 "财务费用"账户的结构

4．"应付利息"账户

"应付利息"账户属于负债类账户，用以核算企业按照合同约定应支付的利息，包括吸收存款、分期付息到期还本的长期借款、企业债券等应支付的利息。"应付利息"账户贷方登记企业按照合同利率计算确定的应付未付利息，借方登记实际支付的利息。"应付利息"账户期末余额一般在贷方，反映企业应付未付的利息。"应付利息"账户应按存款人或债权人设置明细分类账户，进行明细核算。"应付利息"账户的结构如图 4-6 所示。

	应付利息	
借方		贷方
	期初余额：企业期初应付未付的利息数额	
①当期实际支付利息的数额	①资产负债表日计算的利息费用数额	
	期末余额：企业期末应付未付的利息数额	

图 4-6 "应付利息"账户的结构

（二）借入资金业务的账务处理

【例 4-5】 佳敏迪公司因生产经营的需要，于 2020 年 5 月 1 日向银行申请取得期限为 3 个月的借款 60 000 元，款项已存入银行。

这项经济业务的发生，一方面使得该公司的银行存款增加 60 000 元，另一方面使得该公司的短期借款增加 60 000 元。会计分录如下：

借：银行存款　　　　　　　　　　　　　　　　　　60 000
　　贷：短期借款　　　　　　　　　　　　　　　　　　　60 000

【例 4-6】 承上例，假如佳敏迪公司取得的借款年利率为 3%，利息按季度结算，按月计提。

这项经济业务的发生，首先应按照权责发生制原则的要求，计算 5 月应负担的利息额。经计算，5 月应负担的利息额为 150 元（60 000×3%÷12）。借款利息属于该公司的一项财务费用，由于利息是按季度结算的，因此本月的利息虽然在本月发生，但不在本月实际支付，因而形成该公司的一项负债，这项负债通过"应付利息"账户进行反映。会计分录如下：

借：财务费用　　　　　　　　　　　　　　　　　　150
　　贷：应付利息　　　　　　　　　　　　　　　　　　　150

以后每月的利息计算和账务处理方法同理。

【例 4-7】 承上例，佳敏迪公司在 6 月末用银行存款 300 元支付第二季度的银行借款利息。

这项经济业务实际上是偿还银行借款利息这项负债的业务，一方面使得该公司的银行存款减少 300 元，另一方面使得该公司的应付利息这项负债减少了 300 元。会计分录如下：

借：应付利息　　　　　　　　　　　　　　　　　　300
　　贷：银行存款　　　　　　　　　　　　　　　　　　　300

【例 4-8】 承上例，佳敏迪公司在 8 月 1 日用银行存款 60 150 元偿还到期的短期借款本金及未支付利息。

这项经济业务的发生，一方面使得佳敏迪公司的银行存款减少 60 150 元，另一方面使得佳敏迪公司的短期借款本金和应付利息（7 月份利息）分别减少 60 000 元和 150 元。会计分录如下：

借：应付利息　　　　　　　　　　　　　　　　　　150
　　短期借款　　　　　　　　　　　　　　　　　　60 000
　　贷：银行存款　　　　　　　　　　　　　　　　　　　60 150

【例 4-9】 佳敏迪公司为建造一幢厂房（工期两年，到 2021 年年末交付使用），于 2020 年 1 月 1 日向中国建设银行取得为期三年的借款 900 000 元，存入银行。

这项经济业务的发生，一方面使得佳敏迪公司的银行存款增加 900 000 元，另一方面使得佳敏迪公司的长期借款增加 900 000 元。会计分录如下：

借：银行存款　　　　　　　　　　　　　　　　　　　　　　　　900 000
　　贷：长期借款——本金　　　　　　　　　　　　　　　　　　　　900 000

【例 4-10】承上例，假设上述借款年利率为 6%，合同规定每年付息一次，到期还本。佳敏迪公司于 2020 年支付当年借款利息。

按照现行《企业会计准则》的规定，在固定资产建造工程未达到预计可使用状态之前，用于该工程的借款利息属于一项资本性支出，应计入该固定资产的建造成本中。长期借款利息的计算方法与短期借款相同，即 2020 年的利息为 54 000 元（900 000×6%）。这项经济业务的发生，一方面使得佳敏迪公司的在建工程成本增加 54 000 元，另一方面使得佳敏迪公司的"应付利息"这项负债增加 54 000 元。会计分录如下：

计提利息时：
借：在建工程　　　　　　　　　　　　　　　　　　　　　　　　54 000
　　贷：应付利息　　　　　　　　　　　　　　　　　　　　　　　　54 000
支付利息时：
借：应付利息　　　　　　　　　　　　　　　　　　　　　　　　54 000
　　贷：银行存款　　　　　　　　　　　　　　　　　　　　　　　　54 000

2021 年的利息处理与 2020 年相同。

【例 4-11】承上例，佳敏迪公司于 2022 年支付当年借款利息。

按照现行《企业会计准则》的规定，为购建固定资产的专门借款所发生的费用，符合资本化条件的，计入资产的成本，其他不符合资本化条件的借款费用均应于发生当期确认为费用，直接计入当期财务费用。在此例中，由于工程已经在 2021 年年末完工，达到预计可使用状态，所以 2022 年的利息不能计入工程成本，而应计入财务费用。因此，这项经济业务的发生，一方面使得佳敏迪公司当期财务费用增加，应记入"财务费用"账户的借方，另一方面使得佳敏迪公司的应付未付的利息增加，应记入"应付利息"账户的贷方。会计分录如下：

计提利息时：
借：财务费用　　　　　　　　　　　　　　　　　　　　　　　　54 000
　　贷：应付利息　　　　　　　　　　　　　　　　　　　　　　　　54 000
支付利息时：
借：应付利息　　　　　　　　　　　　　　　　　　　　　　　　54 000
　　贷：银行存款　　　　　　　　　　　　　　　　　　　　　　　　54 000

【例 4-12】承上例，假如佳敏迪公司在 2022 年年末归还该笔长期借款的本金。

该笔长期借款本金为 900 000 元，这项经济业务的发生，一方面使得佳敏迪公司的银行存款减少 900 000 元，另一方面使得佳敏迪公司的长期借款本金减少 900 000 元。会计分录如下：

借：长期借款——本金　　　　　　　　　　　　　　　　　　　　900 000
　　贷：银行存款　　　　　　　　　　　　　　　　　　　　　　　　900 000

❋ **课堂思考**
1. 制造企业筹建资金的渠道有哪些？具体内容是什么？
2. 制造企业长期借款与短期借款的区别是什么？

第三节　采购（供应）过程业务的核算

采购（供应）过程是生产准备过程，主要包括劳动资料的准备（即购建固定资产）和劳动对象的准备（即购买原材料）等。

一、购建固定资产业务的核算

（一）固定资产概述

固定资产是指企业为生产产品、提供劳务、出租或者经营管理而持有的，使用时间超过一个会计年度的，价值达到一定标准的有形的非流动性资产。它包括房屋、建筑物、机器、机械、运输工具以及其他与生产经营活动有关的设备、器具、工具等。

制造企业为进行产品生产和经营管理等活动，离不开厂房、建筑物和机器设备等固定资产。固定资产是企业生产经营过程中主要的劳动手段，也是企业赖以生产经营的主要资产。

固定资产应按照取得时的实际成本（即原始价值）入账。从理论上讲，固定资产实际成本是指企业为了取得某项固定资产并使其达到预定可使用状态而发生的一切合理、必要的支出，包括买价、税金（允许抵扣的增值税除外）、包装费、运输费、保险费和安装费等。

固定资产的购建既可以是外购也可以是自行建造。本节主要介绍外购的固定资产。外购固定资产是企业固定资产增加的主要途径，包括购入不需要安装的固定资产和购入需要安装的固定资产。

不需要安装的固定资产是指固定资产一经购入即交付使用，无须安装即达到预定可使用状态。固定资产应按实际支付的买价、税金（允许抵扣的增值税除外）、运杂费、保险费等作为原价入账。如果是境外进口的固定资产，还应包括按规定支付的关税。

需要安装的固定资产是指固定资产购入后需经过安装才能达到预定可使用状态。购入需要安装的固定资产，从购入到交付使用需要一个过程，而且在该过程中会陆续发生各种费用，即安装成本。因此，**固定资产的原价应包括支付的买价、税金**（允许抵扣的增值税除外）**、运杂费、保险费和安装成本等。**在会计核算中，企业购入固定资产时发生的各项实际支出，应先通过"在建工程"账户归集，安装完毕交付使用时，再由"在建工程"账户转入"固定资产"账户。

（二）购建固定资产业务的账户设置

1. "固定资产"账户

"固定资产"账户属于资产类账户，用以核算企业持有固定资产的原始价值，即实际成本。"固定资产"账户的借方登记增加的固定资产原始价值，贷方登记减少的固定资产原始价值。"固定资产"期末余额在借方，反映企业期末固定资产的原始价值。固定资产在使用过程中发生的价值损耗，即固定资产的折旧额，不在本账户进行核算，而是专门设置"累计折旧"账户进行核算。"固定资产"账户应按固定资产类别、使用部门和单项固定资产项目设置明细分类账户，进行明细分类核算。"固定资产"账户的结构如图4-7所示。

固定资产	
借方	贷方
期初余额：期初固定资产的原始价值数额	
①当期增加的固定资产原始价值数额	①当期减少的固定资产原始价值数额
期末余额：期末固定资产的原始价值数额	

图4-7 "固定资产"账户的结构

2．"在建工程"账户

"在建工程"账户属于资产类账户，用来核算企业进行固定资产安装（包括需要安装设备的价值）、固定资产建造、固定资产更新改造等工程发生的实际支出。"在建工程"账户借方登记各项工程发生的实际支出，贷方登记达到预定可使用状态的固定资产交付使用时的实际支出。"在建工程"账户期末余额在借方，反映企业尚未达到预定可使用状态的在建工程的成本。"在建工程"账户可以按"建筑工程""安装工程""在安装设备"以及单项工程项目设置明细分类账户，进行明细分类核算。"在建工程"账户的结构如图4-8所示。

在建工程	
借方	贷方
期初余额：期初在建工程的实际成本	
①当期各项工程建设中发生的实际支出数额	①当期交付使用时结转的实际工程成本
期末余额：期末尚未完工或交付使用的在建工程的实际成本	

图4-8 "在建工程"账户的结构

（三）购建固定资产业务的账务处理

【例4-13】 佳敏迪公司2021年4月6日购入一台不需安装的设备，发票价款为40 000元，增值税税额为5 200元（增值税税率为13%）；运输费为600元，增值税税额为54元（增值税税率为9%），款项均以银行存款付讫。

这项经济业务的发生，一方面使得佳敏迪公司的固定资产增加40 600元（40 000+600），增值税进项税额增加5 254元，另一方面使得佳敏迪公司银行存款减少45 854元。会计分录如下：

借：固定资产——设备　　　　　　　　　　　　　　　　　　40 600
　　应交税费——应交增值税（进项税额）　　　　　　　　　　5 254
　　贷：银行存款　　　　　　　　　　　　　　　　　　　　45 854

【例4-14】 佳敏迪公司购入需要安装的设备一台，发票价款为50 000元，增值税税额为6 500元（增值税税率为13%）；支付的运杂费为1 000元，增值税税额为90元（增值税税率为9%），保险费为400元，增值税税额为24元（增值税税率为6%）。款项以银行存款付讫，设备已交付安装。

这项经济业务的发生，一方面使得佳敏迪公司的在建工程增加 51 400 元（50 000+1 000+400），增值税进项税额增加 6 614 元（6 500+90+24）；另一方面使得佳敏迪公司的银行存款减少 58 014 元（51 400+6 614）。会计分录如下：

  借：在建工程——安装工程   51 400
    应交税费——应交增值税（进项税额）   6 614
    贷：银行存款   58 014

【例 4-15】 承上例，上述设备安装时领用材料 2 000 元，应付安装工人工资 2 100 元。

安装设备时发生的安装成本计入固定资产的原始价值。因此，这项经济业务的发生，一方面使得佳敏迪公司的在建工程增加 4 100 元，另一方面使得原材料减少 2 000 元，同时发生安装人员工资的支付，使应付职工薪酬增加 2 100 元。会计分录如下：

  借：在建工程——安装工程   4 100
    贷：原材料   2 000
      应付职工薪酬——工资   2 100

【例 4-16】 承上例，上述设备安装调试完毕，达到预定可使用状态，交付使用。

设备安装调试完毕时，应将已确定的固定资产原价 55 500 元（51 400+4 100）从"在建工程"账户转入"固定资产"账户。这项经济业务的发生，一方面使得佳敏迪公司的固定资产增加 55 500 元，另一方面使得佳敏迪公司的"在建工程——安装工程"减少 55 500 元。会计分录如下：

  借：固定资产——设备   55 500
    贷：在建工程——安装工程   55 500

二、材料采购业务的核算

（一）材料采购业务的主要内容

制造企业在采购过程中，主要经济业务是用货币资金购买各种材料物资，为生产、经营进行必要的物资储备。材料物资是制造企业生产过程中不可缺少的物质要素，在生产过程中，材料一经投入产品生产将会改变其原有的实物形态，构成产品实体的一部分或因消耗而转化为费用。

材料按其在制造企业生产过程中的作用，可分为原料及主要材料、辅助材料、外购半成品（外购件）、修理用备件、包装材料、燃料等。

制造企业的各种材料可以直接从外单位购进，也可以委托外单位加工，有些材料还可以自制。

在材料采购过程中，制造企业要核算和监督材料物资的买价和采购费用（包括运杂费、运输途中的合理损耗、入库前挑选整理费用和购入材料负担的税金等），确定采购成本以及与供应单位发生货款结算关系等。制造企业购进的材料经验收入库后即为可供生产领用的库存材料。

制造企业材料采购过程核算的主要任务是：核算材料的买价和采购费用，确定采购成本，检查材料采购计划执行情况，核算和监督储备资金占用量，考核储备资金定额的执行情况。

制造企业外购材料的实际采购成本由以下几个部分构成：

（1）买价。买价即购货发票注明的货款金额。

（2）采购费用。采购费用**即采购过程中发生的运杂费、运输途中的合理损耗、入库前的挑选整理费用**等。

1）运杂费：材料由供货单位运至本企业所在地过程中所发生的、应由本企业负担的包装费、运输费、仓储费、装卸费及保险费等。

2）运输途中的合理损耗：购入散装、易碎或易挥发的材料时，在运输途中所产生的定额内的合理损耗。超过定额损耗部分除由责任者赔偿外，其余计入管理费用。

3）入库前的挑选整理费用：材料入库前发生的技术性检验及挑选整理费用，还包括挑选过程中发生的损耗，并扣除下脚料、废料的价值。

制造企业外购材料的买价直接计入各种材料物资的采购成本，凡能够分清是某种材料负担的采购费用，可以直接计入该种材料物资的采购成本；不能分清的，应按照材料物资的重量、体积、买价等比例，分摊计入各种材料物资的采购成本。

在材料采购过程中，除核算材料的买价和采购费用外，还必须核算因材料采购而发生的增值税进项税额。

（二）材料采购业务的账户设置

1．"在途物资"账户

"在途物资"账户属于资产类账户，用来核算企业采用实际成本（或进价）计价进行材料、商品等物资的日常核算时，货款已付但尚未验收入库的在途物资的采购成本。"在途物资"账户借方登记企业购入材料、商品时应计入材料、商品采购成本的金额，贷方登记结转完成采购过程后验收入库的材料、商品的采购成本。"在途物资"账户期末余额在借方，表示尚未运达企业或者已经运达企业但尚未验收入库的在途材料、商品等物资的采购成本。"在途物资"账户可按供应单位和物资品种设置明细分类账户，进行明细分类核算。"在途物资"账户的结构如图4-9所示。

在途物资	
借方	贷方
期初余额：期初在途物资的实际成本	
①当期发生的材料、商品采购成本	①当期结转验收入库的材料、商品的实际成本
期末余额：期末尚未运达企业或者已经运达企业但尚未验收入库的在途物资的实际成本	

图4-9 "在途物资"账户的结构

2．"原材料"账户

"原材料"账户属于资产类账户，核算企业库存的各种材料，包括原料及主要材料、辅助材料、外购半成品（外购件）、修理用备件（备品备件）、包装材料、燃料等的计划成本或实际成本。"原材料"账户借方登记已经验收入库的各种材料成本，贷方登记材料发出或减少的数额。"原材料"账户期末借方余额反映企业库存材料的计划成本或实际成本。

"原材料"账户需要按照材料的保管地点（仓库）、材料类别、品种和规格分设原材料明细分类账户，进行明细分类核算，具体反映每种材料的库存和增减变动情况。"原材料"

账户的结构如图 4-10 所示。

借方	原材料	贷方
期初余额：期初企业库存材料的成本		
①当期已经验收入库增加的各种材料成本		①当期发出或减少的各种材料成本
期末余额：期末企业库存的各种材料的成本		

图 4-10 "原材料"账户的结构

3. "应付账款"账户

"应付账款"账户属于负债类账户，用来核算企业因购买材料、商品和接受劳务等经营活动应支付的款项。"应付账款"账户贷方登记应付供应单位款项（买价、税金和代垫运杂费等）的增加数额，借方登记实际偿还款项的数额。"应付账款"账户期末贷方余额表示尚未支付的应付账款余额。

应付账款是买卖双方在购销活动中由于取得物资与支付货款在时间上不一致而产生的负债。理论上，应付账款的偿还期一般在两个月之内。在市场经济条件下，应付账款的发生是正常的，但如果超过信用期的应付账款数额太大且时间较长，则体现企业的信用度相对较低。

一般情况下，"应付账款"账户应按供应单位分别设置明细分类账户，进行明细分类核算，以便反映负债的发生及清偿情况。"应付账款"账户的结构如图 4-11 所示。

借方	应付账款	贷方
	期初余额：期初企业尚未支付给供应单位的款项余额	
①当期已经实际偿还给供应单位的款项	①当期新增的企业应付未付供应单位的款项	
	期末余额：期末企业尚未支付给供应单位的款项余额	

图 4-11 "应付账款"账户的结构

4. "应付票据"账户

"应付票据"账户属于负债类账户，用来核算企业购买材料、商品和接受劳务供应等开出、承兑的商业汇票，包括商业承兑汇票和银行承兑汇票两种。"应付票据"账户贷方登记企业开出、承兑商业汇票抵付货款的数额，借方登记支付到期商业汇票的数额。"应付票据"账户期末余额在贷方，反映企业尚未到期的商业汇票的票面金额。"应付票据"账户应按债权人设置明细分类账户，进行明细分类核算。企业还要设置"应付票据备查簿"登记应付票据的具体内容。"应付票据"账户的结构如图 4-12 所示。

借方	应付票据	贷方
	期初余额：期初企业尚未到期的商业汇票票款	
①当期企业商业汇票到期支付的款项	①当期企业开出、承兑商业汇票的票款	
	期末余额：期末企业尚未到期的商业汇票票款	

图 4-12 "应付票据"账户的结构

5. "应交税费"账户

"应交税费"账户属于负债类账户,用来核算企业按照税法等规定计算应缴纳的各种税费,包括增值税、消费税、所得税、资源税、城市维护建设税、教育费附加等。企业代扣代缴的个人所得税等,也通过本账户核算。"应交税费"账户贷方登记计算出的各种应缴而未缴税金的增加,借方登记实际缴纳的各种税金,包括支付的增值税进项税额。期末余额方向不固定,如果在贷方,反映企业尚未缴纳的税费;如果在借方,反映企业多缴或尚未抵扣的税费。

"应交税费"账户可按应缴的税费项目进行明细分类核算。

在材料采购业务中主要设置"应交税费——应交增值税"账户核算增值税。增值税是对在我国境内销售货物或者提供加工、修理修配劳务,以及进口货物的单位和个人,就其取得的货物或应税劳务的销售额,以及进口货物的金额计算税款,并实行税款抵扣制的一种流转税。增值税是对商品生产和流通中各环节的新增价值或商品附加值进行征税的,所以称之为"增值税"。增值税是一种价外税,采取两段增收法,分为销项税额和进项税额。

企业当前应纳税额 = 当期销项税额 − 当期进项税额

销项税额是指纳税人销售货物或者提供应税劳务,按照销售额或应税劳务收入和规定的税率计算并向购买方收取的增值税税额。销项税额计算公式为

销项税额 = 销售额 × 增值税税率

2019 年 4 月 1 日开始实施的新增值税税收政策对一般纳税人的增值税税率的规定为:一般纳税人销售或进口绝大部分的货物、提供劳务、提供有形动产租赁服务等业务的增值税税率为 13%;销售或进口较低税率货物,提供交通运输、邮政、基础电信、建筑、不动产租赁服务,销售不动产,转让土地使用权的增值税税率为 9%;提供增值电信服务、金融服务、现代服务(租赁服务除外)、生活服务、销售无形资产(转让土地使用权除外)的增值税税率为 6%。

进项税额是指纳税人购进货物或接受应税劳务所支付或者负担的增值税税额。进项税额计算公式为

进项税额 = 购进货物或劳务价款 × 增值税税率

进项税额与销项税额是相对应的概念,在开具增值税专用发票的情况下,它们之间的对应关系是:销售方收取的销项税额就是购买方支付的进项税额。增值税的核心就是用纳税人收取的销项税额抵扣其支付的进项税额,余额为纳税人实际应缴纳的增值税税额。"应交税费——应交增值税"账户的结构如图 4-13 所示。

应交税费——应交增值税

借方	贷方
	期初余额:期初企业尚未缴纳的增值税余额
①当期产生的进项税额	①当期产生的销项税额
	期末余额:期末企业尚未缴纳的增值税余额

图 4-13 "应交税费——应交增值税"账户的结构

6. "预付账款"账户

"预付账款"账户属于资产类账户,用来核算企业因采购材料、物资和接受劳务而按照购货合同规定预付给供应单位的货款。"预付账款"账户借方登记预付账款的增加,贷方登记收到供应单位提供的材料、物资等而冲销的预付账款(即预付账款的减少)。"预付账款"账户期末余额一般在借方,反映企业尚未结算的预付账款的结余数额。

"预付账款"账户应按供应单位设置明细账户,进行明细分类核算。"预付账款"账户的结构如图4-14所示。

借方	预付账款	贷方
期初余额:期初预付的账款余额		
①当期企业预付账款的增加数额 ②当期补付账款的增加数额		①当期企业收到材料、物资冲减的预付账款
期末余额:期末尚未结算的预付账款余额		

图4-14 "预付账款"账户的结构

(三)材料采购的账务处理

制造企业材料采购过程中的主要经济业务是采购各种材料物资。在购进材料时,一般有材料已验收入库,货款尚未支付;材料验收入库的同时支付货款;货款已支付,材料尚未到达三种不同的情况下的支付材料采购费用、结转材料实际采购成本等经济业务。

【例4-17】 佳敏迪公司2021年4月2日,向异地的大兴公司购入甲材料2 000kg,每千克5元;乙材料2 000kg,每千克10元,共计30 000元,增值税税率为13%,增值税税额合计为3 900元。材料已验收入库,货款用商业承兑汇票付讫。

这项经济业务的发生,一方面使得佳敏迪公司购入的甲材料增加10 000元(2 000×5),乙材料增加20 000元(2 000×10),同时,佳敏迪公司的增值税进项税额增加3 900元(30 000×13%),另一方面使得佳敏迪公司的应付票据增加33 900元。因此,这项经济业务涉及"在途物资""应交税费——应交增值税(进项税额)""应付票据"三个账户。会计分录如下:

借:在途物资——甲材料　　　　　　　　　　　　　　　　　10 000
　　　　　　——乙材料　　　　　　　　　　　　　　　　　20 000
　　应交税费——应交增值税(进项税额)　　　　　　　　　 3 900
　　贷:应付票据　　　　　　　　　　　　　　　　　　　　33 900

【例4-18】 佳敏迪公司2021年4月3日向环宇公司购入丙材料5 000kg,每千克10元,共计50 000元,增值税税率为13%,增值税税额6 500元,材料已验收入库,货款以银行存款支付。

这项经济业务的发生,一方面使得佳敏迪公司购入丙材料的买价增加50 000元(5 000×10),同时,佳敏迪公司的增值税进项税额增加6 500元(50 000×13%),另一方面使得佳敏迪公司的银行存款减少56 500元。因此,这项经济业务涉及"在途物资""应交税费——应交增值税(进项税额)""银行存款"三个账户。会计分录如下:

借：在途物资——丙材料　　　　　　　　　　　　　　　　　　50 000
　　　　应交税费——应交增值税（进项税额）　　　　　　　　　　6 500
　　　　贷：银行存款　　　　　　　　　　　　　　　　　　　　　　56 500

　　【例4-19】佳敏迪公司2021年4月3日，以银行存款支付甲、乙、丙三种材料的铁路运输费6 000元，增值税税率为9%，增值税税额为540元，另以现金支付装卸费3 000元（不考虑税金），共计9 540元。根据材料的重量比例分配上述共同采购费用。

　　首先，需对甲、乙、丙三种材料应共同负担的9 000元铁路运输费及装卸费进行分配：

　　　　分配率＝9 000÷（2 000+2 000+5 000）＝1（元/kg）
　　　　甲材料负担的采购费用＝2 000×1＝2 000（元）
　　　　乙材料负担的采购费用＝2 000×1＝2 000（元）
　　　　丙材料负担的采购费用＝5 000×1＝5 000（元）

　　这项经济业务的发生，一方面使得佳敏迪公司购入甲材料的采购成本增加2 000元，乙材料的采购成本增加2 000元，购入丙材料的采购成本增加5 000元，增值税进项税额增加540元；另一方面使得佳敏迪公司银行存款减少6 540元，同时，使佳敏迪公司库存现金减少3 000元。因此，这项经济业务涉及"在途物资""银行存款"和"库存现金"三个账户。会计分录如下：

　　借：在途物资——甲材料　　　　　　　　　　　　　　　　　　2 000
　　　　　　　　——乙材料　　　　　　　　　　　　　　　　　　2 000
　　　　　　　　——丙材料　　　　　　　　　　　　　　　　　　5 000
　　　　应交税费——应交增值税（进项税额）　　　　　　　　　　540
　　　　贷：银行存款　　　　　　　　　　　　　　　　　　　　　　6 540
　　　　　　库存现金　　　　　　　　　　　　　　　　　　　　　　3 000

　　【例4-20】佳敏迪公司2021年4月3日，按照合同规定用银行存款预付给胜利工厂订货款30 000元。

　　这项经济业务的发生，一方面使得佳敏迪公司预付的订货款增加30 000元，另一方面使得佳敏迪公司银行存款减少30 000元。因此，这项经济业务涉及"预付账款""银行存款"两个账户。会计分录如下：

　　借：预付账款——胜利工厂　　　　　　　　　　　　　　　　　30 000
　　　　贷：银行存款　　　　　　　　　　　　　　　　　　　　　　30 000

　　【例4-21】佳敏迪公司收到胜利工厂发运来的、已预付货款的丁材料，并验收入库。随货物附来的发票注明该批丁材料的价款为40 000元，增值税税率为13%，增值税进项税额为5 200元，除冲销原预付账款30 000元外，不足款项立即用银行存款支付。另发生运杂费1 000元，增值税税率为9%，增值税进项税额为90元，用现金支付。

　　这项经济业务的发生，一方面使得佳敏迪公司材料采购费用支出（丁材料的买价和采购费用）增加41 000元（40 000+1 000），增值税进项税额增加5 290元，另一方面使得佳敏迪公司预付账款减少30 000元，银行存款减少15 290元（40 000+5 290-30 000），库存现金减少1 000元。这项经济业务涉及"在途物资""应交税费——应交增值税（进项税额）""预付账款""银行存款"和"库存现金"五个账户。会计分录如下：

　　借：在途物资——丁材料　　　　　　　　　　　　　　　　　　41 000

应交税费——应交增值税（进项税额）		5 290
贷：预付账款——胜利工厂		30 000
银行存款		15 290
库存现金		1 000

【例 4-22】 佳敏迪公司佳敏迪公司 2021 年 7 月 2 日，商业承兑汇票到期，以银行存款归还外地某工厂材料款 33 900 元。

这项经济业务的发生，一方面使得佳敏迪公司的应付票据减少 33 900 元，另一方面使得佳敏迪公司银行存款减少 33 900 元。因此，这项经济业务涉及"应付票据"和"银行存款"两个账户。会计分录如下：

　　借：应付票据　　　　　　　　　　　　　　　　　　　　　　　33 900
　　　　贷：银行存款　　　　　　　　　　　　　　　　　　　　　　33 900

【例 4-23】 结转上述四种材料的实际采购总成本。

这项经济业务的发生，一方面使得佳敏迪公司已验收入库材料的实际采购成本增加 130 000 元（12 000+22 000+55 000+41 000），另一方面使得佳敏迪公司的材料采购支出结转减少 130 000 元。因此，这项经济业务涉及"原材料"和"在途物资"两个账户。会计分录如下：

　　借：原材料——甲材料　　　　　　　　　　　　　　　　　　　12 000
　　　　　　——乙材料　　　　　　　　　　　　　　　　　　　　22 000
　　　　　　——丙材料　　　　　　　　　　　　　　　　　　　　55 000
　　　　　　——丁材料　　　　　　　　　　　　　　　　　　　　41 000
　　　　贷：在途物资——甲材料　　　　　　　　　　　　　　　　12 000
　　　　　　　　　　——乙材料　　　　　　　　　　　　　　　　22 000
　　　　　　　　　　——丙材料　　　　　　　　　　　　　　　　55 000
　　　　　　　　　　——丁材料　　　　　　　　　　　　　　　　41 000

❈ **课堂思考**
1．材料采购业务核算的内容有哪些？
2．采购成本的内容包括什么？如何计算采购成本？

第四节　生产过程业务的核算

制造企业通过采购（供应）过程准备了劳动资料（即固定资产）和劳动对象（即原材料）之后，即进入生产过程阶段，开始产品的生产。生产过程阶段是制造企业最具特点也最为复杂的阶段，在这一阶段劳动者利用劳动资料对劳动对象进行加工，把劳动对象转化成劳动产品。

一、生产过程业务的主要内容

制造企业的生产过程一方面是新产品的制造过程，另一方面也是物化劳动和活劳动的消耗过程。

制造企业在生产经营过程中会发生各种耗费，统称为费用。费用按经济用途可分为生产费用和期间费用两大类。

制造企业的生产过程就是生产费用的耗费过程。生产费用按其是否直接计入生产成本划分为直接费用和间接费用。直接费用是指为生产某种产品而直接发生的各项费用，包括直接材料、直接人工、其他直接费用，这些费用发生时直接计入产品成本。间接费用又称制造费用，是指为生产各种产品而共同发生的生产耗费，如生产车间固定资产的折旧费、车间管理人员及技术人员的工资及福利费、车间的水电费及共同材料费等。间接费用在平时按车间、分厂等进行归集，期末时分配计入各产品生产成本中。

制造企业生产过程的会计核算是以产品生产成本的核算为中心的，构成产品生产成本的费用包括：

（1）**直接材料**。直接材料是指直接用于产品生产，构成产品实体的原料及主要材料、外购半成品及有助于产品形成的辅助材料等。

（2）**直接人工**。直接人工是指直接参加产品生产的一线工人的职工薪酬。

（3）**其他直接费用**。其他直接费用是指直接为产品生产而发生的燃料动力费、外部加工费等。

（4）**制造费用**。制造费用是指制造企业生产部门（车间）为组织和管理生产而发生的各项间接费用。

将制造企业在生产经营过程中各个阶段所发生的生产费用，按照一定的对象进行归集和分配，即能够确定各成本计算对象的实际总成本和单位成本，生产费用按产品对象化以后，就形成产品生产成本。

期间费用是指不能直接归属于某个特定产品成本的费用。它是随着时间推移而发生的，与当期产品的管理和销售直接相关，而与产品的产量、产品的制造过程无直接关系，容易确定其发生的期间而难以判别其所应归属的产品，因而不能列入产品制造成本，而应在发生的当期从损益中扣除。期间费用包括销售费用、管理费用和财务费用。

（1）**销售费用**。销售费用是指企业在销售商品和材料、提供劳务的过程中发生的各项费用，以及为销售本企业商品而专设的销售机构的经营费用。销售费用包括广告费、包装费、租赁费、展览费、专设销售机构人员的职工薪酬等。

（2）**管理费用**。管理费用是指制造企业为组织和管理全企业生产经营活动所发生的各种费用，包括企业的董事会和行政管理部门在企业的经营管理中发生的，或应当由企业统一负担的各项费用。管理费用包括董事会费、行政管理部门职工薪酬、办公费、邮电通信费、差旅费、交通费、业务招待费、折旧费、审计评估费、无形资产摊销费、低值易耗品摊销费、工会经费等。

（3）**财务费用**。财务费用是指企业为筹集生产经营所需资金等而发生的筹资费用，包括利息收支、汇兑损益以及相关的银行手续费、企业发生的现金折扣或收到的现金折扣等。

二、生产过程业务的账户设置

1．"生产成本"账户

"生产成本"账户属于成本类账户，用来核算企业进行工业性产品生产过程中所发生的各项生产费用,并据以确定产品实际生产成本,包括产成品、自制半成品、自制材料、自制工具、自制设备等。"生产成本"账户借方登记应计入产品生产成本的各项费用,包括直接计入产品生产成本的直接材料费、直接人工费和其他直接支出,以及期末按照一定的方法分配计入产品生产成本的制造费用;贷方登记结转完工入库的产成品的生产成本。"生产成本"账户期末余额在借方,表示企业尚未加工完成的在产品成本,即生产资金的占用额。

"生产成本"账户应按"基本生产成本"和"辅助生产成本"设置明细分类账户,进行明细分类核算。"生产成本"账户的结构如图4-15所示。

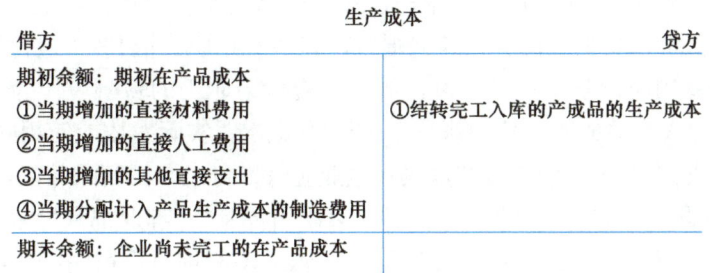

图4-15 "生产成本"账户的结构

2. "制造费用"账户

"制造费用"账户属于成本类账户,用来归集和分配企业生产车间(部门)范围内为生产产品和提供劳务而发生的各项间接费用,包括车间管理人员工资及福利费、固定资产折旧费、车间办公费、车间水电费、机物料消耗等。"制造费用"账户借方登记实际发生的各项制造费用,贷方登记期末经分配转入"生产成本"账户借方的,应计入产品制造成本的制造费用。制造费用经过结转后,除季节性生产企业外,"制造费用"账户期末应无余额。

"制造费用"账户应按不同生产车间(部门)设置明细分类账户,按照费用项目设置专栏进行明细分类核算。"制造费用"账户的结构如图4-16所示。

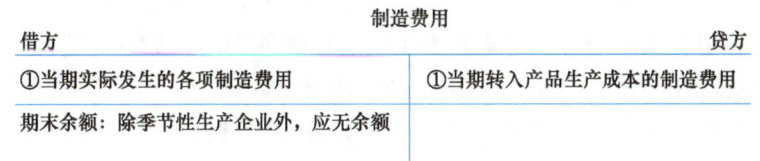

图4-16 "制造费用"账户的结构

3. "库存商品"账户

"库存商品"账户属于资产类账户,用来核算企业生产完工验收入库,可供销售的产品的实际成本。"库存商品"账户借方登记验收入库的库存商品成本的增加(收入),贷方登记库存商品成本的减少(发出)。"库存商品"账户期末余额在借方,表示库存商品成本的期末结余数额。

"库存商品"账户应按商品种类、品种和规格等设置明细分类账户,进行明细分类核算。"库存商品"账户的结构如图4-17所示。

库存商品	
借方	贷方
期初余额：期初库存商品的成本	
①当期验收入库的库存商品成本	①当期发出的库存商品成本
期末余额：期末结存的库存商品成本	

图 4-17 "库存商品"账户的结构

4."应付职工薪酬"账户

"应付职工薪酬"账户属于负债类账户，用来核算企业根据有关规定应付给职工的各种薪酬，包括短期薪酬、离职后福利、辞退福利、其他长期职工福利。"应付职工薪酬"账户贷方登记本月计算的应付职工薪酬总额，同时，应付给职工的薪酬应作为企业的一项费用按经济用途分配计入有关成本、费用账户；借方登记本月实际发放或使用的职工薪酬数额。"应付职工薪酬"账户期末余额在贷方，表示企业应付未付的职工薪酬数额。

"应付职工薪酬"账户可按"短期薪酬""离职后福利""辞退福利""社会保险费""住房公积金""工会经费""职工教育经费"等应付职工薪酬项目设置明细分类账户，进行明细核算。"应付职工薪酬"账户的结构如图 4-18 所示。

应付职工薪酬	
借方	贷方
	期初余额：企业期初应付未付的职工薪酬数额
①当期实际发放或使用的职工薪酬数额	①当期分配计入有关成本、费用的职工薪酬数额
	期末余额：企业期末应付未付的职工薪酬数额

图 4-18 "应付职工薪酬"账户的结构

5."管理费用"账户

"管理费用"账户属于损益类账户，用来核算企业行政管理部门为组织和管理企业生产经营活动而发生的管理费用，包括折旧费、工会经费、行政管理人员工资和福利费、劳动保险费等。"管理费用"账户借方登记本月发生的各项管理费用，贷方登记月末转入"本年利润"账户的管理费用，结转后"管理费用"账户期末无余额。

"管理费用"账户应按费用项目设置明细账，进行明细核算。"管理费用"账户的结构如图 4-19 所示。

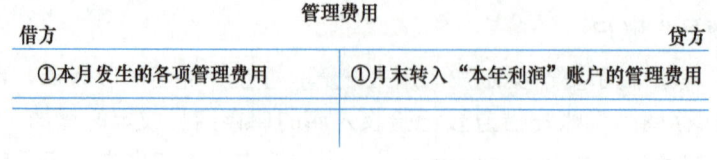

图 4-19 "管理费用"账户的结构

6."累计折旧"账户

"累计折旧"账户属于资产类账户，用来核算企业使用固定资产应该计算提取的累计折旧数额。制造企业固定资产在使用过程中磨损的价值是通过计算提取折旧的方式逐步转移到产品成本或期间费用中去的，因此计提折旧就表明生产费用或期间费用的增加。同时，由于固定资产发生了磨损，固定资产的价值也相应减少，但因管理的需要，"固定资产"账户要始终反映企业现有固定资产的原始价值，固定资产因发生损耗而减少的价值应通过"累计折旧"账户来核算。"累计折旧"账户的贷方登记按月计算提取的固定资产折旧数额，即固定资产折旧的增加金额；借方登记因减少固定资产而减少或转销的累计折旧数额。"累计折旧"账户期末余额在贷方，表示现有固定资产已计算提取的累计折旧数额。

"累计折旧"账户只设置总分类账户，不用进行明细分类核算。"累计折旧"账户的结构如图 4-20 所示。

累计折旧	
借方	贷方
	期初余额：期初累计折旧的数额
①当期减少或转销的累计折旧数额	①当期计算提取的固定资产折旧额
	期末余额：期末已提取的折旧累计数额

图 4-20 "累计折旧"账户的结构

三、生产过程业务的账务处理

生产费用的发生、归集和分配以及产品成本的形成是制造企业生产过程核算的主要内容。

【例 4-24】 佳敏迪公司的生产车间从仓库领用 E、F、G 材料价值 10 500 元用以生产 A、B 两种产品和其他一般耗用，会计部门现将领料单汇总，编制本月份的"材料耗用汇总表"，见表 4-1。

表 4-1 材料耗用汇总表

项目	E 材料		F 材料		G 材料		合计	
	数量/kg	金额（元）	数量/kg	金额（元）	数量/kg	金额（元）	数量/kg	金额（元）
制造 A 产品耗用	400	2 000	100	600	700	1 400		4 000
制造 B 产品耗用	600	3 000	150	900	550	1 100		5 000
小计	1 000	5 000	250	1 500	1 250	2 500		9 000
车间一般耗用	200	1 000			100	200		1 200
管理部门领用			50	300				300
合计	1 200	6 000	300	1 800	1 350	2 700		10 500

从上述资料可以看出，佳敏迪公司的材料费用可以分为三个部分：一部分为直接用于产品制造的直接材料费用，A、B 两种产品共耗用 9 000 元，其中 A 产品耗用 4 000 元，B 产品耗用 5 000 元；一部分为车间一般性消耗的材料费用 1 200 元；还有一部分为管理部门耗用的材料费用 300 元。这项经济业务的发生，一方面使得佳敏迪公司生产产品的直接材料费用增加 9 000 元，间接材料费用增加 1 200 元，以及管理费用增加 300 元，另一方面使

得佳敏迪公司的库存材料减少 10 500 元。因此，这项经济业务涉及"生产成本""制造费用""管理费用"和"原材料"四个账户。会计分录如下：

  借：生产成本——A 产品   4 000
       ——B 产品   5 000
    制造费用   1 200
    管理费用   300
   贷：原材料——E 材料   6 000
       ——F 材料   1 800
       ——G 材料   2 700

【例 4-25】 佳敏迪公司月末分配本月应付职工薪酬共 29 000 元。其中，制造 A 产品生产工人薪酬 15 000 元，制造 B 产品生产工人薪酬 5 000 元，车间管理人员薪酬 2 000 元，厂部管理人员薪酬 4 000 元，服务于本公司基建工程人员薪酬 3 000 元。

这项经济业务的发生，一方面使得佳敏迪公司的应付职工薪酬增加 29 000，另一方面使得佳敏迪公司的生产费用、期间费用和在建工程成本共增加了 29 000 元。其中 A 产品生产工人薪酬 15 000 元，B 产品生产工人薪酬 5 000 元，车间管理人员薪酬 2 000 元，厂部管理人员薪酬 4 000 元，服务于本厂基建工程人员薪酬 3 000 元。车间生产工人和车间管理人员的薪酬作为生产费用应分别计入产品的生产成本和制造费用，厂部管理人员薪酬应计入期间费用，服务于本厂基建工程人员薪酬应计入在建工程成本。因此，这项经济业务涉及"生产成本""制造费用""管理费用""在建工程"和"应付职工薪酬"五个账户。会计分录如下：

  借：生产成本——A 产品   15 000
       ——B 产品   5 000
    制造费用   2 000
    管理费用   4 000
    在建工程   3 000
   贷：应付职工薪酬——职工工资   29 000

【例 4-26】 佳敏迪公司以银行存款发放职工薪酬 29 000 元。

这项经济业务的发生，一方面使得佳敏迪公司应付职工薪酬这项负债减少了 29 000 元，同时银行存款减少 29 000 元。因此，这项经济业务涉及"应付职工薪酬"和"银行存款"两个账户。会计分录如下：

  借：应付职工薪酬——职工工资   29 000
   贷：银行存款   29 000

【例 4-27】 佳敏迪公司按职工工资总额的 8% 计提职工住房公积金。

根据国家规定，佳敏迪公司可以按照职工工资的一定比例（本例中为 8%）从成本费用中提取职工住房公积金。提取时，一方面使得佳敏迪公司当期的成本费用增加，另一方面使得佳敏迪公司的"应付职工薪酬——住房公积金"增加。对于成本费用的增加应加以区分，不同人员的薪酬提取的职工住房公积金，分别在不同的账户中列支。其中，按照 A 产品生产工人工资提取的住房公积金为 1 200 元（15 000×8%），按照 B 产品生产工人工资提取的住房公积金为 400 元（5 000×8%），上述两部分住房公积金的提取属于生产成本的增加，应记入"生产成本"账户的借方；按照车间管理人员的工资提取的住房公积金为160元（2 000×8%），属于间接生产费用的增加，应记入"制造费用"账户的借方；按照厂部管理人员的工资提取的住房公积金为320元（4 000×8%），属于期间费用的增加，应记入"管理费用"账户的借方；按照本厂基建工程人员的工资提取的住房公积金为240元（3 000×8%），属于在建工程成本的增加，应记入"在建工程"账户的借方。"应付职工薪酬——住房公积金"由于尚未支付形成企业的一项负债，负债的增加，应记入"应付职工薪酬——住房公积金"账户的贷方。会计分录如下：

  借：生产成本——A产品   1 200
      ——B产品   400
    制造费用   160
    管理费用   320
    在建工程   240
    贷：应付职工薪酬——住房公积金   2 320

【例4-28】 佳敏迪公司以银行存款支付厂部行政管理部门办公费、水电费2 300元。

这项经济业务的发生，使得佳敏迪公司厂部行政管理部门的管理费用增加2 300元，同时银行存款减少2 300元。因此，这项经济业务涉及"管理费用"和"银行存款"两个账户。会计分录如下：

  借：管理费用   2 300
    贷：银行存款   2 300

【例4-29】 佳敏迪公司按照规定的固定资产折旧率，计算提取本月固定资产折旧24 000元，其中车间固定资产折旧10 000元，厂部行政管理部门固定资产折旧14 000元。

企业的固定资产由于使用等原因会逐渐磨损即形成折旧，因而对固定资产应通过提取折旧的方式将其损耗的价值计入当期成本或损益中去。在提取固定资产折旧的过程中，一方面使得企业当期的成本费用增加，应区分不同的适用范围分别记入不同的成本费用类账户，其中车间用固定资产提取的折旧应记入"制造费用"账户的借方，厂部行政管理部门用固定资产提取的折旧应记入"管理费用"账户的借方；另一方面，固定资产折旧的增加实质上是固定资产价值的减少，应记入固定资产的抵减账户，即"累计折旧"账户的贷方，表示固定资产已提折旧的增加，即固定资产价值的减少。会计分录如下：

  借：制造费用   10 000
    管理费用   14 000
    贷：累计折旧   24 000

【例4-30】 月末，佳敏迪公司将本月发生的制造费用13 360元，按照生产工人工时比例分配计入A、B两种产品生产成本。其中，A产品生产工人工时为4 000h，B产品生产工人工时为5 000h。

企业发生的制造费用属于间接费用，需要采用一定的标准在各种产品之间进行合理的分配。制造费用的分配标准可以采用按生产工人工资比例分配或按生产工人工时比例分配等。对于本项业务，佳敏迪公司采用的是按生产工人工时比例分配制造费用。首先，应归集本月发生的制造费用总额。根据材料费用归集、人工费用归集、制造费用归集等业务可以计算出本月实际发生的制造费用为13 360元。按A、B产品的生产工人工时的比例分摊共同负担的制造费用。

$$制造费用分配率 = \frac{13\ 360}{4\ 000+5\ 000} = 1.48(元/h)$$

A 产品应分摊的制造费用为 4 000×1.48=5 920（元）

B 产品应分摊的制造费用为 13 360-5 920=7 440（元）

将分配的结果计入产品成本，一方面使得佳敏迪公司产品生产成本增加 13 360 元，另一方面使得佳敏迪公司的制造费用减少 13 360 元。这项经济业务涉及"生产成本"和"制造费用"两个账户。会计分录如下：

借：生产成本——A 产品　　　　　　　　　　　　　　　　　　5 920
　　　　　　——B 产品　　　　　　　　　　　　　　　　　　7 440
　　贷：制造费用　　　　　　　　　　　　　　　　　　　　　13 360

【例 4-31】 佳敏迪公司本月投产的 50 台 A 产品全部制造完工，并已验收入库，按其实际生产成本 29 100 元结转。

产品生产完工验收入库结转成本时，一方面使得佳敏迪公司的库存商品 A 产品成本增加 29 100 元，另一方面，由于结转完工产品的生产成本，使得佳敏迪公司在生产过程中占用的资金减少 29 100 元。这项经济业务涉及"库存商品"和"生产成本"两个账户。会计分录如下：

借：库存商品——A 产品　　　　　　　　　　　　　　　　　　29 100
　　贷：生产成本——A 产品　　　　　　　　　　　　　　　　29 100

❋ **课堂思考**

1．制造企业的产品生产成本包括哪些内容？
2．如何理解生产过程是制造企业的核心过程？

第五节　销售过程业务的核算

一、销售过程业务的主要内容

销售过程阶段是制造企业资金运动的第三个阶段，也是生产经营活动的最后一个环节。在这一阶段中，制造企业将自己生产的产品出售，按照销售价格和销售数量收取价款，形成销售收入，使资金由成品资金形态转化为货币资金形态，从而完成了一次资金的循环。同时，制造企业的各项成本费用也从销售收入中得到补偿，使得再生产活动得以继续进行下去。

制造企业在销售过程中，一方面出售产品，与购货单位进行款项结算；另一方面还要依据国家税收法规等规定计算和缴纳税金，同时确定并结转已销售产品的生产成本，支付为销售产品而发生的销售费用，如运杂费、包装费、广告费等。制造企业在销售过程中，除了发生销售商品、自制半成品以及提供工业性劳务等业务，即主营业务外，还可能发生一些其他业务，如销售材料、出租包装物、出租固定资产等。对于企业发生的主营业务和其他业务，销售过程核算的主要任务是：确认和反映销售收入；计算和缴纳增值税、消费税等税金；计算并结转销售成本；核算归集销售费用等。

销售收入的确认和计量是销售过程中首先应解决的问题，它既关系到纳税义务的发生时间，又关系到经营成果的计算。根据财政部 2017 年 7 月 5 日发布的《关于修订印发〈企业会计准则第 14 号——收入〉的通知》及《企业会计准则第 14 号——收入》第四条的规定，"企业应当在履行了合同中的履约义务，即在客户取得相关商品控制权时确认收入。取得相关商品控制权，是指能够主导该商品的使用并从中获得几乎全部的经济利益。"这是对销售收入确认的总体概括，体现了以合同为基础，以控制权转移为确认收入的时点这一理念，也是由"交易观"向"协议观（合同观）"的转变。

《企业会计准则第 14 号——收入》第五条指出，当企业与客户之间的合同同时满足下列条件时，企业应当在客户取得相关商品控制权时确认收入：

1）合同各方已批准该合同并承诺将履行各自义务。

2）该合同明确了合同各方与所转让商品或提供劳务（以下简称"转让商品"）相关的权利和义务。

3）该合同有明确的与所转让商品相关的支付条款。

4）该合同具有商业实质，即履行该合同将改变企业未来现金流量的风险、时间分布或金额。

5）企业因向客户转让商品而有权取得的对价很可能收回。

《企业会计准则第 14 号——收入》第九条指出："合同开始日，企业应当对合同进行评估，识别该合同所包含的各单项履约义务，并确定各单项履约义务是在某一时段内履行，还是在某一时点履行，然后，在履行了各单项履约义务时分别确认收入。"这一规定明确了收入的确认可以在某一时段内确认，也可以在某一时点确认的思路。本节的收入确认是以某一时点确认为基础的。

制造企业销售过程的业务还应该计算应缴纳的税金，主要有增值税、城市维护建设税等，如果企业所销售产品属于消费税应税消费品如烟、酒、化妆品、汽油、小汽车等，还要缴纳消费税。增值税的计算相对比较复杂，在销售环节主要是按照销售收入计算增值税销项税额。企业实际应缴纳的增值税是用销售环节发生的销项税额扣减上一环节（采购环节）发生的进项税额后的余额。计算公式为

$$当期应纳增值税税额 = 当期销项税额 - 当期进项税额$$

销售成本是指企业已经售出的产品的实际生产成本以及其他业务发生的相关支出，主要是根据已售产品的数量和实际单位成本计算得出的。

销售费用是一种期间费用，应按期归集，月末全部转入"本年利润"账户，以确定当期的经营成果。

二、销售过程业务的账户设置

在销售环节，制造企业需要设置以下账户：

1. "主营业务收入"账户

"主营业务收入"账户属于损益类账户，用来核算企业确认的销售商品、提供劳务等主营业务所产生的收入。在制造企业，这项收入是企业在其主营业务活动中所取得的收入，也称基本业务收入。主营业务收入包括出售产成品、自制半成品、提供工业性劳务等带来的收

入。"主营业务收入"账户贷方登记取得的主营业务收入,即主营业务收入的增加;借方登记发生销售退回和销售折让时应冲减本期主营业务收入的数额以及期末转入"本年利润"账户的数额,结转后"主营业务收入"账户期末无余额。

"主营业务收入"账户应按主营业务的种类设置明细分类账户,进行明细核算。"主营业务收入"账户的结构如图4-21所示。

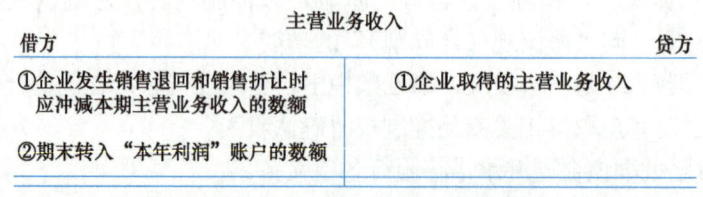

图4-21 "主营业务收入"账户的结构

2."主营业务成本"账户

"主营业务成本"账户属于损益类账户,用来核算企业确认销售商品、提供劳务等主营业务收入时应结转的成本。"主营业务成本"账户借方登记期末计算应结转的销售各种商品、提供各种劳务等主营业务发生的实际成本;贷方登记期末发生销售退回的已经结转的销售成本以及期末转入"本年利润"账户的主营业务成本,结转后"主营业务成本"账户期末无余额。

"主营业务成本"账户应按主营业务的种类设置明细分类账户,进行明细核算。"主营业务成本"账户的结构如图4-22所示。

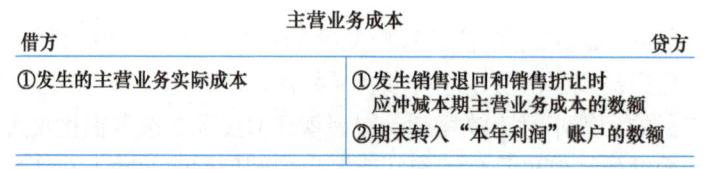

图4-22 "主营业务成本"账户的结构

3."税金及附加"账户

"税金及附加"账户属于损益类账户,用来核算企业经营活动应负担的税金及附加,包括除增值税以外的消费税、城市维护建设税、资源税、土地增值税和教育费附加等相关税费。"税金及附加"账户借方登记企业按规定计算确定的与经营活动相关的税费,贷方登记期末转入"本年利润"账户的税费数额,结转后"税金及附加"账户期末无余额。"税金及附加"账户应按不同的税费种类设置明细分类账户,进行明细核算。"税金及附加"账户的结构如图4-23所示。

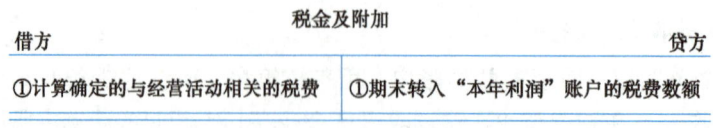

图4-23 "税金及附加"账户的结构

4. "销售费用"账户

"销售费用"账户属于损益类账户,用来核算企业在销售商品和材料、提供劳务的过程中发生的各种费用,包括包装费、运输费、装卸费、保险费、展览费、广告费,以及为销售本企业商品而专设的销售机构(含销售网点、售后服务网点等)的职工薪酬、业务费、折旧费等经营费用。"销售费用"账户借方登记企业在销售商品过程中发生的各种销售费用,贷方登记期末转入"本年利润"账户的销售费用数额,结转后"销售费用"账户期末无余额。

"销售费用"账户应按费用项目设置明细分类账户,进行明细核算。"销售费用"账户的结构如图4-24所示。

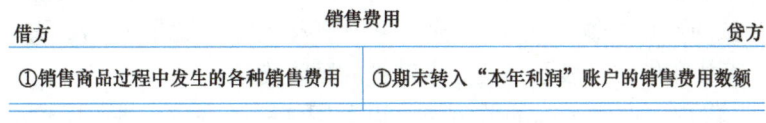

图 4-24 "销售费用"账户的结构

5. "应收账款"账户

"应收账款"账户属于资产类账户,用来核算企业因销售商品、提供劳务等经营活动,应向购货单位或接受劳务单位收取的款项。不单独设置"预收账款"科目的企业,预收的账款也在本科目核算。"应收账款"账户借方登记企业发生应收账款时确定的应收金额,贷方登记已收回应收账款的金额。"应收账款"账户期末余额一般在借方,反映企业尚未收回的应收账款,如余额在贷方则表示企业预收的账款。

"应收账款"账户应按购货单位或接受劳务的单位设置明细分类账户,进行明细核算。"应收账款"账户的结构如图4-25所示。

应收账款	
借方	贷方
期初余额:企业期初的应收账款余额	或期初余额:企业期初的预收的账款余额
①企业当期发生应收账款时确定的应收金额	①企业当期预收或已收回应收账款的金额
期末余额:企业尚未收回的应收账款	或期末余额:企业预收账款的实际金额

图 4-25 "应收账款"账户的结构

6. "应收票据"账户

"应收票据"账户属于资产类账户,用来核算企业因销售商品、提供劳务等经营活动而收到的商业汇票,包括银行承兑汇票和商业承兑汇票。"应收票据"账户借方登记企业因销售商品、提供劳务等而收到对方单位开出、承兑的商业汇票的票面金额,贷方登记收到的到期商业汇票的票面金额以及因贴现、背书转让等而减少的商业汇票的票面金额。"应收票据"账户期末余额在借方,反映企业持有的商业汇票的票面金额。

"应收票据"账户应按照开出、承兑商业汇票的单位设置明细分类账户,进行明细分类核算。"应收票据"账户的结构如图4-26所示。

借方	应收票据	贷方
期初余额：企业期初持有的商业汇票的票面金额		
①当期收到对方单位开出、承兑的商业汇票的票面金额		①当期收到的到期商业汇票的票面金额以及因贴现等而减少的商业汇票的金额
期末余额：企业期末持有的商业汇票的票面金额		

图 4-26 "应收票据"账户的结构

7．"预收账款"账户

"预收账款"账户属于负债类账户，用来核算企业按照合同的规定预收购货单位订货款的增减变动及其余额情况。"预收账款"账户贷方登记预收购货单位订货款的增加，借方登记销售实现时冲减的预收货款。"预收账款"账户期末余额如在贷方，表示企业预收货款的结余数，期末余额如在借方，表示企业尚未转销的预收货款。

"预收账款"账户应按照不同的购货单位设置明细分类账户，进行明细分类核算。"预收账款"账户的结构如图 4-27 所示。

借方	预收账款	贷方
		期初余额：企业期初的预收账款余额
①当期销售实现时冲减的预收货款		①当期预收购货单位订货款
期末余额：期末企业尚未转销的预收货款		或期末余额：期末企业预收账款的实际数

图 4-27 "预收账款"账户的结构

8．"其他业务收入"账户

"其他业务收入"账户属于损益类账户，用来核算企业确认的除主营业务活动以外的其他经营活动实现的收入，包括出租固定资产、出租无形资产、出租包装物和商品、销售材料、用材料进行非货币性交易或债务重组等实现的收入。"其他业务收入"账户贷方登记企业取得的其他业务收入，即其他业务收入的增加；借方登记期末转入"本年利润"账户的其他业务收入金额，结转后"其他业务收入"账户期末无余额。

"其他业务收入"账户应按其他业务的种类设置明细分类账户，进行明细分类核算。"其他业务收入"账户的结构如图 4-28 所示。

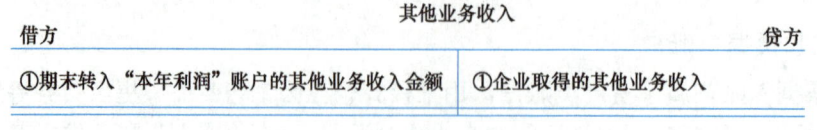

图 4-28 "其他业务收入"账户的结构

9．"其他业务成本"账户

"其他业务成本"账户属于损益类账户，用来核算企业确认的除主营业务活动以外的其他经营活动所发生的成本，包括销售材料的成本、出租固定资产的折旧额、出租无形资产的摊销额、出租包装物的成本或摊销额等。"其他业务成本"账户借方登记其他业务发生的实际成本，贷方登记期末转入"本年利润"的其他业务成本，结转后"其他业务成本"账户期末无余额。

"其他业务成本"账户应按其他业务的种类设置明细分类账户，进行明细分类核算。"其他业务成本"账户的结构如图 4-29 所示。

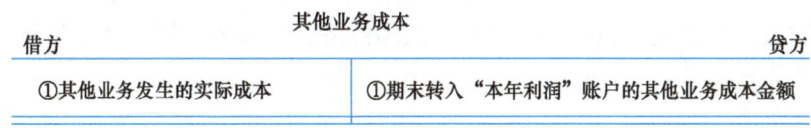

图 4-29 "其他业务成本"账户的结构

三、销售过程业务的账务处理

销售过程中，发生的主要经济业务有：销售产品、办理结算、收回货款、支付销售费用、计算销售税金及附加等。

【例 4-32】 佳敏迪公司向本市甲企业出售 A 产品 60 台，每台售价 900 元，计 54 000 元，产品已发出，货款尚未收到。增值税销项税额为 7 020 元（54 000×13%）。

这项经济业务的发生，一方面使得佳敏迪公司的应收账款增加 61 020 元（54 000+7 020），另一方面使得佳敏迪公司的主营业务收入增加 54 000 元，增值税销项税额增加 7 020 元。因此，这项经济业务涉及"应收账款""主营业务收入"和"应交税费——应交增值税（销项税额）"三个账户。会计分录如下：

借：应收账款——甲企业　　　　　　　　　　　　　　　　　61 020
　　贷：主营业务收入　　　　　　　　　　　　　　　　　　54 000
　　　　应交税费——应交增值税（销项税额）　　　　　　　 7 020

【例 4-33】 假如上例产品销售应缴纳消费税，税率为 5%，即按销售收入的 5% 计算的税金为 2 700 元（54 000×5%）。

这项经济业务的发生，一方面使得佳敏迪公司的应缴纳消费税增加 2 700 元，另一方面，使得佳敏迪公司的税金及附加增加 2 700 元。涉及"税金及附加"和"应交税费——应交消费税"两个账户。会计分录如下：

借：税金及附加　　　　　　　　　　　　　　　　　　　　　2 700
　　贷：应交税费——应交消费税　　　　　　　　　　　　　2 700

【例 4-34】 佳敏迪公司收到甲企业偿还前欠货款 61 020 元，款项已存入银行。

这项经济业务的发生，一方面使得佳敏迪公司的银行存款增加 61 020 元，另一方面，使得佳敏迪公司的应收账款减少 61 020 元。因此，这项经济业务涉及"银行存款"和"应收账款"两个账户。会计分录如下：

借：银行存款　　　　　　　　　　　　　　　　　　　　　　61 020
　　贷：应收账款——甲企业　　　　　　　　　　　　　　　61 020

【例 4-35】 佳敏迪公司按照合同规定预收乙公司 B 产品的货款 90 000 元，存入银行。

这项经济业务的发生，一方面使得佳敏迪公司的银行存款增加 90 000 元，另一方面使得佳敏迪公司的预收账款增加 90 000 元。因此，这项经济业务涉及"银行存款"和"预收账款"两个账户。会计分录如下：

  借：银行存款   90 000
    贷：预收账款——乙公司   90 000

【例 4-36】 佳敏迪公司以银行存款支付 A 产品包装费用 300 元。

  这项经济业务的发生，一方面使得佳敏迪公司的销售费用增加 300 元，另一方面使得佳敏迪公司的银行存款减少 300 元。因此，这项经济业务涉及"销售费用"和"银行存款"两个账户。会计分录如下：

  借：销售费用   300
    贷：银行存款   300

【例 4-37】 佳敏迪公司本月预收乙公司 70 台 B 产品的货款，现已发货，发票注明的价款 90 000 元，增值税销项税额 11 700 元（90 000×13%）。原预收款不足，其差额部分当即收到存入银行。

  这项经济业务的发生，一方面使得佳敏迪公司的预收账款减少 90 000 元，银行存款增加 11 700 元，另一方面使佳敏迪公司商品销售收入增加 90 000 元，增值税销项税额增加 11 700 元。因此，这项经济业务涉及"预收账款""银行存款""主营业务收入""应交税费——应交增值税（销项税额）"三个账户。会计分录如下：

  借：预收账款——乙公司   90 000
    银行存款   11 700
    贷：主营业务收入   90 000
      应交税费——应交增值税（销项税额）   11 700

【例 4-38】 月末，佳敏迪公司结转已销售 60 台 A 产品的实际生产成本为 36 000 元，70 台 B 产品的实际生产成本为 42 000 元（不一定全部是本期生产）。

  这项经济业务的发生，一方面使得佳敏迪公司 A、B 产品的主营业务成本分别增加 36 000 元和 42 000 元，另一方面，使得佳敏迪公司的库存商品减少 36 000 元和 42 000 元。因此，这项经济业务涉及"主营业务成本"和"库存商品"两个账户。会计分录如下：

  借：主营业务成本——A 产品   36 000
         ——B 产品   42 000
    贷：库存商品——A 产品   36 000
         ——B 产品   42 000

【例 4-39】 佳敏迪公司以现金支付销售部门业务费 100 元。

  这项经济业务的发生，一方面使得佳敏迪公司的销售费用增加 100 元，另一方面使得佳敏迪公司的库存现金减少 100 元。因此，这项经济业务涉及"销售费用"和"库存现金"两个账户。会计分录如下：

  借：销售费用   100
    贷：库存现金   100

【例 4-40】 佳敏迪公司销售一批原材料，价款 30 000 元，增值税销项税额 3 900 元（30 000×13%），货款已经收到并存入银行。

  销售原材料属于其他业务收入。这项经济业务的发生，一方面使得佳敏迪公司的银行存款增加 33 900 元（30 000+3 900），另一方面使得佳敏迪公司的其他业务收入增加 30 000

元，增值税销项税额增加 3 900 元。因此，这项经济业务涉及"银行存款""其他业务收入"和"应交税费——应交增值税（销项税额）"三个账户。会计分录如下：

  借：银行存款   33 900
    贷：其他业务收入   30 000
      应交税费——应交增值税（销项税额）   3 900

【例 4-41】 佳敏迪公司月末结转本月销售原材料的成本 22 000 元。

这项经济业务的发生，一方面使得佳敏迪公司的其他业务成本增加 22 000 元，另一方面使得佳敏迪公司的库存原材料成本减少 22 000 元。因此，这项经济业务涉及"其他业务成本"和"原材料"两个账户。会计分录如下：

  借：其他业务成本   22 000
    贷：原材料   22 000

【例 4-42】 佳敏迪公司月末计算本月销售 A、B 产品应缴纳的城市维护建设税 7 000 元，教育费附加 3 000 元，并以银行存款上缴上述税费。

这项经济业务的发生，一方面使得佳敏迪公司的税金及附加增加 10 000 元，另一方面使得佳敏迪公司的应交税费——城市维护建设税增加 7 000 元，应交税费——教育费附加增加 3 000 元，银行存款减少 10 000 元。因此，这项经济业务涉及"税金及附加""应交税费"和"银行存款"三个账户。会计分录如下：

计提城市维护建设税及教育费附加时：
  借：税金及附加   10 000
    贷：应交税费——应交城市维护建设税   7 000
        ——应交教育费附加   3 000
缴纳城市维护建设税及教育费附加时：
  借：应交税费——应交城市维护建设税   7 000
       ——应交教育费附加   3 000
    贷：银行存款   10 000

❄ **课堂思考**
1．如何理解销售过程收入的确认条件？
2．销售过程核算的主要业务有哪些？

第六节　利润形成与分配业务的核算

制造企业销售产品后，取得了各项收入，在扣除各项成本费用后，就可以计算出利润，反映企业财务成果，因此，企业就需要对利润形成和分配业务进行核算。

一、利润形成的核算

（一）利润形成的主要内容

利润是指企业在一定会计期间内的经营成果。利润包括收入减去费用后的净额、直接计入当期利润的利得和损失等。利润是在会计期间内经济利益的增加，表现为资产的流入、资产增值或负债减少而引起的所有者权益的增加。

根据对外报告的利润表的编制要求，利润分三个层次，即营业利润、利润总额和净利润。

1．营业利润

营业利润是企业利润的主要来源，它由营业收入、营业成本、税金及附加、期间费用、投资收益等项目构成。

营业利润的计算公式为

营业利润（部分非主要项目略）＝营业收入 － 营业成本 － 税金及附加 － 销售费用 －
　　　　　　管理费用 － 财务费用 － 资产减值损失 －
　　　　　　信用减值损失 ＋ 投资收益（－投资损失）

1）营业收入，反映企业经营主营业务和其他业务所确认的收入总额。

营业收入 ＝ 主营业务收入 ＋ 其他业务收入

2）营业成本，反映企业经营主营业务和其他业务发生的实际成本总额。

营业成本 ＝ 主营业务成本 ＋ 其他业务成本

3）税金及附加，反映企业经营业务应负担的消费税、城市维护建设税、资源税、土地增值税和教育费附加等。

4）销售费用、管理费用和财务费用。"销售费用"项目反映企业在销售产品过程中发生的包装费、广告费等费用和为销售本企业产品而专设的销售机构的职工薪酬、业务费等经营费用。"管理费用"项目反映企业为组织和管理生产经营发生的管理费用。"财务费用"项目反映企业筹集生产经营所需资金等而发生的筹资费用等。

5）资产减值损失，是指企业计提各项资产（不包括金融工具）减值准备所形成的损失。

6）信用减值损失，是指企业计提各项金融工具减值准备所确认的信用损失。

7）投资收益，反映企业各种对外投资所取得的收益（或损失）。

2．利润总额

利润总额为营业利润与营业外收支净额的合计。

利润总额 ＝ 营业利润 ＋ 营业外收入 － 营业外支出

营业外收支是指与企业生产经营活动没有直接关系的各项收支。虽然与生产经营活动没有直接关系，但营业外收支同样为企业带来收入或给企业形成支出，对企业利润总额产生影响，引起利润总额的增加或减少。因此，营业外收支是构成企业利润总额的要素，包括营业外收入和营业外支出两方面的内容。

（1）营业外收入。营业外收入是指与企业生产经营活动没有直接关系的各种收入。营业外收入并不是由企业日常经营资金耗费所产生的，不需要企业付出代价，实际上是一种纯收入，无须进行收入与费用的配比，是一种利得，应直接计入利润。营业外收入包括：处置非流动资产利得、非货币性资产交换利得、债务重组利得、罚没利得、政府补助利得、捐赠利得、企业无法支付的应付账款等。

（2）营业外支出。营业外支出是指企业发生的与日常生产经营活动没有直接关系的各项支出。营业外支出包括：处置非流动资产损失、非货币性资产交换损失、债务重组损失、盘亏损失、公益性捐赠支出、非常损失等。

营业外支出应当按照实际发生的数额进行核算。发生时，在相对应的会计期间直接冲减企业当期的利润总额。

3．净利润

净利润是利润总额减去根据《企业会计准则第 18 号——所得税》确认的应当从当期利润总额中扣除的所得税费用后的净额。

净利润＝利润总额－所得税费用

（二）利润形成的账户设置

1．" 本年利润 " 账户

" 本年利润 " 账户属于所有者权益类账户，用来核算企业当期实现的净利润（或发生的净亏损）。" 本年利润 " 账户贷方登记会计期末由 " 主营业务收入 "" 其他业务收入 "" 营业外收入 "" 投资收益 " 等账户转入的金额，借方登记会计期末由 " 主营业务成本 "" 管理费用 "" 财务费用 "" 销售费用 "" 其他业务成本 "" 税金及附加 "" 营业外支出 " 账户及 " 所得税费用 " 账户转入的金额。" 本年利润 " 账户年终转入 " 利润分配 " 账户前的贷方余额表示净利润（净盈利），借方余额表示亏损总额。年度终了，将 " 本年利润 " 账户余额全部转入 " 利润分配 " 账户，结转后 " 本年利润 " 账户应无余额。" 本年利润 " 账户的结构如图 4-30 所示。

借方	本年利润	贷方
①期末结转的各项费用、损失数额		①期末结转的各项收益数额
或结转前余额：当期发生的净亏损		结转前余额：当期实现的净利润
年终转入 " 利润分配 " 账户的净收益		年终转入 " 利润分配 " 账户的净损失

图 4-30 " 本年利润 " 账户的结构

2．" 营业外收入 " 账户

" 营业外收入 " 账户属于损益类账户，用来核算企业发生的各项营业外收入。" 营业外收入 " 账户贷方登记营业外收入的发生数即营业外收入的增加数额，借方登记会计期末转入 " 本年利润 " 账户的营业外收入数额。结转后 " 营业外收入 " 账户期末无余额。

" 营业外收入 " 账户可按营业外收入项目设置明细分类账户，进行明细分类核算。" 营业外收入 " 账户的结构如图 4-31 所示。

借方	营业外收入	贷方
①期末转入 " 本年利润 " 账户的数额		①营业外收入的增加数额

图 4-31 " 营业外收入 " 账户的结构

3. "营业外支出"账户

"营业外支出"账户属于损益类账户,用来核算企业发生的各项营业外支出。"营业外支出"账户借方登记营业外支出的发生数即营业外支出的增加数额,贷方登记会计期末转入"本年利润"账户的营业外支出数额。结转后"营业外支出"账户期末无余额。

"营业外支出"账户可按营业外支出项目设置明细分类账户,进行明细分类核算。"营业外支出"账户的结构如图4-32所示。

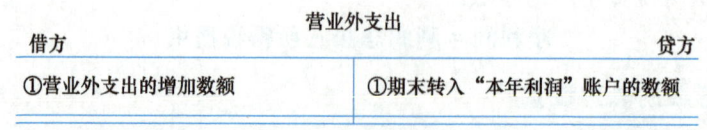

图4-32 "营业外支出"账户的结构

4. "投资收益"账户

"投资收益"账户属于损益类账户,用来核算企业确认的投资收益或投资损失。"投资收益"账户贷方登记企业实现的投资收益和期末转入"本年利润"账户的投资净损失,借方登记发生的投资损失和期末转入"本年利润"账户的投资净收益。结转后"投资收益"账户期末无余额。

"投资收益"账户可按投资种类设置明细分类账户,进行明细分类核算。"投资收益"账户的结构如图4-33所示。

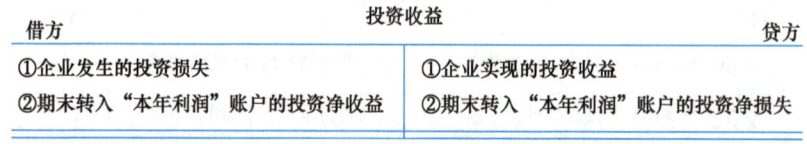

图4-33 "投资收益"账户的结构

5. "所得税费用"账户

"所得税费用"账户属于损益类账户,用来核算企业确认的应从当期利润总额中扣除的所得税费用。"所得税费用"账户借方登记资产负债表日企业按照《企业会计准则第18号——所得税》规定计算确定的当期应缴纳的所得税,贷方登记期末转入"本年利润"账户的所得税费用数额,结转后"所得税费用"账户期末无余额。

"所得税费用"账户可以按照"当期所得税费用"和"递延所得税费用"设置明细分类账户,进行明细分类核算。"所得税费用"账户的结构如图4-34所示。

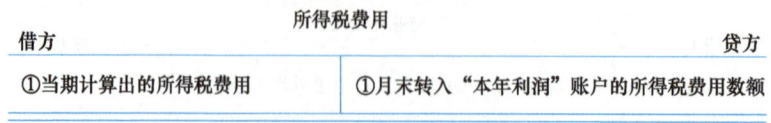

图4-34 "所得税费用"账户的结构

（三）利润形成的账务处理

【例 4-43】 佳敏迪公司采购的材料物资，在运输途中由于自然灾害损失 10 000 元。损失材料物资的增值税税额 1 300 元已记入"应交税费——应交增值税（进项税额）"的借方。

自然灾害损失属于企业的营业外支出，根据《中华人民共和国增值税暂行条例实施细则》，自然灾害造成的损失不属于不得抵扣进项税额的"非正常损失"，无须进行进项税额转出。这项经济业务的发生，一方面使得佳敏迪公司的在途物资减少 10 000 元，另一方面使得佳敏迪公司的营业外支出增加 10 000 元。因此，这项经济业务涉及"在途物资"和"营业外支出"两个账户。会计分录如下：

  借：营业外支出   10 000
    贷：在途物资   10 000

【例 4-44】 佳敏迪公司取得捐赠收入 5 000 元，所得款项已存入银行。

佳敏迪公司取得捐赠收入属于营业外收入。这项经济业务的发生，一方面使得佳敏迪公司的银行存款增加 5 000 元，另一方面使得佳敏迪公司的营业外收入增加 5 000 元。因此，这项经济业务涉及"银行存款"和"营业外收入"两个账户。会计分录如下：

  借：银行存款   5 000
    贷：营业外收入   5 000

【例 4-45】 佳敏迪公司收到竭诚公司分配的投资收益共计 3 000 元（该收益由投资后产生，成本法核算），存入银行。

这项经济业务的发生，一方面使得佳敏迪公司的银行存款增加 3 000 元，另一方面使得佳敏迪公司的投资收益增加 3 000 元。因此，这项经济业务涉及"银行存款"和"投资收益"两个账户。会计分录如下：

  借：银行存款   3 000
    贷：投资收益   3 000

【例 4-46】 佳敏迪公司在会计期末将本期实现的各项收入 398 000 元（包括主营业务收入 300 000 元、其他业务收入 90 000 元、投资收益 3 000 元、营业外收入 5 000 元）转入"本年利润"账户。

会计期末，企业在未结转各损益类账户之前，本期实现的各项收入以及与之相配比的各项成本费用分别反映在各损益类账户上，为确定本期经营成果，遵循配比原则，就需要编制结账分录，结清各损益类账户。这项经济业务的发生，一方面使得佳敏迪公司的有关损益类账户所记录的各种收入减少，另一方面使得佳敏迪公司的利润总额增加。因此，这项经济业务涉及"主营业务收入""其他业务收入""投资收益""营业外收入"和"本年利润"五个账户。各项收入的结转是收入的减少，应记入"主营业务收入""其他业务收入""投资收益""营业外收入"账户的借方；利润的增加是所有者权益的增加，应记入"本年利润"账户的贷方。会计分录如下：

  借：主营业务收入   300 000
    其他业务收入   90 000
    投资收益   3 000
    营业外收入   5 000
    贷：本年利润   398 000

【例4-47】 佳敏迪公司在会计期末将本期实现的各项支出312 000元（包括主营业务成本200 000元、其他业务成本60 000元、税金及附加40 000元、管理费用10 000元、财务费用600元、销售费用400元、营业外支出1 000元）转入"本年利润"账户。

这项经济业务的发生，一方面需要将记录在有关损益类账户中的各项支出予以转销，另一方面，结转支出后使得佳敏迪公司的利润总额减少。因此，这项经济业务涉及"本年利润""主营业务成本""其他业务成本""税金及附加""管理费用""财务费用""销售费用"和"营业外支出"八个账户。各项支出的结转是费用支出的减少，应分别记入"主营业务成本""其他业务成本""税金及附加""管理费用""财务费用""销售费用"和"营业外支出"账户的贷方；利润的减少是所有者权益的减少，应记入"本年利润"账户的借方。会计分录如下：

借：本年利润　　　　　　　　　　　　　　　　　　　312 000
　　贷：主营业务成本　　　　　　　　　　　　　　　　200 000
　　　　其他业务成本　　　　　　　　　　　　　　　　 60 000
　　　　税金及附加　　　　　　　　　　　　　　　　　 40 000
　　　　管理费用　　　　　　　　　　　　　　　　　　 10 000
　　　　财务费用　　　　　　　　　　　　　　　　　　　　600
　　　　销售费用　　　　　　　　　　　　　　　　　　　　400
　　　　营业外支出　　　　　　　　　　　　　　　　　　1 000

【例4-48】 佳敏迪公司本月末计算利润总额为86 000元，并计算了本期的应纳所得税税额（所得税税率为25%）。

本期应纳所得税税额为21 500元（86 000×25%）。由于应纳所得税税额计算出来之后一般并不在当期实际缴纳，所以在形成所得税费用的同时也形成了企业的一项负债。这项经济业务的发生，一方面使得佳敏迪公司的所得税费用增加21 500元，另一方面使得佳敏迪公司的应缴纳的税费增加21 500元。因此，这项经济业务涉及"所得税费用"和"应交税费"两个账户。会计分录如下：

借：所得税费用　　　　　　　　　　　　　　　　　　 21 500
　　贷：应交税费——应交所得税　　　　　　　　　　　 21 500

【例4-49】 佳敏迪公司期末结转本期所得税费用21 500元。

这项经济业务的发生，一方面使得佳敏迪公司需要将记录在"所得税费用"账户中的所得税费用予以转销，另一方面结转后使得佳敏迪公司的利润总额减少。因此，这项经济业务涉及"本年利润"和"所得税费用"两个账户。会计分录如下：

借：本年利润　　　　　　　　　　　　　　　　　　　 21 500
　　贷：所得税费用　　　　　　　　　　　　　　　　　 21 500

实际缴纳税金时，借记"应交税费"账户，贷记"银行存款"账户。

二、利润分配的核算

（一）利润分配的主要内容

企业实现的利润，应按照规定的程序和方法在有关方面进行分配。可供企业当年分配的利润主要由两部分组成：一部分是企业在本年度所实现的税后利润，另一部分是企业在以前年度实现但并未在以前年度分配完，留待后续年度分配的利润。

当年可供分配的利润 = 年初未分配利润 + 当年税后利润 − 当年提取的盈余公积金

利润分配后的余额为企业当年年末未分配利润，即下一年的年初未分配利润，它是企业留到以后年度分配的利润或待分配的利润。

根据我国有关法规的规定，企业每期实现的净利润，首先是弥补以前年度尚未弥补的亏损，然后按下列顺序进行分配：①提取法定盈余公积；②提取任意盈余公积；③向投资者分配利润。

《中华人民共和国公司法》规定，公司制企业分配当年税后利润时，应当按照税后利润的10%提取法定公积金。公司法定公积金累计额达到注册资本的50%以上时，可以不再提取。企业从税后利润中提取法定公积金后，还可以从税后利润中提取任意公积金。

经过上述环节的分配后，剩余的为未分配利润，可以留待以后年度进行分配。

（二）利润分配的账户设置

1."利润分配"账户

"利润分配"账户属于所有者权益类账户，用来核算企业税后利润的分配（或亏损的弥补）和历年分配利润（或弥补亏损）后的结存余额。"利润分配"账户贷方登记本年实现的净利润转入的数额或盈余公积弥补亏损的数额；借方登记本年发生净亏损转入的数额及按规定分配出去的利润（如提取盈余公积、分配给投资者利润等）。"利润分配"账户期末余额若在贷方，表示企业历年累积的尚未分配的利润；若在借方，表示历年积存的尚未弥补的亏损。

"利润分配"账户一般按照"提取法定盈余公积""提取任意盈余公积""应付现金股利或利润""盈余公积补亏"和"未分配利润"等设置明细分类账户，进行明细分类核算。"利润分配"账户的结构如图4-35所示。

利润分配

借方	贷方
或期初余额：上期末弥补亏损	期初余额：上期末未分配利润
或①年终，从"本年利润"账户转入的净亏损 　　②提取盈余公积 　　③分配给投资者利润	①年终，从"本年利润"账户转入的净利润 或②盈余公积弥补亏损
或期末余额：历年累计尚未弥补的亏损	期末余额：历年累计的尚未分配的利润

图 4-35 "利润分配"账户的结构

"利润分配"账户的明细核算与其他账户不同。下面主要介绍几个明细分类账户的具体内容：

（1）"利润分配——提取法定盈余公积"。"利润分配——提取法定盈余公积"明细分类账户，用以核算企业从净利润中提取的法定盈余公积及其年末结转情况。"利润分配——提取法定盈余公积"账户借方登记按规定提取的法定盈余公积数额；贷方登记年终时结转入"利润分配——未分配利润"明细分类账户中的已提取的法定盈余公积数额。"利润分配——

提取法定盈余公积"明细分类账户平时应为借方余额，反映企业已经提取的法定盈余公积数额。年终结转时，"利润分配——提取法定盈余公积"明细分类账户应无余额。"利润分配——提取法定盈余公积"明细分类账户的结构如图 4-36 所示。

利润分配——提取法定盈余公积

借方	贷方
①按规定提取的法定盈余公积数额	①年终时结转入"利润分配——未分配利润"明细分类账户的已提取的法定盈余公积数额

图 4-36 "利润分配——提取法定盈余公积"明细分类账户的结构

（2）"利润分配——应付现金股利或利润"。"利润分配——应付现金股利或利润"明细分类账户，用以核算企业应付投资者利润的分配与年末结转情况。"利润分配——应付现金股利或利润"账户借方登记按规定在当年度已分配给投资者的利润数额，贷方登记年终时结转入"利润分配——未分配利润"明细分类账户的已经分配给投资者的利润数额。"利润分配——应付现金股利或利润"明细分类账户平时应为借方余额，反映企业分配给投资者的利润数额。年终结转时，"利润分配——应付现金股利或利润"明细分类账户应无余额。"利润分配——应付现金股利或利润"明细分类账户的结构如图 4-37 所示。

利润分配——应付现金股利或利润

借方	贷方
①分配给投资者的利润数额	①年终时结转入"利润分配——未分配利润"明细分类账户的分配给投资者的利润数额

图 4-37 "利润分配——应付现金股利或利润"明细分类账户的结构

（3）"利润分配——未分配利润"。"利润分配——未分配利润"明细分类账户，用以核算企业的未分配利润情况。"利润分配——未分配利润"账户只在企业进行年终决算时登记。"利润分配——未分配利润"账户贷方登记年终从"本年利润"账户结转的本年实现的净利润数额，借方登记年终从"本年利润"账户结转的本年发生的亏损数额和年终从"利润分配——提取法定盈余公积"和"利润分配——应付现金股利或利润"等明细分类账户中结转的数额。年终结转后，"利润分配——未分配利润"明细分类账户若为贷方余额，反映企业历年累积的未分配利润，若为借方余额，反映企业历年累积的尚未弥补的亏损。"利润分配——未分配利润"明细分类账户的结构如图 4-38 所示。

利润分配——未分配利润

借方	贷方
或期初余额：上期尚未弥补的亏损数 ①年终，从"本年利润"账户转入的亏损数额 或②年终从"利润分配——提取法定盈余公积"账户转入的数额 ③年终"利润分配——应付现金股利或利润"等转入的数额	期初余额：上期尚未分配的利润数 ①年终，从"本年利润"账户转入的净利润数额 或②年终从"利润分配——盈余公积补亏"账户转入的数额
或期末余额：历年累计尚未弥补的亏损	期末余额：历年累计尚未分配的利润

图 4-38 "利润分配——未分配利润"明细分类账户的结构

在企业进行年终决算时,"利润分配"账户的有关明细账户的发生额要相互结转,即一项经济业务要同时在"利润分配"这个总分类账户的借贷双方同时进行登记。

2."盈余公积"账户

"盈余公积"账户属于所有者权益类账户,用来核算企业从税后利润中提取的盈余公积。"盈余公积"账户贷方登记企业按照规定提取的盈余公积数额,借方登记用盈余公积弥补亏损、转增资本的数额,期末余额在贷方,表示盈余公积金的实际结存数额。

"盈余公积"账户可按照"法定盈余公积""任意盈余公积"设置明细分类账户,进行明细分类核算。"盈余公积"账户的结构如图4-39所示。

借方	盈余公积	贷方
	期初余额:盈余公积的期初实际结存数额	
①盈余公积弥补亏损数额 ②盈余公积转增资本数额	①企业按照规定提取的盈余公积数额	
	期末余额:盈余公积金的期末实际结存数额	

图 4-39 "盈余公积"账户的结构

3."应付股利"账户

"应付股利"账户属于负债类账户,用以核算企业向投资者分配的现金股利或利润的情况。"应付股利"账户贷方登记根据股东大会或类似权力机构审议批准的利润分配方案应支付投资者的现金股利或利润数额,借方登记企业向投资者实际的支付现金股利或利润数额。"应付股利"账户期末余额在贷方,反映企业应付未付的现金股利或利润数额。

"应付股利"账户可以按照投资者设置明细分类账户,进行明细分类核算。"应付股利"账户的结构如图4-40所示。

借方	应付股利	贷方
	期初余额:企业期初应付未付的现金股利或利润数额	
①实际支付给投资者的现金股利或利润数额	①应支付给投资者的现金股利或利润数额	
	期末余额:企业期末应付未付的现金股利或利润数额	

图 4-40 "应付股利"账户的结构

(三)利润分配的账务处理

【例4-50】 佳敏迪公司在期末结转本年实现的净利润200 000元。

这项经济业务的发生,一方面使得佳敏迪公司记录在"本年利润"账户的累计净利润减少200 000元,另一方面使得佳敏迪公司可供分配的利润额增加200 000元。因此,这项经济业务涉及"本年利润"和"利润分配"两个账户。结转净利润时,应将净利润从"本年利润"账户的借方转入"利润分配"账户的贷方。会计分录如下:

借：本年利润 200 000
　　贷：利润分配——未分配利润 200 000

【例 4-51】 佳敏迪公司本年实现净利润 200 000 元，根据规定按净利润的 10% 提取法定盈余公积 20 000 元。

这项经济业务的发生，一方面使得佳敏迪公司的已分配利润额增加 20 000 元，另一方面使得佳敏迪公司的盈余公积增加 20 000 元。因此，这项经济业务涉及"利润分配"和"盈余公积"两个账户。会计分录如下：

借：利润分配——提取法定盈余公积 20 000
　　贷：盈余公积——法定盈余公积 20 000

【例 4-52】 佳敏迪公司按照批准的利润分配方案，向甲投资者分配利润 10 000 元。

这项经济业务的发生，一方面使得佳敏迪公司的已分配利润额增加 10 000 元，另一方面，利润虽然已经分配给投资者但尚未实际支付，形成佳敏迪公司的一项负债，使得佳敏迪公司的应付股利增加 10 000 元。因此，这项经济业务涉及"利润分配"和"应付股利"两个账户。已分配利润额的增加是所有者权益的减少，应记入"利润分配"账户的借方；应付利润的增加是负债的增加，应记入"应付股利"账户的贷方。会计分录如下：

借：利润分配——应付股利 10 000
　　贷：应付股利——甲投资者 10 000

【例 4-53】 佳敏迪公司在会计期末结清利润分配账户的各有关明细分类账户。

根据上述经济业务可知，佳敏迪公司有关"利润分配"的各明细分类账户的记录如下："提取法定盈余公积"明细分类账户的余额为 20 000 元、"应付股利"明细分类账户的余额为 10 000 元。结清时，应将各明细分类账户的余额从相反方向转入"未分配利润"明细分类账户中。会计分录如下：

借：利润分配——未分配利润 30 000
　　贷：利润分配——提取法定盈余公积 20 000
　　　　　　　　——应付股利 10 000

佳敏迪公司本年实现的净利润经过上述分配过程之后，可以确定本年年末的未分配利润为 170 000 元（200 000-30 000）。这是佳敏迪公司将在以后年度滚存的尚待分配的利润。

课堂思考

1．"利润分配"账户的各明细分类账户期末如何进行结转？
2．企业如何提取盈余公积？

本章小结

制造企业主要经济业务的核算涉及设置账户及借贷记账法的实际应用问题。通过本章的学习，能够理解、掌握制造企业的资金筹集业务、采购（供应）过程业务、生产过程业务、销售过程业务以及利润形成与分配业务的具体核算内容，从而提高运用借贷记账法处理企业各项经济业务的熟练程度，同时提高将会计核算方法理论与会计实务工作相结合的能力。

第四章 制造企业主要经济业务的核算

思维导图

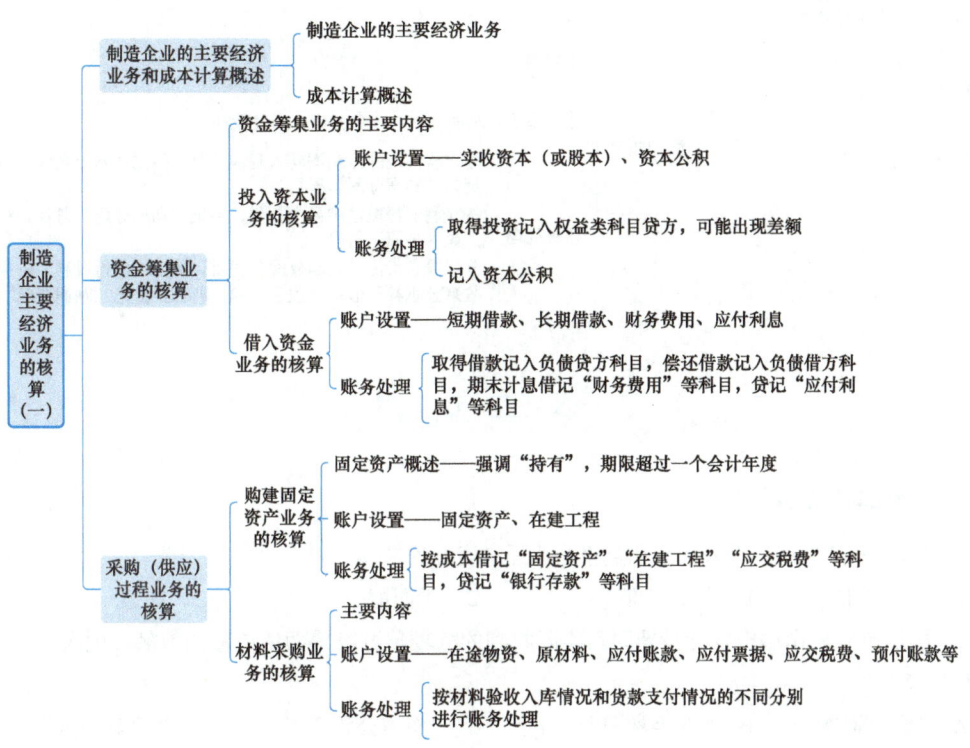

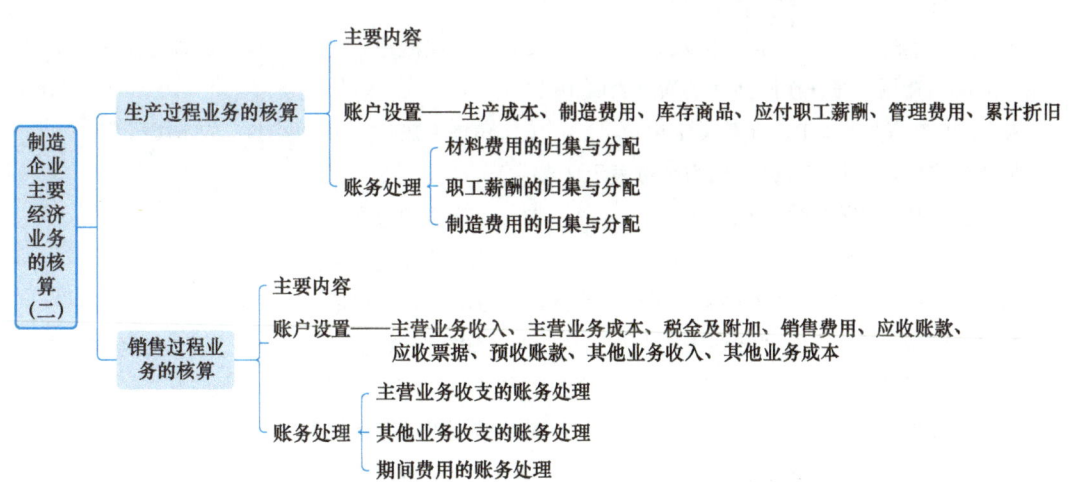

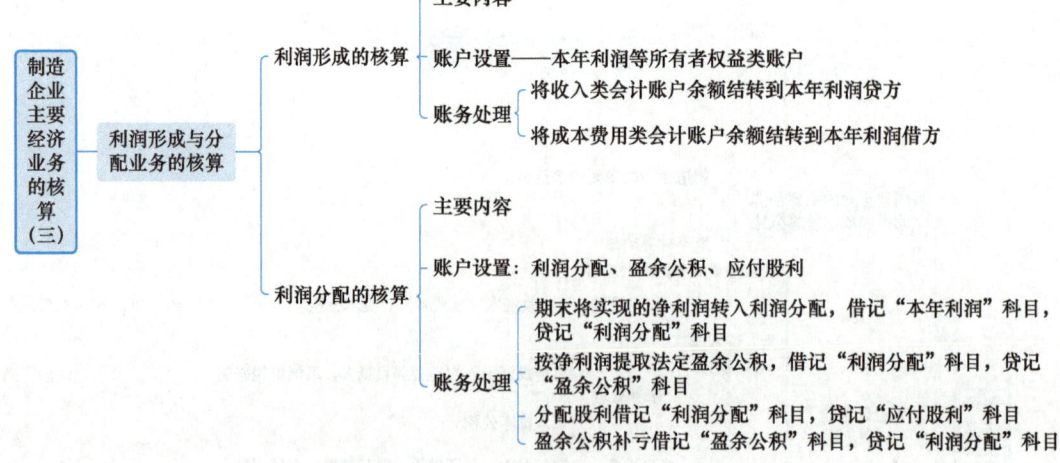

本 章 实 训

一、单项选择题

1．"固定资产"账户用来核算和监督企业固定资产的（　　）。

　　A．原始价值　　　B．折余价值　　　C．折旧情况　　　D．净值

2．股份有限公司溢价发行股票时，实际收到的款项超过股票面值总额的数额，记入（　　）账户进行核算。

　　A．"实收资本"　B．"本年利润"　C．"资本公积"　D．"盈余公积"

3．预付货款不多的企业，可以不设置"预付账款"账户，而将其并入（　　）账户核算。

　　A．"应付账款"　B．"预收账款"　C．"应收账款"　D．"其他应收款"

4．"累计折旧"账户按照会计要素分类属于（　　）。

　　A．资产类账户　B．损益类账户　C．负债类账户　D．成本类账户

5．"制造费用"账户按照会计要素分类属于（　　）。

　　A．资产类账户　B．损益类账户　C．负债类账户　D．成本类账户

6．"生产成本"账户的期末借方余额表示（　　）。

　　A．生产成本的增加数　　　　　　B．生产费用总和

　　C．未完工的在产品和半成品的成本　D．完工产品的实际成本

7．企业收到包装物退回的押金，已存入银行，借方应记的账户是（　　）。

　　A．"管理费用"　B．"营业费用"　C．"银行存款"　D．"其他业务收入"

8．企业计算职工的工资时，不考虑其他账户，应（　　）账户。

　　A．借记"库存现金"　　　　　　　B．借记"银行存款"

　　C．借记"应付职工薪酬"　　　　　D．贷记"应付职工薪酬"

9．企业用现金购买办公用品一批，不考虑其他账户，应（　　）账户。

　　A．借记"库存现金"　　　　　　　B．贷记"库存现金"

　　C．借记"预付账款"　　　　　　　D．贷记"预付账款"

10．采购员预借差旅费，企业财会部门以现金付讫，不考虑其他账户，应借记（　　）账户。
　　A．"其他应付款"　　B．"其他应收款"　　C．"应付账款"　　D．"应收账款"
11．下列哪一项目不应在"其他应付款"账户中核算（　　）。
　　A．应付租入包装物的租金　　　　　B．经营租入固定资产的应付租金
　　C．出租包装物收取的押金　　　　　D．企业接受劳务供应产生的应付未付款项
12．企业发放职工工资，不考虑其他账户，应（　　）账户。
　　A．借记"库存现金"　　　　　　　B．借记"应付职工薪酬"
　　C．借记"银行存款"　　　　　　　D．贷记"短期借款"
13．企业从银行提取现金，不考虑其他账户，应（　　）账户。
　　A．借记"库存现金"　　　　　　　B．借记"银行存款"
　　C．借记"备用金"　　　　　　　　D．贷记"库存现金"
14．企业收回职工以现金归还的借款，不考虑其他账户，应（　　）账户。
　　A．借记"库存现金"　　　　　　　B．贷记"库存现金"
　　C．借记"备用金"　　　　　　　　D．贷记"备用金"
15．下列（　　）账户所记录经济业务的收取对象是有关货物。
　　A．"应收票据"　　B．"应收账款"　　C．"其他应收款"　　D．"预付账款"
16．（　　）不属于单位的资金支出。
　　A．向本单位职工发放工资　　　　　B．支付个人劳务报酬
　　C．购买价值5 000元的机器　　　　D．向单位内部有关部门支付备用金
17．企业收到某商店用现金支付的包装物押金，应（　　）账户。
　　A．借记"备用金"　　　　　　　　B．贷记"备用金"
　　C．贷记"库存现金"　　　　　　　D．借记"库存现金"
18．企业本月行政管理部门电费应付未付，不考虑其他账户，则应（　　）账户。
　　A．借记"管理费用"　　　　　　　B．贷记"管理费用"
　　C．贷记"应付账款"　　　　　　　D．借记"应付账款"
19．下列肯定不属于现金收支原始凭证的是（　　）。
　　A．商业汇票　　B．发票　　C．经营性收据　　D．非经营性收据
20．出纳员负责办理（　　）业务。
　　A．现金收付　　B．会计档案保管　　C．收入账目登记　　D．稽核
21．"应收账款"账户不核算（　　）。
　　A．企业销售商品而应收取的款项　　B．企业提供劳务而应收取的款项
　　C．代购货方垫付的运杂费　　　　　D．应向职工收取的借款
22．"本年利润"账户是用来核算企业本期（　　）的。
　　A．实现的利润总额　　　　　　　　B．实现的净利润或发生的净亏损
　　C．实现的营业利润　　　　　　　　D．实现的主营业务利润
23．"利润分配"账户在年终结转后出现借方余额，表示（　　）。
　　A．未分配的利润额　　　　　　　　B．已分配的利润额
　　C．未弥补的亏损额　　　　　　　　D．已实现的利润额
24．盈余公积的用途为（　　）。

A. 职工集体福利设施支出 B. 弥补亏损

C. 转增资本（股本） D. 发放现金股利或利润

25．根据《企业会计准则》的规定，企业支付的罚款支出应当计入（   ）。

A. 财务费用 B. 其他业务支出 C. 营业外支出 D. 管理费用

二、多项选择题

1．企业的资本按照投资主体的不同分为（   ）。

A. 国家投入资本 B. 法人投入资本 C. 个人投入资本

D. 境外投入资本 E. 团体投入资本

2．下列各项，构成制造企业外购存货入账价值的有（   ）。

A. 买价 B. 运杂费 C. 运输途中的合理损耗

D. 入库前的挑选整理费 E. 购入材料负担的进口关税

3．"预付账款"账户的借方登记（   ）。

A. 预付的货款 B. 补付的货款 C. 收到采购货物时冲销的预付货款

D. 退回多付的预付货款 E. 结转的购货成本

4．企业根据合同规定向销货方预付货款时，应（   ）账户。

A. 借记"预付账款" B. 贷记"银行存款" C. 借记"银行存款"

D. 贷记"预付账款" E. 借记"预收账款"

5．若企业预付货款小于采购货物的货款及增值税，补付货款时，应（   ）账户。

A. 借记"预付账款" B. 贷记"银行存款" C. 借记"应付账款"

D. 贷记"应付账款" E. 贷记"预收账款"

6．企业开出商业汇票抵付应付账款时，应（   ）账户。

A. 借记"应付账款" B. 贷记"应付票据" C. 借记"应付票据"

D. 贷记"应付账款" E. 借记"应收票据"

7．在下列各项费用中，属于"管理费用"项目的有（   ）。

A. 公司经费 B. 工会经费 C. 广告费 D. 待业保险费 E. 车间修理费用

8．根据《企业会计准则》的规定，下列各项中，应计入企业产品成本的有（   ）。

A. 生产工人的工资 B. 车间管理人员的工资

C. 企业行政管理人员的工资 D. 在建工程人员的工资

E. 销售部门人员的工资

9．企业发放职工工资，应（   ）账户。

A. 借记"库存现金" B. 贷记"应付工资" C. 借记"应付职工薪酬"

D. 贷记"银行存款" E. 借记"管理费用"

10．下列选项中影响营业利润的指标有（   ）。

A. 主营业务收入 B. 其他业务收入 C. 主营业务成本

D. 税金及附加 E. 营业外收入

11．财务成果的计算和处理一般包括（   ）。

A. 利润的计算 B. 所得税的计算和缴纳 C. 增值税的计算和缴纳

D. 利润分配 E. 红利的支付

12．制造企业的主要经济业务有（　　）。
A．资金筹集业务　　　　　　B．利润形成与分配业务　　　　C．采购（供应）过程业务
D．生产过程业务　　　　　　E．销售过程业务

13．影响企业主营业务利润的因素有（　　）。
A．主营业务成本　　　　　　B．其他业务成本　　　　　　C．税金及附加
D．主营业务收入　　　　　　E．其他业务收入

14．"所得税费用"账户（　　）。
A．用来核算企业按规定从本期损益中减去的所得税
B．借方登记企业按税法规定的应纳税所得额计算的应纳所得税额
C．贷方登记企业按税法规定的应纳税所得额计算的应纳所得税额
D．借方登记企业会计期末转入"本年利润"账户的所得税额
E．贷方登记企业会计期末转入"本年利润"账户的所得税额

15．"应收票据"账户（　　）。
A．月末借方余额表示尚未到期的应收票据金额
B．借方登记企业收到的应收票据
C．贷方登记企业收到的应收票据
D．借方登记票据到期收回的票面金额和持未到期票据向银行贴现的票面金额
E．贷方登记票据到期收回的票面金额和持未到期票据向银行贴现的票面金额

16．期末损益类账户结转时，"本年利润"账户贷方的对应账户分别为（　　）。
A．"主营业务收入"　　　　　B．"主营业务成本"　　　　　C．"其他业务收入"
D．"税金及附加"　　　　　　E．"财务费用"

17．职工薪酬是指企业支付给职工的各种薪酬，主要内容包括（　　）。
A．职工工资、奖金、津贴和补贴　　　　　　B．职工福利费
C．医疗、养老、失业、工伤等社会保险费　　D．住房公积金
E．工会经费

18．企业在生产经营过程中所发生的各项费用，按其经济用途分类，可分为（　　）。
A．直接材料　　B．直接人工　　C．其他直接支出　　D．制造费用　　E．所得税费用

19．"生产成本"账户（　　）。
A．用来核算企业进行产品生产所发生的各项生产成本　　B．借方登记直接费用
C．借方登记间接费用　　　　　　　　　　　　　　　　D．借方登记管理费用
E．贷方登记生产完工并已验收入库的产品、自制半成品等实际成本

20．与企业产品生产成本无关的账户是（　　）。
A．"管理费用"　　B．"制造费用"　　C．"销售费用"　　D．"财务费用"　　E．"所得税费用"

三、判断题

1．企业本期应交所得税等于利润总额乘以适用税率。（　　）
2．企业收到投资者的投资都应按照合同投资额记入"实收资本"账户。（　　）
3．"应付票据"账户的月末贷方余额，表示尚未支付的购货款。（　　）
4．"应交税费"账户用来核算企业按照税法规定计算应缴纳的各种税费，属于损益类账户中的费

用账户。   (   )

5．制造企业材料采购成本包括买价和采购费用。   (   )

6．"应交税费"账户的余额必定在贷方，表示应缴未缴的税金。   (   )

7．"利润分配——未分配利润"账户只是用来核算企业历年尚未分配的利润数额。 (   )

8．为购建固定资产而借入的专门借款的利息应全部计入固定资产的成本。   (   )

9．制造费用是指直接用于产品生产，但不便于计入产品成本，因而没有专设成本项目的费用。
                                                                            (   )

10．管理费用是企业行政管理部门为组织和管理生产经营活动而发生的各项费用，包括行政管理人员的工资和福利费、办公费、折旧费、广告宣传费、借款利息等。   (   )

11．企业在销售商品时，如果商品的成本不能可靠地计量，则不能确认相关的收入。 (   )

12．"制造费用"账户费用总额分配后应有余额。   (   )

13．"预付账款"账户是负债类账户。   (   )

14．某企业当期预付下季度的租金，在收付实现制下应记入"长期待摊费用"科目的借方。
                                                                            (   )

15．"所得税费用"账户应该反映当期的所得税费用和递延所得税费用情况。   (   )

四、计算题

1．某企业"原材料"总分类账户的本期借方发生额为 19 000 元，本期贷方发生额为 18 000 元，该账户有关明细分类账户的发生额分别为："甲材料"本期借方发生额为 3 000 元，贷方发生额为 5 000 元，"乙材料"本期借方发生额为 15 000 元，贷方发生额为 12 000 元，则"丙材料"本期借方和贷方发生额分别是：（   ）。

　　A．18 000 元和 17 000 元　　　　B．1 000 元和 1 000 元
　　C．4 000 元和 1 000 元　　　　　D．6 000 元和 8 000 元
　　E．2 000 元和 3 000 元

2．某企业 K 产品单位生产成本为 10 元，该产品 6 月的有关入库和销售等情况如下：月初余额 20 000kg；6 月 4 日入库 30 000kg；6 月 12 日销售 40 000kg；6 月 20 日入库 50 000kg；6 月 20 日销售 30 000kg。根据上述资料计算的该企业 6 月 K 产品完工产品的生产成本是（   ）元。

　　A．1 000 000　　B．800 600　　C．829 500　　D．300 000　　E．800 000

3．某企业 K 产品单位生产成本为 10 元，该产品 6 月份的有关入库和销售等情况如下列数字所示：月初余额 20 000kg；6 月 4 日入库 30 000kg；6 月 12 日销售 40 000kg；6 月 20 日入库 50 000kg；6 月 20 日销售 30 000kg。根据上述资料计算该企业本月 K 产品的结存成本是（   ）元。

　　A．800 800　　B．800 600　　C．829 500　　D．300 000　　E．1 000 000

4．若某企业年末"固定资产"账户余额为 350 000 元，固定资产净值为 290 000 元，"固定资产减值准备"账户余额为 50 000 元，则"累计折旧"账户余额应为（   ）元。

　　A．630 000　　B．60 000　　C．10 000　　D．300 000　　E．650 000

5．2017 年度，某企业的主营业务收入为 400 000 元，主营业务成本为 200 000 元，税金及附加为 8 100 元；其他业务收入为 200 元，其他业务成本为 100 元；营业外收入为 1 000 元，营业外支出为 2 000 元；期间费用共计 2 000 元，其中，管理费用为 1 000 元，销售费用为 500 元，财务费用为 500 元；本年度获得投资收益 1 000 元，适用的所得税税率为 25%，则该企业本年度实现的利润总额

为（　　）元。

A．190 000　　B．193 100　　C．198 100　　D．144 750　　E．14 750

6．2017年度，佳敏迪公司的主营业务收入为400 000元，主营业务成本为200 000元，营业税金及附加为8 100元；其他业务收入为200元，其他业务成本为100元；营业外收入为1 000元，营业外支出为2 000元；期间费用共计2 000元，其中，管理费用为1 000元，销售费用为500元，财务费用为500元；本年度获得投资收益1 000元，适用的所得税税率为25%，公司按照净利润的10%提取法定盈余公积，按照净利润的50%支付现金股利。则2018年年底，记入"应付股利"账户的金额为（　　）元。

A．19 400　　B．71 250　　C．19 000　　D．14 475　　E．31 250

7．明光公司本期全部损益状况如下：主营业务收入为586 000元，主营业务成本为467 000元，税金及附加为24 000元，管理费用为60 000元，营业外收入为12 000元，适用的所得税税率为25%。则明光公司本期的营业利润为（　　）元。

A．35 000　　B．47 000　　C．35 250　　D．11 750　　E．17 625

8．某企业年初未分配利润为900元，本年实现的净利润为1 800元，按10%和5%分别提取法定盈余公积和法定公益金。该企业年末可供投资者分配的利润为（　　）元。

A．2 700　　B．2 250　　C．2 430　　D．270　　E．3 700

9．2018年度，竭诚公司的主营业务收入为400 000元，主营业务成本为200 000元，税金及附加为8100元；其他业务收入为200元，其他业务成本为100元；营业外收入为1 000元，营业外支出为2 000元；期间费用共计2 000元，其中，管理费用为1 000元，销售费用为500元，财务费用为500元；本年度获得投资收益1 000元，适用的所得税税率为25%，公司按照净利润的10%提取法定盈余公积，按照净利润的50%支付现金股利。则2018年度，公司记入"利润分配——提取法定盈余公积"账户的金额为（　　）元。

A．19 400　　B．19 310　　C．19 000　　D．14 250　　E．14 550

五、填空题

1．企业的留存收益包括_____和_____。

2．企业的投资者（所有者）投入资本按照投资主体的不同，可以分为_____、_____、_____、_____。

3．制造企业的采购费用包括_____、_____、_____。

4．制造企业的产品生产成本由_____、_____、_____、_____组成。

5．期间费用包括_____、_____、_____。

6．公司制企业分配当年税后利润时，应当按照税后利润的_____提取法定盈余公积。公司法定公积累计额达到注册资本的_____以上时，可以不再提取。

7．企业应当在履行了合同中的履约义务，即在客户取得相关商品_____时确认收入。

8．当企业收到投资者投入的资金超过其在注册资本中所占份额，则超过部分的资金作为资本溢价或股本溢价，在_____账户中核算。

9．企业的净利润等于_____减去_____后的差额。

六、问答题

1．制造企业固定资产的历史成本包括的内容有哪些？

2．制造企业外购材料的实际采购成本的具体构成内容是什么？

3．制造企业的产品成本项目有哪些？

4．制造企业的期间费用包括哪些内容？

5．如何理解进项税额与销项税额的关系？

6．"本年利润"账户平时于年终如何结转？

7．如何计算企业的营业利润、利润总额、净利润？

8．企业利润分配的顺序与内容是什么？

七、综合业务题

要求：根据下列经济业务编制会计分录。

（一）资金筹集业务的核算

佳敏迪公司为一般纳税人，2021年6月发生下列经济业务：

1．6月3日，佳敏迪公司收到国家投入流动资金3 000万元，款项存入银行。

2．6月4日，佳敏迪公司收到长兴公司投入使用过的设备一台，双方协商作价205 000元，该设备的账面价值为230 000元。

3．6月5日，佳敏迪公司收到利源公司捐赠新的设备一台，价值100 000元。

4．6月5日，佳敏迪公司收到虹发公司投入的专利权一项，经专家评估确认，价值为90 000元。

5．6月6日，佳敏迪公司从银行取得借款700 000元，期限6个月，年利率为5%，利息于季度末结算，所借款项存入银行。

6．6月7日，佳敏迪公司从银行取得借款4 000 000元，期限3年，所借款项存入银行。

7．6月30日，佳敏迪公司用银行存款支付短期借款利息300元。

（二）采购（供应）过程业务的核算

佳敏迪公司为一般纳税人，2021年6月发生下列经济业务：

1．佳敏迪公司6月3日从光明公司购入甲材料40t，货款80 000元，外地运输费10 000元，增值税税额为11 300元（80 000×13%+10 000×9%），款项以银行存款支付，甲材料尚未到达佳敏迪公司。

2．佳敏迪公司6月4日从大华公司购入乙材料20t，单价2 000元，外地运输费600元，增值税税额为5 254元（40 000×13%+600×9%），款项尚未支付，乙材料正在运输途中。

3．佳敏迪公司6月5日以银行存款40 000元向中原公司预付购买丙材料货款。

4．6月6日，佳敏迪公司从大兴公司购入需要安装的机器一台，价款500 000元，增值税税额为65 000元，机器已经运达公司投入安装。

5．佳敏迪公司6月22日收到中原公司发来的已预付货款的丙材料300kg，单价100元，对方代垫运费800元，增值税税额为3 972元（30 000×13%+800×9%）。

6．佳敏迪公司6月23日收到中原公司退回的多付购货款6 028元。

7．佳敏迪公司6月24日收到甲、乙材料并验收入库，计算结转材料采购成本。

8．佳敏迪公司6月25日从利民集团购入丁材料10t，单价2 000元，外地运输费400元，增值税税额为2 636元（20 000×13%+400×9%），佳敏迪公司开出期限为6个月的商业承兑汇票支付丁材料的款项，材料尚未到达公司。

9．6月26日，佳敏迪公司5月份购买的材料验收入库，计算并结转材料的实际成本66 800元。

10．6月29日，佳敏迪公司购买的丁材料验收入库，计算并结转丁材料的实际成本。

11．6月29日，佳敏迪公司用银行存款支付前欠中原公司的货款5 000元。

12．6月29日，佳敏迪公司从大地集团购入A材料500kg，单价600元；B材料400kg，单价800元；C材料600kg，单价700元。A、B、C三种材料共发生运输费22 500元，增值税税额为137 225元（1 040 000×13%+22 500×9%），款项已经用银行存款支付，材料已经验收入库，计算并结转三种材料的实际成本。

13．6月30日，佳敏迪公司从盛源公司购入不需要安装的设备一台，货款100 000元，运杂费1 200元，增值税税额为13 108元（100 000×13%+1 200×9%），款项已经开出转账支票支付，设备已经运达公司并交付使用。

14．6月30日，佳敏迪公司开出的商业承兑汇票到期，支付票款23 036元。

15．6月30日，6月6日购入的需要安装的机器已经安装完毕，共发生的安装费3 000元，人工费1 000元，机器已经达到预定的使用状态并交付使用，计算并结转机器的在建工程成本。

16．6月30日，佳敏迪公司购入不需要安装的设备一台，买价为30 000元，包装费为500元，运杂费为400元，增值税税额为3 966元（30 000×13%+400×9%+500×6%），全部款项已用银行存款支付。

（三）生产过程业务的核算

佳敏迪公司2021年7月发生下列经济业务：

1．7月2日，公司用现金支票购买办公用品460元，交厂部使用。

2．7月3日，仓库发出材料，相关信息见表4-1。

表4-1　仓库发出材料的相关信息　　　　　　　　　　　　　　　　单位：元

项　目	A材料	B材料	C材料	合　计
生产产品耗用	24 000	13 000	9 800	46 800
其中：甲产品	14 000	5 000	3 800	22 800
乙产品	10 000	8 000	6 000	24 000
车间一般消耗	7 000	3 000		10 000
厂部一般消耗	3 000		1 000	4 000
合计	34 000	16 000	10 800	60 800

3．7月6日，车间主任张亮报销差旅费750元，公司用现金支付。

4．7月7日，车间管理人员李伟出差时预借差旅费1 000元，以现金支票支付。

5．7月8日，公司用银行存款支付本月生产车间应负担水费共计800元。

6．7月9日，以银行存款支付车间购买办公用品费1 500元。

7．7月10日，公司用现金购买办公用品，价值350元，交生产车间使用。

8．7月10日，公司用银行存款支付本月应负担生产车间电费共4 000元。

9．7月11日，以银行存款支付生产车间修理费2 000元。

10．7月12日，以现金支票支付本月职工工资46 000元。

11．7月12日，销售部门领用C材料，共计1 000元。

12．7月31日，分配本月应付职工工资46 000元，其中：生产工人工资34 000元（甲产品生产工人工资 18 000 元，乙产品生产工人工资 16 000 元），车间管理人员工资 7 000 元，厂部管理人员工资 5 000 元。

13．7月31日，计提本月固定资产折旧费，其中：车间用固定资产应计提折旧 5 200 元，厂部用固定资产应计提折旧 1 800 元。

14．7月31日，计算并分配本月发生的制造费用，根据甲、乙产品的生产工时比例分配制造费用，甲、乙产品的生产工时分别为 3 000h 和 2 000h。

15．7月31日，甲、乙产品全部完工，计算并结转完工入库产品生产成本。

（四）销售过程业务的核算

佳敏迪公司为一般纳税人，2021 年 9 月发生下列经济业务：

1．9月1日，佳敏迪公司收回 8 月销售给大海公司的丁产品货款 76 000 元，存入银行。

2．9月2日，佳敏迪公司销售给长信集团乙产品 100 件，单价 400 元，货款 40 000 元，增值税税率为 13%，消费税税率为 5%，款项已存入银行。

3．9月3日，佳敏迪公司销售给大海公司甲产品 200 件，单价 100 元，货款 20 000 元，增值税税率为 13%，款项尚未收到。

4．9月3日，佳敏迪公司收到购买单位集萃公司预付的甲产品货款 18 000 元。

5．9月3日，佳敏迪公司向东兴公司销售丙产品一批共计 600 件，单价 80 元，增值税税率为 13%，收到东兴公司开出的商业承兑汇票一张。

6．9月5日，佳敏迪公司销售给诚信公司闲置的乙材料一批，货款 10 000 元，增值税税率为 13%，款项尚未收到。

7．9月6日，佳敏迪公司销售给萝莉公司闲置的乙材料一批，货款 30 000 元，增值税税率为 13%，款项已收到。

8．9月8日，佳敏迪公司以银行存款支付产品的广告费用 15 000 元。

9．9月8日，佳敏迪公司以现金支付销售产品装卸费 300 元。

10．9月9日，佳敏迪公司收回大海公司前欠销售甲产品货款 22 600 元，存入银行。

11．9月10日，佳敏迪公司收到的商业汇票到期，收到票款 54 240 元存入银行。

12．9月30日，佳敏迪公司财务人员按照规定计算本月应缴城市维护建设税 7 000 元。

13．9月30日，佳敏迪公司财务人员按照规定计算本月应缴教育费附加 3 000 元

14．9月30日，佳敏迪公司财务人员结转本月销售材料的成本 15 000 元。

15．9月30日，佳敏迪公司财务人员结转本月销售的甲、乙、丙三种产品的成本，甲产品的销售成本 20 000 元，乙产品的销售成本 12 000 元，丙产品的销售成本 9 000 元。

16．9月30日，佳敏迪公司财务人员将各损益类账户转入"本年利润"账户中，计算当期的利润总额。

（五）利润形成与分配过程及其他综合业务的核算

佳敏迪公司为一般纳税人，2021 年 12 月发生下列经济业务：

1．12月1日，佳敏迪公司出纳员刘玲从银行提取现金 46 000 元，准备发临时工工资。

2．12月2日，佳敏迪公司以现金 46 000 元发放临时工工资。

3．12月2日，佳敏迪公司出纳员刘玲将现金 6 100 元存入银行。

4．12月2日，佳敏迪公司行政部领用材料，价值 360 元。

5．12月3日，佳敏迪公司清理长期无法支付的应付账款9 000元，转作营业外收入。

6．12月3日，佳敏迪公司用银行存款支付罚款4 000元。

7．12月4日，佳敏迪公司用银行存款上缴企业所得税300 000元、增值税60 000元、城市维护建设税6 300元、教育费附加2 700元。

8．12月5日，佳敏迪公司收到大地公司违约金6 000元，存入银行。

9．12月6日，财务部张明报销差旅费750元，冲销出差时预借差旅费700元，补付现金50元。

10．12月9日，行政部黎露报销差旅费700元，冲销出差时预借差旅费1 000元，退回现金300元。

11．12月9日，佳敏迪公司用银行存款支付短期借款利息5 900元。

12．12月20日，佳敏迪公司用银行存款支付公益性捐赠5 000元。

13．12月31日，佳敏迪公司期末有关账户资料如下："主营业务收入"账户贷方发生额为305 000元，"其他业务收入"账户贷方发生额为20 000元，"营业外收入"账户贷方发生额为15 000元，"投资收益"账户贷方发生额为10 000元。佳敏迪公司将上述账户贷方发生额转入"本年利润"账户。

14．12月31日，佳敏迪公司期末有关账户资料如下："主营业务成本"账户借方发生额为126 000元，"销售费用"账户借方发生额为300 000元，"税金及附加"账户借方发生额为3 150元，"管理费用"账户借方发生额为5 000元，"财务费用"账户借方发生额为5 900元，"其他业务成本"账户借方发生额为12 000元，"营业外支出"账户借方发生额为20 000元。佳敏迪公司将上述账户借方发生额转入"本年利润"账户。

15．12月31日，佳敏迪公司财务人员根据第13、第14笔业务计算当期的利润总额，并按所得税税率25%计算当期应纳所得税费用，并编制计算和结转所得税费用的会计分录。

16．12月31日，佳敏迪公司财务人员根据第13、第14、第15笔业务计算净利润，并转入"利润分配——未分配利润"账户中。

17．12月31日，佳敏迪公司财务人员根据第16笔业务计算的净利润的10%提取盈余公积。

18．12月31日，佳敏迪公司财务人员根据第16笔业务计算的净利润的50%向投资者分配利润。

19．12月31日，佳敏迪公司财务人员根据第17、第18笔业务将"利润分配"其他明细分类账户的金额转入"利润分配——未分配利润"账户。

20．12月31日，佳敏迪公司财务人员根据第16、第17、第18笔业务计算未分配利润。

第五章 会计凭证

学习目标与要求

知识目标： 1. 了解会计凭证的作用和种类。
2. 掌握原始凭证、记账凭证的填制和审核。
3. 了解会计凭证的传递过程和保管期限。

技能目标： 1. 能对原始凭证进行正确识别。
2. 能正确填制各种记账凭证。

本章重点与难点

- 会计凭证的分类
- 会计凭证的填制和审核

本章导读

　　会计工作涉及企业运营管理的方方面面，关系到职工利益、企业利益甚至社会利益。会计人员应坚持准则，做到言之有物，言之有据，实事求是，廉洁自律，尊重事实，诚实守信，增强法治意识，要具有高度的社会责任感。

　　王棋的表哥是佳敏迪公司刚入职的销售员小肖，第一次出差时，他在出差前预借差旅费用及出差后报销差旅费用的过程中就借款单、报销单反复填写多次并找相关责任人审批多次，才完成了报销工作。小肖怀疑是负责报销的会计小张难为刚入职的他。于是，王棋带着小肖找到会计老师请教关于报销的问题。老师听了王棋的讲述后，告诉王棋和小肖负责报销的小张是按照正常的审批流程及要求工作的，并表扬了会计小张工作态度严谨、认真负责。

　　小肖听了老师的话，才知道自己由于缺少会计相关知识而误会了小张。他认为自己要了解并掌握会计凭证的意义、作用、种类、格式、填制与审核、传递与保管等内容。小肖决心学习好会计凭证的相关知识，做到既懂业务又懂财务，业财融合从己做起。带着这些问题，王棋和小肖开启了会计凭证的学习。

第一节　会计凭证概述

一、会计凭证的概念

会计凭证是指记录经济业务发生或者完成情况的书面证明，是登记账簿的依据。每个企业都必须按一定的程序**填制和审核**会计凭证，根据**审核无误**的**会计凭证**进行**账簿登记**，如实反映企业的经济业务。《**中华人民共和国会计法**》对会计凭证的**种类、取得、审核、保管**等内容进行了规定。

一切会计记录都要有真凭实据，使会计资料具有客观性，这是会计核算必须遵循的原则。**填制和审核凭证是会计核算的专门方法之一。**

二、填制和审核会计凭证的意义

合法地取得、正确地填制和审核会计凭证，是会计核算工作的起点，是会计核算的基础工作，也是对经济业务进行核算和监督的基本环节。对于每个会计主体而言，经济活动一旦发生都必须取得或者填制会计凭证。相关会计凭证由执行、完成该项经济业务的有关人员从外部取得或自行填制，以书面形式反映或证明经济业务的发生或完成情况。会计凭证应载明经济业务的内容、数量、金额并签名或盖章，以明确对该项经济业务的真实性、准确性所负的责任。一切会计凭证都应经过专人严格审核，只有经过审核无误的会计凭证，才能作为记账的依据。

因此，准确填制和严格审核会计凭证，对完成会计工作任务，实现会计职能，充分发挥会计作用具有重要的意义。填制和审核会计凭证的具体意义如下：

（一）保证会计信息质量

认真填制和严格审核会计凭证，可以为记账提供真实可靠的数据资料，从而保证会计核算的准确性。

任何一笔经济业务的发生，都必须填制会计凭证。会计凭证上记录着经济业务发生的时间及内容（包括数量、金额及完成情况）。通过对会计凭证的认真填制和严格审核，可以使经济业务如实地反映在会计凭证上，为账簿记录提供真实可靠的依据，从而使账簿记录与实际情况相符，这样就保证了会计核算资料的真实性与准确性，并为分析、检查经济活动和财务收支情况提供确切可靠的原始资料。

（二）发挥会计监督作用

认真填制和严格审核会计凭证，可以检查和监督经济业务的合理性、合法性，充分发挥会计的监督作用。

会计凭证记录和反映了经济业务的发生、进程和完成情况等具体内容，通过对会计凭证的严格审核，可以检查每笔经济业务是否合理、合规和合法。由于一切经济业务都必须认真填制会计凭证，无论是现金收支、财产增减，还是商品进出、款项结算及费用开支，都在会计凭证上进行了记载，因此，对其内容的严格审核，可以查明每笔经济业务是否执行了计划、预算，是否符合有关政策、法令、制度的规定，有无违法乱纪和铺张浪费行为，从而可以严肃财经纪律，限制和防止各种违法行为，充分发挥会计监督作用。

（三）强化内部控制

认真填制和严格审核会计凭证，可以明确有关部门、有关人员在办理经济业务中的责任，强化内部控制。

由于会计凭证记录了每笔经济业务的内容，并由有关部门和有关人员签章，这就要求有关部门和有关人员对经济活动的真实性、准确性、合法性负责。这样就能加强有关部门和有关人员的责任感，促使他们严格按照政策、法令、制度、计划和预算办事，防止违法乱纪和铺张浪费行为。

三、会计凭证的种类

会计凭证按照编制的程序和用途的不同，可以分为原始凭证和记账凭证两大类。

❋ **课堂思考**
1．会计主体为什么要编制会计凭证？
2．会计凭证的作用是什么？

第二节　原始凭证

一、原始凭证的概念

原始凭证又称单据，是在经济业务发生或完成时取得或填制的，用以记录或证明经济业务的发生或完成情况的书面证明。 因此，原始凭证必须能够证明经济业务已经发生或完成。采购材料的"发票"，银行存款的付款凭证如"转账支票"，以及"收料单""领料单""收据""借据"等，均可作为会计核算的原始凭证。不能证明经济业务已经发生或完成的"貌似"原始凭证的书面资料，如"经济合同""材料请购单"等，均不能作为会计核算的原始凭证。

二、原始凭证的种类

（一）按照来源不同分类

原始凭证按照来源不同，可分为外来原始凭证和自制原始凭证。

1．外来原始凭证

外来原始凭证是指在经济业务发生或完成时，从其他单位或个人处直接取得的原始凭证，如购买材料从外单位取得的"发货票"，从运输部门取得的"运货单"，银行转来的"收款通知单""付款通知单"等。**外来原始凭证一般都是一次凭证。** 如图 5-1 所示的吉林省公益事业捐赠统一票据就属于外来原始凭证。

第五章 会计凭证

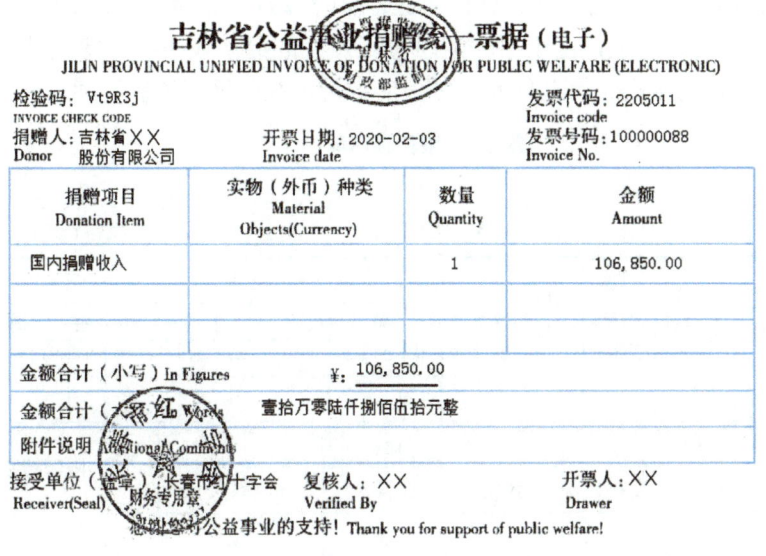

图 5-1　吉林省公益事业捐赠统一票据

2．自制原始凭证

自制原始凭证是指由本单位内部经办业务的部门和人员在执行或完成某项经济业务时填制的，**仅供本单位内部使用的原始凭证**，如材料验收入库时的"提货单"（见表 5-1）、材料领用出库时的"领料单"、销售产品时开出的"发票"等。

表 5-1　提货单

购货单位：市建设机械厂　　　　　　　　　　　　　　　　　　　　　　　　　　　运输方式：自提
收货地址：自库6　　　　2021 年 9 月 26 日　　　　　　　　　　　　　　　　　　编　号：08499

产品编号	产品名称	规格	单位	数量	单价	金额	备注
SP-A8	机箱	LA6	套	400	210.00	84 000.00	
合计				400	210.00	￥84 000.00	

销售部门负责人：　　　　发货人：　　　　　　　　　　　　提货人：　　　　　　　　　　　制票：
（签章）　　　　　　　（签章）　　　　　　　　　　　　（签章）　　　　　　　　　　　（签章）

（二）按照填制手续不同分类

原始凭证按照填制手续不同，可分为一次凭证、累计凭证和汇总原始凭证。

1．一次凭证

一次凭证是指只记载一项经济业务或同时记载若干项同类经济业务，填制手续一次完成的原始凭证。**一次凭证是一次有效的凭证**，如领料单、发票等**外来原始凭证都是一次凭证**。一次凭证只能反映一笔业务的内容，使用方便灵活，但数量较多，核算较麻烦。

2．累计凭证

累计凭证是指连续记载一定时期内不断重复发生的同类经济业务，填制手续是在一张凭证中多次进行才能完成的原始凭证。**累计凭证是多次有效的原始凭证**，如"限额领料单"（见表 5-2）等。使用累计凭证，由于平时随时登记发生的经济业务并计算累计数额，期末计算总数额后作为记账的依据，因此能减少凭证的数量，简化凭证填制手续。

表 5-2　限额领料单

领料部门：　　　　　　　　　　　　　　　　　　　　　　　　　　　第　号
用途：　　　　　　　　　　　　　年　月　日　　　　　　　　发料仓库：

原材料编号	原材料名称规格	计量单位	计划投产量	单位消耗定额	领用限额	实发		
						数量	单价（万 千 百 十 元 角 分）	金额（百 十 万 千 百 十 元 角 分）

日期	领用			退料			限额结余数量
	数量	领料人	发料人	数量	退料人	收料人	

生产计划部门：　　　　　　　供销部门：　　　　　　　　　　　　　　仓库：

3. 汇总原始凭证

汇总原始凭证也称原始凭证汇总表，是指根据许多同类经济业务的原始凭证定期加以汇总而重新编制的原始凭证。例如，月末根据月度内所有领料单汇总编制的领料单汇总表（也称发料汇总表，见表 5-3）就属于汇总原始凭证。汇总原始凭证可以简化编制记账凭证的手续，但它本身不具备法律效力。

表 5-3　领料单汇总表

佳敏迪公司　　　　　　　　　2021 年 6 月　　　　　　　　　　　　单位：元

用途（借方科目）	上旬（1～10 日）	中旬（11～20 日）	下旬（21～30 日）	月计
生产成本				
甲产品	2 000	1 000	5 000	8 000
乙产品	3 000	4 000	4 000	11 000
制造费用	1 000	3 000	3 000	7 000
管理费用	1 000	1 000	2 000	4 000
在建工程	5 000	3 000	3 000	11 000
本月领料合计	12 000	12 000	17 000	41 000

（三）按照格式不同分类

原始凭证按照格式不同，可分为通用凭证和专用凭证。

1. 通用凭证

通用凭证是指由有关部门统一印制，在一定范围内使用的，具有统一格式和使用方法的原始凭证。通用凭证的使用范围因制作部门不同而异，可以是某一地区、某一行业，也可以是全国通用。

2．专用凭证

专用凭证是指由单位自行印制、仅在本单位内部使用的原始凭证，如领料单、差旅费报销单、工资费用分配表、制造费用分配表（见表 5-4）等。

表 5-4　制造费用分配表

2021 年 2 月

总账科目	明细科目	生产工时 /h	分配率（元 /h）	分配金额（元）
生产成本	A 产品	4 000	8	32 000
	B 产品	1 000	8	8 000
合　　计		5 000		40 000

会计主管：　　　　　　　　记账：　　　　　　　　审核：　　　　　　　　制证：

三、原始凭证的基本内容

原始凭证应具备以下几个方面的内容：

（1）**原始凭证的名称**。原始凭证的名称表明原始凭证所记录经济业务的内容和种类，反映原始凭证的用途。如"发票""入库单"等均为原始凭证的名称。

（2）**填制原始凭证的日期及编号**。填制原始凭证的日期一般是业务发生或完成的日期。如果在业务发生或完成时，因各种原因未能及时填制原始凭证的，应以实际填制日期为准。销售商品、产品时未能及时开出发票的，补开发票的日期应为实际填制时的日期。

（3）**接受原始凭证的单位名称**。在原始凭证上体现接受原始凭证的单位名称，可以将接受原始凭证单位与填制原始凭证单位或填制人员相联系，表明经济业务的来龙去脉。

（4）**经济业务的内容**（含数量、单价、金额等）。经济业务的内容主要是表明经济业务的项目、名称及有关的附注说明。

（5）**填制原始凭证单位的名称和有关人员的签章**。经办人员签名或盖章是为了通过该项内容明确经济责任。

有些原始凭证除了包括上述基本内容以外，为了满足计划、统计等其他业务工作的需要，还要列入一些补充内容。例如，在有些原始凭证后，还要附上与该笔经济业务有关的计划指标、预算项目和经济合同等，即原始凭证的附件。

各会计主体根据会计核算和管理的需要，按照原始凭证应具备的基本内容和补充内容，即可设计和印制适合本主体需要的各种原始凭证。但是，为了加强宏观管理，强化监督，堵塞偷税、漏税的漏洞，各有关主管部门应当为同类经济业务设计统一的原始凭证格式。例如，由中国人民银行设计统一的银行汇票、本票、支票；由交通部门设计统一的客运、货运单据；由税务部门设计统一的发票、收款收据等。这样不仅可使反映同类经济业务的原始凭证内容在全国统一，便于加强监督管理，而且也可以节省各会计主体的印刷费用。统一格式的增值税专用发票示例如图 5-2 所示。

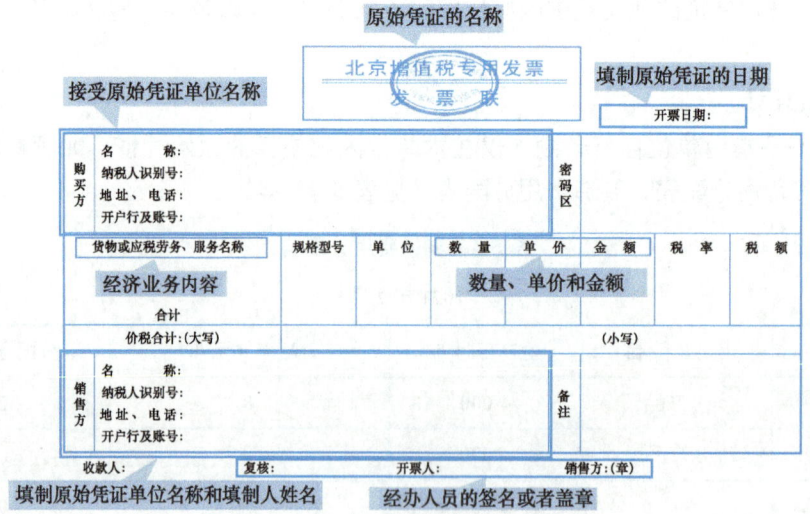

图 5-2 统一格式的增值税专用发票示例

四、原始凭证的填制形式及要求

自制原始凭证的填制有三种形式：一是根据实际发生或完成的经济业务，由经办人员直接填制，如"入库单""领料单"等；二是根据账簿记录对有关经济业务加以归类、整理填制，如月末编制的制造费用分配表、利润分配表等；三是根据若干张反映同类经济业务的原始凭证定期汇总填制。

外来原始凭证，虽然是由其他单位或个人填制，但它同自制原始凭证一样，也必须具备证明经济业务完成情况和明确经济责任所必需的内容。

尽管各种原始凭证的具体填制依据和方法不完全一致，但就原始凭证应反映经济业务、明确经济责任而言，其填制的一般要求有以下几个方面：

（一）记录真实

原始凭证上记载的经济业务，必须与实际情况相符合，绝不允许有任何歪曲或弄虚作假。对于实物的数量、质量和金额，都要经过严格的审核，确保凭证内容真实可靠。从外单位取得的原始凭证如有丢失，应取得原签发单位盖有"财务专用章"的证明，并注明原凭证的号码、所载金额等内容，由经办单位负责人批准后，可代作原始凭证；对于确实无法取得证明的，如火车票、飞机票等，可由当事人写出详细情况，由经办单位负责人批准后代作原始凭证。

（二）手续完备

原始凭证的填制手续，必须符合内部控制的要求。凡是填有大写和小写金额的原始凭证，大写与小写金额必须相符；购买实物的原始凭证，必须有实物的验收证明；支付款项的原始凭证，必须有收款方的收款证明。一式几联的凭证，必须用双面复写纸套写，单页凭证必须用钢笔填写；销货退回时，除填制退货发票外，必须取得对方的收款收据或开户行的汇款凭证，不得以退货发票代替收据；各种借出款项的收据，必须作为原始凭证附在记账凭证上，收回借款时，应另开收据或退回收据副本，不得退回原借款收据；经有关部门批准办理的某些特殊业务，应将批准文件作为原始凭证的附件或在原始凭证上注明批准机关名称、日期和文件字号。

（三）内容齐全

凭证中的基本内容和补充内容都要详尽地填写齐全，不得漏填或省略不填。如果项目填写不全，则不能作为经济业务的合法证明，也不能作为有效的会计凭证。为了明确经济责任，原始凭证必须由经办部门和人员签章。从外单位取得的原始凭证，必须有填制单位的公章或财务专用章；从个人处取得的原始凭证，必须有填制人员的签名或盖章。自制原始凭证必须有经办部门负责人或其指定人员的签名或盖章。对外开出的原始凭证，必须加盖本单位的公章或财务专用章。

（四）书写规范

原始凭证上的文字要按规定书写，字迹要工整、清晰，易于辨认，不得使用未经国务院颁布的简化字。合计的小写金额前要冠以人民币符号"¥"（用外币计价、结算的凭证，金额前要加注外币符号，如"HK$""US$"等），币值符号与阿拉伯数字之间不得留有空白；所有以元为单位的阿拉伯数字，除表示单价等情况外，一律填写到角分，无角分的要以"0"补位。汉字大写金额数字，一律用正楷字或行楷字书写，如壹、贰、叁、肆、伍、陆、柒、捌、玖、拾、佰、仟、万、亿、元（圆）、角、分、零、整（正）。大写金额最后为"元""角"的应加写"整"（或"正"）字断尾。

阿拉伯金额数字中间有"0"时，汉字大写金额要写"零"字，如¥1 409.50，汉字大写金额应写成"人民币壹仟肆佰零玖元伍角整"。阿拉伯金额数字中间连续有几个"0"时，汉字大写金额中可以只写一个"零"字，如¥6 007.14，汉字大写金额应写成"人民币陆仟零柒元壹角肆分"。阿拉伯金额数字万位或元位是"0"，或者数字中间连续有几个"0"，元位也是"0"，但千位、角位不是"0"时，汉字大写金额中可以只写一个"零"字，也可以不写"零"字，如¥1 580.32，应写成"人民币壹仟伍佰捌拾元零叁角贰分"，或者写成"人民币壹仟伍佰捌拾元叁角贰分"；又如¥107 000.53，应写成"人民币壹拾万柒仟元零伍角叁分"，或者写成"人民币壹拾万零柒仟元伍角叁分"。阿拉伯金额数字角位是"0"，而分位不是"0"时，汉字大写金额"元"后面应写"零"字，如¥16 409.02，应写成"人民币壹万陆仟肆佰零玖元零贰分"。

原始凭证记载的各项内容均不得涂改。原始凭证有错误的应当由出具单位重开或者更正，更正处应当加盖出具单位印章。对于支票等重要的原始凭证若填写错误，一律不得在凭证上更正，应按规定的手续注销留存，另行重新填写。

（五）填制及时

每笔经济业务发生或完成后，经办业务的有关部门和人员必须及时填制原始凭证，做到不拖延、不积压，并要按规定的程序将其送交会计部门。

五、原始凭证的审核

为了保证原始凭证内容的真实性和合法性，防止不符合填制要求的原始凭证影响会计信息的质量，必须由会计部门对一切外来的和自制的原始凭证进行严格的审核。审核内容主要包括以下两个方面：

（一）审核原始凭证所反映的经济业务是否合法、合规、合理

进行这方面的审核时，应以国家颁布的现行财经法规、财会制度以及本单位制定的有关章程、预算和计划为依据，审核经济业务是否符合有关规定，有无弄虚作假、违法乱纪、贪污舞弊的行为；审核经济活动的内容是否符合规定的开支标准，是否履行规定的手续，有无背离经济效益原则和内部控制制度的要求的情况。

（二）审核原始凭证的填制是否符合规定的要求

进行这方面的审核时，首先应审核原始凭证是否具备作为合法凭证所必需的基本内容，所有项目是否填写完整，有关单位和人员是否已签字盖章；其次要审核凭证中所列数字的计算是否正确，大、小写金额是否相符，数字和文字是否清晰等。

原始凭证的审核是一项十分细致而严肃的工作，必须坚持原则，依法办事。对于不真实、不合法的原始凭证，会计人员有权不予受理，并要向单位负责人报告；对记载不准确、不完整的原始凭证应予以退回，并要求按照国家统一的会计制度规定更正、补充。原始凭证经审核无误后，才能作为编制记账凭证和登记账簿的依据。

❋ 课堂思考

1．如何正确编制原始凭证？
2．如何审核原始凭证？
3．公司会计人员张丽遇到一件棘手的事情：销售部经理陈棋来报销差旅费，但是火车票在回来时被弄丢了，陈棋提出用她以前个人旅游的火车票代替。这个方案可行吗？会计人员应该如何处理？

第三节　记账凭证

一、记账凭证的概念

记账凭证又称记账凭单，是指会计人员根据审核无误的原始凭证，按照经济业务事项的内容加以归类，并据以确定会计分录后所填制的会计凭证。它是**登记账簿的直接依据。**

记账凭证要根据原始凭证所反映的经济业务，按规定的会计科目和复式记账方法编制会计分录，以确保账簿记录的准确性。由于原始凭证只表明经济业务的具体内容，不能反映其归类的会计科目和记账方向，不能凭以直接入账，而且原始凭证多种多样，其格式、大小也不尽一致，为了做到分类反映经济业务的内容，必须按会计核算方法的要求，将原始凭证归类、整理为能据以入账的形式，指明应记的账户名称以及应借、应贷的金额，即填制记账凭证。

记账凭证和原始凭证同属于会计凭证，但二者存在以下差别：①大部分原始凭证是由经办人员填制的，而记账凭证一律由会计人员填制；②原始凭证是根据发生或完成的经济业务填制，而记账凭证是根据审核后的原始凭证填制；③原始凭证仅用以记录、证明经济

业务已经发生或完成；而记账凭证要依据会计科目对已经发生或完成的经济业务进行归类、整理。

原始凭证是填制记账凭证的依据；记账凭证是登记账簿的依据。

二、记账凭证的种类

（一）按照用途不同分类

记账凭证按其用途不同，可以分为专用记账凭证和通用记账凭证两类。

1. 专用记账凭证

专用记账凭证是指分类反映经济业务的记账凭证。这种记账凭证按其反映经济业务的内容不同，又可以分为收款凭证、付款凭证和转账凭证。

（1）**收款凭证**。收款凭证是指用于记录现金和银行存款收入业务的会计凭证（见表5-5）。

表5-5　收款凭证

借方科目：银行存款　　　　2021年9月5日　　　　收字第1号
　　　　　　　　　　　　　　　　　　　　　　　单位：元

摘　要	贷方科目		金　额	记　账	附件2张
	一级科目	二级或明细科目			
销售甲产品	主营业务收入	甲产品	80 000		
销售甲产品	应交税费	应交增值税	10 400		
合　计			90 400		

会计主管：　　　记账：　　　出纳：　　　审核：　　　制单：

（2）**付款凭证**。付款凭证是指用于记录现金和银行存款付出业务的会计凭证（见表5-6）。

表5-6　付款凭证

贷方科目：银行存款　　　　2021年9月12日　　　　付字第1号
　　　　　　　　　　　　　　　　　　　　　　　单位：元

摘　要	借方科目		金　额	记　账	附件1张
	一级科目	二级或明细科目			
购买A材料	在途物资	A材料	5 000		
购买A材料	应交税费	应交增值税	650		
合　计			5 650		

会计主管：　　　记账：　　　出纳：　　　审核：　　　制单：

（3）**转账凭证**。转账凭证是指用于记录不涉及现金和银行存款收付业务的会计凭证（见表5-7）。

表 5-7　转账凭证

2021 年 9 月 15 日　　　　　　　　　　　　　　　　转字第 1 号

单位：元

摘　　要	一级科目	二级或明细科目	借方金额	贷方金额	记账	附件1张
领钢材生产甲产品	生产成本	甲产品	7 000			
领钢材生产甲产品	原材料	钢材		7 000		
合　　计			7 000	7 000		

会计主管：　　　　　记账：　　　　　审核：　　　　　制单：

2．通用记账凭证

通用记账凭证是指用来反映所有经济业务的记账凭证。 其一般格式与转账凭证相同。

（二）按照填列方式不同分类

记账凭证按照填列方式不同，可以分为单式记账凭证和复式记账凭证两类。

1．单式记账凭证

单式记账凭证是指每一张记账凭证只填列经济业务事项所涉及的一个会计科目及其金额的记账凭证。 填列借方科目的称为借项记账凭证（见表 5-8），填列贷方科目的称为贷项记账凭证（见表 5-9）。单式记账凭证将一项经济业务所涉及的会计科目及其对应关系，通过借项记账凭证、贷项记账凭证分别予以反映。所以单式记账凭证又称单项记账凭证。采用单式记账凭证，便于同时汇总计算每一会计科目的发生额，也便于分工记账，但不便于反映经济业务的全貌及会计科目的对应关系。单式记账凭证一般适用于业务量较大，会计部门内部分工较细的会计主体。

表 5-8　借项记账凭证

借方科目：原材料　　　　　　2021 年 9 月 15 日　　　　　　　　编号 $11\frac{1}{2}$

单位：元

摘　　要	一级科目	二级或明细科目	金　　额	记账	附件1张
领钢材生产甲产品	生产成本	甲产品	7 000		
合　　计			7 000		

会计主管：　　　　　记账：　　　　　审核：　　　　　制单：

表 5-9　贷项记账凭证

贷方科目：生产成本　　　　　2021 年 9 月 15 日　　　　　　　　编号 $11\frac{2}{2}$

单位：元

摘　　要	一级科目	二级或明细科目	金　　额	记　账	附件1张
领钢材生产甲产品	原材料	钢材	7 000		
合　　计			7 000		

会计主管：　　　　　记账：　　　　　审核：　　　　　制单：

2. 复式记账凭证

复式记账凭证是指将每一笔经济业务事项所涉及的全部会计科目及其发生额均在同一张记账凭证中反映的记账凭证。复式记账凭证可在一张记账凭证上反映一笔完整的经济业务，便于反映经济业务的全貌及会计科目间的对应关系，可减少记账凭证的数量。但采用复式记账凭证，不便于同时汇总计算每一会计科目的发生额，也不利于会计人员分工记账。表 5-5、表 5-6、表 5-7 均为复式记账凭证。

三、记账凭证的基本内容

记账凭证虽然种类不一，编制依据各异，但各种记账凭证的主要作用都在于对原始凭证进行归类整理，运用账户和复式记账，编制会计分录，为登记账簿提供直接依据。因此，所有记账凭证都应满足记账的要求，都必须具备下列基本内容：①记账凭证的名称；②填制记账凭证的日期和凭证的编号；③经济业务的内容摘要；④经济业务所涉及的会计科目、记账方向和金额；⑤所附原始凭证的张数；⑥会计主管、记账、审核、出纳、制单等有关人员的签章。

四、记账凭证的填制要求

（一）基本要求

各种记账凭证的填制，除应严格按原始凭证的填制要求外，还应注意以下几点：

1. 摘要简明

记账凭证的摘要应用简明扼要的语言，概括出经济业务的主要内容。既要防止简而不明，又要避免过于烦琐。为了满足登记明细分类账的需要，对不同性质的账户，其摘要的填写应有所区别。例如，反映原材料等实物资产的账户，摘要中应注明品种、数量、单价；反映库存现金、银行存款或借款的账户，摘要中应注明收付款凭证和结算凭证的编号，以及款项增减原因、收付款单位名称等。

2. 科目运用准确

记账凭证必须按会计制度统一规定的会计科目填写，不得任意简化或改动，不得只写科目编号，不写科目名称；同时，二级和明细科目也要填列齐全。应"借"、应"贷"的记账方向和账户对应关系必须清楚；编制复合会计分录，应是一"借"多"贷"或一"贷"多"借"，一般不编多"借"多"贷"的会计分录。

3. 连续编号

采用通用记账凭证，可按**全部经济业务发生的先后顺序编号，每月从第 1 号编起**；采用专用记账凭证，可按凭证类别分类编号，**每月从收字第 1 号、付字第 1 号和转字第 1 号编起**。若一笔经济业务需填制多张记账凭证，可采用"分数编号法"，即按该项经济业务的记账凭证数量编列分号。例如，某笔经济业务需编制三张转账凭证，凭证的顺序号为 58 时，这三张凭证的编号应分别为转字 $58\frac{1}{3}$ 号、$58\frac{2}{3}$ 号、$58\frac{3}{3}$ 号。**每月月末最后一张记账凭证的编号旁边要加注"全"字，以免凭证散失**。

4．附件齐全

记账凭证所附的原始凭证必须完整无缺，并注明所附原始凭证的张数，以便核对摘要及所编会计分录是否正确无误。**若两张或两张以上的记账凭证依据同一原始凭证编制，可将原始凭证附在主要的一张记账凭证后，并在摘要栏内注明"本凭证附件包括××号记账凭证业务"字样**；在未附原始凭证的记账凭证上注明**"原始凭证×张，附于第×号记账凭证之后"**，以便日后查阅。

（二）收款凭证的填制要求

收款凭证左上角的"借方科目"按收款的性质填写"库存现金"或"银行存款"；日期填写的是填制本凭证的日期；右上角填写本收款凭证的顺序号；"摘要"填写对所记录的经济业务的简要说明；"贷方科目"填写与收入现金或银行存款相对应的会计科目；"记账"是指该凭证已登记账簿的标记，防止经济业务事项重记或漏记；"金额"是指该项经济业务事项的发生额；该凭证右边"附件×张"是指本记账凭证所附原始凭证的张数；最下边分别由有关人员签章，以明确经济责任。

（三）付款凭证的填制要求

付款凭证的填制方法与收款凭证基本相同，只是左上角由"借方科目"换为"贷方科目"，凭证中间的"贷方科目"换为"借方科目"。

对于涉及"库存现金"和"银行存款"之间相互划转的经济业务，为了避免重复记账一般只填制付款凭证，不编收款凭证。

（四）转账凭证的填制要求

转账凭证将经济业务事项中所涉及的全部会计科目按照先借后贷的顺序记入"会计科目"栏中的"一级科目"和"二级及明细科目"，并按应"借"、应"贷"方向分别记入"借方金额"或"贷方金额"栏。其他项目的填列与收、付款凭证相同。

五、记账凭证的审核

记账凭证是登记账簿的直接依据，为了保证账簿记录的正确性以及会计信息的质量，登记账簿前，必须由专人对已编制的记账凭证进行认真、严格的审核。记账凭证的审核是在原始凭证审核的基础上进行的再次审核，应该**重点审核**记账凭证的**填制是否正确、是否符合规定要求**。记账凭证审核的主要内容有以下几个方面：

1）**审核编制依据是否真实**。审核记账凭证是否附有原始凭证，记账凭证的内容与所附原始凭证的内容是否相符，金额是否一致。

2）**审核记账凭证中会计科目与金额是否正确**。审核记账凭证应"借"、应"贷"的会计科目（包括"一级科目""二级及明细科目"）是否齐全、正确，账户对应关系是否清晰；借贷双方的金额计算是否准确，金额是否平衡。

3）**审核填写项目是否齐全**。审核记账凭证中有关项目是否填列齐全，主要包括审核摘要是否填写清楚，审核日期、凭证号、附件张数是否正确以及有关人员是否签名盖章。

在审核中若发现记账凭证**填制有错误**，应**查明原因，予以重填**或**按规定的方法及时更**

正。只有经**审核无误的记账凭证，才能据以记账**。

出纳人员在办理收款或付款业务后，应在凭证上加盖"收讫"或"付讫"的戳记，以避免重收重付。

> **课堂思考**
> 1．"所有记账凭证都应该附有原始凭证"，这种说法正确吗？
> 2．一张原始凭证所列的支出，可以由两个或两个以上的单位共同负担吗？
> 3．实行会计电算化的单位，对于机制记账凭证，是否需要相关人员签字？
> 4．简述记账凭证的错误更正方法。

第四节　会计凭证的传递和保管

一、会计凭证的传递

会计凭证的传递是指从会计凭证的取得或填制时起，经过审核、记账、装订到归档保管时止，会计凭证在单位内部各有关部门和人员之间按规定的时间、路径办理业务手续和进行处理的过程。

（一）会计凭证传递的作用

为了能够利用会计凭证，及时反映各项经济业务，提供会计信息，发挥会计监督的作用，必须正确、及时地组织会计凭证的传递，不得积压。

正确组织会计凭证的传递，对于及时处理和登记经济业务，明确经济责任，实行会计监督具有重要作用。从一定意义上说，会计凭证的传递起着在单位内部经营管理各环节之间协调和组织的作用。会计凭证传递程序是企业管理规章制度的重要组成部分，传递程序的科学与否，体现企业管理的科学程度。

会计凭证传递的作用具体体现在以下两个方面：

1．有利于完善经济责任制度

经济业务的发生、完成及记录，是由若干责任人共同负责、分工完成的。会计凭证作为记录经济业务、明确经济责任的书面证据，体现了经济责任制度的执行情况。会计主体可以通过会计凭证传递程序和传递时间的规定，进一步完善经济责任制度，使各项业务的处理顺利进行。

2．有利于及时进行会计记录

从经济业务的发生到账簿登记有一定的时间间隔，通过会计凭证的传递，可以使会计部门尽早了解经济业务的发生和完成情况，并通过会计部门内部的凭证传递，及时记录经济业务，进行会计核算，实行会计监督。

（二）会计凭证的传递程序和方法

会计主体应根据具体情况制定每一种会计凭证的传递程序和方法。

组织会计凭证的传递，必须遵循内部牵制原则，力求做到及时反映、记录经济业务，内部牵制原则是建立内部牵制制度的基本准则，主要是指办理经济业务的各项手续制度要相互制约、相互监督。组织会计凭证的传递，还必须根据办理经济业务手续所需的时间，规定会计凭证在各环节的停留时间，保证经济业务的及时记录。

各单位在制定会计凭证的传递程序，规定其传递时间，以合理地组织会计凭证传递时，通常要考虑以下两点内容：

1）根据各单位经济业务的特点，企业内部机构组织、人员分工情况以及经营管理的需要，从完善内部牵制制度的角度出发，规定各种会计凭证的联次及其流程，使经办业务的部门及其人员及时办理各种凭证手续，既符合内部牵制原则，又提高工作效率。

2）根据有关部门和人员办理经济业务的必要时间，同相关的部门和人员协商确定会计凭证在各经办环节的停留时间，以便合理确定办理经济业务的最佳时间，及时反映、记录经济业务的发生和完成情况。

在会计凭证传递过程中若发现有不合理的环节，应根据实际情况及时加以修改，确保会计凭证传递程序的合理化、制度化和传递时间的节约。

例如，制造企业的入库单首先由仓库有关人员在原材料验收入库时填制一式若干联。其中一联仓库留作原始凭证，登记仓库原材料保管的账簿；另一联由仓库传递到有关业务部门如采购部门，使采购部门了解到该项采购业务所购进的原材料已经入库，以便于掌握库存原材料的动向；还有一联由仓库传递到会计部门，使会计部门掌握库存原材料价值方面的情况，据此记录原材料的增加，进行会计核算。入库单还可以按其他途径传递，无论按何种途径传递，都应该保证它经过必要的环节，在每一环节停留必要的时间。

会计凭证的传递要能够满足内部牵制制度的要求，使传递程序合理有效，同时尽量节约传递时间，减少传递的工作量。

二、会计凭证的保管

会计凭证是各项经济活动的历史记录，是重要的经济档案。为了便于随时查阅利用，各种会计凭证在办理好各项业务手续并据以记账后，应由会计部门加以整理、归类、造册，并送交档案管理部门进行归档，妥善保管。会计凭证的借阅和销毁也应按照相关规定执行。

（一）会计凭证的整理及归类

会计部门在记账以后，应定期（一般为每月）将会计凭证加以归类整理，即把记账凭证及其所附的原始凭证按记账凭证的编号顺序进行整理，在确保记账凭证及其所附原始凭证完整无缺后，将其折叠整齐，加上封面、封底，装订成册，并在装订线上加贴封签，以防散失和任意拆装。在封面上要注明单位名称、凭证种类、所属年月和起讫日期、起讫号码、凭证张数等。会计主管或指定装订人员要在装订线封签处签名或盖章，然后入档保管。

对于那些数量过多或各种随时需要查阅的原始凭证，可以单独装订保管，在封面上注明对应记账凭证的日期、编号、种类，同时在记账凭证上注明"附件另订"。各种经济合同和重要的涉外文件等凭证，应另编目录，单独登记保管，并在有关记账凭证和原始凭证上注明。

（二）会计凭证的造册及归档

每年的会计凭证都应由会计部门按照归档的要求，负责整理立卷或装订成册。当年的会计凭证，在会计年度终了后，可**暂由会计部门保管 1 年**，期满后，原则上应由**会计部门**编制移交清册移交本单位档案管理部门保管。档案管理部门接收的会计凭证，原则上要保持原卷册的封装，个别需要拆封重新整理的，应由会计部门和经办人员共同拆封整理，以明确责任。会计凭证必须做到妥善保管，存放有序，查找方便，并要严防毁损、丢失和泄密。

（三）会计凭证的借阅

会计凭证原则上不得借出，如**有特殊需要须报请批准**，但**不得拆散原卷册，并应限期归还**。需要查阅已入档的会计凭证时，必须办理借阅手续。其他单位因特殊原因需要使用原始凭证时，经**本单位负责人批准可以复制**。但向外单位提供的原始凭证复印件，应在专设的登记簿上登记，并由提供人员和收取人员共同签名或盖章。

（四）会计凭证的销毁

会计凭证的保管期限一般为 30 年。保管期未满，任何人都**不得随意销毁**会计凭证。按规定销毁会计凭证时，必须开列清单，报请批准后，由档案管理部门和会计部门共同委派人员监销。在销毁会计凭证前，监销人员应认真清点核对，销毁后在销毁清册上签名或盖章，并将监销情况报告本单位负责人。

> **课堂思考**
> 1．如何实现会计凭证的有效传递？
> 2．怎样加强会计凭证的保管？

本章小结

本章学习的目的是使学生系统地掌握会计凭证的基本理论知识，包括以下内容：

第一节会计凭证概述，首先阐述了会计凭证的概念，然后系统地阐述了填制与审核会计凭证的意义，最后按照编制的程序和用途的不同，将会计凭证分为原始凭证和记账凭证两大类进行介绍。

第二节原始凭证，首先阐述了原始凭证的概念，然后通过案例和图示介绍了原始凭证按照来源、填制手续、格式不同进行的分类及相应类别的基本情况，之后阐述了不同原始凭证共有的基本内容，详细说明了原始凭证的填制形式及要求，最后介绍了原始凭证的审核。

第三节记账凭证，首先阐述了记账凭证的概念，然后通过案例和图示介绍了记账凭证按照用途、填列方式不同进行的分类及相应类别的基本情况，之后阐述了记账凭证的基本内容，详细说明了记账凭证不同类别的填制要求，最后介绍了记账凭证的审核。

第四节会计凭证的传递和保管，首先阐述了会计凭证的传递的概念、作用、传递程序和方法，然后阐述了会计凭证的整理及归类、造册及归档、借阅和销毁等会计凭证的管理方法。

思维导图

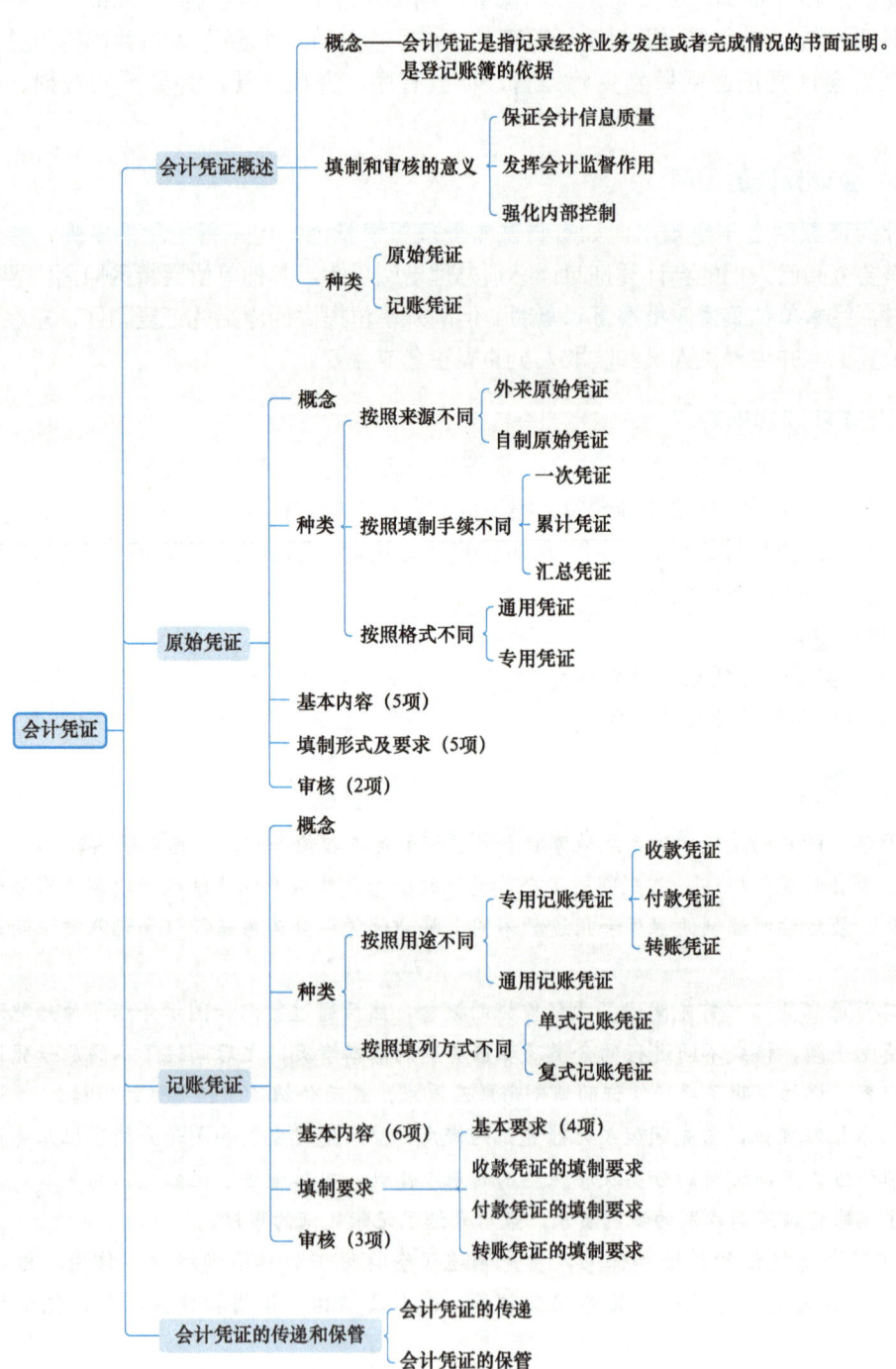

本章实训

一、单项选择题

1. 会计核算工作的起点是（　　）。
   A．复式记账　　　　　　　　　　B．登记账簿
   C．填制和审核会计凭证　　　　　D．编制财务报表
2. 下列记账凭证中，只用于记录不涉及现金和银行存款业务的记账凭证是（　　）。
   A．收款凭证　　B．付款凭证　　C．转账凭证　　D．累计凭证
3. 将会计凭证分为原始凭证和记账凭证两大类的依据是（　　）。
   A．用途和填制程序　　　　　　　B．形成来源
   C．反映的内容　　　　　　　　　D．保存时限
4. 下列有关原始凭证错误的更正不正确的是（　　）。
   A．原始凭证记载的各项内容均不得涂改
   B．原始凭证金额错误的可在原始凭证上更正
   C．原始凭证错误的应由出具单位重开，更正处加盖单位印章
   D．原始凭证金额错误的不可在原始凭证上更正
5. 下列各项中，属于根据一定时期内，若干相同的原始凭证汇总编制成的原始凭证是（　　）。
   A．通用凭证　　B．原始凭证汇总表　　C．记账凭证汇总　　D．累计凭证
6. 为保证会计账簿记录的正确性，会计人员编制记账凭证时必须依据（　　）。
   A．金额计算正确的原始凭证　　　B．填写齐全的原始凭证
   C．盖有填制单位财务章的原始凭证　　D．审核无误的原始凭证
7. 限额领料单属于（　　）。
   A．一次凭证　　B．单式凭证　　C．复式凭证　　D．累计凭证
8. 下列属于汇总原始凭证的是（　　）。
   A．科目汇总表　　B．汇总记账凭证　　C．限额领料单　　D．发料汇总表
9. 属于专用凭证的是（　　）。
   A．差旅费报销单　　B．解放军收费统一凭证　　C．某市印制的收据　　D．银行承兑汇票
10. 外来原始凭证一般都是（　　）。
    A．一次凭证　　B．汇总凭证　　C．累计凭证　　D．原始凭证汇总表
11. 下列原始凭证填制方法中不符合要求的是（　　）。
    A．记录真实　　B．内容完整　　C．凭证可断号　　D．书写清楚、规范
12. 填制原始凭证时，"人民币捌仟元零伍角整"的小写金额规范的是（　　）。
    A．8 000.50　　B．¥8 000.5　　C．¥8 000.50　　D．¥8 000.5—
13. 审核原始凭证时，发现金额有错误，应由（　　）。
    A．原填制单位重开　　　　　　　B．经办人更正
    C．单位主管领导更正　　　　　　D．会计主管人员更正
14. 仓库保管人员填制的收料单，属于企业的（　　）。

A．外来原始凭证　　B．自制原始凭证　　C．单式记账凭证　　D．复式记账凭证

15．用大写表示¥30 010.56 的正确写法是（　　）。

A．人民币三万零十元伍角六分　　　　B．人民币叁万零壹拾元伍角陆分

C．人民币叁万零拾元伍角陆分整　　　　D．人民币叁万零十元五角六分

16．会计机构、会计人员对不真实、不合法的原始凭证和违法收支，应当（　　）。

A．不予受理　　B．予以受理　　C．予以纠正　　D．予以反映

17．会计机构、会计人员对真实、合法、合理但内容不准确、不完整的原始凭证，应当（　　）。

A．编制记账凭证　　　　　　　　　B．向公安机关检举

C．不予受理　　　　　　　　　　　D．予以退回，要求更正、补充

18．差旅费报销单按填制的手续及内容分类，属于原始凭证中的（　　）。

A．一次凭证　　B．累计凭证　　C．汇总凭证　　D．专用凭证

19．已经登记入账的记账凭证，在当年内发现有误，可以用红字填写一张与原内容相同的记账凭证，在摘要栏注明（　　）字样，再用蓝字做一张正确的记账凭证登记入账。

A．注销某月某日某号凭证　　　　　B．订正某月某日某号的凭证

C．经济业务内容　　　　　　　　　D．注明"同意报销"

20．审核原始凭证所记录的经济业务是否符合企业生产经营活动的需要、是否符合有关的计划和预算，属于审核（　　）。

A．合理性　　B．合法性　　C．真实性　　D．完整性

21．对于将现金送存银行的业务，会计人员应编制的记账凭证是（　　）。

A．现金付款凭证　　　　　　　　　B．银行收款凭证

C．现金付款凭证和银行收款凭证　　　D．现金收款凭证

22．记账凭证是根据审核无误的（　　）填制的。

A．会计科目　　B．原始凭证　　C．会计要素　　D．财务报表

23．一项经济业务需要连续编制多张记账凭证的，应（　　）。

A．将原始凭证复印　　　　　　　　B．不做特殊处理

C．自制内容相同的多张原始凭证　　　D．采用分数编号的方法

24．科目汇总表和汇总记账凭证是一种（　　）。

A．原始凭证　　B．记账凭证　　C．会计账簿　　D．财务报表

25．销售产品一批，部分货款收回存入银行，部分货款对方暂欠时，应填制的记账凭证是（　　）。

A．收款凭证和转账凭证　　　　　　B．付款凭证和转账凭证

C．收款凭证和付款凭证　　　　　　D．两张收款凭证

26．可以不附原始凭证的记账凭证是（　　）。

A．更正错误的记账凭证　　　　　　B．从银行提取现金的记账凭证

C．以现金发放工资的记账凭证　　　　D．职工临时性借款的记账凭证

27．某单位会计对第 8 号记账凭证的会计事项需要填制三张记账凭证，则三张记账凭证的编号为（　　）。

A．8，9，10　　　　　　　　　　　B．8.1，8.2，8.3

C．$8\frac{1}{3}$，$8\frac{2}{3}$，$8\frac{3}{3}$　　　　　　D．$\frac{1}{3}$，$\frac{2}{3}$，$\frac{3}{3}$

28. 付款凭证左上角的会计科目为（　　）。

A. 借方科目　　　B. 贷方科目　　　C. 原材料　　　D. 固定资产

29. 下列内容中，不属于记账凭证的审核内容的是（　　）。

A. 凭证是否符合有关的计划和预算

B. 会计科目使用是否正确

C. 凭证的金额与所附原始凭证的金额是否一致

D. 凭证的内容与所附原始凭证的内容是否一致

30. 根据同一原始凭证填制几张记账凭证的，应（　　）。

A. 填制原始凭证分割单

B. 采用分数编号的方法

C. 不必做任何说明

D. 在未附原始凭证的记账凭证上注明其原始凭证附在哪张记账凭证下

31. （　　）是记录经济业发生或完成情况书面证明，也是登记账簿的依据。

A. 记账凭证　　　B. 原始凭证　　　C. 专用凭证　　　D. 会计凭证

32. 原始凭证按（　　）不同，分为通用凭证和专用凭证。

A. 来源　　　B. 手续　　　C. 格式　　　D. 手续及内容

33. 下列不能作为原始凭证的是（　　）。

A. 发票　　　B. 领料单　　　C. 工资结算汇总表　　　D. 银行存款余额调节表

34. 记账凭证的填制是由（　　）完成的。

A. 管理人员　　　B. 会计人员　　　C. 经办人员　　　D. 财务主管

35. 下列对转账业务表述正确的是（　　）。

A. 转账业务是与外币有关的特种业务

B. 转账业务是直接引起现金或银行存款减少的业务

C. 转账业务是直接引起现金或银行存款增加的业务

D. 转账业务是指与现金或银行存款收付无关的业务

二、多项选择题

1. 原始凭证按照来源不同，可分为（　　）。

A. 通用原始凭证　　　B. 专用原始凭证　　　C. 自制原始凭证

D. 外来原始凭证　　　E. 一次凭证

2. 下列业务中，需要填制付款凭证的有（　　）。

A. 从银行提现　　　B. 将现金存入银行　　　C. 用现金购办公用品

D. 收回前欠款项　　　E. 车间领用原材料

3. 下列属于外来原始凭证的有（　　）。

A. 购货发票　　　B. 职工出差的住宿发票　　　C. 产品入库单

D. 折旧计算表　　　E. 材料发出汇总表

4. 原始凭证按照填制手续不同，可分为（　　）。

A. 一次凭证　　　B. 多次凭证　　　C. 累计凭证

D. 汇总凭证　　　E. 自制凭证

5. 下列属于汇总原始凭证是（　　）。
   A．限额领料单
   B．差旅费报销单
   C．发货票
   D．工资结算汇总表
   E．材料收入汇总表

6. 下列属于一次凭证的原始凭证有（　　）。
   A．领料单
   B．借款单
   C．收料单
   D．购货发票
   E．库存商品收入汇总表

7. 企业的领料单属于（　　）。
   A．原始凭证　B．一次凭证　C．汇总凭证　D．专用凭证　E．外来原始凭证

8. 原始凭证按照格式不同分为（　　）。
   A．通用凭证　B．专用凭证　C．记账凭证　D．汇总凭证　E．一次凭证

9. 原始凭证的审核内容主要包括审核原始凭证的（　　）等方面。
   A．真实性　B．合法性　C．正确性　D．完整性　E．合规性

10. 原始凭证的合法性审核的内容包括（　　）。
    A．是否符合国家有关政策、法规和制度等规定
    B．是否符合规定的审核权限
    C．是否符合规定的审核程序
    D．有无财务主管核准签章
    E．是否符合单位的计划和预算

11. 会计凭证的传递应结合的企业的特点有（　　）。
    A．经济业务特点
    B．内部机构组织
    C．人员分工
    D．办理业务必要的时间
    E．企业规模大小

12. 记账凭证按照填制的方式的不同，可分为（　　）。
    A．一次凭证
    B．累计凭证
    C．复式记账凭证
    D．单式记账凭证
    E．专用凭证

13. 收款凭证左上方的"借方科目"中可以填写的会计科目有（　　）。
    A．库存现金
    B．主营业务收入
    C．原材料
    D．银行存款
    E．库存商品

14. 原始凭证的基本内容包括（　　）。
    A．原始凭证的名称和填制日期
    B．接受原始凭证的单位名称
    C．经济业务内容
    D．有关人员签章
    E．填制单位的签章

15. 下列各项属于原始凭证填制要求的是（　　）。
    A．原始凭证必须加盖公章
    B．有大小写金额的原始凭证，大小写必须相符
    C．原始凭证的填制要及时
    D．原始凭证的书写要规范
    E．填写内容齐全

16. 下列项目中，属于记账凭证的有（　　）。
    A．收款凭证
    B．科目汇总表
    C．汇总收款凭证
    D．转账凭证
    E．银行存款余额调节表

17. 记账凭证按照用途不同，分为（　　）。
    A．汇总记账凭证
    B．收款凭证
    C．付款凭证
    D．转账凭证
    E．记账填制凭证

18. 记账凭证的填制，可以根据（　　）。
    A．每一张原始凭证
    B．若干张同类原始凭证
    C．原始凭证汇总表

D．不同内容和类别的原始凭证　　　E．未经审核的原始凭证

19．下列记账凭证可以作为登记现金日记账的依据的有（　　）。

A．银收字凭证　　　　　　B．现收字凭证　　　　　　C．部分银付字凭证

D．转账凭证　　　　　　　E．现付字凭证

20．在填制记账凭证时，错误的做法有（　　）。

A．编制复合会计分录

B．一个月内的记账凭证连续编号

C．将不同类型业务的原始凭证合并填制一张记账凭证

D．从银行提取现金时只填制现金收款凭证

E．从银行提取现金时只填制现金付款凭证

21．影响会计凭证传递的因素有（　　）。

A．企业生产组织的特点　　B．企业经济业务的内容　　C．企业管理的要求

D．规定的保管期限　　　　E．企业内部控制

22．会计凭证的管理应做到（　　）。

A．定期归档以便查阅　　　　B．查阅会计凭证要有手续

C．办理了相关手续后方可销毁　　D．保证会计凭证安全完整

E．到期会计凭证直接销毁

23．确定会计凭证的传递流程应考虑的因素有（　　）。

A．内部机构的设置　　　　B．经济业务的特点　　　　C．经营管理的需要

D．内部控制制度的要求　　E．企业经营规模

三、判断题

1．从外单位取得的原始凭证遗失时，必须取得原签发单位盖有公章的证明，并注明原始凭证的号码、金额、内容等，由经办单位会计机构负责人、会计主管人员审核签章后，才能代作原始凭证。
（　　）

2．单位自制的原始凭证必须有经办单位领导人或其他指定人员的签章；对外开出的原始凭证必须加盖本单位公章；从个人处取得的原始凭证，填制人员不必签章。（　　）

3．对于不真实、不合法的原始凭证，会计人员应要求有关经办人员及财务负责人签字后，再正式办理会计手续。（　　）

4．发料凭证汇总表是一种汇总记账凭证。（　　）

5．发现以前年度记账凭证有错误的，应当用红字填制一张更正的记账凭证。（　　）

6．有关部门应对原始凭证认真审核并签章，对凭证的真实性、合法性负责。（　　）

7．各种原始凭证一定要及时填写，并按规定的程序及时送交会计机构、会计人员进行审核。
（　　）

8．记账凭证填制时出现错误，应按要求更改。（　　）

9．记账凭证对经济业务的发生和完成有证明效力。（　　）

10．经济业务存在多样性，原始凭证的形式大不相同，为了反映不同的经济业务，原始凭证的基本内容各有不同。（　　）

11．企业每项经济业务的发生都必须从外部取得原始凭证。（　　）

12. 填制会计凭证时，所有以元为单位的阿拉伯数字，除单价等情况外，一律填写到角分；有角无分的，分位应当写"0"或用符号"—"代替。（　　）

13. 外来原始凭证遗失时，取得签发单位盖有财务章的证明，经单位负责人批准后，可代作原始凭证。（　　）

14. 现金存入银行时，为避免重复记账只编制银行存款收款凭证，不编制现金付款凭证。（　　）

15. 原始凭证审核人员还必须做好宣传解释工作，因为原始凭证所证明的经济业务需要由有关管理人员和职工去经办，只有对他们做好宣传工作，才能有效避免违法违规的经济业务发生。（　　）

16. 在证明经济业务的发生以及据以编制记账凭证的作用方面，自制原始凭证与外来原始凭证不具有同等效力。（　　）

17. 对于会计科目没有错误、只是金额错误的记账凭证，可将正确数字与错误数字之间的差额，另编一张调整记账凭证，调增金额用蓝字、调减金额用红字。（　　）

18. 复式记账凭证是指将多笔经济业务所涉及的全部会计科目及其内容在同一张记账凭证中反映的记账凭证。（　　）

19. 记账凭证的填制日期应是经济业务发生或完成的日期。（　　）

20. 收、付款凭证的日期应按照货币收、付的日期填写，转账凭证的日期应按照原始凭证记录的日期填写。（　　）

21. 专用记账凭证，一般适用于规模较小、经济业务不多的单位。（　　）

22. 会计凭证的传递是指会计凭证从取得或填制时起至归档保管时止，在单位内部会计部门和人员之间的传递过程。（　　）

23. 对各种重要的原始凭证，如押金收据、提货单等，以及各种需要随时查阅和退回的单据，应另编目录，单独保管，并在有关的记账凭证和原始凭证上分别注明日期和编号。（　　）

24. 年度终了后，会计凭证可暂由会计部门保管1年，期满后应由会计部门移交给本单位档案管理部门统一保管。（　　）

25. 记账凭证的审核与填制工作不能由同一会计人员完成。（　　）

四、填空题

1. 会计凭证是记录经济业务、明确_____的书面证明，是用来登记账簿的依据。

2. 办理任何一项经济业务，都必须填制或取得_____。

3. 填制和审核凭证是_____的专门方法之一。

4. 会计凭证按_____分类，分为原始凭证和记账凭证。

5. 原始凭证是在经济业务_____时取得或填制的。

6. 外来原始凭证是从_____取得的原始凭证。

7. 本单位内部经办经济业务的部门或人员在办理经济业务时所填制的凭证称为_____。

8. 大部分凭证的填制手续是_____完成的。

9. 在一张凭证中连续、累计填列某项特定业务的，将该凭证称为_____。

10. 记账凭证是根据_____而填制的会计凭证。

11. 若干记录同类经济业务的原始凭证汇总编制成一张_____。

12. 填制原始凭证的日期一般是业务_____的日期。

13. 原始凭证要用_____墨水书写。

14. 对于涂改或经济业务不合法的凭证，应_____。
15. 记账凭证是会计人员根据_____填制的。
16. 原始凭证是由_____填制的。
17. 记账凭证是_____的依据。
18. 收款凭证是用以反映_____的记账凭证。
19. 出纳人员根据_____收入货币资金。
20. 付款凭证是用以反映_____的记账凭证。
21. 现金和银行存款之间的划转业务，一般只编制_____。
22. 复式记账凭证是把一项经济业务完整地填列在_____记账凭证上。
23. 单式记账凭证按照一项经济业务所涉及的_____单独编制记账凭证。
24. 自制原始凭证有时可以代替_____。
25. 若一笔经济业务需要填制多张记账凭证，应按记账凭证数量编列_____的方法进行编号。
26. 若记账之前发现记账会计凭证有错误，应_____记账凭证。
27. 会计凭证的传递是指会计凭证从_____，在各单位内部的传递程序。

第六章

会计账簿

学习目标与要求

知识目标： 1. 了解会计账簿的作用和种类。
2. 掌握会计账簿的记账规则。
3. 掌握对账和结账的方法。

技能目标： 1. 能够进行会计账簿的设置和登记。
2. 能够进行期末结账。

本章重点与难点

- 会计账簿的设置和登记方法
- 期末结账

本章导读

2001 年，时任中共中央政治局常委、国务院总理的朱镕基视察了上海国家会计学院和北京国家会计学院，并为我国成立的三所国家会计学院（厦门国家会计学院当时正在建设）破例亲笔题写了校训——"不做假账"。朱总理强调，我国政府特别重视会计职业道德建设，要求所有会计审计人员必须做到"诚信为本，操守为重，坚持准则，不做假账"，恪守独立、客观、公正的原则，不屈从和迎合任何压力与不合理要求，不以职务之便谋取一己私利，不提供虚假会计信息。朱总理还指出，国家会计学院的教学要把理论学习和案例分析结合起来，注重实务水平的提高，使学习与实践、研究和教学相辅相成，不断提高培训水平。要把诚信教育放在首位，培养出来的人才不仅要有一流的专业知识水平，更要有一流的职业道德水平，绝对不做假账。

树立良好的职业道德观，加强法治意识，建立高度的社会责任感，是会计人员的职业使命。

大二学生陈昊与同学创业组建了一个干洗公司，由陈昊负责会计工作。但在日常会计实务中却遇到了很多难题。于是，陈昊来到会计学专业办公室咨询干洗公司应该建立哪些会计账簿，从建立会计账簿、登记会计账簿到最后的结账都涉及哪些工作，具体如何进行等问题。听完会计学专业的王老师做的简单介绍后，陈昊感觉需要学习的会计账簿相关内容有很多，包括会计账簿的含义与种类、会计账簿的启用与记账规则、会计账簿的登记方法和错账更正方法、对账和结账、会计账簿的更换与保管内容等。负责公司会计工作的陈昊感受到了压力，为了不辜负创建公司的伙伴们的众望，他决定向王老师请教，开启会计基础课程——会计账簿的学习。

第一节 会计账簿的含义、作用和种类

一、会计账簿的含义与作用

（一）会计账簿的含义

在会计核算工作中，每项经济业务发生以后，首先要取得或填制会计凭证并加以审核确认，然后据以在有关账户中进行登记。而账户则是按照规定的会计科目在会计账簿中分别设立的，根据会计凭证把经济业务记入有关的账户，就是指把经济业务记入设立在会计账簿中的账户。

会计账簿是指以会计凭证为依据，序时、连续、系统、全面地记录和反映企业、行政事业单位等会计主体经济活动全部过程的簿籍。这种簿籍是由若干具有专门格式，又相互联结的账页组成的。账页一旦标明会计科目，这个账页就成为用来记录该科目所核算内容的账户。也就是说，账页是账户的载体，账簿则是若干账页的集合。根据会计凭证在有关账户中进行登记，就是指把会计凭证所反映的经济业务内容记入设立在账簿中的账户，即通常所说的登记账簿，也称记账。

（二）会计账簿的作用

设置账簿是会计工作的一个重要环节，登记账簿则是会计核算的一种专门方法。科学地设置账簿和正确地登记账簿对于全面完成会计核算工作具有重要意义。

1．会计账簿是对凭证资料的系统总结

在会计核算中，通过会计凭证的填制和审核，可以反映和监督每项经济业务的完成情况。然而一张会计凭证只能反映一项或几项经济业务，所提供的信息是零星的、片断的、不连续的，不能把某一时期的全部经济活动完整地反映出来。账簿既能够提供总括的核算资料，又能够提供详细的资料；既能够提供分类核算资料，又能够提供序时核算资料，进而反映经济活动的轨迹，这对于企业、行政事业单位加强经济核算、提高管理水平、探索资金运动的规律具有重要的作用。

2．会计账簿是考核企业经营情况的重要依据

通过登记账簿，可以发现整个经济活动的运行情况，完整地反映企业的经营成果和财务状况，评价企业的总体经营情况；同时，可以监督和促进各企业、行政事业单位遵纪守法、依法经营。

3．会计账簿是财务报表资料的主要来源

企业定期编制的资产负债表、利润表、现金流量表等财务报表的各项数据均来源于账

簿的记录。企业在编制财务报表及其附注，对于生产经营状况、利润实现和分配情况、税金缴纳情况、各种财产物资变动情况进行说明时，都必须以账簿记录的数据为依据。从这个意义上说，账簿的设置和登记是否准确、真实、齐全，直接影响到财务报表的质量。

二、会计账簿的种类

各单位的经济业务不同，对生产、经营、管理的要求也不同，所设置的账簿也是多种多样的。因此，账簿可以按照不同的标志进行适当的分类，以便正确设置和运用。会计账簿的种类如图 6-1 所示。

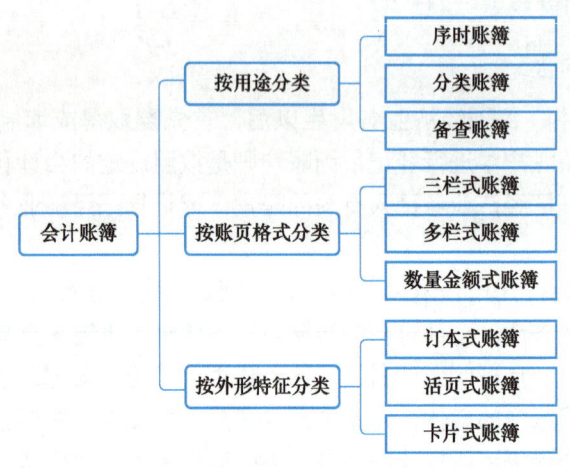

图 6-1　会计账簿的种类

（一）按用途分类

会计账簿按用途分类，可以分为序时账簿、分类账簿和备查账簿三大类。

1．序时账簿

序时账簿又称日记账，是按照经济业务发生或完成时间的先后顺序逐日逐笔进行登记的账簿。 序时账簿按其登记的内容不同，又分为普通日记账和特种日记账两种。普通日记账是用来登记全部经济业务发生情况的日记账，通常把每天所发生的经济业务按照业务发生的先后顺序编成会计分录记入账簿中。特种日记账是用来记录某一类经济业务发生情况的日记账，通常把某一类比较重要的经济业务按照业务发生的先后顺序记入账簿中，如现金日记账和银行存款日记账。

2．分类账簿

分类账簿是对全部经济业务事项按照会计要素的具体类别而设置的分类账户进行登记的账簿。 分类账簿按其反映内容的详细程度不同，又可分为总分类账和明细分类账。

总分类账简称总账，是根据总分类科目设置，总括反映会计主体经济业务情况的账簿。通过总分类账，既能提供总括的经济指标，为编制财务报表和进行会计检查提供依据；又能统驭日记账和明细分类账，建立账簿间的勾稽关系，保证会计账簿记录的正确性。

明细分类账简称明细账，是根据明细科目设置，详细记录某一类经济业务情况的账簿。

通过明细分类账，既能提供详细的经济指标，为日常管理和监督提供依据，又能表明总分类账的具体构成，作为总分类账的补充说明和具体反映。

3．备查账簿

备查账簿又称辅助账簿，是对某些在序时账簿和分类账簿等主要账簿中未能记载的经济业务事项进行补充登记时所使用的账簿。备查账簿主要用来记录一些供日后查考的有关经济事项，如租入固定资产的登记簿、受托加工材料登记簿等。备查账簿不是根据会计科目设置的，与其他账户之间不存在严密的依存关系，只是对账簿记录的一种补充，是对一些备忘事项为便于查证而登记的账簿。备查账簿使用比较灵活，没有固定格式，各单位可以根据生产经营管理需要自行设置。

在上述三种账簿中，序时账簿和分类账簿相互联系、相互制约，形成一个账簿体系。总分类账统驭日记账和明细分类账，日记账和明细分类账指标是对总分类账指标的具体说明。备查账簿的资料则是对某些经济业务的必要补充。

（二）按账页格式分类

会计账簿按账页格式不同，可以分为三栏式账簿、多栏式账簿和数量金额式账簿。

1．三栏式账簿

三栏式账簿是指设有借方、贷方和余额三个金额栏目的账簿。现金日记账、银行存款日记账，资本类、债权、债务类明细账，总分类账等，都可以采用三栏式账簿。

三栏式账簿又分为设对方科目和不设对方科目两种，区别是在摘要栏和借方科目栏之间是否有一栏"对方科目"。有"对方科目"栏的，称为设对方科目的三栏式账簿，如现金日记账和银行存款日记账；没有"对方科目"栏的，称为不设对方科目的三栏式账簿，如总分类账及资本、债权、债务明细账。三栏式账簿中设对方科目的账页见表 6-1。

表 6-1　三栏式账簿中设对方科目的账页

年		凭证		摘　要	对方科目	借　方	贷　方	余　额
月	日	字	号					

2．多栏式账簿

多栏式账簿是指在账簿的两个金额栏目（借方和贷方）按需要分设若干专栏的账簿。根据需要，多栏式账簿又可以细分为借方多栏式账簿、贷方多栏式账簿和借贷方多栏式账簿三种形式。

借方多栏式账簿是指账簿的借方分设若干专栏的多栏式账簿，一般适用于成本、费用明细账，如生产成本明细账、管理费用明细账等。生产成本明细账（借方多栏式账页）见表 6-2。

表 6-2　生产成本明细账（借方多栏式账页）

年		凭证		摘　要	借　　方			
月	日	字	号		直接材料	直接人工	制造费用	合　计

贷方多栏式账簿是指账簿的贷方金额栏分设若干专栏的多栏式账簿，一般适用于收入明细账，如主营业务收入明细账等。主营业务收入明细账（贷方多栏式账页）见表 6-3。

表 6-3　主营业务收入明细账（贷方多栏式账页）

年		凭证		摘　要	贷　　方				
月	日	字	号		A产品	B产品	C产品	…	合　计

借贷方多栏式账簿是指账簿的"借方"和"贷方"分别分设若干专栏的多栏式账簿，最典型的适用对象是一般纳税人企业使用的应交增值税明细账。应交增值税明细账（借贷方多栏式账页）见表 6-4。

表 6-4　应交增值税明细账（借贷方多栏式账页）

年		凭证		摘要	借方			贷方			借或贷	余额
月	日	字	号		进项税额	已交税金	…	销项税额	进项税额转出	…		

3．数量金额式账簿

数量金额式账簿是指在账簿的借方、贷方和余额三个栏目内，每个栏目再分设数量、单价和金额三小栏，借以反映财产物资的实物数量和价值量的账簿。数量金额式账簿一般适用于原材料、库存商品等明细账。数量金额式账页见表 6-5。

表 6-5　数量金额式账页

年		凭证		摘要	借方			贷方			余额		
月	日	字	号		数量	单价	金额	数量	单价	金额	数量	单价	金额

（三）按外形特征分类

会计账簿按外形特征分类，可分为订本式账簿、活页式账簿和卡片式账簿。

1．订本式账簿

订本式账簿简称订本账。订本账是启用之前就已将账页装订在一起，并对账页进行了**连续编号**的账簿。这种账簿**账页固定，既可防止账页散失，也可防止抽换账页**。因此，订本式账簿一般用于具有统驭性或比较重要的账簿，如**总分类账、现金日记账和银行存款日记账**等。但订本式账簿账页固定，**不能根据记账需要增减账页**，再者，在同一时间内**只能由一人登记**，不便于记账人员的分工、协作。

2．活页式账簿

活页式账簿简称活页账。活页账在账簿登记完毕之前并**不是固定装订**在一起，而是装在活页账夹中。这种账簿可以根据需要增减或重新排列账页，并且可以**同时分工记账，但账页容易丢失或被抽换**。采用活页账，平时应按账页顺序编号，并在会计期末装订成册，装订完毕后，应按实际账页顺序编号并加目录。**活页账主要用于一般的明细分类账**。

3．卡片式账簿

卡片式账簿简称卡片账。卡片账是将账户所需格式印刷在硬卡上。实际上卡片账也是**一种活页账**，只不过它不是装在活页账夹中，而是**装在卡片箱内，可以跨年度使用**。固定资产明细账常采用卡片账，故又称固定资产卡片，如图 6-2 所示。

固定资产卡片

类别　　　　　　　　　　　　　　年　月　日　　　　　　　　　　　第　号

编号		名称		新旧程度		财产来源	
牌号							
数量							
所属设备							
折旧价格		折旧年限		年折旧额		清理残值	
备注							

图 6-2　固定资产卡片

✲ 课堂思考

1．设置会计账簿有何作用？

2．会计账簿按用途可分为哪几类？按外形特征可分为哪几类？其优缺点各是什么？

第二节　会计账簿的内容、启用与记账规则

一、会计账簿的基本内容

在实际工作中，账簿的格式是多种多样的，不同格式的账簿所包括的具体内容也不尽相同，但各种主要账簿都应具备以下基本内容：

1．封面

封面主要标明账簿名称，如总分类账、原材料明细账、现金日记账等，如图6-3所示。

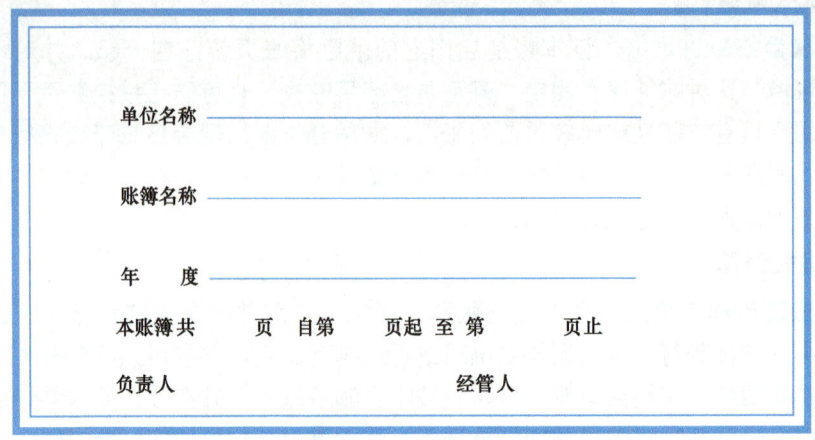

图6-3　会计账簿封面

2．扉页

扉页主要列示账户目录及账簿使用登记情况，具体内容有账簿名称、编号、账簿启用的日期和截止日期、页数、册数、经管人员姓名及交接日期、账户目录等。"科目索引表"和"账簿启用和经管人员一览表"均可作为扉页。

（1）科目索引表。科目索引表列明了一本账簿记录的所有账户名称以及这些账户在账簿中所对应的页数，就像是一本书的章节目录一样，方便记账人员登记账簿，也方便记账工作完成后其他相关人员的翻阅。科目索引表一般置于账簿的扉页，即在账簿封面和正式账页之间，见表6-6。

表6-6　科目索引表

账户名称	页　数	账户名称	页　数	账户名称	页　数

（2）账簿启用和经管人员一览表。账簿启用和经管人员一览表一般置于"科目索引表"后、正式账页之前，见表 6-7。

表 6-7　账簿启用和经管人员一览表

单位名称			佳敏迪公司			
账簿名称			总分类账（第1册）			
账簿编号			001			
账簿页数			本账簿自第　　页起至第　　页止，共计　　页			
启用日期			2021年1月1日			
经管人员	姓名	印鉴	姓名	印鉴（财务专用章及人名章）		盖公章
	李真	李真				
						备注
交接记录	姓名	经管日期	交出日期	印鉴（人名章）		

单位负责人：　　　主管会计：　　　审核人员：　　　记账人员：

账簿启用和经管人员一览表的填写方法：

1）填写启用日期和启用账簿的起止页数。如启用的是订本式账簿，起止页数已经印好不需再填；如启用活页式账簿，起止页数可等到装订成册时再填。

2）填写相关人员姓名并加盖人名印章，以示慎重和负责。

3）加盖单位财务专用章，以示严肃。

4）当记账人员或会计主管人员工作变动时，应办好账簿移交手续，并在账簿启用和经管人员一览表上明确记录交接情况，并加盖公章。

3．账页

账页是账簿用来记录经济业务事项的载体。账页包括账户的名称、登记账户的日期栏、凭证种类和号数栏、摘要栏、金额栏、总页次、分户页次等基本内容。现金日记账账页格式见表 6-8。

表 6-8　现金日记账账页格式

现　金　日　记　账

年		凭证编号	摘要	对应科目	借方									√	贷方									√	余额								
月	日				千	百	十	万	千	百	十	元	角	分		千	百	十	万	千	百	十	元	角	分		千	百	十	万	千	百	十	元	角	分

二、会计账簿的启用

新的会计年度开始，每个会计主体都应该启用新的会计账簿。在启用新账簿时，应按以下步骤进行：

（1）设置账簿的封面与封底。除订本账不另设封面以外，各种活页账都应设置封面和封底，并登记单位名称、账簿名称和所属会计年度。

（2）填写账簿启用及经管人员一览表。在启用新会计账簿时，应首先填写在扉页上印制的"账簿启用及经管人员一览表"中的启用说明，其中包括单位名称、账簿名称、账簿编号、启用日期、单位负责人、主管会计、审核人员和记账人员等项目，并加盖单位公章。在会计人员发生变更时，应办理交接手续并填写"账簿启用及经管人员一览表"中的交接记录。

（3）填写账户目录。总账应按照会计科目的编号顺序填写科目名称及启用页码。在启用活页式明细分类账时，应按照所属会计科目填写科目名称和页码，在年度结账后，撤去空白账页，填写使用页码。

（4）粘贴印花税票。印花税票应粘贴在账簿的右上角，并且划线表明已使用。在使用缴款书缴纳印花税时，应在右上角注明"印花税已缴"及缴款金额。

📢 学习提示：账簿的印花税票可以去税务局自行购买粘贴至账本规定处，也可在网上进行申报，不用实际粘贴印花税票。使用财务软件记账的企业，可以在网上直接申报印花税，此步骤省略。

三、会计账簿的记账规则

1）登记会计账簿时，应当将会计凭证的日期、编号、业务内容摘要、金额和其他有关资料逐项记入账簿内，做到数字准确、摘要清楚、登记及时、字迹工整。

2）登记完毕后，要在记账凭证上签名或者盖章，并标注已经登账的符号表示已经记账。

3）账簿中书写的文字和数字应紧靠底线书写，上面要留有适当空格，不要写满格，一般应占格高的 1/2。

4）登记账簿要用蓝黑墨水笔或者碳素墨水笔书写（本书统称"蓝字"），不得使用圆珠笔（银行的复写账簿除外）或者铅笔书写。

5）下列情况可以使用红色墨水笔记账：
① 按照红字冲账的记账凭证，冲销错误记录。
② 在不设借贷等栏的多栏式账页中，登记减少数。
③ 在三栏式账页的余额栏前，如未印明余额方向的，在余额栏内登记负数余额。
④ 结账划线。

6）各种账簿应按页次顺序连续登记，不得跳行、隔页。如果发生跳行、隔页，应当将空行、空页划线注销，或者注明"此行空白""此页空白"字样，并由记账人员签名或者盖章。

7）凡需要结出余额的账户，结出余额后，应当在"借或贷"等栏内写明"借"或者"贷"等字样。没有余额的账户，应在"借或贷"栏内写"平"字，并在"余额"栏用"θ"

表示。

8）每一账页登记完毕结转下页时，应当结出本页合计数及余额，写在本页最后一行和下页第一行有关栏内，并在摘要栏内**注明"过次页"和"承前页"**字样。

对需要结计本月发生额的账户，结计"过次页"的本页合计数应当为自本月初起至本页末止的发生额合计数；对需要结计本年累计发生额的账户，结计"过次页"的本页合计数应当为自年初起至本页末止的累计数；对既不需要结计本月发生额，也不需要结计本年累计发生额的账户，可以只将每页末的余额结转次页。

✳ 课堂思考

1．会计账簿的启用步骤有哪些？
2．会计账簿的记账规则是什么？
3．哪些情况下可以使用红色墨水笔记账？

第三节　会计账簿的登记方法和错账更正方法

一、日记账的格式和登记方法

1．现金日记账的格式和登记方法

（1）**现金日记账的格式**。现金日记账是用来核算和监督库存现金的收入、支出和结存情况的账簿，其格式有三栏式（见表6-9）和多栏式（见表6-10）两种。无论采用三栏式还是多栏式现金日记账，都必须**使用订本账**。

表6-9　三栏式现金日记账

年		凭证		摘　要	对方科目	收　入	支　出	余　额
月	日	收款	付款					
				合计				

表6-10　多栏式现金日记账

年		凭证编号	摘　要	收入（贷方科目）			支出（借方科目）			余额
	日					收入合计			支出合计	
			合计							

（2）**现金日记账的登记方法**。现金日记账由出纳人员根据审核无误的有关的收款凭证和付款凭证，序时、逐日、逐笔进行登记。其中，根据现金收款凭证（如果是从银行提取现金的业务，应根据银行存款付款凭证）登记收入金额，根据现金付款凭证登记付出金额，并

根据"上日余额＋本日收入额－本日支出额＝本日余额"的公式，**逐日结出库存现金余额**，并与库存现金实存数核对，以检查每日现金收付是否有误，做到**日结月清**。

借贷方多栏式现金日记账的登记方法是：先根据有关现金收入业务的记账凭证登记现金收入日记账，根据有关现金支出业务的记账凭证登记现金支出日记账，每日营业终了，根据现金支出日记账结计的支出合计数，一笔转入现金收入日记账的"支出合计"栏中，并结出当日余额。

2．银行存款日记账的格式和登记方法

银行存款日记账是用来序时反映企业银行存款的收入、支出和结存情况的账簿。该账簿由出纳人员根据银行存款的收款和付款凭证序时、逐日、逐笔登记，每日终了结出银行存款收入、支出合计数和余额，并定期与银行对账单对账。

银行存款日记账的格式也有三栏式（见表 6-11）和多栏式（见表 6-12）两种，登记方法与现金日记账相同。

表 6-11　三栏式银行存款日记账

年		凭 证		摘　要	对方科目	收　入	支　出	余　额
月	日	收款	付款					
				合　计				

表 6-12　多栏式银行存款日记账

年		凭证编号	摘　要	收入（贷方科目）			收入合计	支出（借方科目）			支出合计	余额
月	日											
			合　计									

二、分类账的格式和登记方法

（一）总分类账的格式和登记方法

总分类账是按照一级科目设置的，提供总括会计信息的账簿。总分类账只能以货币作为计量单位。因为总分类账能分类、连续、全面、总括地反映企业经济活动的情况，**并为编制财务报表提供资料**，所以，每个企业必须设置总分类账。**总分类账必须采用订本账，其格式为三栏式**（见表 6-13），**设置借方、贷方和余额三个基本金额栏目**。总分类账可以按记账凭证逐笔登记，也可以将记账凭证汇总登记，还可以根据多栏式日记账在月末汇总登记。总之，其登记方法主要取决于所采用的会计核算组织程序。

表 6-13　三栏式总分类账

年		凭证号	摘　要	借　方	贷　方	借或贷	余　额
月	日						

（二）明细分类账的格式和登记方法

明细分类账是根据二级账户或明细账户开设账页，分类、连续地登记经济业务以提供明细核算资料的账簿。其格式有三栏式、多栏式、数量金额式等。

1．三栏式明细分类账

三栏式明细分类账设有借方、贷方和余额三个栏目。一般记录只有金额，没有实物量的经济业务，如"应收账款明细账""其他应收款明细账"（见表6-14）、"应付账款明细账""长期应付款明细账"等。

表 6-14　其他应收款明细账

明细科目：白雪　　　　　　　　　　　　　　　　　　　　　　　　　　　　单位：元

2021年		凭证号	摘　要	借　方	贷　方	借或贷	余　额
月	日						
9	1		月初余额			借	4 000
	5		报销差旅费		4 000	平	0
	30		月末余额		4 000	平	0

此线应为红线

2．多栏式明细分类账

多栏式明细分类账将属于同一个总账科目的各个明细科目合并在一张账页上进行登记，适用于收入、成本、费用和利润等科目的明细账。如"生产成本明细账"（见表6-5）、"制造费用的明细账""管理费用明细账""销售费用明细账"等。

表 6-15　生产成本明细账

产品名称：乙产品　　　　　　　　　　　　　　　　　　　　　　　　　　　单位：元

2021年		凭证字号	摘　要	借方（成本项目）			
月	日			直接材料	直接人工	制造费用	合　计
9	1		月初余额	4 000	5 000	1 500	10 500
	30		本月领用材料	13 000			13 000
	30		生产工人薪酬		4 400		4 400
	30		本月制造费用			2 500	2 500
	30		本月发生额	13 000	4 400	2 500	19 900
	30		结转完工产品成本	17 000⊖	9 400	4 000	30 400
	30		月末余额	0	0	0	0

此线应为红线

⊖　本书中数字加方框表示金额为红字。

3．数量金额式明细账

数量金额式明细账在借方（收入）、贷方（发出）和余额（结存）都分别设有数量、单价和金额栏目，**分别登记实物的数量和金额**。所以，该类明细账适用于既需要反映金额，又需要反映数量的经济业务，如"原材料明细账"（见表 6-16）、"库存商品明细账"等。

表 6-16　原材料明细账

材料名称：A 材料

2021年		凭证字号	摘要	收入			发出			结存		
月	日			数量	单价	金额	数量	单价	金额	数量	单价	金额

三、错账更正方法

会计人员填制会计凭证和登记账簿，必须严肃认真、一丝不苟，防止差错，保证核算质量。在记账过程中，如果账簿记录发生错误，不得用刮擦、挖补、涂改等方法或用褪色药水去更正字迹，不准重新抄写，必须根据错误的具体情况，相应采用正确的方法予以更正。

由于发生错误的具体情况不同，发现错误的时间有先有后，因此更正错误的方法也不相同。一般有下列几种更正方法：

（一）划线更正法

在**结账前**发现账簿记录有文字或数字错误，而**记账凭证没有错误，宜采用划线更正法**。更正时，可在错误的文字或数字上**划一条红线，在红线的上方填写正确的文字或数字**，并由记账及相关人员**在更正处盖章**。对于错误的数字，应全部划红线更正，不得只更正其中的错误数字。对于文字错误，可只划去错误的部分。

【例 6-1】 佳敏迪公司会计人员赵强记账时将记账凭证的金额 5 678 元在账簿中误记为 5 687 元，更正示例如下：

5 678
~~5 687~~ 赵强

（二）红字更正法

记账后在当年内发现记账凭证所记的会计科目错误，或者会计科目无误而所记金额大于应记金额，从而引起记账错误，宜**采用红字更正法**。更正方法是：记账凭证会计科目错误时，**用红字填写**一张与原记账凭证完全相同的记账凭证，以示**注销原记账凭证**，然后**用蓝字填写**一张正确的记账凭证，并**据以记账**；记账凭证会计科目无误而所记金额大于应记金额时，按多记的金额用红字编制一张与原记账凭证应借、应贷科目完全相同的记账凭证，以冲销多记的金额，并据以记账。

【例 6-2】 佳敏迪公司生产车间领取一批材料用于甲产品的生产，共计 6 000 元，填制记账凭证时，误写应借科目为"制造费用"，并已登记入账。错误分录如下：

1）借：制造费用 6 000
　　　贷：原材料 6 000

发现这种错误时，应先用红字填制一张记账凭证，用以冲销原错误凭证。分录如下：

2）借：制造费用 6 000
　　　贷：原材料 6 000

同时，再用蓝字填制一张正确的记账凭证。分录如下：

3）借：生产成本——甲产品 6 000
　　　贷：原材料 6 000

将上述更正错误的记录记入有关账户后，则有关账户中的错误记录得以更正。登账以后，如果发现记账凭证中会计科目和金额都出现错误，也可以用上述方法进行更正。

【例6-3】 佳敏迪公司用银行存款10 000元购买办公用品，填制记账凭证时将金额误记为100 000元，并已登记入账。错误分录如下：

1）借：管理费用 100 000
　　　贷：银行存款 100 000

为了更正有关账户中多记90 000元的错误，应用红字编制一张记账凭证将多记金额冲销。分录如下：

2）借：管理费用 90 000
　　　贷：银行存款 90 000

将上述更正错误的记录记入有关账户后，则有关账户中的原错误记录得到更正。

需要注意的是，在采用红字更正法进行错账更正时，不得以蓝字金额填制与原错误记账凭证记账方向相反的记账凭证去冲销错误记录或冲销原错误金额，这是因为蓝字记账凭证反方向记载的会计分录反映的是某些特殊经济业务，而不反映错账更正内容。

（三）补充登记法

记账后发现记账凭证填写的**会计科目无误**，只是所记金额小于应记金额时，宜**采用补充登记法**。更正方法是：按少记的金额用蓝字编制一张与原记账凭证应借、应贷科目完全相同的记账凭证，以补充少记的金额，并据以记账。

【例6-4】 佳敏迪公司向银行取得短期借款50 000元存入银行，编制记账凭证时，将金额写为5 000元，并登记入账。错误分录如下：

1）借：银行存款 5 000
　　　贷：短期借款 5 000

为了更正有关账户中少记45 000元的错误，应用蓝字填制一张记账凭证予以补记。分录如下：

2）借：银行存款 45 000
　　　贷：短期借款 45 000

将上述更正错误的记录记入有关账户后，有关账户中错误的记录得到更正。

课堂思考

1．日记账的登记依据是什么？

2．明细分类账有哪几种格式？各种格式的明细分类账适用条件是什么？
3．错账更正的方法有哪些？分别适用于什么情况？

第四节　对账与结账

一、对账

对账就是核对账目。在会计工作中，由于种种原因，可能发生记账、计算等差错，也难免出现账实不符的现象。为了确保账簿记录的真实、正确、完整，必须进行账簿记录的核对。对账工作是为保证**账证相符、账账相符、账实相符、账表相符**而进行的一项检查性工作。

对账分为**日常核对**和**定期核对**两种。日常核对是指会计人员在编制会计凭证时对原始凭证和记账凭证的核对，以及在登记账簿时对账簿记录与会计凭证的核对。定期核对是指在期末结账前对凭证、账簿记录等进行的核对。对账的内容包括如下几种：

（一）账证核对

账证核对是指将各种账簿记录与会计凭证进行核对。这种核对主要是在日常编制凭证和记账的过程中进行。账证核对的重点是凭证所记载的业务内容、金额和分录是否与账簿中的记录一致。

（二）账账核对

账账核对是指将各种账簿之间的有关数字进行核对。主要包括以下方面的核对：

1）总分类账各账户的借方期末余额合计数与贷方期末余额合计数核对相符。
2）总分类账的余额与相关明细分类账各账户的余额合计数核对相符。
3）日记账的余额与总分类各账户的余额核对相符。
4）会计部门各种财产物资明细分类账的期末余额与保管或使用部门的财产物资明细分类账的期末余额核对相符。
5）本单位会计部门有关账簿的发生额和余额应该与外单位相应账簿的发生额和余额核对相符。

（三）账实核对

账实核对是指将各项财产物资、债权债务等账面余额与实有数额进行核对。主要包括以下方面的核对：

1）现金日记账账面余额与库存现金数额相互核对。
2）银行存款日记账账面余额与开户银行出具的银行对账单相互核对。
3）各项财产物资明细账账面余额与财产物资的实有数额相互核对。
4）各种应收、应付款项明细账账面余额与有关债权、债务单位的账面记录相互核对。

（四）账表核对

账表核对是指将账簿记录与各种财务报表相互核对。

通过上述对账工作，就能做到账证相符、账账相符、账实相符和账表相符，使会计核算资料真实、正确、可靠。

二、结账

（一）结账的含义

结账就是把一定时期内所发生的经济业务，在全部登记入账的基础上，结算出每个账户的本期发生额和期末余额，并将期末余额转入下期或下年新账（期末余额结转到下期即为下期期初余额）的工作。根据会计分期的不同，结账工作相应地可以在月末、季末、年末进行，但不能为减少本期的工作量而提前结账，也不能将本期的会计业务推迟到下期或编制报表之后再进行结账。对资产、负债和所有者权益等实账户可以在会计期末直接结账，而对收入、费用等虚账户，因为它们在结账前应按权责发生制要求先进行调整，所以应在调整之后再结账。权责发生制要求以应收和应付为标准确认本期收入和费用，即凡是属于本期应该赚取的收入或发生的费用，不论款项是否收到或付出，均应作为本期的收入和费用入账；反之，凡是不属于本期应该赚取的收入或发生的费用，即使款项在本期收到或支付，也不应作为本期的收入或费用入账。根据权责发生制原则，只有将企业发生的收入和费用按照会计期间正确划分其归属后，才能真实反映企业本期的财务状况和经营成果。

为了保证结账工作的顺利进行，结账前应该做好一些准备工作，具体包括检查凭证和账簿的正确性、进行相应的账项调整，如收入的确认、成本的结转等。简单地说，**结账**工作主要由两部分构成：**一是结出总分类账和明细分类账的本期发生额和期末余额**（包括本期累计发生额），并将余额在本期和下期之间进行结转；**二是结转损益类账户**，即收入、成本、费用类账户，并**计算本期利润或亏损**（利润的确定一般在年度结账时进行）。

结账有利于企业管理者定期总结生产经营情况，对不同会计期间的数据资料进行比较分析，以便发现问题，采取措施及时解决；结账也有利于编制报表，提供报表所需的数据资料，满足与企业有利益关系的投资者、债权人做出正确的投资决策的需求，满足国家的宏观调控要求。另外，企业因撤销、合并而办理账务交接时，也需要办理结账手续。

（二）结账的程序

（1）登账。将本期发生的经济业务事项**全部登记入账**，并保证其**正确性**。

（2）编制**结账分录**。在有关经济业务都已经登记入账的基础上，将各种收入、成本和费用等账户的余额进行结转，编制各种转账分录，结转到利润账户，再编制利润分配的分录。

（3）计算**发生额和余额**。计算出各账户的发生额和余额并进行结转，最终计算出资产、负债和所有者权益类账户的本期发生额和余额。

（三）结账的方法

结账分为月结、季结和年结三种。月度结账时，应该结出本月借、贷双方的月内发生额和期末余额，在摘要栏内注明"本期发生额及期末余额"，同时，在"本期发生额及期末余额"行的上、下端各划一条红线，表示账簿记录已经结束；季度结账应在本季度最后一个月的结账数字的红线下边一行，把本季度三个月的借、贷双方月结数汇总，并在摘要栏内注明"本季发生额合计及季末余额"，同样在数字下端划一条红线；年度结账时，应将四个季度的借、贷双方季结数加以汇总，在摘要栏内注明"本年发生额及年末余额"，并在数字下端划双红线，表示本年度账簿记录已经结束。明细账（应收账款）和总账的年末结账分别见表 6-17 和表 6-18。年度结账后，各账户的年末余额应转入下年度的新账簿。

表 6-17　明细账（应收账款）的年末结账

年		凭证		摘　要	√	借　方	贷　方	借或贷	余　额
月	日	字	号			千百十万千百十元角分	千百十万千百十元角分		千百十万千百十元角分
				承前页				借	¥ 4 0 0 0 0
11	7	记	15	收到货款，存入银行			¥ 4 0 0 0 0	平	0
	8	记	23	销售商品，款未收		¥ 1 0 5 3 0 0 0		借	¥ 1 0 5 3 0 0 0
	14	记	43	收到货款，存入银行			¥ 1 0 5 3 0 0 0	平	0
	20	记	55	销售商品，款未收		¥ 5 8 5 0 0 0		借	¥ 5 8 5 0 0 0
	23	记	63	收到货款，存入银行			¥ 5 8 5 0 0 0	平	0
				本月合计		¥ 1 6 3 8 0 0 0	¥ 1 6 7 8 0 0 0	平	0
12	8	记	21	销售商品，款未收		¥ 1 1 7 0 0 0		借	¥ 1 1 7 0 0 0
	26	记	65	销售商品，款未收		¥ 2 9 2 5 0 0		借	¥ 4 0 9 5 0 0
				本月合计		¥ 4 0 9 5 0 0		借	¥ 4 0 9 5 0 0
				本年发生额及年末余额		¥ 2 0 4 7 5 0 0	¥ 1 6 7 8 0 0 0	借	¥ 4 0 9 5 0 0
				结转下年					

（此线应为红线；此处应为双红线）

表 6-18　总账的年末结账

年		凭证		摘　要	√	借　方	贷　方	借或贷	余　额
月	日	字	号			千百十万千百十元角分	千百十万千百十元角分		千百十万千百十元角分
				承前页		¥ 2 1 7 4 4 1 0 0	¥ 2 1 7 1 1 0 0 0	借	¥ 1 1 3 0 0 0
11	20	记汇	32	11～20日发生额		¥ 1 9 2 0 0 0 0	¥ 2 0 1 0 0 0 0	借	¥ 2 3 0 0 0
	30	记汇	33	21～30日发生额		¥ 1 0 1 0 0 0		借	¥ 1 2 4 0 0 0
				本月合计		¥ 2 0 2 1 0 0 0	¥ 2 0 1 0 0 0 0	借	¥ 1 2 4 0 0 0
12	10	记汇	34	1～10日发生额		¥ 1 0 8 0 0 0	¥ 9 0 0 0 0	借	¥ 1 4 2 0 0 0
	20	记汇	35	11～20日发生额		¥ 1 7 2 8 0 0 0	¥ 1 8 0 9 0 0 0	借	¥ 6 1 0 0 0
	31	记汇	36	21～31日发生额		¥ 9 0 9 0 0		借	¥ 1 5 1 9 0 0
				本月合计		¥ 1 9 2 6 9 0 0	¥ 1 8 9 9 0 0 0	借	¥ 1 5 1 9 0 0
				本年发生额及年末余额		¥ 2 5 6 9 2 0 0 0	¥ 2 5 6 2 0 0 0 0	借	¥ 1 5 1 9 0 0
				结转下年					

（此线应为红线；此处应为双红线）

课堂思考

1. 什么是对账？对账包括哪些内容？
2. 什么是结账？结账包括哪些内容？

第五节 会计账簿的更换与保管

一、会计账簿的更换

会计账簿的更换是指在会计年度终了时，将上年度的账簿更换为次年度的新账簿。在每个会计年度结束，新的会计年度开始时，应按会计制度的规定，更换一次总账、日记账和大部分明细账。一小部分明细账还可以继续使用，年初可以不必更换账簿，如固定资产明细账等。

更换账簿时，应将上年度各账户的余额直接记入新年度相应的账簿中，并在旧账簿中各账户年终余额的摘要栏内加盖"结转下年"戳记。同时，在新账簿中相关账户的第一行摘要栏内加盖"上年结转"戳记，并在余额栏内记入上年余额。

二、会计账簿的保管

年度终了，各种账户在结转下年、建立新账簿后，一般都要把旧账簿送交总账会计集中统一管理。会计账簿可以在年度结束后暂由本单位财务会计部门保管1年，期满之后，由财务会计部门编造清册移交本单位的档案管理部门保管。

账簿的保管应明确责任，保证账簿的安全和会计资料的完整，防止交接手续不清和可能发生的舞弊行为。在账簿交接保管时，应将该账簿的页数、记账人员姓名、启用日期、交接日期等列表附在账簿的扉页上，并由有关方面签字盖章。账簿要定期（一般为年终）收集，审查核对，整理立卷，装订成册，专人保管，严防丢失和损坏。

账簿应按照规定期限保管。**各账簿的保管期限一般为30年**，保管期满后，要按照《会计档案管理办法》的规定，由档案管理机构会同有关部门共同鉴定，报请批准后进行处理。

合并、撤销单位的会计账簿，要根据不同情况，分别移交给并入单位、上级主管部门或主管部门指定的其他单位接受保管，并由交接双方在移交清册上签名盖章。

账簿日常应由各自分管的记账人员专门保管，未经财务负责人或有关人员批准，不允许非经管人员翻阅、查看、摘抄和复制。会计账簿除非特殊需要或司法介入要求，一般不允许携带外出。

新会计年度对更换下来的旧账簿应进行整理、分类，对有些缺少手续的账簿，应补办必要的手续然后装订成册，并编制目录，办理移交手续，按期归档保管。

对会计账簿的保管既是会计人员应尽的职责，也是会计工作的重要组成部分。

课堂思考

1. 什么是会计账簿的更换？如何进行会计账簿更换？
2. 在会计账簿的保管中需要注意哪些问题？

本章小结

本章重点介绍了会计核算的基本方法——登记会计账簿。通过学习会计账簿的意义和种类、会计账簿的启用和记账规则、会计账簿的登记方法、错账更正方法、对账和结账、会计账簿的更换和保管,可以了解会计账簿的有关基本理论和基础知识,掌握运用会计账簿登记经济业务的基本技能。

思维导图

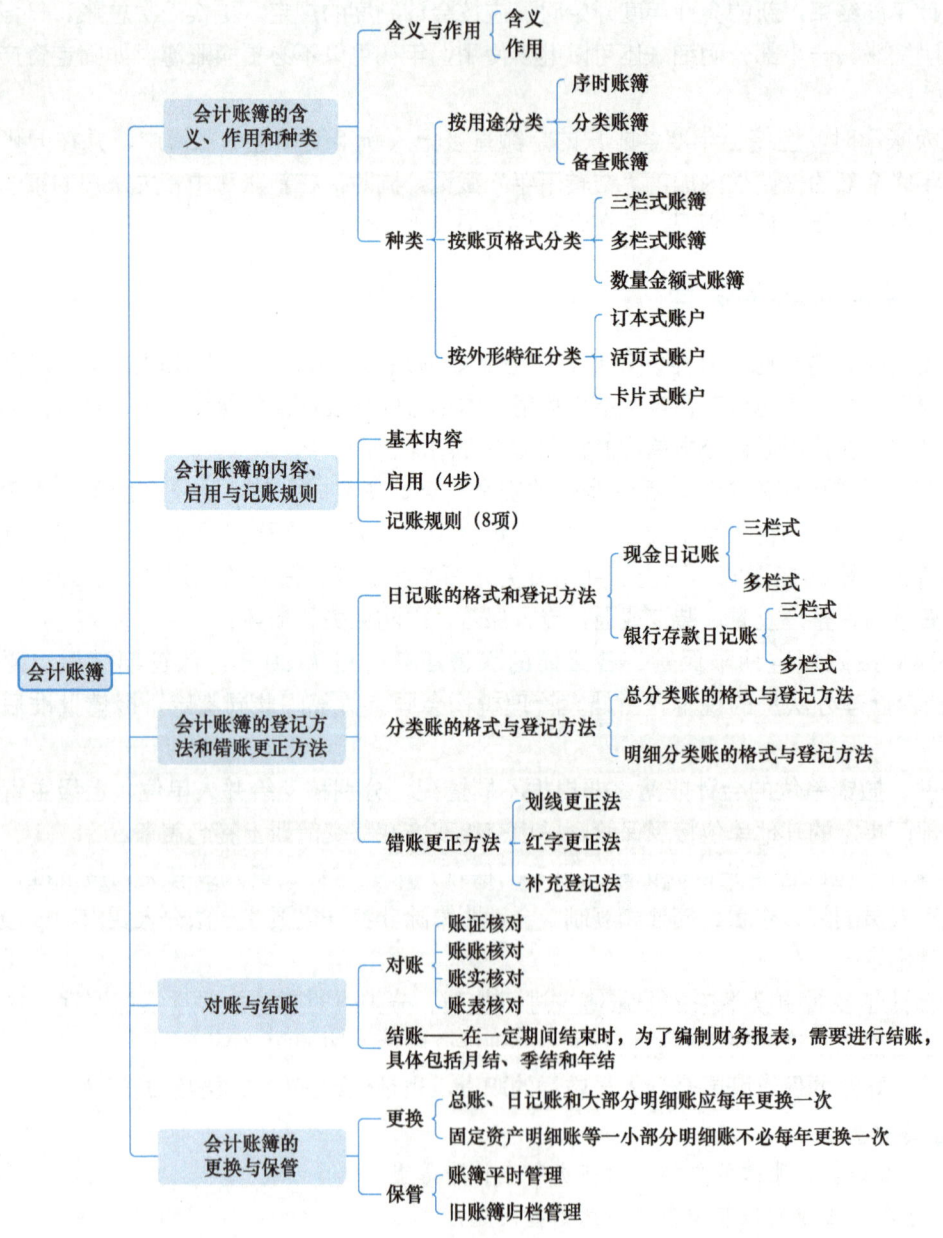

本章实训

一、单项选择题

1. 会计账簿是指由一定格式账页组成的,用于全面、系统、连续地记录各项经济业务的簿籍。其依据是(   )。
   A. 原始凭证   B. 会计科目
   C. 审核无误的会计凭证   D. 财务报表
2. 能提供某一类经济业务增减变化总括会计信息的账簿是(   )。
   A. 明细分类账   B. 银行存款日记账   C. 备查账   D. 总分类账
3. "受托加工材料登记簿"按用途分类属于(   )。
   A. 三栏式明细分类账   B. 备查账簿
   C. 分类账簿   D. 银行存款日记账
4. 现金日记账和银行存款日记账必须采用的账簿外表形式是(   )。
   A. 活页式   B. 订本式   C. 备查式   D. 卡片式
5. "原材料""库存商品"等存货明细账,一般采用的格式是(   )。
   A. 三栏式   B. 多栏式   C. 数量金额式   D. 横线登记式
6. 下列四类账簿中,不是依据记账凭证登记的是(   )。
   A. 明细账   B. 总账   C. 银行存款日记账   D. 备查账
7. 一般情况下,适合于采用活页式账簿形式的是(   )。
   A. 明细分类账   B. 银行存款日记账   C. 现金日记账   D. 备查账
8. 特种日记账是(   )。
   A. 专门登记收款业务的日记账   B. 序时登记多种经济业务的日记账
   C. 专门用来登记货币资金的日记账 D. 专门用来登记某一类经济业务的日记账
9. 根据记账规则的要求,文字和数字要书写端正、清楚,不要写满格,一般应占格高的(   )。
   A. $\frac{1}{3}$ B. $\frac{1}{2}$ C. $\frac{2}{3}$ D. $\frac{3}{4}$
10. "固定资产"明细账宜采用的账簿形式是(   )。
    A. 订本式   B. 活页式   C. 卡片式   D. 三栏式
11. 订本账的优点是(   )。
    A. 可以防止抽换账页,避免账页散失   B. 便于记账分工
    C. 便于机器记账   D. 账页可多可少,不会造成浪费
12. 现金日记账一般应采用(   )。
    A. 订本账   B. 活页账   C. 卡片账   D. 活页账或卡片账
13. 新的会计年度开始,启用新账时,(   )可以继续使用,不必更换新账。
    A. 现金日记账   B. 固定资产明细账   C. 总分类账   D. 明细分类账
14. 现金日记账由出纳人员逐日逐笔登记,其登记的顺序是(   )。
    A. 收付业务金额大小   B. 收付业务发生的次序

C．先记收入后记支出　　　　　　　　D．先记支出后记收入

15．多栏式明细账的账页格式一般适用于下列何种科目的明细账（　　）。

A．原材料　　B．财务费用　　C．预收账款　　D．本年利润

16．在登记账簿时，每记满一页时，应（　　）。

A．计算本页的发生额

B．计算本页的余额

C．计算本页的发生额和余额，同时在摘要栏注明"转次页"字样

D．不计算本页的发生额和余额，但应在摘要栏注明"转次页"字样

17．材料明细账登记的依据是根据审核无误的（　　）。

A．原始凭证　　B．会计凭证　　C．付款凭证　　D．转账凭证

18．需要结计本年累计发生额的账户，结计"过次页"的合计数为（　　）。

A．自年初起至本日止累计数　　　　B．自年初起至本页末止累计数

C．自月初起至本页末止累计数　　　D．自本页初至本页末止累计数

19．应交税费——应交增值税明细账应该采用的格式是（　　）。

A．借方多栏式　　B．贷方多栏式　　C．借贷方多栏式　　D．三栏式

20．总账和明细账进行平行登记的原因是总账与明细账的（　　）。

A．格式相同　　　　　　　　　　　B．登记时间相同

C．反映经济业务的内容相同　　　　D．提供指标详细程度相同

21．从银行提取现金时，登记现金日记账的依据是（　　）。

A．现金收款凭证　　　　　　　　　B．现金付款凭证

C．银行存款收款凭证　　　　　　　D．银行存款付款凭证

22．现金日记账的日期栏应填写（　　）。

A．当月1日　　B．当月末日期　　C．登记账簿的日期　　D．记账凭证的日期

23．"生产成本""制造费用"明细分类账，一般使用的账簿格式是（　　）。

A．多栏式账簿　　B．数量金额式账簿　　C．三栏式账簿　　D．订本式账簿

E．卡片式账簿　　F．活页式账簿

24．所谓日清月结，是指出纳员办理现金出纳业务，必须做到（　　）。

A．按日清理，按月结账　　　　　　B．按月清理，按日结账

C．按日清理和结账　　　　　　　　D．按月清理和结账

25．记账凭证上记账栏中的"√"记号表示（　　）。

A．已经登记入账　　B．不需登记入账　　C．此凭证作废　　D．此凭证编制正确

26．多栏式现金日记账（　　）。

A．没有统一规定的具体格式　　　　B．必须把收入和支出设在同一账内

C．不必分别设置收入和支出两本账　D．将现金收支的对应账户设置专栏

27．下列对账工作中属于账实核对的是（　　）。

A．总分类账与相关明细分类账核对

B．总分类账与日记账核对

C．企业银行存款日记账与银行对账单核对

D．会计部门的财产物资明细账与财产物资保管部门的有关明细账核对

28. 银行存款日记账与银行对账单之间的核对属于（　　）。
   A．账证核对　　　B．账账核对　　　C．账实核对　　　D．余额核对
29. 采用补充登记法纠正错误的，应编制（　　）。
   A．红字记账凭证　　　　　　　　B．蓝字记账凭证
   C．一张红字及一张蓝字记账凭证　　D．相反分录冲减
30. 用现金支付职工的医药费78元，会计人员编制的记账凭证为借记应付职工薪酬——福利费87元，并登入账。宜选择的更正的方法是（　　）。
   A．重新编制正确凭证　　　　　　B．红字更正法
   C．划线更正法　　　　　　　　　D．补充登记法
31. 在结账之前，如果发现账簿记录有文字或数字错误，而记账凭证无错，可采用的更正方法是（　　）。
   A．划线更正法　　B．红字更正法　　C．补充登记法　　D．平行登记法
32. 期末根据账簿记录，计算并记录出各账户的本期发生额和期末余额，在会计上称为（　　）。
   A．对账　　　　　B．结账　　　　　C．调账　　　　　D．查账

二、多项选择题

1. 根据现金与银行存款之间相互划转业务填制的付款凭证，应登记的账簿有（　　）。
   A．现金日记账　　　B．银行存款日记账　　　C．明细账
   D．总账　　　　　　E．备查账
2. 设置和登记账簿在会计核算中具有重要的意义，通过账簿的设置和登记，可以（　　）。
   A．记载、储存会计信息　　B．分类、汇总会计信息
   C．检查、矫正会计信息　　D．编报、输出会计信息
   E．公布、发表会计信息
3. 下列必须采用订本式账簿的有（　　）。
   A．原材料明细账　　　B．现金日记账　　　C．实收资本明细账
   D．银行存款日记账　　E．库存商品明细账
4. 账簿按照账页格式不同，可分为（　　）。
   A．单式账簿　　　　　B．三栏式账簿　　　C．多栏式账簿
   D．数量金额式账簿　　E．订本式账簿
5. 下列属于备查账簿的有（　　）。
   A．应收账款明细账　　　B．租入固定资产登记簿
   C．受托加工材料登记簿　D．工作人员登记簿　　E．代销商品登记簿
6. 在我国，大多数单位一般只设（　　）。
   A．现金日记账　　　　　B．银行存款日记账　　　C．转账日记账
   D．货币资金日记账　　　E．应收账款日记账
7. 按照规定，可用红色墨水笔记账的情况有（　　）。
   A．按照红字更正法冲销错误记录
   B．在三栏式账页的余额栏前，如未印明余额方向的，在余额栏内登记负数余额
   C．在不设借贷栏的多栏式账页中，登记减少额

D．冲账

E．结账划线

8．各种账簿应按页次顺序连续登记，不得跳行或隔页。如果发现跳行、隔页时，应（　　）。

A．将账页撕下并归档保管　　　　B．将空页、空行划线注销

C．注明"此行空白""此页空白"　D．由记账人员在更正处盖章

E．在空行、空页处添加有关记录

9．必须逐日结出余额的账簿是（　　）。

A．现金总账　　　　B．银行存款总账　　　　C．现金日记账

D．银行存款日记账　E．备查账

10．登记账簿的基本要求包括（　　）等内容。

A．根据审核无误的会计凭证登记账簿

B．用蓝黑和碳素墨水笔书写，不得用圆珠笔或铅笔书写

C．不得用红色墨水笔记账

D．按顺序连续登记，不得跳行、隔页

E．账簿中书写文字和数字上面要留有适当的空格，不要写满

11．横线登记式明细分类账实际上也是一种多栏式明细分类账，适用于（　　）。

A．登记材料采购业务　　B．应收票据　　　　C．一次性备用金业务

D．应收账款　　　　　　E．应付账款

12．明细分类账登记的依据是（　　）。

A．原始凭证　　B．汇总记账凭证　　　C．记账凭证

D．经济合同　　E 原始凭证汇总表

13．日记账按其所核算和监督经济业务的范围，可分为（　　）。

A．现金日记账　　B．银行存款日记账　　　C．特种日记账

D．普通日记账　　E．转账日记账

14．三栏式明细分类账的账页格式，适用于（　　）。

A．"管理费用"明细账　　　B．"原材料"明细账

C．"应付票据"明细账　　　D．"预收账款"明细账

E．"库存商品"明细账

15．登记账簿的要求有（　　）几个方面的内容。

A．账簿书写的文字和数字上要留适当空距，一般应占格高的1/2

B．注明已登账的符号表明已记账

C．不得用铅笔

D．各种账簿按页次顺序登记，不得跳行、隔页

E．登记后要在记账凭证上签名或盖章

16．账实核对是指核对账簿与财产物资实有数额是否相符，具体包括（　　）核对。

A．现金日记账余额与实际库存数

B．银行存款日记账余额与银行对账单余额

C．各种财物明细账余额与实际库存数

D．债权、债务明细账余额与对方单位或个人的记录，即往来对账单

17．发生以下记账错误时，应选择红字更正法的有（　　）。

A．记账之后，发现记账凭证中的会计科目应用错误

B．记账之后，发现记账凭证所列金额大于正确金额

C．记账之后，发现记账凭证所列金额小于正确金额

D．结账之前，发现账簿记录有文字错误，而记账凭证正确

E．某账簿记录中，将 128.50 元误记为 125.80 元

18．下列结账方法正确的是（　　）。

A．对于不需要按月结计发生额的账户，每月最后一笔余额即为月末余额。月末结账时，只需要在最后一笔经济业务记录之下通栏划单红线

B．结账时，"全年累计"发生额通栏划双红线

C．账户在年终结账时，在"本年合计"栏下通栏划双红线

D．年度终了结账时，有余额的账户，要将其余额结转下年，并在摘要栏注明"结转下年"字样

E．总账账户平时只需结出月末余额

19．登记会计账簿时应该做到（　　）。

A．一律使用蓝黑墨水钢笔书写

B．不得使用铅笔或圆珠笔书写

C．在某些特定条件下可以使用铅笔书写

D．在规定范围内可以使用红色墨水笔书写

E．各种账簿按页次顺序连续登记，不得跳行、隔页

20．出纳人员可以登记和保管的账簿是（　　）。

A．现金总账　　　　　　　　B．银行存款总账　　　　　　C．现金日记账

D．银行存款日记账　　　　　E．备查账

三、判断题

1．更换新账簿时，如有余额，则在新账簿中的第一行摘要栏内注明"上年结转"。（　　）

2．备查账簿是对某些在日记账和分类账中未能记录或记录不全的经济业务进行补充登记的账簿，因此，各单位必须设置。（　　）

3．订本账簿是指为防止抽换账页，而在使用后的期末将若干账页固定装订成册的账簿。（　　）

4．活页账簿的最大优点是使用中不用装订成册，比较灵活，因此可以随意抽换账页。（　　）

5．活页账的页数不固定，使用前以及使用后不加以装订，可根据实际需要进行添加。（　　）

6．活页账的优点是使用灵活，便于分工记账，但容易散失和被抽换。（　　）

7．三栏式总分类账一般采用订本式账簿。（　　）

8．月度结账划通栏单红线，季度结账划通栏双红线。（　　）

9．手工记账的单位，现金和银行存款日记账一般采用订本式账簿。（　　）

10．现金日记账和银行存款日记账，必须采用订本式账簿。（　　）

11．年度终了，应编制记账凭证把上年账户余额结平，并结转下年。（　　）

12．账簿只有现金日记账和银行存款日记账。（　　）

13．账簿是在账户中按规定的会计科目开设的户头，用来反映某一个会计科目所要核算的内容。
（　　）

14．账簿中的每一账页就是账户的存在形式和载体，没有账簿，账户就无法存在。（   ）
15．总分类账簿一般采用多栏式账页格式。（   ）
16．按照记账规则，一般应采用蓝黑墨水或碳素墨水记账。（   ）
17．登记账簿时，在只设借方或贷方专栏的账页中，用红色圆珠笔登记表示减少数。（   ）
18．结账是在会计期末计算并结转各账户的本期发生额和期末余额的工作。（   ）
19．对既不要需要结计本月发生额也不需要结计本年累计发生额的账户，可以只将每页末的余额结转次页。（   ）
20．发生销售退回时，借记主营业务收入，贷记银行存款，并且用红字金额在"主营业务收入"贷方多栏式明细账的贷方明细栏的"产品销售"栏登记。（   ）
21．凡需结出余额的账户，结出余额后，应在"借或贷"栏内写明"借"或"贷"字样。没有余额的账户，只要在余额栏内用"0"表示即可。（   ）
22．红色墨水仅限于在借方栏登记贷方数，在贷方栏登记借方数。（   ）
23．为便于管理，"应收账款""预收账款"明细账必须采用多栏式账页格式。（   ）
24．账簿中书写的文字和数字应紧靠底线书写，上方要留有适当空格，一般应占格高的$\frac{2}{3}$。（   ）
25．账页记满时，可以只将本页合计数及金额写在下页第一行有关栏内，并在摘要栏内注明"承前页"，以保持记账的衔接连续性。（   ）
26．"原材料"明细账一般是由会计人员根据审核无误的记账凭证逐日逐笔登记的。（   ）
27．每一笔经济业务发生时，在总分类账上登记了，就不用在明细分类账上登记；在明细分类账上登记了，就不用在总分类账上登记。（   ）
28．明细分类账必须逐日逐笔登记，总分类账必须定期汇登记。（   ）
29．明细分类账一般采用订本式账簿。（   ）
30．企业的序时账簿和分类账簿必须采用订本账。（   ）
31．特种日记账包括现金日记账和银行存款日记账。（   ）
32．为了满足内部牵制原则，实行钱、账分管，通常由出纳人员根据收、付款凭进行现金收支，然后由会计人员登记三栏式现金日记账。（   ）
33．现金、银行存款日记账应做到日清月结，保证账实相符。（   ）
34．现金日记账是由出纳人员根据审核无误的现金收、付款凭证和转账凭证按照经济业务的发生顺序，逐日、逐笔、序时登记的。（   ）
35．在登记账簿时，应在记账凭证上注明所记账簿的页数，或画"√"符号，表示已经入账，避免重记、漏记。（   ）
36．对账是指为了保证账簿记录的正确性而进行的有关账项的核对工作。（   ）
37．期末对账也包括账证核对，即会计账簿与原始凭证、记账凭证核对。（   ）
38．原始凭证与记账凭证之间的核对属于账证核对。（   ）
39．采用补充登记法更正错账时，按正确金额与错误金额的差额，用蓝字编制一张账户对应关系与原错误凭证相同的记账凭证，并用蓝字登记入账，以补记少记的金额。（   ）
40．采用划线更正法时，最后由审核人员在更正处签名盖章，以明确责任。（   ）
41．某会计人员在填制记账凭证时，误将9 800元记为8 900元，并已登记入账。月终结账前发

现错误，更正时应采用划线更正法。（ ）

42．在审查当年的记账凭证时，发现某记账凭证应借应贷的科目正确，但所记的金额大于实际金额，并已入账，可用红字更正法更正。（ ）

43．设置和登记账簿是保证财产物资安全完整的重要手段。（ ）

44．在账簿体系中，日记账和分类账是主要账簿，备查账是辅助账簿。（ ）

45．登记账簿时一般用蓝黑或碳素墨水满格书写，不得使用圆珠笔或铅笔记账，除会计制度允许外，也不得用红色墨水记账。（ ）

46．明细分类账可逐日逐笔或定期汇总登记。（ ）

47．月结、季结和年结的结账方法相同，都要计算出本期发生额和期末余额，并在下面划一条通栏红线。（ ）

48．各单位在更换旧账簿、启用新账簿时，应当填制账簿启用表和经管人员一览表。（ ）

49．更换账簿时，应编制记账凭证，将上年期末余额结转到本年的年初余额。（ ）

50．月度或年度终了，日记账、总账和所有明细账必须更换新账，不能延续使用旧账。（ ）

51．新的会计年度开始时，必须更换全部账簿，不得只更换总账和现金日记账、银行存款日记账。（ ）

第七章 财产清查

学习目标与要求

知识目标： 1. 理解财产清查的概念，了解财产清查的作用和种类。
2. 熟悉财产清查的一般程序。
3. 掌握各种财产的清查方法和财产清查结果的处理。

技能目标： 1. 能够负责组织开展财产清查工作。
2. 能够编制银行存款余额调节表。
3. 能够进行财产清查结果的账务处理。

本章重点与难点

- 银行存款余额调节表的编制
- 财产清查结果的账务处理

本章导读

财产清查是当今企业财务中的热点问题，及时有效的资产清查有利于企业摸清"家底"，使企业实现资产动态管理，提高资产使用效益。会计工作要账实相符，确保账簿记录的正确、完整和真实，正如生活中我们做事要坦坦荡荡，做人要表里如一、诚实守信，要树立正确的世界观、人生观和价值观。会计职业道德是社会道德体系的一个重要组成部分，爱岗敬业、诚实守信、廉洁自律、客观公正、坚持准则、提高技能、参与管理和强化服务是会计职业道德在会计职业行为和会计职业活动中的具体体现，更是对社会主义核心价值观的具体践行。

佳敏迪公司的张经理在 2019 年 9 月 15 日以"为公司购入原材料，根据合同规定预付定金"为由，从出纳员小迟处借走 2 000 元现金。张经理给小迟写了一张借条，并在借条中写明了借款的用途，小迟随后给他支付了 2 000 元现金。月末，佳敏迪公司对库存现金进行盘点的时候，发现库存现金少了 2 000 元，但是有一张借条，于是追问发生这一情况的原因。小迟对事情发生的过程进行汇报说明。

✳ **课堂思考**

张经理从出纳员小迟处借走 2 000 元定金的手续是否符合《中华人民共和国会计法》的规定？应该如何进行处理？

第一节 财产清查概述

一、财产清查的概念

财产清查是指根据账簿记录，对企业的货币资金、存货、固定资产、债权债务等进行盘点或核对，查明各项财产的实际结存数与账面结存数是否相符，若账实不符则查明原因的一种专门方法。

在会计核算工作中，企业发生的所有经济业务都要采用专门的方法记录到有关的账簿中。特别是对于企业发生的与货币资金、材料和设备等实物资产以及债权债务等有关的重要的会计事项，更应当采用严密的会计处理方法，以确保账簿记录的真实与完整。从理论上讲，企业的财产物资在账簿上的结存数与实际结存数应当一致。但在实际工作中，由于自然或人为的因素，财产物资的账面结存数与实际结存数往往会发生不一致的情况。造成账实不符的原因主要有以下几点：

1）在收发各项财产物资时，由于计量不准确，导致其数量或质量出现差错。
2）在财产物资的保管过程中发生了自然损耗。
3）在财产物资的管理和核算方面，由于手续不健全或制度不严密，发生了计算或登记错误。
4）由于管理不善或工作人员失职而造成了财产物资的毁损和短缺。
5）由于发生贪污盗窃等行为导致了财产物资的损失。
6）在结算过程中，由于未达账项等原因而造成的企业之间的账目不符。

为了查明上述账实不符的现象，确保会计账簿记录的真实、完整、准确，企业在编制财务报表之前，必须对各项财产物资进行清查，以做到账实相符。

二、财产清查的意义

企业在财产清查的过程中，如发现账实不符，除查明原因外，还应进一步采取措施，改进和加强财产管理。因此，财产清查作为会计核算的一种专门方法，在会计核算过程中具有十分重要的意义。具体包括以下几点：

（一）保证企业财产的安全与完整

通过财产清查，可以查明企业的商品等财产物资是否完整，有无缺损、霉变现象，以便堵塞漏洞，改进工作，建立和健全各种责任制，切实保证财产的安全与完整。

（二）保证会计核算资料的真实可靠

通过财产清查，可以查明各项财产物资的实有数，确定实有数额和账面额的差异，以便分析原因，采取措施，改进工作，进一步加强财产物资的管理，保证会计核算资料的真实可靠。

（三）挖掘财产物资潜力，提高财产物资使用效率

通过财产清查，可以查明各项财产物资的储备和利用情况，针对不同情况采取不同措

施，积极利用和处理，提高财产物资使用效率。对储备不足的，应及时予以补充，确保生产需要，对超储、积压的财产物资，应及时处理，防止盲目采购和不合理的积压，充分挖掘财产物资潜力，加速资金周转，提高资金使用效率，进而提高经济效益。"十四五"规划以来，提升企业效率被多次提及，通过财产清查，提升企业财产物资使用效率是企业效率提升的重中之重。

（四）保证财经纪律和结算制度的执行

通过对货币资金及往来款项等财产的清查，可以查明企业有关业务人员是否遵守财经纪律和结算制度，有无贪污盗窃、挪用公款的情况；查明各项资金使用是否合理，是否符合党和国家的方针政策和法规，从而使企业工作人员更加自觉地遵纪守法，自觉维护和遵守财经纪律。

三、财产清查的种类

财产清查按照不同的标准可以有不同的分类。

（一）按财产清查的对象和范围分类

按照财产清查的对象和范围不同，财产清查可分为**全面清查**和**局部清查**。

1. 全面清查

全面清查是指对全部财产进行全面的、彻底的盘点和核对。以制造企业为例，其全面清查对象主要包括：货币资金、存货、固定资产、债权资产及对外投资等。

全面清查范围广、时间长、工作量大，参加的人员也多，有时还会影响企业的正常生产经营活动，所以一般只适用于以下几种情况：①年终决算前；②单位撤销、合并或改变隶属关系；③中外合资、合营；④开展清产核资；⑤单位主要负责人调离工作。

2. 局部清查

局部清查是指根据需要对本企业的部分财产所进行的盘点和核对。其清查的适用情况一般包括：①对库存现金应由出纳人员在每天营业终了时进行清点；②对银行存款应每月至少同银行核对一次；③对流动性较大的物资，如原材料、在产品、产成品等存货，年度内要进行轮流盘点和重点抽查；④对各种贵重物资，如黄金、钻石等，要经常进行清查盘点；⑤对各种债权、债务应每年至少核对一至两次。

（二）按财产清查的时间分类

按照财产清查的时间不同，财产清查可分为**定期清查**和**不定期清查**。

1. 定期清查

定期清查是指根据管理制度的规定或计划安排的时间所进行的财产清查。这种清查一般在年末、季末或月末结账前进行。根据实际需要，定期清查可以是全面清查，也可以是局部清查。

2. 不定期清查

不定期清查是指事先没有规定清查时间，而是根据实际需要临时安排的清查。一般适用于以下几种情况：①企业在更换财产物资保管人员和现金出纳员时，要对其所保管的财产物资和库存现金进行清查，以明确经济责任；②当发生自然灾害和意外损失时，要对受灾、受损失的有关财产进行清查，以查明损失情况；③为确保会计资料的真实性，上级主管部门、税务以及审计等部门，按检查的要求和范围对本企业进行的临时清查；④进行临时性的清产核资、资产评估、企业并购、资产重组以及改变隶属关系时，为核定资产和债务，要对本单位的财产物资进行清查。

根据上述情况，不定期清查就其清查的对象和范围来讲，既可以是全面清查，也可以是局部清查。

四、财产物资的盘存制度

1．永续盘存制

永续盘存制也称"账面盘存制"，是平时对企业单位各项财产物资分别设立明细账，根据会计凭证连续记载其增减变化并随时结出余额的一种管理制度，这种盘存制度能从账簿资料中及时反映出企业各项财产物资的结存数额，为及时掌握企业财产增减变动情况和余额提供可靠依据，以便加强企业财产物资的管理。永续盘存制的计算公式如下：

$$期末结存成本 = 期初结存成本 + 本期增加成本 - 本期减少成本$$

永续盘存制的优点是有利于掌握各种财产物资的状况及其动态，有利于企业加强对财产物资的管理，有利于实施会计控制；缺点是明细核算工作量较大，需要较多的人力和费用。永续盘存制为多数企业所采用。

2．实地盘存制

实地盘存制也称"定期盘存制"，又称"以存计销制"或"以存计耗制"，是确定财产物资期末结存数量的方法之一。实地盘存制是指平时只在账簿记录中登记各项实物财产的增加数，不登记减少数，期末通过实物盘点来确定其实有数并据以倒算出本期实物财产减少数的一种盘存方法。实地盘存制的计算公式如下：

$$本期减少数 = 期初结存数 + 本期增加数 - 期末盘点结存数$$

实地盘存制的优点是可以减轻平时登记账簿的工作量，财产物资成本计算的工作量也会大大减少，计算方法也比较简单，易于掌握；缺点是不能随时反映财产物资的增减变动情况和结存数量及结存成本，缺乏严密的管理手续，推算出来的各项财产的减少数中可能存在一些非正常因素，不利于加强对存货资产的管理与控制。实地盘存制一般只在对价值低、收发比较频繁的存货盘点时予以采用。

五、财产清查的一般程序

财产清查的一般程序如下：

1）建立财产清查组织。企业应成立由总会计师或单位主要负责人领导的，由财会、业务、仓储等有关部门、人员参与的财产清查领导小组，具体负责财产清查事宜。

2）组织清查人员学习有关政策规定，掌握有关法律、法规和相关业务知识，以提高财产清查工作的质量。

3）确定清查对象、范围，明确清查任务。

4）制定清查方案，具体安排清查内容、时间、步骤、方法以及必要的清查前准备。
5）清查本着先清查数量、核对有关账簿记录等，后认定质量的原则进行。
6）填制盘存清单。
7）根据盘存清单填制实物、往来账项清查结果报告表。

课堂思考

1．不同行业企业的财产清查程序不尽相同，以制造企业为例，思考其财产清查程序。
2．如何理解财产物资的盘存制度？

第二节　财产清查的内容与方法

财产清查是对各种财产物资的盘点和各项应收、应付款项的核查，这一工作涉及面广、工作量大。为了保证财产清查工作的质量，提高工作效率，达到财产清查的目的，要合理确定各项财产清查的内容与方法。由于企业各类财产物资的保管和使用情况不同，因此，在实际工作中，应对其采取不同的方式进行清查。

一、货币资金的清查

货币资金的清查主要包括**库存现金的清查和银行存款的清查**。

（一）库存现金的清查方法

库存现金清查的基本方法是实地盘点法。它是通过将库存现金的盘点实有数与现金日记账的余额进行核对，以查明现金实存情况的方法。

清查前，出纳人员应将库存现金业务全部登记入账。在进行库存现金清查时，为了明确经济责任，出纳人员必须在场，如果发现长款、短款，盘点人员必须会同出纳人员当场核实。除了查明账实是否相符外，还要注意有无违反现金管理条例的情况，如有无"白条抵库"和挪用现金现象，有无坐支现金的问题，现金的库存数额是否超过规定限额等。

现金盘点完毕后，应填制"现金盘点报告表"（见表7-1），并由盘点人员和出纳人员签章。"现金盘点报告表"既是反映现金实存额，用以调整账簿记录的原始凭证，也是分析账实差异原因，明确经济责任的重要依据。

表7-1　现金盘点报告表

单位名称：　　　　　　　　　　　　　　年　月　日

实存金额	账存金额	对比结果		备注
		盘盈	盘亏	

盘点人员签字：　　　　　　　　　　　出纳人员签字：

（二）银行存款的清查方法

银行存款的清查是采用与开户银行核对账目的方法（对账单法）进行的，即将本单位的银行存款日记账与开户银行转来的对账单逐笔进行核对，确定账实是否相符。

在实际工作中，企业银行存款日记账的余额和开户银行对账单的余额在月末往往是不相符的。造成不相符的原因主要有：①企业和银行一方或双方记账可能有错误（银行记账错误的可能性很小）；②未达账项。所谓未达账项，是指由于企业和银行双方记账时间不一致而发生的一方已经入账，另一方因尚未接到有关结算凭证而尚未入账的款项。通常未达账项主要有以下四种：

（1）**银行已收款入账，而企业尚未收款入账**。例如，企业委托银行向外地客户收取销货款，银行已经收到汇款单，并登记企业存款的增加，但企业由于尚未接到银行转来的汇款凭证而没有登记银行存款日记账，此时对账，则形成开户银行已记存款的增加，而企业尚未记账的未达账项。

（2）**银行已付款入账，而企业尚未付款入账**。例如，银行代企业缴纳水电费，付款后银行登记企业存款的减少，而企业由于尚未接到银行的付款通知单没有登记银行存款日记账，如果此时对账，则形成开户银行已记存款的减少，而企业尚未记账的未达账项。

（3）**企业已收款入账，而银行尚未收款入账**。例如，企业销售商品收到现金支票，送存银行后可根据银行盖章并退回的"进账单"回单联登记银行存款的增加，而银行则需在款项收妥后才可入账，如果此时对账，则形成企业已记存款的增加，而开户银行尚未记账的未达账项。

（4）**企业已付款入账，而银行尚未付款入账**。例如，企业购买原材料开出转账支票，企业根据支票存根、发票及收料单等凭证登记银行存款日记账，记存款的减少，而银行由于尚未接到付款凭证尚未登记企业存款的减少，如果此时对账，则形成企业已记存款的减少，而开户银行尚未记账的未达账项。

以上任何一种情况都将导致企业银行存款日记账余额与银行对账单余额不一致。在（1）和（4）这两种情况下，企业银行存款日记账的余额将小于银行对账单的余额；在（2）和（3）这两种情况下，企业银行存款日记账的余额将大于银行对账单的余额。

为了查明银行存款的实有数，检查双方记账有无差错，应根据上述资料编制"银行存款余额调节表"予以调整，消除未达账项的影响。"银行存款余额调节表"的编制应在企业银行存款日记账余额和银行对账单余额的基础上，分别加减未达账项。如果双方记账正确，调整后的双方余额应该相等。"银行存款余额调节表"的编制方法如例7-1所示。

【例7-1】 佳敏迪公司2021年9月30日银行存款日记账余额为23 500元，银行转来的对账单余额为42 500元。经逐笔核对发现如下未达账项：

1）企业送存转账支票20 000元并已登记银行存款的增加，但银行尚未记账。

2）企业开出转账支票15 000元，但持票单位尚未到银行办理转账，银行尚未记账。

3）企业委托银行代收某企业购货款25 000元，银行已收妥并登记入账，但企业尚未收到收款通知单，尚未记账。

4）银行代企业支付通信费1 000元，银行已登记入账，但企业尚未收到银行付款通知单，尚未记账。

根据上述未达账项编制的银行存款余额调节表见表7-2。

表7-2中双方余额调节后是相等的，这表明双方账簿记录没有差错，账实不符完全是由未达账项所致。调节后的存款余额是企业月末银行存款的真正实有数额，也就是企业实际可以动用的存款数额。应注意的是：对于因未达账项而导致双方余额出现的差异，银行存款

余额调节表仅起到对账的作用,不能作为记账凭证,也无须据以进行账面调整,待结算凭证到达后才能进行账务处理,登记入账。

表 7-2　银行存款余额调节表

2021 年 9 月 30 日　　　　　　　　　　　　　　　　　　　　　　　单位:元

项　目	金　额	项　目	金　额
企业账面存款余额	23 500	银行对账单存款余额	42 500
加:银行已收,企业未收	25 000	加:企业已收,银行未收	20 000
减:银行已付,企业未付	1 000	减:企业已付,银行未付	15 000
调节后的存款余额	47 500	调节后的存款余额	47 500

二、实物财产的清查

实物财产是指具有实物形态的各种财产,包括**原材料、半成品、在产品、产成品、低值易耗品、包装物和固定资产**。

(一)实物财产的清查方法

由于各项实物财产的形态、体积、存储状态等不同,故对不同的清查对象应选择不同的清查方法。

(1)**实地盘点法**。实地盘点法是指通过点数、过磅、量尺等方法来确定财产物资实有数额的方法。大多数实物财产的清查都可以采用这种方法。实地盘点实物资产的技术方法主要有逐一盘点法、测量计算盘点法和抽样盘点法。

(2)**技术推算法**。技术推算法又称技术匡算法,即按一定标准或数学方法推算出实物财产的实存数量的方法。这种方法一般适用于散装的、大量成堆且难以逐一清点其实存数的各种资产,如煤炭、矿石等。

(3)**抽样盘存法**。抽样盘存法是指采用抽取一定数量样品的方式对实物资产的实有数进行估算确定的方法。这种方法一般适用于数量多、重量和体积比较均衡的实物财产的清查。

(4)**函证核对法**。函证核对法是指通过向对方发函的方式对实物资产的实有数进行确定的方法。这种方法一般适用于对委托外单位加工或保管的实物资产的清查。

(二)实物财产清查使用的凭证

在财产清查过程中,实物财产的保管人员必须在场并参加盘点工作。对各项实物资产的盘点结果,应如实登记"**盘存单**"(见表 7-3)。

表 7-3　盘存单

单位名称:　　　　　　　　　　　　　　　　　　　　　　　　　　存放地点:
财产类别:　　　　　　　　　　　年　月　日　　　　　　　　　　编　号:

编　号	名　称	规　格	计量单位	数　量	单　价	金　额	备　注

盘点人员签章:　　　　　　　　　　　　　　　　　　　保管人员签章:

"**盘存单**"是实物盘点结果的书面证明,也是反映财产物资实有数额的原始凭证。为了进一步查明盘点的实存数与账面的实存数是否一致，要根据"盘存单"和有关账簿记录编制"账存实存对比表"（见表 7-4）。"账存实存对比表"是调整账簿记录的原始凭证，也是分析差异原因，查明经济责任的依据。

表 7-4　账存实存对比表

财产类别：
存放地点：　　　　　　　　　　　　　　　　　　　　　　　　　　　年　月　日

名称及规格	计量单位	单价	账存		实存		对比结果				备注
							盘盈		盘亏		
			数量	金额	数量	金额	数量	金额	数量	金额	

三、往来款项的清查

企业的往来款项主要包括应收款、应付款、暂存款等款项。各种往来款项一般采用"函证核对法"，即同对方单位核对账目的方法进行清查。首先，应将本单位的往来款项核对清楚，确认准确无误后，再向对方单位填发"往来款项对账单"。"往来款项对账单"应按明细账逐笔抄列一式两联，其中一联作为回单，对方单位如核对相符，应在回单上盖章后退回；如发现数字不符，应将不符情况在回单上注明或另抄对账单退回，作为进一步核对的依据。

"往来款项对账单"的格式和内容如图 7-1 所示。

往来款项对账单

××单位：
你单位于 20××年×月×日购入我单位甲产品 1 000 件，已付货款 4 000 元，尚有 4 000 元货款未付，请核对后将回单联寄回。

××单位：（盖章）
20××年×月×日

沿此虚线裁开，将以下回单联寄回！
....

往来款项对账单（回单）

××清查单位：
你单位寄来的"往来款项对账单"已经收到，经核对相符无误（或不符，应注明具体内容）。

××单位：（盖章）
20××年×月×日

图 7-1　"往来款项对账单"的格式和内容

对往来款项中债权债务的清查，除了核对账实是否相符外，还应注意债权债务的账龄，从而掌握逾期债权债务情况，以便重点管理，减少呆账、坏账。

❀ 课堂思考

1．如何更为高效地对企业的实物资产进行清查盘点？
2．往来款项的清查如何能够更好地与规避坏账相结合？

第三节　财产清查结果的处理

财产清查的过程就是账存数与实存数相互核对的过程。如果财产清查的结果是账存数与实存数一致，则表明账实相符，不必进行账务处理；如果账存数和实存数不一致，无论是盘盈还是盘亏、毁损，都要进行相应的账务处理。

一、财产清查结果处理的要求和步骤

（一）财产清查结果处理的要求

（1）**分析产生差异的原因和性质，提出处理建议**。根据清查后编制的"账存实存对比表"，对各项差异产生的原因进行分析，明确经济责任，据实提出处理意见，呈报有关管理人员和部门批准。

（2）**积极处理多余积压财产，清理往来款项**。对于债权债务在核对过程中出现的争议问题，应及时组织清理；对于超储积压物资应及时提出处理方案。

（3）**总结经验教训，建立健全各项管理制度**。当有关管理人员和部门对所呈报的财产清查结果提出处理意见后，应严格按批复意见进行账务处理，编制记账凭证，登记有关账簿，并追回由于责任者个人原因造成的损失。

（4）**及时调整账簿记录，保证账实相符**。在核准数字、查明原因的基础上，根据"账存实存对比表"编制记账凭证，并据以登记账簿，使各项财产物资做到账实相符。在做好以上调整账簿工作后，即可将所编制的"账存实存对比表"和所撰写的文字说明一并报送有关管理人员和部门批准。

（二）财产清查结果处理的步骤

1．审批之前的处理

根据"清查结果报告表""盘点报告表"等已经查实的数据资料编制记账凭证并登记有关账簿，使账簿记录与实际盘存数相符，同时根据企业的管理权限，将处理建议报股东大会或董事会、经理（厂长）会议或类似机构批准。

2．审批之后的处理

根据审批的意见进行差异处理，调整账项。

二、财产清查结果的账务处理

为了反映和监督财产清查过程中已查明的各种财产盘盈、盘亏和毁损及其报请批准后的转销数额，需设置"待处理财产损溢"账户。该账户属于资产类账户，是一个过渡账户，主要用于从发现账实不一致到经批准进行处理的过程中的账务调整。该账户借方登记各项财产的待处理盘亏或毁损金额，以及盘盈财产的原因查明并经过审批后转入相关账户贷方的金额；贷方登记各项财产的待处理盘盈金额，以及盘亏、损毁财产的原因查明并经过审批后转入相关账户借方的金额。处理前的借方余额，反映企业尚未处理的各种财产的净损失；处

前的贷方余额，反映企业尚未处理的各种财产的净溢余。企业的财产损溢应查明原因，在期末结账前处理完毕，处理后本账户应无余额。该账户下设"待处理流动资产损溢"和"待处理固定资产损溢"两个明细分类账户，分别对流动资产和固定资产进行核算。

财产清查的对象不同，清查结果的账务处理也不相同。

（一）库存现金清查结果的账务处理

库存现金在清查中如发现账款不符，对有待查明原因的现金短缺或溢余，应通过"待处理财产损溢"账户核算，按短款或长款的金额记入该账户，待查明原因后，再根据不同的情况进行不同的账务处理。

1. 现金盘盈的账务处理

发生现金溢余（即盘盈）时，按实际溢余的金额借记"库存现金"账户，贷记"待处理财产损溢——待处理流动资产损溢"账户。查明原因后，应据不同情况分别进行处理：属于应支付给有关人员或单位的，转入"其他应付款——应付现金溢余（××个人或单位）"账户；属于无法查明原因的现金溢余，报请批准后，转入"营业外收入——现金溢余"账户。

【例 7-2】 佳敏迪公司在财产清查中，发现库存现金较账面余额溢余 500 元。企业应编制如下会计分录：

借：库存现金　　　　　　　　　　　　　　　　　　　500
　　贷：待处理财产损溢——待处理流动资产损溢　　　　　　500

【例 7-3】 经反复核查，上述现金长款原因不明，经批准转作营业外收入处理。企业应编制如下会计分录：

借：待处理财产损溢——待处理流动资产损溢　　　　　500
　　贷：营业外收入　　　　　　　　　　　　　　　　　　500

2. 现金盘亏的账务处理

发生现金短缺（即盘亏）时，应按实际短缺金额借记"待处理财产损溢——待处理流动资产损溢"账户，贷记"库存现金"账户。待查明原因后，应据不同情况分别进行处理：属于记账错误的应按账务处理规定及时予以更正；属于应由责任人赔偿或保险公司赔偿的部分，转入"其他应收款——××个人或单位"账户；属于无法查明原因的部分，根据管理权限，报请批准后转入"管理费用"账户。

【例 7-4】 佳敏迪公司在财产清查中，发现库存现金较账面余额短缺 400 元。企业应编制如下会计分录：

借：待处理财产损溢——待处理流动资产损溢　　　　　400
　　贷：库存现金　　　　　　　　　　　　　　　　　　　400

【例 7-5】 经查实，上述现金短缺其中 100 元属于出纳人员王某的责任，应由其负责赔偿，另外 300 元无法查明原因，经批准后转作管理费用处理。企业应编制如下会计分录：

借：其他应收款——王某　　　　　　　　　　　　　　100
　　管理费用　　　　　　　　　　　　　　　　　　　300
　　贷：待处理财产损溢——待处理流动资产损溢　　　　　400

（二）存货清查结果的账务处理

造成存货账实不符的原因很多，应根据"账存实存对比表"的记录和实际情况分别进行不同的账务处理。

1. 存货盘盈的账务处理

企业发生存货盘盈时，在经批准前，应借记"原材料""生产成本""库存商品"等存货账户，贷记"待处理财产损溢——待处理流动资产损溢"账户。在经批准后，借记"待处理财产损溢——待处理流动资产损溢"账户，贷记"管理费用"等账户。

【例7-6】 佳敏迪公司在财产清查中盘盈库存商品一批，价值1 000元，经查明是由于收发计量错误所致。企业应编制如下会计分录：

批准处理前：

借：库存商品　　　　　　　　　　　　　　　　　　　　　1 000
　　贷：待处理财产损溢——待处理流动资产损溢　　　　　　　　　1 000

批准处理后：

借：待处理财产损溢——待处理流动资产损溢　　　　　　　　　1 000
　　贷：管理费用　　　　　　　　　　　　　　　　　　　　　　　1 000

2. 存货盘亏及毁损的账务处理

企业发生存货盘亏及毁损时，在经批准前，应借记"待处理财产损溢——待处理流动资产损溢"账户，贷记有关存货账户。在经批准后，再根据不同的原因，分别对不同情况进行账务处理：①属于自然损耗产生的定额内损耗，计入管理费用；②属于超定额短缺的，能确定过失人的应由过失人负责赔偿；属于保险责任范围的，应向保险公司索赔；扣除过失人或保险公司赔款和残料价值后的余额，计入管理费用；③属于自然灾害或意外事故造成的存货毁损，在扣除残料价值和保险公司赔偿后，计入营业外支出。

【例7-7】 佳敏迪公司根据"账存实存对比表"所列盘亏材料5 000元编制记账凭证，调整材料账存数，会计分录如下：

借：待处理财产损溢——待处理流动资产损溢　　　　　　　　　5 000
　　贷：原材料　　　　　　　　　　　　　　　　　　　　　　　5 000

经查明盘亏原因如下：

① 定额内损耗为2 000元。
② 管理人员过失造成的损失为1 000元。
③ 非常事故造成的损失为500元。
④ 保险公司同意赔款1 000元，残料作价500元入库。

经有关部门核准后，根据盘亏原因编制记账凭证，结转"待处理财产损溢"，会计分录如下：

借：管理费用　　　　　　　　　　　　　　　　　　　　　　　2 000
　　其他应收款——××　　　　　　　　　　　　　　　　　　　1 000
　　　　　　　——××保险公司　　　　　　　　　　　　　　　1 000
　　原材料　　　　　　　　　　　　　　　　　　　　　　　　　500
　　营业外支出　　　　　　　　　　　　　　　　　　　　　　　500
　　贷：待处理财产损溢——待处理流动资产损溢　　　　　　　　　5 000

（三）固定资产清查结果的账务处理

为了保证固定资产核算的真实性，充分挖掘企业现有固定资产的潜力，企业应定期对固定资产进行盘点清查。在固定资产清查中，如果发现盘盈、盘亏的固定资产，应填制固定资产盘盈、盘亏报告表，查明原因，并写出书面报告，根据企业的管理权限，报请企业上级或董事会等类似机构批准后，在期末结账前处理完毕。

1．固定资产盘盈的账务处理

清查中发现盘盈的固定资产大都是由于设备虽交付使用但未及时入账造成的。企业对于盘盈的固定资产，在经批准处理前，应确定盘盈固定资产的重置成本和成新度，根据确定的重置成本借记"固定资产"账户，根据成新度计算出来的折旧额贷记"累计折旧"账户，将两者的差额贷记"以前年度损益调整"账户。

【例 7-8】 佳敏迪公司在财产清查中发现未入账的设备一台，该设备的同类设备市场价格为 40 000 元，设备估计有六成新。企业应编制如下会计分录：

批准处理前：

借：固定资产		40 000
贷：累计折旧		16 000
以前年度损益调整		24 000

批准处理后，将记入"以前年度损益调整"的金额结转为留存收益。

2．固定资产盘亏（或毁损）的账务处理

对于盘亏（或毁损）的固定资产，应按盘亏（或毁损）固定资产的账面价值，借记"待处理财产损溢——待处理固定资产损溢"账户，按已提折旧，借记"累计折旧"账户，按固定资产的原价，贷记"固定资产"账户。盘亏（或毁损）的固定资产，应根据造成盘亏（或毁损）的原因和情况，分别加以处理。盘亏（或毁损）的固定资产经批准处理后，按过失人和保险公司赔偿的金额，借记"其他应收款"账户，按盘亏（或毁损）固定资产价值扣除过失人及保险公司赔偿金额后的差额（即净值）借记"营业外支出"账户。同时，按其账面价值，贷记"待处理财产损溢——待处理固定资产损溢"账户。

【例 7-9】 佳敏迪公司在进行财产清查时发现盘亏机床一台，该机床的账面原价为 250 000 元，累计折旧为 120 000 元（假定该机床未计提减值准备）。上述盘亏的机床应由保险公司赔偿 100 000 元。

盘亏固定资产时，企业应编制如下会计分录：

借：待处理财产损溢——待处理固定资产损溢	130 000
累计折旧	120 000
贷：固定资产	250 000

盘亏固定资产批准转销时，企业应编制如下会计分录：

借：其他应收款——××保险公司	100 000
营业外支出	30 000
贷：待处理财产损溢——待处理固定资产损溢	130 000

（四）往来款项清查结果的账务处理

企业应当定期或者至少于每年年度终了时，对应收应付款项进行全面检查，对于长期无法收回和长期无法支付的款项要及时进行处理。在财产清查中查明确实无法收回和无法支付的应收应付款项，不通过"待处理财产损溢"账户核算，而是在原来账面记录的基础上，

按规定程序报请批准后，直接转账冲销。

1．应收款项清查结果的账务处理

企业因债务人拒付、破产、死亡或债务单位撤销等原因而形成的应收而无法收回的款项就是坏账。由于发生坏账而造成的损失称为坏账损失。对于坏账损失，转销方法通常采用备抵法。备抵法是指企业采用一定的方法按期估计坏账损失，形成坏账准备，待实际发生坏账损失时，冲销已计提的坏账准备和相应的应收款项的一种核算方法。

采用备抵法，企业需设置"坏账准备"账户。企业计提坏账准备时，借记"信用减值损失"账户，贷记"坏账准备"账户；实际发生坏账时，借记"坏账准备"账户，贷记"应收账款"等账户。如果确认并转销的坏账以后又收回，则按收回的金额，借记"应收账款"等账户，贷记"坏账准备"账户，以恢复企业债权、冲回已转销的坏账准备金额；同时，借记"银行存款"账户，贷记"应收账款"账户，以反映款项收回情况。"坏账准备"账户平时（1月—11月）期末余额可能在借方，也可能在贷方，但其年末余额一定在贷方。

【例 7-10】 佳敏迪公司的应收账款自 2016 年年末开始计提坏账准备。2016 年年末应收账款余额为 4 000 000 元，2017 年 6 月发生坏账 22 000 元，2017 年年末应收账款余额为 4 400 000 元，2018 年 1 月收回上年已转销的坏账 10 000 元，2018 年年末应收账款余额为 5 000 000 元。该企业各年坏账准备提取比例为 5%。上述经济业务有关会计处理如下：

1）2016 年年末提取坏账准备 200 000 元（4 000 000×5%）：
借：信用减值损失　　　　　　　　　　　　　　　　　　200 000
　　贷：坏账准备　　　　　　　　　　　　　　　　　　　　200 000

2）2017 年 6 月发生坏账 22 000 元：
借：坏账准备　　　　　　　　　　　　　　　　　　　　 22 000
　　贷：应收账款　　　　　　　　　　　　　　　　　　　　 22 000

3）2017 年年末补提坏账准备 42 000 元（4 400 000×5%-200 000+22 000）：
借：信用减值损失　　　　　　　　　　　　　　　　　　 42 000
　　贷：坏账准备　　　　　　　　　　　　　　　　　　　　 42 000

4）2018 年 1 月收回已转销坏账 10 000 元：
借：应收账款　　　　　　　　　　　　　　　　　　　　 10 000
　　贷：坏账准备　　　　　　　　　　　　　　　　　　　　 10 000
借：银行存款　　　　　　　　　　　　　　　　　　　　 10 000
　　贷：应收账款　　　　　　　　　　　　　　　　　　　　 10 000

5）2018 年年末补提坏账准备 20 000 元（5 000 000×5%-220 000-10 000）：
借：信用减值损失　　　　　　　　　　　　　　　　　　 20 000
　　贷：坏账准备　　　　　　　　　　　　　　　　　　　　 20 000

2．应付款项清查结果的账务处理

在财产清查过程中，如发现债权单位撤销或其他原因造成长期应付而无法支付的应付款项，在经批准后将其转作营业外收入处理，借记"应付账款"等账户，贷记"营业外收入"账户。

【例 7-11】 佳敏迪公司在财产清查中发现一笔长期无法支付的货款 8 000 元，据查该债权单位已撤销，款项确实无法支付。企业报请批准后予以转销。企业编制会计分录如下：
借：应付账款　　　　　　　　　　　　　　　　　　　　　8 000
　　贷：营业外收入　　　　　　　　　　　　　　　　　　　　8 000

课堂思考

1．如何对财产清查结果进行处理？
2．怎样理解"待处理财产损溢"账户？

本章小结

本章对财产清查的概念、意义、种类和一般清查程序进行了概述，对货币资金、实物资产和往来款项的清查方法进行了阐述分析，也对财产清查的账务处理结果进行了具体的应用解释。

思维导图

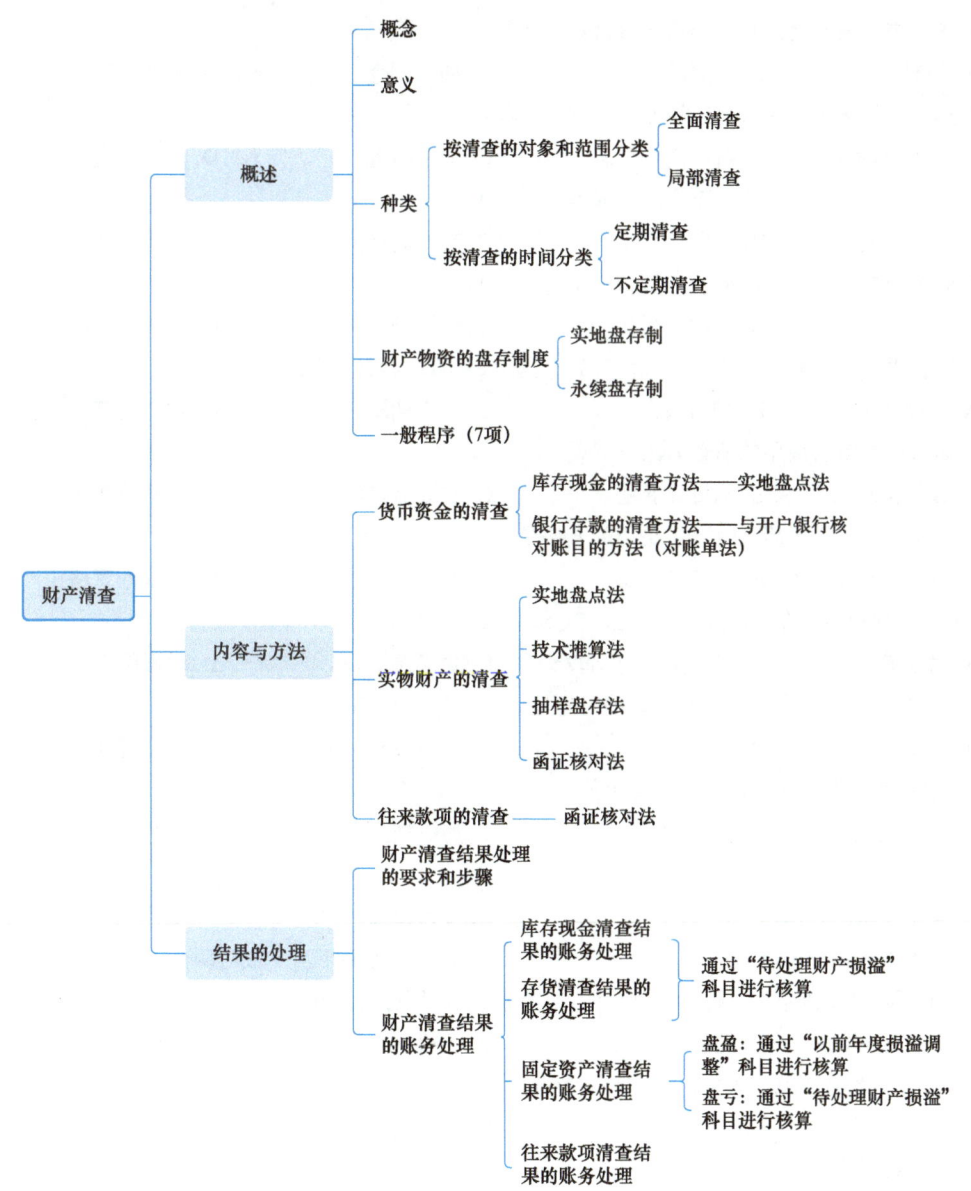

本 章 实 训

一、单项选择题

1. "函证核对法"这一财产清查法一般适用于（　　）。
   A. 对现金的清查　　　　　　　　　B. 对银行存款的清查
   C. 对实物资产的清查　　　　　　　D. 对往来款项的清查
2. "未达账项"是指企业与银行双方由于凭证传递和入账时间不一致，而发生的（　　）。
   A. 一方已入账，另一方未入账的款项　　B. 双方登账出现差错的款项
   C. 一方重复入账的款项　　　　　　　　D. 双方均未入账的款项
3. 单位进行资产重组时，一般应进行（　　）。
   A. 局部清查　　B. 全面清查　　C. 抽样调查　　D. 重点清查
4. 单位在年末、季末或月末结账前所进行的财产清查属于（　　）。
   A. 财产临时清查　　B. 财产定期清查　　C. 现金清查　　D. 财产抽查
5. 对大宗煤炭所采用的清查方法一般是（　　）。
   A. 技术推算法　　B. 测量计算法　　C. 实地盘点法　　D. 对账单法
6. 对固定资产所采用的清查方法一般是（　　）。
   A. 函证法　　B. 技术分析法　　C. 技术推算法　　D. 实地盘点法
7. 对贵重物资一般要经常进行（　　），至少每月清查盘点一次。
   A. 局部清查　　B. 全面清查　　C. 不定期清查　　D. 重点清查
8. 对银行存款所采用的清查方法一般是（　　）。
   A. 技术推算法　　B. 测量计算法　　C. 实地盘点法　　D. 对账单法
9. 对应收账款进行清查时，应采用的方法是（　　）。
   A. 与记账凭证核对　　B. 函证核对法　　C. 实地盘点法　　D. 技术推算法
10. 对原材料、库存商品盘点后应该首先编制（　　）。
    A. 盘存单　　B. 账存实存对比表　　C. 余额调节表　　D. 对账单
11. 企业对财产物资进行全面清查的时间是（　　）。
    A. 季度终了　　B. 月份终了　　C. 年终决算之前　　D. 经营周期结束
12. 账存实存对比表是调整账面记录的（　　）。
    A. 记账凭证　　B. 原始凭证　　C. 转账凭证　　D. 累计凭证
13. 下列说法正确的是（　　）。
    A. 现金应该每日清点一次　　　　　B. 银行存款每月至少与银行核对两次
    C. 贵重物品每天应盘点一次　　　　D. 债权债务每年至少核对两至三次
14. 根据财产清查结果进行会计处理时，应对下列各项进行调整的是（　　）。
    A. 调整账面数　　B. 调整实存数　　C. 调整盘点表数　　D. 调整凭证记录数
15. 银行存款余额调节表中，"调节后的存款余额"的作用是（　　）。
    A. 检查账簿记录的正确性　　　　　B. 银行存款余额实有数
    C. 调整银行存款的余额　　　　　　D. 调整银行存款日记账

16. 下列各项中，属于固定资产盘盈结果处理时的原始凭证的是（　　）。
    A. 固定资产明细表　B. 盘点表　　　　　C. 账存实存对比表　　D. 固定资产总账
17. 下列各项中，属于期末未达账项调整的目的是（　　）。
    A. 正确地反映现金流量　　　　　　　B. 正确地计算各期的经营成果
    C. 正确地编制资产负债表　　　　　　D. 正确地计算各期的费用总额
18. "待处理财产损溢"科目借方核算的内容有（　　）。
    A. 发生待处理财产的盘亏数或毁损数　B. 结转坏账损失
    C. 发生待处理财产的盘盈数　　　　　D. 结转已批准处理的财产盘亏数或毁损数
19. "待处理财产损溢"账户的贷方记录（　　）。
    A. 结转的坏账损失　　　　　　　　　B. 发生的财产盘亏数
    C. 批准转出的财产盘盈数　　　　　　D. 批准转出的财产盘亏数
20. 财产清查中盘亏存货一批，价值200元，属于定额内损耗，批准处理后应转入（　　）。
    A. 营业外收入　B. 其他业务收入　　　C. 管理费用　　　　　D. 主营业务收入
21. 对于盘亏的固定资产，按规定程序批准后，应按盘亏固定资产的净值借记的会计科目是（　　）。
    A. 待处理财产损溢　B. 营业外支出　　C. 固定资产清理　　　D. 管理费用
22. 对于未达账项进行账务处理的时间是（　　）。
    A. 收到银行转来对账单时　　　　　　B. 银行存款余额调节表编制完毕时
    C. 收到相关的原始凭证时　　　　　　D. 银行存款余额调节表编制前
23. 对于在财产清查中经查实无法支付的应付账款，在按规定的程序报请批准后应做的账务处理是（　　）。
    A. 借：应付账款　　　　　　　　　　B. 借：应付账款
    　　贷：坏账准备　　　　　　　　　　　贷：营业外收入
    C. 借：应付账款　　　　　　　　　　D. 借：应付账款
    　　贷：管理费用　　　　　　　　　　　贷：本年利润
24. 为了记录、反映财产物资的盘盈、盘亏和毁损情况，应当设置的科目是（　　）。
    A. 固定资产清理　B. 待处理财产损溢　C. 长期待摊费用　　　D. 营业外支出
25. 下列各项中，属于现金清查结果会计处理的原始凭证是（　　）。
    A. 现金收款凭证　B. 现金付款凭证　　C. 现金盘点报告表　　D. 银行存款付款凭证
26. 现金短缺核查后原因不明，则应（　　）。
    A. 借记"管理费用"　　　　　　　　B. 贷记"管理费用"
    C. 借记"营业外支出"　　　　　　　D. 贷记"营业外支出"

二、多项选择题

1. 财产清查按清查时间不同可以分为（　　）。
   A. 全面清查　　B. 定期清查　　C. 局部清查　　D. 不定期清查　　E. 抽样检查
2. 财产清查的对象包括（　　）。
   A. 货币资金　　B. 实物资产　　C. 债权　　　　D. 债务　　　　　E. 负债
3. 财产清查的一般程序包括（　　）。
   A. 建立财产清查组织　　　　B. 组织清查人员学习　　　　C. 制订清查方案
   D. 填制盘存清单　　　　　　E. 明确清查任务

4. 财产清查领导小组负责财产清查的领导和组织工作，其主要任务是（   ）。
   A. 拟定财产清查工作步骤　　　　B. 检查和督促清查工作
   C. 撰写财产清查工作书面报告　　D. 签署对盘盈、盘亏的处理意见
   E. 向上级部门汇报
5. 下列可以用作原始凭证，调整账簿记录的有（   ）。
   A. 账存实存对比表　　　B. 未达账项登记表　　　C. 现金盘点报告表
   D. 银行存款余额调节表　　　E. 结算款项核对登记表
6. 采用实地盘点法进行清查的项目有（   ）。
   A. 固定资产　　B. 产成品　　C. 银行存款　　D. 往来款项　　E. 库存现金
7. 定期清查的时间一般是（   ）。
   A. 年末　　B. 单位合并时　　C. 中外合资时　　D. 季末　　E. 月末
8. 函证核对法适用于（   ）。
   A. 固定资产的清查　　　B. 应收账款的清查　　　C. 银行存款的清查
   D. 短期借款的清查　　　E. 预付账款的清查
9. 进行财产清查的作用是（   ）。
   A. 便于宏观管理
   B. 保证各项财产物资的安全完整
   C. 提高会计资料的质量，保证其真实可靠
   D. 有利于改善企业经营管理，挖掘财产物资潜力
   E. 保证账实相符
10. 局部清查是对一个单位的部分财产物资进行的清查。对（   ）等财物，一般在年中应进行局部清查。
    A. 产成品　　B. 银行存款　　C. 贵重物品　　D. 库存现金　　E. 债权债务
11. 开展财产清查工作前，各部门特别是财会部门应做好（   ）等准备工作。
    A. 整理各种物资　　　B. 将所有的经济业务登记入账　　　C. 核对总账、明细账
    D. 准备计量器具及登记表　　　E. 拟定财产清查工作步骤
12. 全面清查一般在年终进行，但在单位处于（   ）等特殊情况时也要进行全面清查。
    A. 撤销、合并　　　　　　　B. 单位主要负责人调离
    C. 清产核资或资产重组　　　D. 改变隶属关系
    E. 编制月度财务报表
13. 实地盘点实物资产的技术方法主要有（   ）。
    A. 逐一盘点法　　B. 测量计算法　　C. 技术推算法　　D. 抽样盘点法　　E. 函证
14. 实地盘点一般适用于（   ）的清查。
    A. 库存现金　　B. 银行存款　　C. 存货　　D. 低值易耗品　　E. 固定资产
15. 下列属于企业应该进行全面清查的情况的有（   ）。
    A. 编制年度财务报告前　　　B. 改变隶属关系前　　　C. 股份制改制前
    D. 国内清产核资前　　　　　E. 单位合并、撤销前
16. 下列清查事项中，属于不定期清查的有（   ）。
    A. 单位更换财产保管人员时的清查　　B. 发生非常损失时的清查
    C. 有关部门的临时性检查　　　　　　D. 月末银行存款的清查
    E. 现金的每日清查

17. 银行对账单与银行存款日记账账面余额不一致的原因可能是（   ）。
A. 未达账项　　B. 暂付款项　　C. 企业记账错误　　D. 预付款项　　E. 银行记账错误

18. 在财产清查中，采用实地盘点法清查的资产主要有（   ）。
A. 库存商品　　　　　　　　B. 固定资产　　　　　　　　C. 库存现金
D. 银行存款　　　　　　　　E. 应收账款

19. 企业进行财产清查主要发生的情况有（   ）。
A. 年终决算后　　　　　　　B. 清产核资时　　　　　　　C. 关停并转时
D. 更换现金出纳时　　　　　E. 单位主要负责人调离时

20. 下列各项中，可以作为财产清查原始凭证的有（   ）。
A. 账存实存对比表　　　　　B. 现金盘点报告表　　　　　C. 未达账项登记表
D. 结算款项核对登记表　　　E. 出纳人员赔偿现金短缺的收据

21. 下列各项中，属于"待处理财产损溢"科目借方登记内容的有（   ）。
A. 发生的待处理财产盈亏数　　　　　　B. 发生的待处理财产盘盈数
C. 批准转销的待处理盘亏数　　　　　　D. 批准转销的待处理盘盈数
E. 发生的待处理财产毁损数

22. 关于现金的清查，下列说法正确的是（   ）。
A. 在清查小组盘点现金时，出纳人员必须在场
B. 清查人员从旁监督
C. 根据"现金盘点报告表"进行账务处理
D. 不必根据"现金盘点报告表"进行账务处理
E. 现金由出纳人员经手盘点

23. 以下哪些情况需调减企业银行存款余额（   ）。
A. 企业委托银行代收的销售收入，银行已收妥，但还未通知企业入账
B. 银行直接转账代缴企业应付水、电、燃气费，但还未通知企业入账
C. 银行已扣取当月账户管理费，但未将回单送达企业
D. 企业存入款项已增加账面存款余额，但银行还未入账
E. 发生的待处理财产毁损数

24. 不属于"待处理财产损溢"科目借方核算的内容有（   ）。
A. 结转已批准处理的财产盘亏数　　　　B. 结转已批准处理财产的盘盈数
C. 发生待处理财产的盘盈数　　　　　　D. 结转已批准处理的财产毁损数
E. 结转已销商品成本

25. "待处理财产损溢"账户的贷方记录（   ）。
A. 发生的财产盘盈数　　　　　　　　　B. 发生的财产盘亏数
C. 批准转出的财产盘盈数　　　　　　　D. 批准转出的财产盘亏数
E. 结转的坏账损失

26. 编制"银行存款余额调节表"时，计算调节后的余额应以企业银行存款日记账余额（   ）。
A. 加银行已入账企业未入账的收入款项　　　　B. 加企业已入账银行未入账的收入款项
C. 加双方都未入账的收入款项　　　　　　　　D. 加银行已入账企业未入账的支出款项
E. 减银行已入账企业未入账的支出款项

27. 财产清查的结果处理步骤是（　　）。

A. 核准数字，查明原因　　　　　　　　B. 调整凭证，做到账实相符

C. 调整账簿，做到账实相符　　　　　　D. 进行批准后的账务处理

E. 销毁账簿资料

28. 财产清查的结果处理工作包括（　　）。

A. 查明盘盈盘亏产生的原因　　　　　　B. 提出处理建议

C. 建立和健全财产管理制度　　　　　　D. 积极处理积压物质

E. 清理往来款项

29. 导致企业银行存款日记账余额大于银行对账单余额的未达账项是（　　）。

A. 企业先收款记账而银行未收款未记账的款项

B. 银行先收款记账而企业未收款未记账的款项

C. 企业和银行同时收款记账的款项

D. 银行先付款记账而企业未付款未记账的款项

E. 企业先付款记账而银行未付款未记账的款项

30. 对于盘亏的财产物资，经批准后进行账务处理，可能涉及的借方账户有（　　）。

A. 管理费用　　　B. 营业外支出　　　C. 营业外收入　　　D. 其他应收款　　　E. 待处理财产损溢

31. 会使企业银行存款日记账账面余额小于银行对账单余额的未达账项有（　　）。

A. 企业已收款记账，银行未收款未记账的款项

B. 企业已付款记账，银行未付款未记账的款项

C. 银行已收款记账，企业未收款未记账的款项

D. 银行已付款记账，企业未付款未记账的款项

E. 银行少记

32. 清查库存现金时，发现现金溢余，则应（　　）。

A. 借记"营业外收入"　　　　　　B. 借记"待处理财产损溢——待处理流动资产损溢"

C. 贷记"营业外收入"　　　　　　D. 贷记"待处理财产损溢——待处理流动资产损溢"

E. 借记"库存现金"

33. 清查库存现金时发现现金短缺，经核查后应由出纳人员赔偿，但尚未收到赔款，则应（　　）。

A. 借记"待处理财产损溢——待处理流动资产损溢"

B. 贷记"其他应收款"

C. 借记"其他应收款"

D. 贷记"待处理财产损溢——待处理流动资产损溢"

E. 借记"营业外收入"

34. 清查库存现金时发现现金短缺，经核查后原因不明，则应（　　）。

A. 借记"管理费用"

B. 贷记"待处理财产损溢——待处理流动资产损溢"

C. 借记"待处理财产损溢——待处理流动资产损溢"

D. 贷记"管理费用"

E. 借记"营业外支出"

35. 账存实存对比表是（　　）。
A. 财产清查的重要报表　　　　　　　　B. 会计账簿的重要组成部分
C. 调整会计账簿的原始凭证　　　　　　D. 资产负债表的附表之一
E. 分析盘亏原因，明确经济责任的重要依据

36. 下列各项中，属于财产清查结果的有（　　）。
A. 账实一致　　　　　　B. 账存数大于实存数　　　　　　C. 毁损
D. 账存数小于实数　　　E. 未达账项

三、判断题

1. 财产清查是对实物资产的盘点或核对，确定其实存数，查明账存数与实存数是否相符的一种专门方法。（　　）

2. 对各项实物资产的清查，不但要求在数量上清查，而且应在质量上进行清查。（　　）

3. 对流动性较大的材料等，除全面清查外，一般在年终还要进行轮流盘点或重点清查。（　　）

4. 年终决算前，为了确保年终决算会计资料的真实、正确，所进行的财产清查既是全面清查又是定期清查。（　　）

5. 企业的定期清查一般在期末进行，可以是全面清查，也可以是局部清查。（　　）

6. 企业受其他单位委托保管的各项财产物资也属于财产清查的范围。（　　）

7. 通过"待处理财产损溢"科目可以在某种程度上判断企业的经营管理水平。（　　）

8. 在企业撤销或兼并时，要对企业的部分财产进行重点清查。（　　）

9. 未达账项是指银行已经入账，企业尚未接到通知而未入账的款项。（　　）

10. "现金盘点报告表"应由盘点人员和会计机构负责人共同签章方能生效。（　　）

11. 若银行和企业双方账目没有差错，经过调整后的"银行存款余额表"的金额表示企业可以动用的银行存款实有数额。（　　）

12. 往来账项的清查一般采用"函证核对法"，即通过前往往来结算单位核实或邮寄对账单等方式，向往来结算单位核实账目。（　　）

13. 银行存款余额调节表既可以起到对账作用，又可以作为调节账面余额的凭证。（　　）

14. 银行已付款入账，企业由于未收到相关凭证尚未入账的未达账项，会造成企业银行存款日记账账面余额小于银行对账单余额。（　　）

15. 银行已收款入账，企业由于未收到相关凭证尚未入账的未达账项，会造成企业银行存款日记账账面余额小于银行对账单的余额。（　　）

16. 造成银行存款日记账账面余额与银行对账单金额不一致的原因一定是双方的记账错误。（　　）

17. 账实核对一般是结合财产清查的方法进行的。（　　）

18. 对于长期收不回来的应收账款，应按规定的程序予以核销，冲减应收账款。（　　）

19. 对于在银行存款清查时出现的未达账项，可编制"银行存款余额调节表"来调整，该表是调节账面余额的原始凭证。（　　）

20. 更换仓库保管人员时，应该进行的是不定期全面清查。（　　）

21. 固定资产盘亏，应先转入"待处理财产损溢"账户，经批准后根据具体原因分别转入"管理费用""营业外支出"等账户。（　　）

22．会计部门要在财产清查之前将所有的经济业务登记入账并结出余额，做到账账相符、账证相符，为财产清查提供可靠的依据。（　　）

23．银行存款日记账账面余额与银行对账单余额不一致，则说明单位与银行之间必定有一方存在账面记录错误。（　　）

24．由过失人或保险公司赔偿的财产损失，经批准后由"待处理财产损溢"财户转入"其他应收款"账户。（　　）

25．造成账实不符的原因很多，如财产物质的自然损耗、收发差错或计量误差、贪污盗窃等，因此需要进行定期不定期的财产清查。（　　）

四、计算题

1．佳敏迪公司某年 10 月 31 日银行存款的账面余额为 194 300 元。经核对，企业与银行双方记账都没有错误，但发现下列未达账项：

1）10 月 31 日委托银行收款 16 000 元，银行已收妥但尚未通知企业。

2）10 月 29 日企业开出一张 2 500 元的支票购买办公用品，企业已经记账减少存款，但支票尚未送存银行。

3）10 月 30 日，企业收到其他单位支票 8 200 元，企业已记账，但银行未记账。

4）10 月 30 日银行代企业支付的公用事业费 1 700 元，银行已经记账，但付款通知尚未送达企业。

则企业调整后的银行存款余额为（　　）元。

A．202 900　　B．220 900　　C．200 900　　D．202 700　　E．208 600

2．某期末佳敏迪公司银行存款日记账余额为 70 000 元，银行送来的对账单余额为 59 500 元，经过对未达账项调整后的余额为 63 500 元，则企业银行存款的实有余额是（　　）元。

A．60 000　　B．62 425　　C．63 500　　D．2 425　　E．1 400

3．佳敏迪公司 2019 年 8 月 31 日银行存款日记账余额为 1 383 200 元，经逐笔核对发现下列未达账项：

1）企业开出转账支票 6 000 元，持票人尚未到银行办理转账。

2）企业委托银行代收款项 8 000 元，银行已收妥，企业尚未收到收款通知。

3）企业送存购货单位签发的转账支票 30 000 元，企业已登账，银行尚未登账。

4）银行代企业支付水电费 4 000 元，企业尚未接到银行的付款通知。则调整后的企业银行存款余额应为（　　）元。

A．1 387 200　　B．1 388 200　　C．1 386 200　　D．1 383 200　　E．263 000

4．佳敏迪公司某年 6 月 30 日银行存款日记账余额为 25 500 元，经逐笔核对发现下列未达账项：

1）企业送存转账支票 20 010 元，并已登记入账，但银行尚未记账。

2）企业开出转账支票 15 000 元，但持票单位尚未到银行办理转账，银行尚未记账。

3）企业委托银行代收某企业购货款 25 010 元，银行已经收妥入账，但企业尚未收到收款通知。

4）银行代企业支付电话费 1 000 元，银行已经登记入账，企业尚未收到付款通知。

则企业 6 月 30 日的银行存款实有余额应为（　　）元。

A．53 500　　B．59 510　　C．51 500　　D．28 500　　E．47 500

5．佳敏迪公司在财产清查中盘亏现金 900 元，其中 100 元应由出纳人员赔偿，另外 800 元无法查明原因。批准处理后，计入管理费用的金额应为（　　）元。

A．500　　B．900　　C．800　　D．100　　E．400

6. 由于自然灾害企业发生材料毁损 150 000 元，经有关部门审核后，保险公司同意赔偿 80 000 元，材料残值估计为 20 000 元。如果不考虑其他因素的影响，该批材料应计入营业外支出的金额为（　　）元。

A.150 000　　　B.90 000　　　C.70 000　　　D.50 000　　　E.27 600

五、综合业务题

根据下列经济业务编制会计分录：

1）佳敏迪公司在财产清查中发现下列情况：盘亏设备一台，原价 60 000 元，已提折旧 10 000 元，尚未查明原因报请批准。

2）经批准，将盘亏的固定资产 34 000 元进行转销。

3）佳敏迪公司在财产清查中发现甲材料短缺 8 000 元。

4）查明原因后经批准，甲材料短缺 8 000 元应由过失人赔偿。

5）经批准，将因属于自然损耗造成的材料短缺 3 000 元进行转销。

6）经批准，将因属于自然灾害造成的材料短缺 9 000 元进行转销。

7）佳敏迪公司在财产清查中盘盈乙材料 200 元，尚未查明原因报请批准。

8）经批准，将盘盈的乙材料 200 元进行转销。

9）佳敏迪公司在财产清查中发现现金溢余 330 元，尚未查明原因报请批准。

10）佳敏迪公司发现现金溢余 330 元无法查明溢余原因，经批准进行转销。

11）佳敏迪公司在财产清查中盘亏现金 590 元，尚未查明原因报请批准。

12）盘亏的现金 590 元无法查明盘亏原因，经批准进行转销。

第八章

财务报告

学习目标与要求

知识目标: 1. 了解财务报告的定义和种类。
2. 掌握企业财务报表的编制方法。

技能目标: 1. 能够编制资产负债表。
2. 能够编制利润表。

本章重点与难点

- 资产负债表的编制
- 利润表的编制

本章导读

将中国传统文化与现代会计文化相融合,增强会计人员的文化自信,培育其家国情怀,培养和树立会计人员良好的职业道德和职业素养,促使会计人员坚持"诚实守信""不做假账"的原则,如实提供会计信息,建立高度的社会责任感、使命感和诚信服务意识。因此,会计学专业教育应当引领当代大学生追求远大理想,有效地传导正确的世界观、人生观和价值观。

王棋通过前几章的学习,掌握了会计凭证、会计账簿的内容。在学习《中华人民共和国会计法》时,王棋看到第二十条规定:"财务会计报告应当根据经过审核的会计账簿记录和有关资料编制,并符合本法和国家统一的会计制度关于财务会计报告的编制要求、提供对象和提供期限的规定;其他法律、行政法规另有规定的,从其规定。"她对"财务会计报告"(本书中称"财务报告")的相关内容产生较大的好奇,于是会计学专业的田老师让她查找某个公司的财务会计报告来阅读。

王棋从互联网上找到珠海格力电器股份有限公司发布的 2020 年年度报告,其中第 87~218 页共 132 页的内容全面、系统地报告了该公司的财务情况,包括审计报告、资产负债表、利润表、现金流量表、所有者权益变动表及财务报表附注等,对企业的财务状况、经营效果、资金流动、股东变动情况及部分内容进行了披露。经过阅读上述资料,王棋对财务报告有了初步的认识。

作为会计循环的最后也是最重要的一个环节,如何能够正确地编制符合各项法律规章制度要求的财务报告,满足企业内部使用者和外部使用者的需求,是会计从业人员必须解决的一个问题。在本章,我们将和王棋一起系统地学习财务报告。

第一节 财务报告概述

一、财务报告的定义与种类

（一）财务报告的定义

财务报告是指企业对外提供的反映企业某一特定日期的财务状况和某一会计期间的经营成果、现金流量等会计信息的文件。财务报告的主要作用是向财务报告的使用者提供真实、公允的信息，用于落实和考核企业管理层经济责任的履行情况，并有助于包括所有者在内的财务报告使用者做出经济决策。我国《企业财务会计报告条例》规定，企业不得编制和对外提供虚假的或隐瞒重要事实的财务报告；企业负责人对本企业财务报告的真实性、完整性负责。

（二）财务报告的种类

我国《企业财务会计报告条例》规定，企业的**财务报告分为年度、半年度、季度和月度财务报告**。季度、月度财务报告是指季度和月度终了时提供的财务报告；半年度财务报告是指在每个会计年度的前 6 个月结束后对外提供的财务报告；年度财务报告是指年度终了时对外提供的财务报告。半年度、季度和月度财务报告统称为中期财务报告。

通常情况下，企业年度财务报告的会计期间是指每年公历 1 月 1 日至 12 月 31 日；半年度财务报告的会计期间是指每年公历 1 月 1 日至 6 月 30 日，或公历 7 月 1 日至 12 月 31 日；季度财务报告的会计期间是指公历每一季度；月度财务报告的会计期间是指公历每月 1 日至最后一日。

二、财务报告的构成

《企业会计准则——基本准则》第四十四条规定："财务会计报告包括会计报表及其附注和其他应当在财务会计报告中披露的相关信息和资料。"企业对外提供的财务报告的内容、会计报表种类和格式、会计报表附注的主要内容等，应符合《企业会计准则》的规定。

（一）会计报表

会计报表是对企业财务状况、经营成果和现金流量的结构性表述。企业对外提供的会计报表至少应包括：**资产负债表、利润表、现金流量表等，小企业也可不编制现金流量表**。主要会计报表的编号、名称和编报期见表 8-1。

表 8-1 主要会计报表的编号、名称和编报期

编　　号	名　　称	编　报　期
会企 01 表	资产负债表	中期报告、年度报告
会企 02 表	利润表	中期报告、年度报告
会企 03 表	现金流量表	（至少）年度报告
会企 04 表	所有者权益变动表	年度报告

（二）会计报表附注

会计报表附注是对在资产负债表、利润表、现金流量表和所有者权益变动表等报表中列示项目的文字说明或明细资料，以及对未能在这些报表中列示项目的说明等。**会计报表附注主要是对会计报表的编制基础、编制依据、编制原则和方法及其主要项目等所做的解释。**它是对会计报表的补充说明，是财务报告的重要组成部分。

企业应当按照规定披露附注信息，主要包括下列内容：

（1）企业的基本情况。
1）企业注册地、组织形式和总部地址。
2）企业的业务性质和主要经营活动。
3）母公司以及集团最终母公司的名称。
4）财务报告的批准报出者和财务报告批准报出日。

（2）会计报表的编制基础。会计报表以持续经营假设为基础，会计核算以权责发生制为基础，除某些金融工具外，会计报表均以历史成本为计量基础。

（3）遵循《企业会计准则》的声明。企业应当声明编制的会计报表符合《企业会计准则》的要求，真实、完整地反映了企业的财务状况、经营成果和现金流量等有关信息。

（4）重要会计政策和会计估计。企业应当披露采用的重要会计政策和会计估计，不重要的会计政策和会计估计可以不披露。在披露重要会计政策和会计估计时，应当披露重要会计政策的确定依据和会计报表项目的计量基础，以及会计估计中所采用的关键假设和不确定因素。

（5）会计政策和会计估计变更以及差错更正的说明。企业应当按照《企业会计准则第28号——会计政策、会计估计变更和差错更正》及其应用指南的规定，披露会计政策和会计估计变更以及差错更正的有关情况。

（6）报表重要项目的说明。企业对报表重要项目的说明，应当按照资产负债表、利润表、现金流量表、所有者权益变动表及其项目列示的顺序，采用文字和数字描述相结合的方式进行披露。报表重要项目的明细金额合计，应当与报表项目金额相衔接。

（三）其他财务报告

其他财务报告的编制基础与方式可以不受《企业会计准则》的约束，提供的信息十分广泛，并且提供相关信息的形式灵活多样，包括定性信息和非会计信息。根据现行国际惯例，其他财务报告的内容主要包括管理当局的分析与讨论预测报告、物价变动影响报告、社会责任报告等。

三、会计报表的种类

会计报表是会计人员根据日常会计核算资料归集、加工、汇总而形成的结果，是会计核算工作的总结。编制会计报表也是会计核算的一种专门方法。会计报表可按不同标准进行分类。

（一）按照反映的经济内容分类

会计报表按照反映的经济内容，可以分为财务状况报表和经营成果报表。

1．财务状况报表

财务状况报表从静态和动态两个不同角度揭示了企业筹融资结构、资产运用结构、投资结构和现金流动结构，反映了企业的财务状况和现金流动情况。它主要包括资产负债表及其附表和现金流量表。

2．经营成果报表

经营成果报表是反映企业一定期间的经营成果与损益构成信息的会计报表。它主要包括利润表及其附表。

（二）按照反映内容的时间特性分类

会计报表按照反映内容的时间特性可以分为静态报表和动态报表。

1．静态报表

静态报表是指反映企业某一特定日期的资产、负债和所有者权益的总额及构成状况的财务报表，主要包括资产负债表。

2．动态报表

动态报表是指反映企业在一定会计期间的收入、成本和费用的累计量或资产、负债、所有者权益的变化量的财务报表，主要包括利润表、现金流量表和所有者权益变动表。

（三）按照编报时间分类

会计报表按照编报时间可以分为月报、季报、半年报和年报。

1．月报

月报是指在每月月末编报的以一个月为会计核算期间的会计报表。作为月报的会计报表要求简明扼要，能及时地反映企业的主要情况与主要问题。它一般包括资产负债表与利润表。

2．季报

季报是指在每季度末编报的以一个季度为会计核算期间的会计报表。季报提供信息的详细程度介于年报与月报之间。它一般包括资产负债表和利润表。

3．半年报（或称中报）

半年报是指在每年 6 月末编报的以半年为会计核算期间的会计报表。半年报提供信息的详细程度介于年报与月报之间。它为股份有限公司中期预分配股利提供重要依据，一般包括资产负债表、应交增值税明细表和利润表等。

4．年报

年报又称为年度决算报告，它是在年末编报的以一个年度为会计核算期间的会计报表。作为年报编报的会计报表种类最齐全，揭示的信息最详细，全面地反映全年经营活动的成果、现金流动情况与年终的财务状况。它是企业经营管理者向企业所有者、主管部门等会计信息使用者提供的重要文件，也是股份有限公司股东考核经营管理者受托责任的履行情况与决定企业年终分配方案的重要依据。年报一般包括资产负债表及其附表、利润表及其附表和现金流量表以及所有者权益变动表等。

以上各种会计报表都是要求定期编报的。除年报外的会计报表也被称为中期报表。另外，还有不定期编报的会计报表，主要包括企业因某种原因终止经营活动时（如被兼并或破产时）编报的财务决算报告。

（四）按照反映的企业范围分类

会计报表按照反映的企业范围，可以分为独立报表、合并报表和汇总报表。

1．独立报表

独立报表是指具有法人资格、独立核算的企业所编制的反映企业自身经营情况的财务报表。

2．合并报表

合并报表是指将两个或两个以上具有法人资格的企业因控股和被控股关系所形成的企业集团作为一个会计主体而编制的财务报表。 它综合反映企业集团的经营情况。合并财务报表由企业集团中的控股企业编制。

3．汇总报表

汇总报表是指由企业主管部门或上级机关，根据所属的基层企业上报的会计报表按企业的经济特征进行分类，并汇总编制的会计报表。 它反映汇总单位的总体情况。

四、财务报告的编制要求

企业编制的财务报告应当真实可靠、相关可比、全面完整、编报及时、便于理解，符合国家统一的会计制度和会计准则的有关规定。财务报告的编制要求主要包括以下三点：

（一）财务报告的质量要求

会计核算应当以实际发生的交易或事项为依据，遵循各项《企业会计准则——具体准则》的规定如实进行确认和计量，编制能够真实、准确、完整地反映企业的财务状况、经营成果和现金流量等内容的财务报告，披露足以使报表使用者了解相关交易和事项的必要信息。财务报告应通过注册会计师审计认可，以保证报告质量的相对可靠。

（二）财务报告的时间要求

企业应当于有关法律、行政法规规定的结账日分别进行结账。年度结账日为公历年度每年的 12 月 31 日；半年度、季度、月度结账日分别为公历年度每半年、每季、每月的最后一天。月度财务报告应当于月度终了后 6 天内对外提供；季度财务报告应当于季度终了后 15 天内对外提供；半年度财务报告应当于年度中期结束后 60 天内（相当于两个连续的月份）对外提供；年度财务报告应当于年度终了后 4 个月内对外提供。

（三）财务报告的项目要求

企业对外提供的财务报告中，会计报表项目的列报应当在各个会计期间保持一致，不得随意变更，保证财务信息具有可比性。应根据《企业会计准则》的要求对性质和功能不同的项目在财务报表中单独列报。性质或功能类似的项目，其所属类别具有重要性（如果该项目的省略或错报会影响使用者做出决策）的，应当按类别单独在会计报表中列报。

✵ 课堂思考

1．财务报告包括哪些具体内容？

2．财务报告的编制要求有哪些？

第二节 资产负债表

一、资产负债表的概念和意义

资产负债表是反映企业在某一特定日期的财务状况的会计报表。它是根据"**资产＝负债＋所有者权益**"这一会计等式，依照一定的分类标准和顺序，将企业在一定日期的全部资产、负债和所有者权益项目进行适当分类、汇总、排列后编制而成的。

通过编制资产负债表，可以提供企业在某一特定日期的资产总额及其结构，表明企业拥有或控制的资源及其分布情况；也可以提供企业在某一特定日期的负债总额及其结构，表明企业未来需要用多少资产或劳务清偿债务以及清偿时间；还可以反映企业所有者在某一特定日期所拥有的权益，据以判断资本保值、增值的情况以及对负债的保障程度。

二、资产负债表的内容和格式

资产负债表一般有表首和正表两部分。其中，表首概括地说明报表名称、编制单位、报表日期、报表编号、货币计量单位等。正表则列示了用以说明企业财务状况的各个项目。

资产负债表的格式一般有两种：报告式资产负债表和账户式资产负债表。报告式资产负债表是上下结构，上半部列示资产，下半部列示负债和所有者权益。具体排列形式又有两种：一种是按"资产＝负债＋所有者权益"的原理排列；另一种是按"资产－负债＝所有者权益"的原理排列。账户式资产负债表是左右结构，左边列示资产，右边列示负债和所有者权益。不管采取什么格式，资产各项目的合计数等于负债和所有者权益各项目的合计数这一恒等关系不变。在我国，资产负债表采用账户式，资产负债表左右双方平衡，即资产总计等于负债和所有者权益总计。

在资产负债表中，资产项目按其流动性分类分项列示，包括流动资产和非流动资产；负债项目按其流动性分类分项列示，包括流动负债和非流动负债；所有者权益项目按实收资本（股本）、资本公积、盈余公积、未分配利润等项目分项列示。

财政部于 2019 年 4 月发布了财会〔2019〕6 号文件，对一般企业财务报表格式进行了修订完善。修订后的资产负债表（部分项目略）见表 8-2。

表 8-2　资产负债表

编制单位：　　　　　　　　　　　　　年　月　日　　　　　　　　　　会企 01 表
单位：元

资　　产	期末余额	上年年末余额	负债和所有者权益（或股东权益）	期末余额	上年年末余额
流动资产：			流动负债：		
货币资金			短期借款		
交易性金融资产			交易性金融负债		
应收票据			应付票据		
应收账款			应付账款		
预付款项			预收款项		

（续）

资　　产	期末余额	上年年末余额	负债和所有者权益（或股东权益）	期末余额	上年年末余额
应收款项融资			合同负债		
其他应收款			应付职工薪酬		
存货			应交税费		
合同资产			其他应付款		
持有待售资产			持有待售负债		
一年内到期的非流动资产			一年内到期的非流动负债		
其他流动资产			其他流动负债		
流动资产合计			流动负债合计		
非流动资产：			非流动负债：		
债权投资			长期借款		
其他债权投资			应付债券		
长期应收款			租赁负债		
长期股权投资			长期应付款		
其他权益工具投资			预计负债		
其他非流动金融资产			递延收益		
投资性房地产			递延所得税负债		
固定资产			其他非流动负债		
在建工程			非流动负债合计		
使用权资产			负债合计		
无形资产			所有者权益（或股东权益）：		
开发支出			实收资本（或股本）		
商誉			其他权益工具		
长期待摊费用			资本公积		
递延所得税资产			其他综合收益		
其他非流动资产			专项储备		
非流动资产合计			盈余公积		
			未分配利润		
资产总计			所有者权益（或股东权益）合计		
			负债和所有者权益（或股东权益）总计		

三、资产负债表的编制方法

（一）"上年年末余额"的填列方法

《企业会计准则》规定，会计报表应当反映至少相关两个会计期间的比较数据。所以，资产负债表各项目需要分为"上年年末余额"（即期初余额）和"期末余额"两栏分别填列。

表中"上年年末余额"栏内各项目数字，应根据上年年末资产负债表"期末余额"栏内所列数字填列。如果本年度资产负债表规定的各个项目的名称和内容与上年度不一致，应对上年年末资产负债表各项目的名称和数字按照本年度的规定进行调整，按调整后的数字填入本表"上年年末余额"栏内。

（二）"期末余额"的填列方法

资产负债表"期末余额"是指某一会计期间期末的数字，即月末、季末、半年末或年末的数字。栏内各项数字一般可通过以下几种方式取得：

（1）根据总账余额直接填列。如"短期借款"等项目。

（2）根据总账余额计算填列。如"货币资金"项目，需根据"库存现金""银行存款""其他货币资金"账户的期末余额合计数填列。

（3）根据明细账余额计算填列。如"应付票据""应付账款"项目，需根据"应付票据""应付账款""预付账款"账户相关明细账的期末贷方余额计算填列。

（4）根据总账和明细账余额分析计算填列。如"长期借款"项目，需根据"长期借款"总账期末余额，扣除"长期借款"的明细账中反映的，将于一年内到期且企业不能自主地将清偿义务展期的长期借款后的金额填列。

（5）根据有关账户余额减去其备抵账户余额后的净额填列。如"固定资产"项目，应当根据"固定资产"账户余额减去"累计折旧""固定资产减值准备"账户余额后的净额填列。

（6）综合运用上述填列方法分析填列。如"应收票据""应收账款"项目，应根据"应收票据""应付账款"和"预收账款"账户所属各明细账户的期末借方余额合计数，减去"坏账准备"账户中计提的有关坏账准备期末余额后的金额填列。

（三）各项目的具体填列方法

（1）"货币资金"项目。该项目反映企业库存现金、银行存款、外埠存款、银行汇票存款、银行本票存款、信用证保证金存款等的合计数。本项目应根据"库存现金""银行存款""其他货币资金"账户的期末余额合计填列。

（2）"交易性金融资产"项目。该项目反映资产负债表日企业分类为以公允价值计量且其变动计入当期损益的金融资产，以及企业持有的指定为以公允价值计量且其变动计入当期损益的金融资产的期末账面价值。该项目应根据"交易性金融资产"账户的相关明细账户期末余额分析填列。自资产负债表日起超过一年到期且预期持有超过一年的以公允价值计量且其变动计入当期损益的非流动金融资产的期末账面价值，在"其他非流动金融资产"项目反映。

（3）"应收票据"项目。该项目反映资产负债表日以摊余成本计量的、企业因销售商品、提供服务等收到的商业汇票，包括银行承兑汇票和商业承兑汇票。该项目应根据"应收票据"账户的期末余额，减去"坏账准备"账户中相关坏账准备期末余额后的金额分析填列。

（4）"应收账款"项目。该项目反映资产负债表日以摊余成本计量的、企业因销售商品、提供服务等经营活动应收取的款项。该项目应根据"应收账款"账户的期末余额，减去"坏账准备"账户中相关坏账准备期末余额后的金额分析填列。

（5）"其他应收款"项目。该项目反映企业除应收票据、应收账款、预付账款以外的应收和暂付其他单位和个人的款项，应根据"应收利息""应收股利""其他应收款"账户的期末余额合计数，减去"坏账准备"账户中相关坏账准备期末余额后的金额填列。"应收股利"项目，反映企业因股权投资而应收取的现金股利，企业应收其他单位的利润，也包括在本项目内，本项目应根据"应收股利"账户的期末余额填列。"应收利息"项目仅反映企业因相关金融工具已到期可收取但于资产负债表日尚未收到的利息（不含基于实际利率法计提的利息）。该项目应根据"应收利息"账户的期末余额填列。

（6）"预付款项"项目。该项目反映企业预付给供应单位的款项，应根据"预付账款"账户和"应付账款"账户各明细账的期末借方余额合计，减去"坏账准备"账户中有关预付账款计提的坏账准备期末余额后的金额填列。如"预付账款"账户有关明细账期末有贷方余额的，应在资产负债表"应付账款"项目内填列。

（7）"存货"项目。该项目反映企业期末库存、在途和加工中的各项存货的价值，包括各种材料、商品、在产品、半成品、包装物、低值易耗品等。该项目应根据"在途物资"（或"材料采购"）、"原材料""库存商品""周转材料""委托加工物资""生产成本"等账户的期末余额合计，减去"存货跌价准备"账户期末余额后的金额填列。原材料采用计划成本核算的企业，还应按加或减材料成本差异后的金额填列。

（8）"持有待售资产"项目。该项目反映资产负债表日划分为持有待售类别的非流动资产及划分为持有待售类别的处置组中流动资产和非流动资产的期末账面价值。该项目应根据"持有待售资产"账户的期末余额，减去"持有待售资产减值准备"账户的期末余额后的金额填列。

（9）"其他流动资产"项目。该项目反映企业除以上流动资产项目外的其他流动资产，应根据有关账户的期末余额填列。如其他流动资产价值较大，应在会计报表附注中披露。

（10）"债权投资"项目。该项目反映资产负债表日企业以摊余成本计量的长期债权投资的期末账面价值。该项目应根据"债权投资"账户的相关明细账户期末余额，减去"债权投资减值准备"账户中相关减值准备的期末余额后的金额分析填列。自资产负债表日起一年内到期的长期债权投资的期末账面价值，在"一年内到期的非流动资产"项目反映。企业购入的以摊余成本计量的一年内到期的债权投资的期末账面价值，在"其他流动资产"项目反映。

（11）"其他债权投资"项目。该项目反映资产负债表日企业分类为以公允价值计量且其变动计入其他综合收益的长期债权投资的期末账面价值。该项目应根据"其他债权投资"账户的相关明细账户期末余额分析填列。自资产负债表日起一年内到期的长期债权投资的期末账面价值，在"一年内到期的非流动资产"项目反映。企业购入的以公允价值计量且其变动计入其他综合收益的一年内到期的债权投资的期末账面价值，在"其他流动资产"项目反映。

（12）"长期应收款"项目。该项目反映企业应收期限在一年以上的款项。该项目应根据"长期应收款"账户的期末余额减去相应的"未实现融资收益"账户期末余额和"坏账准备"账户期末余额，再减去相关明细账户中将于一年内到期的部分后的金额进行填列。

（13）"长期股权投资"项目。该项目反映企业不准备在一年内（含一年）变现的各种股权性质投资的可收回金额。该项目应根据"长期股权投资"账户的期末余额，减去"长期股权投资减值准备"账户余额后的金额填列。

（14）"其他权益工具投资"项目。该项目反映资产负债表日企业指定为以公允价值计量且其变动计入其他综合收益的非交易性权益工具投资的期末账面价值。该项目应根据"其他权益工具投资"账户的期末余额填列。

（15）"投资性房地产"项目。该项目反映企业拥有的用于出租的建筑物的金额、用于出租和持有并准备增值后转让的土地使用权的金额。该项目应根据"投资性房地产"账户的期末余额（公允价值模式）或投资性房地产的账面价值（成本模式）填列。

（16）"固定资产"项目。该项目反映资产负债表日企业固定资产的期末账面价值和企业尚未清理完毕的固定资产清理净损益。该项目应根据"固定资产"账户的期末余额，减去"累计折旧"和"固定资产减值准备"账户的期末余额后的金额，以及"固定资产清理"账户的期末余额填列。"固定资产清理"账户反映企业因出售、毁损、报废等原因转入清理但尚未清理完毕的固定资产的账面价值，与固定资产清理过程中所发生的清理费用和变价收入等各项金额的差额。

（17）"在建工程"项目。该项目反映资产负债表日企业尚未达到预定可使用状态的在建工程的期末账面价值和企业为在建工程准备的各种物资的期末账面价值。该项目应根据"在建工程"账户的期末余额，减去"在建工程减值准备"账户的期末余额后的金额以及"工程物资"账户的期末余额，减去"工程物资减值准备"账户的期末余额后的金额填列。

（18）"无形资产"项目。该项目反映企业各项无形资产的期末可收回金额。该项目应根据"无形资产"账户的期末余额，减去"累计摊销"和"无形资产减值准备"账户期末余额的金额填列。

（19）"开发支出"项目。该项目反映企业自行研究开发无形资产时在期末尚未完成开发阶段的无形资产的价值，即企业开发无形资产过程中能够资本化，形成无形资产成本的支出部分。该项目应根据"研发支出"账户中所属的"资本化支出"的期末余额填列。

（20）"长期待摊费用"项目。该项目反映企业尚未摊销的摊销期限在一年以上（不含一年）的各种费用，如租入固定资产改良支出、摊销期限在一年以上（不含一年）的其他待摊费用。本项目应根据"长期待摊费用"账户的期末余额填列。

（21）"使用权资产"项目。该项目反映资产负债表日承租人企业持有的使用权资产的账面价值。该项目应根据"使用权资产"科目的期末余额，减去"使用权资产累计折旧"和"使用权资产减值准备"科目的期末余额后的金额填列。

（22）"其他非流动资产"项目。该项目反映企业除以上资产以外的其他长期资产。该项目应根据有关账户的期末余额填列。如其他非流动资产价值较大，应在会计报表附注中披露其内容和金额。

（23）"短期借款"项目。该项目反映企业借入尚未归还的一年期以下（含一年）的借款。该项目应根据"短期借款"账户的期末金额填列。

（24）"交易性金融负债"项目。该项目反映资产负债表日企业承担的交易性金融负债，以及企业持有的直接指定为以公允价值计量且其变动计入当期损益的金融负债的期末账面价值。该项目应根据"交易性金融负债"账户的相关明细科目期末余额填列。

（25）"应付票据"项目。该项目反映资产负债表日以摊余成本计量的、企业因购买材料、商品和接受服务等开出、承兑的商业汇票，包括银行承兑汇票和商业承兑汇票。该项目应根据"应付票据"科目的期末余额填列。

（26）"应付账款"项目。该项目反映资产负债表日以摊余成本计量的、企业因购买材料、商品和接受服务等经营活动应支付的款项。该项目应根据"应付账款"和"预付账款"科目所属的相关明细科目的期末贷方余额合计数填列。

（27）"预收款项"项目。该项目反映企业预收购买单位的账款。该项目应根据"预收账款"和"应收账款"账户各有关明细账户的期末贷方余额合计填列。如"预收账款"账户有关明细账户有借方余额的，应在资产负债表"应收账款"项目内填列。

（28）"应付职工薪酬"项目。该项目反映企业应付未付的职工薪酬。应付职工薪酬包括应付职工的工资、奖金、津贴和补贴、职工福利费和医疗保险费、养老保险费等各种保险费以及住房公积金等。该项目应根据"应付职工薪酬"账户期末贷方余额填列。如"应付职工薪酬"账户期末有借方余额的，以"－"号填列。

（29）"应交税费"项目。该项目反映企业期末未交、多交或未抵扣的各种税金和其他费用。该项目应根据"应交税费"账户的期末贷方余额填列。如"应交税费"账户期末为借方余额，以"－"号填列。

（30）"其他应付款"项目。该项目反映企业除应付票据、应付账款、应付职工薪酬、应付股利等以外的应付和暂收其他单位和个人的款项。该项目应根据"应付利息""应付股利""其他应付款"账户的期末余额合计数填列。

（31）"应付股利"项目。该项目反映企业尚未支付的现金股利。该项目应根据"应付股利"账户的期末余额填列。

（32）"持有待售负债"项目。该项目反映资产负债表日处置组中与划分为持有待售类别的资产直接相关的负债的期末账面价值。该项目应根据"持有待售负债"账户的期末余额填列。

（33）"其他流动负债"项目。该项目反映企业除以上流动负债以外的其他流动负债。该项目应根据有关账户的期末余额填列。如其他流动负债价值较大，应在会计报表附注中披露其内容及金额。

（34）"长期借款"项目。该项目反映企业借入尚未归还的一年期以上（不含一年）的借款本息。该项目应根据"长期借款"账户的期末余额填列。

（35）"应付债券"项目。该项目反映企业发行的尚未偿还的各种长期债券的本息。该项目应根据"应付债券"账户的期末余额填列。

（36）"租赁负债"项目。该项目反映资产负债表日承租人企业尚未支付的租赁付款额的期末账面价值。该项目应根据"租赁负债"科目的期末余额填列。自资产负债表日起一年内到期应予以清偿的租赁负债的期末账面价值，在"一年内到期的非流动负债"项目中反映。

（37）"长期应付款"项目。该项目反映资产负债表日企业除长期借款和应付债券以外的其他各种长期应付款项的期末账面价值。该项目应根据"长期应付款"账户的期末余额，减去相关的"未确认融资费用"账户的期末余额，再减去所属相关明细账中将于一年内到期的部分后的金额，以及"专项应付款"账户的期末余额填列。其中，"专项应付款"账户反映企业取得的政府作为企业所有者投入的具有专项或特定用途的款项。

（38）"预计负债"项目。该项目反映企业确认的对外提供担保、未决诉讼、产品质量保证等事项的预计负债的期末余额。该项目应根据"预计负债"账户的期末余额填列。

（39）"其他非流动负债"项目。该项目反映企业除以上非流动负债项目以外的其他非流动负债。该项目应根据有关账户的期末余额填列。如其他非流动负债价值较大的，应在会计报表附注中披露其内容和金额。

上述非流动负债各项目中将于一年内（含一年）到期的负债，应在"一年内到期的非流动负债"项目内单独反映。上述非流动负债各项目均应根据有关账户期末余额减去将于一年内（含一年）到期的非流动负债后的金额填列。

（40）"合同资产"和"合同负债"项目。企业应按照《企业会计准则第14号——收入》（2017年修订）的相关规定根据本企业履行履约义务与客户付款之间的关系在资产负债表中列示合同资产或合同负债。"合同资产"项目及"合同负债"项目，应分别根据"合同资产"账户、"合同负债"账户的相关明细账户期末余额分析填列，同一合同下的合同资产和合同负债应当以净额列示，其中净额为借方余额的，应当根据其流动性在"合同资产"或"其他非流动资产"项目中填列，已计提减值准备的，还应减去"合同资产减值准备"账户中相关的期末余额后的金额填列；其中净额为贷方余额的，应当根据其流动性在"合同负债"或"其他非流动负债"项目中填列。

按照《企业会计准则第14号——收入》（2017年修订）的相关规定确认为资产的合同取得成本，应当根据"合同取得成本"账户的明细账户初始确认时摊销期限是否超过一年或一个正常营业周期，在"其他流动资产"或"其他非流动资产"项目中填列，已计提减值准备的，还应减去"合同取得成本减值准备"账户中相关的期末余额后的金额填列。

按照《企业会计准则第14号——收入》（2017年修订）的相关规定确认为资产的合同履约成本，应当根据"合同履约成本"账户的明细账户初始确认时摊销期限是否超过一年或一个正常营业周期，在"存货"或"其他非流动资产"项目中填列，已计提减值准备的，还应减去"合同履约成本减值准备"账户目中相关的期末余额后的金额填列。

按照《企业会计准则第14号——收入》（2017年修订）的相关规定确认为资产的应收退货成本，应当根据"应收退货成本"账户是否在一年或一个正常营业周期内出售，在"其他流动资产"或"其他非流动资产"项目中填列。

按照《企业会计准则第14号——收入》（2017年修订）的相关规定确认为预计负债的应付退货款，应当根据"预计负债"账户下的"应付退货款"明细账户是否在一年或一个正常营业周期内清偿，在"其他流动负债"或"预计负债"项目中填列。

（41）"实收资本（或股本）"项目。该项目反映企业各投资者实际投入的资本（或股本）总额。该项目应根据"实收资本（或股本）"账户的期末余额填列。

（42）"资本公积"项目。该项目反映企业资本公积的期末余额。该项目应根据"资本公积"账户的期末余额填列。

（43）"盈余公积"项目。该项目反映企业盈余公积的期末余额。该项目应根据"盈余公积"账户的期末余额填列。

（44）"未分配利润"项目。该项目反映企业尚未分配的利润。该项目应根据"本年利润"账户和"利润分配"账户的余额计算填列。未弥补的亏损，在本项目内以"－"号填列。

【例8-1】 佳敏迪公司2020年12月31日全部总账和有关明细账余额见表8-3。

表 8-3　佳敏迪公司 2020 年 12 月 31 日全部总账和有关明细账余额

单位：元

总账账户	明细账户	借方余额	贷方余额	总账账户	明细账户	借方余额	贷方余额
库存现金		10 000		短期借款			600 000
银行存款		1 500 000		应付账款			1 560 000
交易性金融资产		140 000			F 企业		700 000
应收账款		680 000			H 企业		60 000
	A 企业	500 000			J 企业		800 000
	B 企业	30 000		预收账款			750 000
	C 企业	150 000			K 企业		400 000
预付账款		55 000			V 企业		350 000
	D 企业	50 000		其他应付款			90 000
	E 企业	5 000		应付职工薪酬			647 000
其他应收款		80 000		应交税费			800 000
原材料		870 000		应付股利			230 000
生产成本		400 000		长期借款			1 340 000
库存商品		1 220 000		实收资本			6 200 000
长期股权投资		2 270 000		盈余公积			740 293
固定资产		7 000 000		本年利润			323 082
累计折旧			600 000	利润分配	未分配利润		1 200 000
无形资产		815 375					
长期待摊费用		40 000					

根据上述资料编制的佳敏迪公司 2020 年 12 月 31 日的资产负债表（部分项目略）见表 8-4。

表 8-4　佳敏迪公司 2020 年 12 月 31 日的资产负债表（部分项目略）

编制单位：佳敏迪公司　　　　　　2020 年 12 月 31 日　　　　　　　　　　　　单位：元

资　　产	期末余额	上年年末余额（略）	负债和所有者权益	期末余额	上年年末余额（略）
流动资产：			流动负债：		
货币资金	1 510 000		短期借款	600 000	
			应付账款	1 560 000	
交易性金融资产	140 000		预收款项	750 000	
应收账款	680 000		其他应付款	320 000	
预付款项	55 000		应付职工薪酬	647 000	
其他应收款	80 000		应交税费	800 000	
存货	2 490 000		其他流动负债		
其他流动资产			流动负债合计	4 677 000	
流动资产合计	4 955 000		非流动负债：		
非流动资产：			长期借款	1 340 000	
长期股权投资	2 270 000		应付债券		

（续）

资　　产	期末余额	上年年末余额（略）	负债和所有者权益	期末余额	上年年末余额（略）
固定资产	6 400 000		长期应付款		
在建工程			其他非流动负债		
无形资产	815 375		非流动负债合计	1 340 000	
长期待摊费用	40 000		负债合计	6 017 000	
其他非流动资产			所有者权益：		
非流动资产合计	9 525 375		实收资本	6 200 000	
			资本公积		
			盈余公积	740 293	
			未分配利润	1 523 375	
			所有者权益合计	8 463 375	
资产总计	14 480 375		负债和所有者权益总计	14 480 375	

❋ **课堂思考**

1．什么是资产负债表？它有哪些作用？
2．资产负债表项目列示顺序的依据是什么？
3．流动资产和非流动资产的主要区别是什么？
4．"合同资产"和"合同负债"项目应如何填列？
5．"投资性房地产"项目应如何填列？

第三节　利润表

一、利润表的概念和意义

利润表是指反映企业在一定会计期间内经营成果的报表。

通过利润表，可以反映企业一定会计期间的收入实现情况和费用耗费情况，可以反映企业一定会计期间生产经营活动的成果，据以判断资本的保值增值情况。

二、利润表的内容和格式

利润表一般应反映如下内容：

（1）构成营业利润的各项要素。从营业收入出发，减去营业成本、税金及附加、销售费用、管理费用、财务费用等项目后，得出营业利润。

（2）构成利润总额的各项要素。在营业利润的基础上，加上营业外收入、减去营业外支出等项目后，得出利润总额。

（3）构成净利润的各项要素。在利润总额的基础上，减去所得税费用后，得出净利润。

利润表一般有表首和正表两部分。其中，表首概括地说明报表名称、编制单位、报表所属期间、报表编号、货币计量单位等；正表反映形成经营成果的各个项目和计算过程。

利润表正表的格式主要有多步式和单步式两种。单步式利润表是将当期所有的收入列在一起，然后将所有的费用列在一起，两者相减得出当期净利润。多步式利润表是通过对当期的收入、费用、支出等项目按性质加以归类，按利润形成的主要环节列示一些中间性利润指标，如营业利润、利润总额、净利润，分步计算当期净利润。在我国，利润表一般采用多步式，见表 8-5。

表 8-5 利润表

编制单位：　　　　　　　　　　　年　月　　　　　　　　　　　会企 02 表
　　　　　　　　　　　　　　　　　　　　　　　　　　　　　　单位：元

项　目	本期金额	上期金额
一、营业收入		
减：营业成本		
税金及附加		
销售费用		
管理费用		
研发费用		
财务费用		
其中：利息费用		
利息收入		
加：其他收益		
投资收益（损失以"－"号填列）		
其中：对联营企业和合营企业的投资收益		
以摊余成本计量的金融资产终止确认收益（损失以"－"号填列）		
净敞口套期收益（损失以"－"号填列）		
公允价值变动收益（损失以"－"号填列）		
信用减值损失（损失以"－"号填列）		
资产减值损失（损失以"－"号填列）		
资产处置收益（损失以"－"号填列）		
二、营业利润（亏损以"－"号填列）		
加：营业外收入		
减：营业外支出		
三、利润总额（亏损总额以"－"号填列）		
减：所得税费用		
四、净利润（净亏损以"－"号填列）		
（一）持续经营净利润（净亏损以"－"号填列）		
（二）终止经营净利润（净亏损以"－"号填列）		
五、其他综合收益的税后净额		
（一）不能重分类进损益的其他综合收益		
1. 重新计量设定受益计划变动额		
2. 权益法下不能转损益的其他综合收益		
3. 其他权益工具投资公允价值变动		
4. 企业自身信用风险公允价值变动		
……		
（二）以后将重分类进损益的其他综合收益		

（续）

项　　目	本期金额	上期金额
1. 权益法下可转损益的其他综合收益		
2. 其他债权投资公允价值变动		
3. 金融资产重分类计入其他综合收益的金额		
4. 其他债权投资信用减值准备		
5. 现金流量套期储备		
6. 外币财务报表折算差额		
……		
六、综合收益总额		
七、每股收益：		
（一）基本每股收益		
（二）稀释每股收益		

三、利润表的编制方法

（一）利润表中的"本期金额"与"上期金额"

《企业会计准则》规定，会计报表至少应当反映相关两个会计期间的比较数据。所以，利润表各项目需要分为"本期金额"和"上期金额"两栏分别填列。

利润表中"本期金额"栏反映各项目的本期实际发生数。在编报某月、某季度、某半年利润表时，"上期金额"填列上年同期实际发生数；在编报年度利润表时，"上期金额"填列上年全年实际发生数。如果上年度利润表与本年度利润表的项目名称和内容不相一致，应对上年度利润表项目的名称和内容按本年度的规定进行调整，填入本年度利润表"上期金额"栏。

（二）利润表中各项目的填列方法

利润表中各项目的金额，一般是根据有关账户的本期发生额来填列的。"本期金额"栏内各项数字根据以下方法填列：

（1）"营业收入"项目。该项目反映企业经营主要业务和其他业务所取得的收入总额。该项目应根据"主营业务收入"账户和"其他业务收入"账户的发生额合计分析填列。

（2）"营业成本"项目。该项目反映企业经营主要业务和其他业务发生的实际成本总额。该项目应根据"主营业务成本"账户和"其他业务成本"账户的发生额合计分析填列。

（3）"税金及附加"项目。该项目反映企业经营业务应负担的消费税、城市维护建设税、资源税、教育费附加、房产税、城镇土地使用税、车船税、印花税等。该项目应根据"税金及附加"账户的发生额分析填列。

（4）"销售费用"项目。该项目反映企业在销售商品过程中发生的包装费、广告费等费用和为销售本企业商品而专设的销售机构的职工薪酬、业务费等经营费用。该项目应根据"销售费用"账户的发生额分析填列。

（5）"管理费用"项目。该项目反映企业为组织和管理生产经营发生的管理费用。

（6）"研发费用"项目。该项目反映企业进行研究与开发过程中发生的费用化支出。该项目是从"管理费用"下分拆出来的。

（7）"财务费用"项目。该项目反映企业为筹集生产经营所需资金而发生的利息支出等。该项目应根据"财务费用"账户的发生额分析填列。

其中，"利息费用"项目反映企业为筹集生产经营所需资金等而发生的应予费用化的利息支出。该项目应根据"财务费用"账户的相关明细账户的发生额分析填列。"利息收入"项目反映企业确认的利息收入。该项目应根据"财务费用"账户的相关明细账户的发生额分析填列。

（8）"其他收益"项目。该项目反映计入其他收益的政府补助等。该项目应根据在损益类账户新设置的"其他收益"账户的发生额分析填列。

（9）"投资收益"项目。该项目反映企业以各种方式对外投资所取得的净收益。该项目应根据"投资收益"账户的发生额分析填列。如为投资净损失，以"－"号填列。

（10）"净敞口套期收益"项目。该项目反映净敞口套期下被套期项目累计公允价值变动转入当期损益的金额或现金流量套期储备转入当期损益的金额。该项目应根据"净敞口套期损益"账户的发生额分析填列。如为套期损失，以"－"号填列。

（11）"公允价值变动收益"项目。该项目反映企业资产因公允价值变动而发生的损益。该项目应根据"公允价值变动损益"账户的发生额分析填列，如为净损失，以"－"号填列。

（12）"信用减值损失"项目。该项目反映企业按照《企业会计准则第 22 号——金融工具确认和计量》（2017 年修订）的要求计提的各项金融工具减值准备所形成的预期信用减值损失。该项目应根据"信用减值损失"账户的发生额分析填列。

（13）"资产减值损失"项目。该项目反映企业因资产减值而发生的损失。该项目应根据"资产减值损失"账户的发生额分析填列。

（14）"资产处置收益"项目。该项目反映企业出售划分为持有待售的非流动资产（金融工具、长期股权投资和投资性房地产除外）或处置组（子公司和业务除外）时确认的处置利得或损失，以及处置未划分为持有待售的固定资产、在建工程、生产性生物资产及无形资产而产生的处置利得或损失。债务重组中因处置非流动资产产生的利得或损失和非货币性资产交换中换出非流动资产产生的利得或损失也包括在本项目内。本项目应根据在损益类账户新设置的"资产处置收益"账户的发生额分析填列。如为处置损失，以"－"号填列。

（15）"营业外收入"项目。该项目反映企业发生的营业利润以外的收益，主要包括债务重组利得、与企业日常活动无关的政府补助、盘盈利得、捐赠利得（企业接受股东或股东的子公司直接或间接的捐赠，经济实质属于股东对企业的资本性投入的除外）等。该项目应根据"营业外收入"账户的发生额分析填列。

（16）"营业外支出"项目。该项目反映企业发生的营业利润以外的支出，主要包括债务重组损失、公益性捐赠支出、非常损失、盘亏损失、非流动资产毁损报废损失等。该项目应根据"营业外支出"账户的发生额分析填列。

（17）"所得税费用"项目。该项目反映企业按规定从本期利润总额中减去的所得税。该项目应根据"所得税费用"账户的发生额分析填列。

（18）"净利润"项目。该项目反映企业实现的净利润。如为净亏损，以"－"号填列。

"（一）持续经营净利润"和"（二）终止经营净利润"项目分别反映净利润中与持续经营相关的净利润和与终止经营相关的净利润。如为净亏损，以"－"号填列。这两个项目应按照《企业会计准则第 42 号——持有待售的非流动资产、处置组和终止经营》的相关规定分别列报。

（19）"其他综合收益的税后净额"和"综合收益总额"项目。"其他综合收益的税后净额"项目反映企业未在当期损益中确认的各项利得和损失扣除所得税影响后的净额。"综合收益总额"项目反映净利润和其他综合收益扣除所得税影响后的净额相加后的合计数额。"其他综合收益的税后净额"项目根据有关账户的明细发生额分析计算填列；"综合收益总额"项目根据本表中相关项目计算填列。

"其他权益工具投资公允价值变动"项目反映企业指定为以公允价值计量且其变动计入其他综合收益的非交易性权益工具投资发生的公允价值变动。该项目应根据"其他综合收益"账户的相关明细账户的发生额分析填列。

"企业自身信用风险公允价值变动"项目反映企业指定为以公允价值计量且其变动计入当期损益的金融负债，由企业自身信用风险变动引起的公允价值变动而计入其他综合收益的金额。该项目应根据"其他综合收益"账户的相关明细账户的发生额分析填列。

"其他债权投资公允价值变动"项目反映企业分类为以公允价值计量且其变动计入其他综合收益的债权投资发生的公允价值变动。企业将一项以公允价值计量且其变动计入其他综合收益的金融资产重分类为以摊余成本计量的金融资产，或重分类为以公允价值计量且其变动计入当期损益的金融资产时，之前计入其他综合收益的累计利得或损失从其他综合收益中转出的金额作为该项目的减项。该项目应根据"其他综合收益"账户下的相关明细账户的发生额分析填列。

"金融资产重分类计入其他综合收益的金额"项目反映企业将一项以摊余成本计量的金融资产重分类为以公允价值计量且其变动计入其他综合收益的金融资产时，计入其他综合收益的原账面价值与公允价值之间的差额。该项目应根据"其他综合收益"账户下的相关明细账户的发生额分析填列。

"其他债权投资信用减值准备"项目反映企业按照《企业会计准则第22号——金融工具确认和计量》（2017年修订）第十八条分类为以公允价值计量且其变动计入其他综合收益的金融资产的损失准备。该项目应根据"其他综合收益"账户下的"信用减值准备"明细账户的发生额分析填列。

"现金流量套期储备"项目反映企业套期工具产生的利得或损失中属于套期有效的部分。该项目应根据"其他综合收益"账户下的"套期储备"明细账户的发生额分析填列。

（20）"基本每股收益"和"稀释每股收益"项目。这两个项目反映企业根据《企业会计准则第34号——每股收益》计算的两种每股收益指标的金额。

【例8-2】 佳敏迪公司2020年12月损益类账户的发生额见表8-6。

表8-6 佳敏迪公司2020年12月损益类账户的发生额

2020年12月　　　　　　　　　　　　　　　　　　　　　单位：元

账户名称	账户发生额	
	借　方	贷　方
主营业务收入		5 940 000
主营业务成本	4 150 000	
税金及附加	37 590	
管理费用	124 500	

（续）

账户名称	账户发生额	
	借方	贷方
研发费用	249 000	
财务费用	45 650	
销售费用	435 750	
投资收益	37 350	
其他业务收入		415 800
其他业务成本	290 500	
营业外收入		3 735
营业外支出	2 400	
所得税费用	265 374	

佳敏迪公司 2020 年 11 月利润表（部分项目略）见表 8-7。

表 8-7 佳敏迪公司 2020 年 11 月利润表（部分项目略）

编制单位：佳敏迪公司　　　　　　　2020 年 11 月　　　　　　　会企 02 表　单位：元

项　目	本期金额	上期金额（略）
一、营业收入	5 720 220	
减：营业成本	3 996 450	
税金及附加	33 831	
销售费用	392 175	
管理费用	112 050	
研发费用	224 100	
财务费用	41 085	
加：其他收益		
投资收益	33 615	
净敞口套期收益		
公允价值变动收益		
资产减值损失		
资产处置收益		
二、营业利润	954 144	
加：营业外收入	3 362	
减：营业外支出	2 160	
三、利润总额	955 346	
减：所得税费用	238 836.50	
四、净利润	716 509.50	

根据上述资料编制的佳敏迪公司 2020 年 12 月利润表（部分项目略）见表 8-8。

表 8-8　佳敏迪公司 2020 年 12 月利润表（部分项目略）

编制单位：佳敏迪公司　　　　　　　　　2020 年 12 月　　　　　　　　　　　　　会企 02 表
　　　　　　　　　　　　　　　　　　　　　　　　　　　　　　　　　　　　　　　单位：元

项　目	本期金额	上期金额
一、营业收入	6 355 800	5 720 220
减：营业成本	4 440 500	3 996 450
税金及附加	37 590	33 831
销售费用	435 750	392 175
管理费用	124 500	112 050
研发费用	249 000	224 100
财务费用	45 650	41 085
加：其他收益		
投资收益	37 350	33 615
净敞口套期收益		
公允价值变动收益		
资产减值损失		
资产处置收益		
二、营业利润	1 060 160	954 144
加：营业外收入	3 735	3 362
减：营业外支出	2 400	2 160
三、利润总额	1 061 495	955 346
减：所得税费用	265 373.75	238 836.50
四、净利润	796 121.25	716 509.50

✱ **课堂思考**

1．什么是利润表？它有哪些作用？
2．利润表中的"营业收入"和"营业费用"项目应如何填写？
3．利润表中的"营业利润"和"利润总额"应如何计算？

第四节　现金流量表

一、现金流量表的定义和内容

　　现金流量表是反映企业一定会计期间内现金及现金等价物流入和流出情况的报表，属于动态报表。企业编制现金流量表的主要目的，是为会计报表使用者提供企业一定会计期间内现金及现金等价物流入和流出的信息，以便于会计报表使用者了解和评价企业获取现金及现金等价物的能力，并据以预测企业未来现金流量。因此，现金流量表在评价企业经营业绩、衡量企业财物资源和财务风险以及预测企业未来前景方面有着十分重要的作用。现金流量表有助于评价企业支付能力、偿还能力和周转能力，有助于预测企业未来现金流量，有助于分析企业收益质量及影响现金净流量的因素。

　　在现金流量表中，企业应当按照经营活动、投资活动和筹资活动产生的现金流量分类分项列示。经营活动产生的现金流量应当按照经营活动产生的现金流入和流出的性质分项列示，投资活动产生的现金流量应当按照投资活动产生的现金流入和流出的性质分项列示，筹资活动产生的现金流量应当按照筹资活动产生的现金流入和流出的性质分项列示。

（一）经营活动产生的现金流量

经营活动是指企业投资活动和筹资活动以外的所有活动。 即除归属于投资活动和筹资活动的交易和事项以外的所有交易和事项，都可归属于经营活动。对于工商企业而言，经营活动主要包括销售商品、提供劳务、购买商品、接受劳务、支付税费等。

通常情况下，经营活动产生的现金流入项目主要有：销售商品、提供劳务收到的现金；收到的税费返还；收到其他与经营活动有关的现金。经营活动产生的现金流出项目主要有：购买商品、接受劳务支付的现金；支付给职工以及为职工支付的现金；支付的各项税费；支付其他与经营活动有关的现金。

（二）投资活动产生的现金流量

投资活动是指企业长期资产的购建和不包括在现金等价物范围内的投资及其处置活动。

通常情况下，投资活动产生的现金流入项目主要有：收回投资所收到的现金；取得投资收益收到的现金；处置固定资产、无形资产和其他长期资产收回的现金净额；处置子公司及其他营业单位收到的现金净额；收到其他与投资活动有关的现金。投资活动产生的现金流出项目主要有：购建固定资产、无形资产和其他长期资产支付的现金；投资支付的现金；取得子公司及其他营业单位支付的现金净额；支付其他与投资活动有关的现金。

（三）筹资活动产生的现金流量

筹资活动是指导致企业资本及债务的规模和构成发生变化的活动。

通常情况下，筹资活动产生的现金流入项目主要有：吸收投资收到的现金；取得借款收到的现金；收到其他与筹资活动有关的现金。筹资活动产生的现金流出项目主要有：偿还债务支付的现金；分配股利、利润或偿付利息支付的现金；支付其他与筹资活动有关的现金。

需要注意的是，对于企业日常活动之外特殊的、不经常发生的特殊项目，如自然灾害损失、保险赔偿、捐赠等，企业应当将其归并到相关类别中单独反映。

二、现金流量表的编制基础

现金流量表是以现金和现金等价物为基础编制的，这里的现金包括库存现金、可以随时用于支付的银行存款等。 具体包括以下内容：

（一）库存现金

库存现金是指企业持有的、可随时用于支付的现金。

（二）银行存款

银行存款是指企业存放在金融机构、随时可以用于支付的存款，它与银行存款账户核算的银行存款基本一致，主要的区别是编制现金流量表所指的银行存款是可以随时用于支付的银行存款，如结算账户存款、通知存款等。

（三）其他货币资金

其他货币资金是指企业存放在金融机构的，有特定用途的资金。其他货币资金账户核算的银行存款包括外埠存款、银行本票存款、信用证保证金存款、在途货币资金等。

（四）现金等价物

现金等价物是指企业持有的期限短、流动性强、易于转换为已知金额的现金、价值变动风险很小的投资。这一定义本身包含了判断一项投资是否属于现金等价物的四个条件，即限期短、流动性强、易于转换为已知金额的现金且价值变动风险很小。其中，限期短、流动性强，强调了变现能力；而易于转换为已知金额的现金或价值变动风险较小，则强调了支付能力。

三、现金流量表的格式

现金流量表（见表 8-9）分为两部分：第一部分为表首；第二部分为正表。

表首概括地说明了报表名称、编制单位、报表所属年度、报表编号、货币计量单位等。

正表反映现金流量表的各个项目内容。正表有六项：一是经营活动产生的现金流量；二是投资活动产生的现金流量；三是筹资活动产生的现金流量；四是汇率变动对现金及现金等价物的影响；五是现金及现金等价物净增加额；六是期末现金及现金等价物余额。

表 8-9 现金流量表

编制单位：　　　　　　　　　　　年　月　　　　　　　　　　　会企 03 表
　　　　　　　　　　　　　　　　　　　　　　　　　　　　　　　单位：元

项　　目	本期金额	上期金额
一、经营活动产生的现金流量：		
销售商品、提供劳务收到的现金		
收到的税费返还		
收到其他与经营活动有关的现金		
经营活动现金流入小计		
购买商品、接受劳务支付的现金		
支付给职工以及为职工支付的现金		
支付的各项税费		
支付其他与经营活动有关的现金		
经营活动现金流出小计		
经营活动产生的现金流量净额		
二、投资活动产生的现金流量：		
收回投资收到的现金		
取得投资收益收到的现金		
处置固定资产、无形资产和其他长期资产收回的现金净额		
处置子公司及其他营业单位收到的现金净额		
收到其他与投资活动有关的现金		
投资活动现金流入小计		
购建固定资产、无形资产和其他长期资产支付的现金		
投资支付的现金		
取得子公司及其他营业单位支付的现金净额		

(续)

项　　目	本期金额	上期金额
支付其他与投资活动有关的现金		
投资活动现金流出小计		
投资活动产生的现金流量净额		
三、筹资活动产生的现金流量：		
吸收投资收到的现金		
取得借款收到的现金		
收到其他与筹资活动有关的现金		
筹资活动现金流入小计		
偿还债务支付的现金		
分配股利、利润或偿付利息支付的现金		
支付其他与筹资活动有关的现金		
筹资活动现金流出小计		
筹资活动产生的现金流量净额		
四、汇率变动对现金及现金等价物的影响		
五、现金及现金等价物净增加额		
加：期初现金及现金等价物余额		
六、期末现金及现金等价物余额		

四、现金流量表附注

现金流量表附注共分为三个部分：第一部分是"将净利润调整为经营活动现金流量"；第二部分是"不涉及现金收支的重大投资和筹资活动"；第三部分是"现金及现金等价物净变动情况"，见表 8-10。现金流量表附注通过净利润间接编制。

表 8-10　现金流量表附注

编制单位：　　　　　　　　　　　　　年　月　　　　　　　　　　　　　单位：元

补充资料	本期金额	上期金额
1、将净利润调整为经营活动现金流量		
净利润		
加：资产减值准备		
信用损失准备		
固定资产折旧、油气资产折耗、生产性生物资产折旧		
无形资产摊销		
长期待摊费用摊销		
处置固定资产、无形资产和其他长期资产的损失（收益以"－"号填列）		
固定资产报废损失（收益以"－"号填列）		
净敞口套期损失（收益以"－"号填列）		
公允价值变动损失（收益以"－"号填列）		
财务费用（收益以"－"号填列）		
投资损失（收益以"－"号填列）		
递延所得税资产减少（增加以"－"号填列）		

（续）

补 充 资 料	本期金额	上期金额
递延所得税负债增加（减少以"－"号填列）		
存货的减少（增加以"－"号填列）		
经营性应收项目的减少（增加以"－"号填列）		
经营性应付项目的增加（减少以"－"号填列）		
其他		
经营活动产生的现金流量净额		
2、不涉及现金收支的重大投资和筹资活动：		
债务转为资本		
一年内到期的可转换公司债券		
3、现金及现金等价物净变动情况：		
现金的期末余额		
减：现金的期初余额		
加：现金等价物的期末余额		
减：现金等价物的期初余额		
现金及现金等价物净增加额		

课堂思考

1．什么是现金流量表？它有哪些作用？
2．现金流量表主要包括哪几部分内容？
3．现金流量表与资产负债表的关系是怎样的？

第五节　所有者权益变动表

所有者权益变动表是反映企业年末所有者权益（或股东权益）增减变动情况的报表。通过该表，可以了解企业某一会计年度所有者权益的各项目实收资本（或股本）、资本公积、盈余公积和未分配利润等的增加、减少及其余额的情况，分析其变动原因及预测未来的变动趋势。

按照《企业会计准则第30号——财务报表列报》的规定，所有者权益变动表至少应当单独列示下列信息项目：①综合收益总额；②会计政策变更和差错更正的累计影响金额；③所有者投入资本和向所有者分配利润等；④按照规定提取的盈余公积；⑤所有者权益各组成部分的期初和期末余额及其调节情况。

为了清楚地表明构成所有者权益的各组成部分当期的增减变动情况，所有者权益变动表应当以矩阵的形式列示：一方面，列示导致所有者权益变动的交易或事项，不再仅仅按照所有者权益的各组成部分反映所有者权益变动情况，而是从所有者权益变动的来源对一定时期内的所有者权益变动情况进行全面反映；另一方面，按照所有者权益各组成部分（包括实收资本、资本公积、其他综合收益、盈余公积、未分配利润和库存股等）及其总额列示交易或事项对所有者权益的影响。此外，企业还需要提供比较所有者权益变动表，即所有者权益变动表还应就各项目再分为"本年金额"和"上年金额"分别填列，见表8-11。

表 8-11 所有者权益变动表（部分项目略）

会企04表

年度

编制单位：　　　　　　　　　　　　　　　　　　　　　　　　　　　　　　　　　　　　单位：元

项目	本年金额									上年金额								
	实收资本（或股本）	其他权益工具			资本公积	减：库存股	其他综合收益	盈余公积	未分配利润	所有者权益合计	实收资本（或股本）	其他权益工具			资本公积	减：库存股	其他综合收益	盈余公积	未分配利润	所有者权益合计
		优先股	永续债	其他								优先股	永续债	其他						
一、上年年末余额																				
加：会计政策变更																				
前期差错更正																				
其他																				
二、本年年初余额																				
三、本年增减变动金额（减少以"-"号填列）																				
（一）综合收益总额																				
（二）所有者投入和减少资本																				
1. 所有者投入的普通股																				

2. 其他权益工具持有者投入资本													
3. 股份支付计入所有者权益的金额													
4. 其他													
(三) 利润分配													
1. 提取盈余公积													
2. 对所有者（或股东）的分配													
3. 其他													
(四) 所有者权益内部结转													
1. 资本公积转增资本（或股本）													
2. 盈余公积转增资本（或股本）													
3. 盈余公积弥补亏损													
4. 设定受益计划变动额结转留存收益													
5. 其他综合收益结转留存收益													
6. 其他													
四、本年年末余额													

❋ **课堂思考**
1. 什么是所有者权益变动表？它有哪些作用？
2. 所有者权益变动表主要包括哪几部分内容？
3. 所有者权益变动表与资产负债表的关系是怎样的？
4. 所有者权益变动表与利润表的关系是怎样的？

第六节 会计报表附注

一、会计报表附注的意义

会计报表附注是对在资产负债表、利润表、现金流量表和所有者权益变动表等报表中列示项目的文字描述或明细资料，以及对未能在这些报表中列示项目的说明等。

会计报表附注应当披露财务报表的编制基础，相关信息应当与资产负债表、利润表、现金流量表和所有者权益变动表等报表中列示的项目相互参照。

二、会计报表附注的内容

按照《企业会计准则第30号——财务报表列报》的规定，会计报表附注一般应当按照下列顺序至少披露以下内容：①企业基本情况，包括企业注册地、组织形式和总部地址；企业的业务性质和主要经营活动；母公司以及集团最终母公司的名称；财务报告的批准报出者和财务报告批准报出日，或者以签字人及其签字日期为准；营业期限有限的企业，还应当披露有关其营业期限的信息。②会计报表的编制基础。③遵循企业会计准则的声明。④重要会计政策和会计估计。⑤会计政策和会计估计变更以及差错更正的说明。⑥报表重要项目的说明。企业应当按照资产负债表、利润表、现金流量表、所有者权益变动表及其项目列示的顺序，对报表重要项目的说明采用文字和数字描述相结合的方式进行披露。⑦或有和承诺事项、资产负债表日后非调整事项、关联方关系及其交易等需要说明的事项。⑧有助于财务报表使用者评价企业管理资本的目标、政策及程序的信息。

此外，企业还应当在附注中披露在资产负债表日后、财务报告批准报出日前提议或宣布发放的股利总额和每股股利金额（或向投资者分配的利润总额）。

❋ **课堂思考**
1. 财务报表附注的主要作用是什么？
2. 财务报表附注应按照顺序披露的内容有哪些？

本章小结

本章学习的主要目的是了解财务报告的内容及相关法律法规对会计报表编制和披露的要求，明确财务报告的内涵及构成；了解会计报表编制的理论依据及基本假设；掌握资产负债表、利润表、现金流量表和所有者权益变动表之间的勾稽关系，准确界定各报表项目的适用范围和具体内容，准确地计算和填列各项目；能够完成资产负债表、利润表的编制工作；了解现金流量表及附注的内容及编制逻辑；了解所有者权益变动表的内容及会计报表附注的披露顺序、要求和内容；能够全面、清晰、系统地掌握财务报告在会计循环中所处的环节及所需列报项目的数据来源，保证所编制会计报表的真实性、可比性、及时性、全面性和可理解性。

思维导图

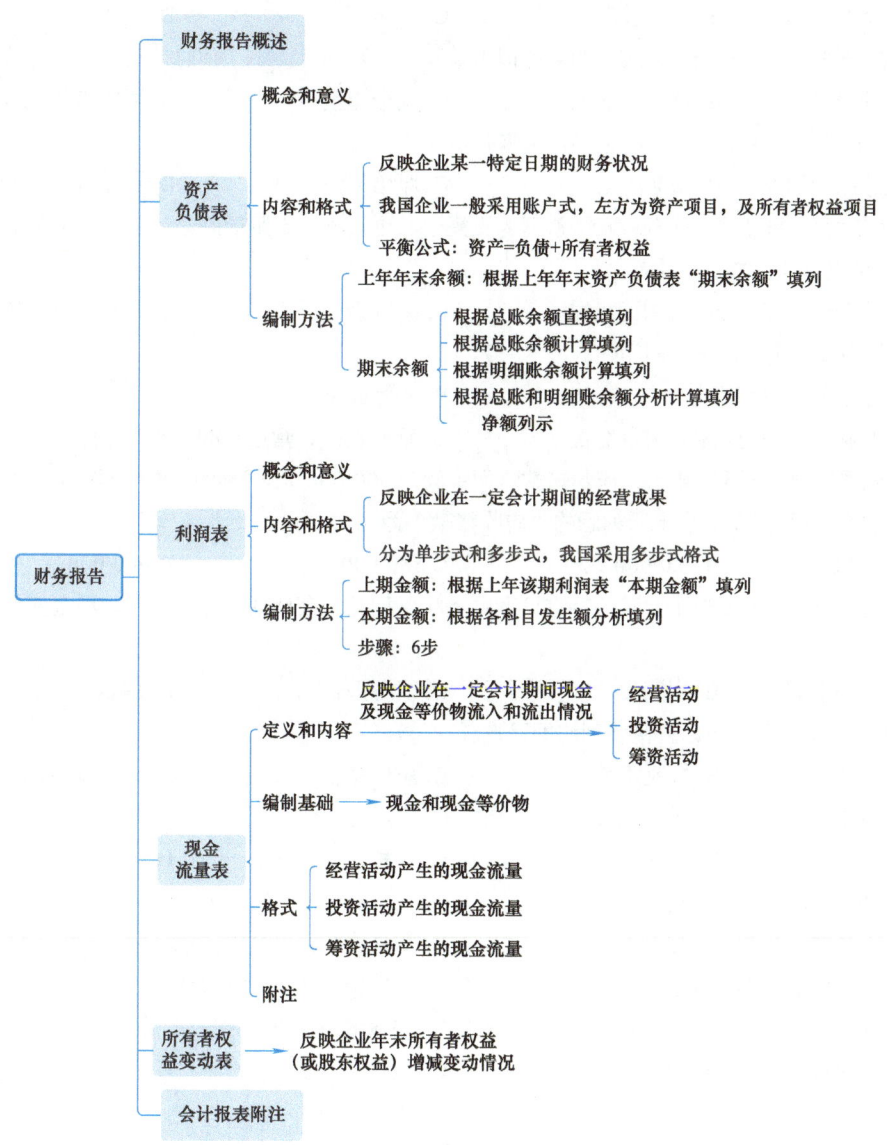

本章实训

一、单项选择题

1. 为了具体反映利润的形成情况，我国现行的利润表的结构一般采用的是（　　）。
   A. 单步式　　　　B. 三步式　　　　　C. 多步式　　　　　D. "丁"字形账户
2. 反映企业在某一特定日期资产、负债及所有者权益情况的会计报表是（　　）。
   A. 资产负债表　　B. 利润表　　　　　C. 利润分配表　　　D. 现金流量表
3. 按照我国现行会计制度的规定，企业编制资产负债表的时限是（　　）。
   A. 一个月　　　　B. 一个季度　　　　C. 半年　　　　　　D. 一年
4. 反映企业一定时期内经营成果的会计报表是（　　）。
   A. 利润表　　　　B. 资产负债表　　　C. 现金流量表　　　D. 所有者权益变动表
5. 会计报表中有关报表项目的金额直接来源是（　　）。
   A. 汇总原始凭证　B. 账簿记录　　　　C. 原始凭证　　　　D. 记账凭证
6. 将分散零星的日常会计资料归纳整理为更集中、更系统、更概括的会计资料，以总括反映企业财务状况和经营成果的核算方法是（　　）。
   A. 编制会计凭证　B. 编制记账凭证　　C. 编制会计报表　　D. 登记会计账簿
7. 利润表反映企业在一定期间内的（　　）。
   A. 财务状况和盈利能力　　　　　　　B. 经营成果情况
   C. 营业利润、利润总额、利润分配　　D. 营业收入、营业利润、利润分配
8. 某公司经营第一年年末时，应收账款账面余额为 500 000 元，当年计提的坏账准备共计 80 000 元，则该公司年末资产负债表上所列示的"应收账款"为（　　）。
   A. 500 000 元　　B. 420 000 元　　　C. 580 000 元　　　D. 600 000 元
9. 企业对外提供的反映企业某一特定日期财务状况和某一会计期间经营成果、现金流量情况的书面文件是（　　）。
   A. 资产负债表　　B. 利润表　　　　　C. 财务报告　　　　D. 现金流量表
10. 下列报表项目中可以直接填列的项目是（　　）。
    A. 货币资金　　　B. 应收账款　　　　C. 应付账款　　　　D. 未分配利润
11. 下列报表项目中需要计算填列的项目是（　　）。
    A. 应付职工薪酬　B. 坏账准备　　　　C. 存货　　　　　　D. 累计折旧
12. 下列对资产流动性描述正确的是（　　）。
    A. 现金的流动性强于固定资产　　　　B. 交易性金融资产的流动性强于银行存款
    C. 应收账款的流动性强于交易性金融资产　D. 固定资产的流动性强于存货
13. 反映企业一定会计期间内现金和现金等价物流入和流出情况的报表的是（　　）。
    A. 资产负债表　　B. 利润表　　　　　C. 利润分配表　　　D. 现金流量表
14. 下列选项中，反映了资产负债表内有关资产项目排列顺序的是（　　）。
    A. 固定资产、流动资产、长期股权投资、递延所得税资产

B. 流动资产、长期股权投资、固定资产、无形资产、递延所得税资产

C. 流动资产、固定资产、长期股权投资、无形资产及其他资产、递延所得税资产

D. 流动资产、长期股权投资、递延所得税资产、固定资产、无形资产及其他资产

15. 资产负债表设计的主要依据是（　　）。

A. 会计恒等式　　B. 复式记账原理　　C. 账户结构原理　　D. 收入－费用＝利润

16. 资产负债表是根据会计等式编制的，这里的会计等式是指（　　）。

A. 收入－费用＝利润　　　　　　B. 费用＝成本＋期间费用

C. 资产＝负债＋所有者权益　　　　D. 现金流入－现金流出＝现金净流量

17. 资产负债表中，"应收账款"项目应填列的根据是（　　）。

A. "应收账款"总分类账户期末余额

B. "应收账款"和"预付账款"总分类账户的明细分类账户的期末余额合计

C. "应收账款"总分类账户各明细分类账户的期末借方余额合计

D. "应收账款"和"预收账款"总分类账户各明细分类账户的期末借方余额合计，减去"坏账准备"账户中有关应收账款计提的坏账准备期末余额后的金额填列

18. 资产负债表中，负债项目的排列顺序是（　　）。

A. 变现能力　　B. 盈利能力　　C. 清偿债务的先后顺序　　D. 变动性

19. "累计折旧"项目在资产负债表上的列示是（　　）。

A. 列入流动资产类，作为固定资产的抵减项目

B. 列入固定资产类，作为固定资产的抵减项目

C. 列在流动负债类

D. 列在非流动负债类

20. "预付款项"应放在资产负债表中的哪个类别里（　　）。

A. 流动资产　　B. 流动负债　　C. 非流动资产　　D. 非流动负债

21. "预收款项"应放在资产负债表中的哪个类别里（　　）。

A. 流动资产　　B. 流动负债　　C. 非流动资产　　D. 非流动负债

22. 按会计报表所反映的经济内容分类，资产负债表属于（　　）。

A. 财务状况报表　　B. 经营成果报表　　C. 对外报表　　D. 月报

23. 按照我国会计准则的要求，资产负债表采用的格式为（　　）。

A. 单步报告式　　B. 多步报告式　　C. 账户式　　D. 混合式

24. 不能通过资产负债表了解的会计信息是（　　）。

A. 企业负债的结构

B. 企业资金的来源渠道和构成

C. 企业所掌握的经济资源及其分布情况

D. 企业在一定期间内现金的流入和流出的信息及现金增减变动的原因

25. 某企业应付账款明细账的期末余额情况如下：W企业贷方余额为200 000元，Y企业借方余额为180 000元，Z企业贷方余额为300 000元。假如该企业"预付账款"明细账均为借方余额，则根据以上数据计算的、反映在资产负债表上应付账款项目的数额为（　　）。

A. 680 000　　B. 320 000　　C. 500 000　　D. 80 000

26. 在资产负债表中，下列科目属于流动资产的是（　　）。

A. 交易性金融资产　B. 债权投资　　　　C. 生产性生物资产　　D. 长期股权投资

27. 资产负债表"期末余额"栏内各项数字，根据有关科目余额减去其备抵账户余额后净额列示的项目是（　　）。

A. 交易性金融资产　B. 长期股权投资　　C. 货币资金　　　　　D. 短期借款

28. 资产负债表"期末余额"栏内各项数字，根据总账科目余额填列的报表项目是（　　）。

A. 交易性金融资产　B. 债权投资　　　　C. 生物资产　　　　　D. 持有待售资产

29. 资产负债表不能提供的会计信息是（　　）。

A. 企业固定资产的新旧程度

B. 企业资金的来源渠道

C. 企业在一定期间内现金的流入和流出的信息及其增减变动的原因

D. 企业所掌握的经济资源及其分布情况

30. 资产负债表的下列项目中，需要根据几个总账账户的期末余额进行汇总填列的是（　　）。

A. 长期股权投资　　B. 预计负债　　　　C. 实收资本　　　　　D. 货币资金

31. 资产负债表中的存货项目，应根据（　　）。

A. 存货账户的期末借方余额直接填列

B. 原材料账户的期末借方余额直接填列

C. 原材料、生产成本和库存商品等账户的期末借方余额之和填列

D. 原材料、在产品和库存商品等账户的期末借方余额之和填列

32. 编制会计报表时，以"收入－费用＝利润"这一会计等式作为编制依据的会计报表是（　　）。

A. 资产负债表　　　B. 所有者权益变动表　C. 利润表　　　　　　D. 现金流量表

33. 多步式利润表是通过多步计算求出当期损益，通常把利润计算分解为（　　）。

A. 营业利润、利润总额和净利润　　　　B. 毛利、营业利润和应税利润额

C. 营业收入、营业利润和可分配利润　　D. 毛利、营业利润和利润总额

34. 在利润表中，对主营业务和其他业务合并列示，而将各项利润单独列示，这一做法体现了（　　）。

A. 客观性原则　　　B. 重要性原则　　　　C. 配比性原则　　　　D. 权责发生制原则

35. 财务报告不能反映（　　）。

A. 会计主体财务状况　　　　　　　　　B. 会计主体经营成果

C. 会计主体财务状况变动情况　　　　　D. 会计主体未来发展战略

36. 反映企业在某一特定时点资产、负债及所有者权益情况的会计报表是（　　）。

A. 资产负债表　　　B. 利润表　　　　　　C. 利润分配表　　　　D. 现金流量表

37. 下列选项中，反映了资产负债表内有关所有者权益项目排列顺序的是（　　）。

A. 实收资本、盈余公积、资本公积、未分配利润

B. 实收资本、资本公积、盈余公积、未分配利润

C. 实收资本、资本公积、未分配利润、盈余公积

D. 实收资本、未分配利润、资本公积、盈余公积

38. 利润表的利润项目共分为四个层次，其排列顺序是（　　）。

A. 营业利润、利润总额、净利润、每股收益

B. 营业利润、主营业务利润、利润总额、净利润

C. 主营业务利润、营业利润、净利润、利润总额

D. 净利润、利润总额、营业利润、主营业务利润

39. 在利润表上,利润总额扣除某项目后,得出净利润或净亏损,其中某项目是指( )。
A. 管理费用　　　　　B. 财务费用　　　　　C. 营业外收支净额　　　D. 所得税费用

40. 下列属于现金流量表中投资活动的是( )。
A. 销售商品　　　　　B. 提供劳务　　　　　C. 购买固定资产　　　D. 接受劳务

二、多项选择题

1. 企业每月终了都需编制和报送的会计报表有( )。
A. 资产负债表　　B. 利润表　　　C. 利润分配表　　D. 现金流量表　　E. 报表附注

2. 现金流量表在结构上将企业一定期间产生的现金流量分为( )三类。
A. 经营活动产生的现金流量　　　　B. 投资活动产生的现金流量
C. 筹资活动产生的现金流量　　　　D. 出租资产产生的现金流量
E. 变卖资产产生的现金流量

3. 财务报表按编报的主体不同,可以分为( )。
A. 个别财务报表　B. 财务状况报表　C. 半年报　　D. 合并财务报表　E. 汇总会计报表

4. 财务报表的组成项目是( )。
A. 资产负债表　　　　　B. 利润表　　　　　C. 现金流量表
D. 所有者权益变动表　　E. 财务报表附注

5. 财务报告的目标是( )。
A. 向财务报告使用者提供与企业财务状况、经营成果和现金流量等有关的会计信息
B. 反映企业管理层受托责任履行情况
C. 有助于财务报告使用者做出经济决策
D. 仅提供会计信息
E. 提供内部管理所需的一切信息

6. 财务报告包括( )。
A. 会计报表
B. 会计报表附注
C. 成本报表
D. 其他应当在财务报告中披露的相关信息和资料
E. 对外报送的会计报表、会计报表附注和财务情况说明书

7. 财务报告编制前的准备工作包括( )。
A. 全面清查资产　　　　　B. 核实债务　　　C. 核对会计凭证和会计账簿
D. 结账　　　　　　　　　E. 检查需要调整的项目

8. 财务报告的编制要求是( )。
A. 真实可靠　　B. 相关可比　　C. 全面完整　　D. 编报及时　　E. 详尽、面面俱到

9. 财务报告使用者包括( )。
A. 投资者　　　B. 债权人　　　C. 政府及有关部门　D. 社会公众　　E. 潜在投资者

10. 反映了企业财务和经营状况的核心信息,构成了企业对外报送的基本会计报表的是( )。
A. 资产负债表　　　　　B. 利润表　　　　　　　　C. 现金流量表
D. 所有者权益变动表　　E. 财务状况说明书

11. 根据《中华人民共和国会计法》和《企业财务会计报告条例》的规定，下列各项中，属于财务报告组成部分的有（   ）。

　　A. 会计报表　　　　　　　B. 会计报表附注　　　　　　C. 财务报告说明书

　　D. 注册会计师出具的审计报告　　E. 年度生产计划表

12. 根据国家统一的会计制度的规定，单位对外提供的财务报告应该由单位有关负责人签字并盖章。下列各项中，应当在单位对外提的财务报告上签字盖章的有（   ）。

　　A. 单位负责人　　　　　　B. 总会计师　　　　　　　　C. 会计机构负责人

　　D. 单位内部审计人员　　　E. 出纳

13. 季度和月度的财务报告通常仅指会计报表，会计报表至少应当包括（   ）。

　　A. 利润表　　B. 利润分配表　　C. 资产负债表　　D. 现金流量表　　E. 所有者权益变动表

14. 下列各项中，属于会计报表反映的经济内容分类标准的有（   ）。

　　A. 财务状况　　　　　　　B. 经营成果　　　　　　　　C. 财务状况变动情况

　　D. 内部经营管理　　　　　E. 会计信息使用者的要求

15. 下列各项中，属于会计报表涉及内容的有（   ）。

　　A. 经济指标体系　　B. 报表基本内容　　C. 编报程序　　D. 财务报告体系　　E. 编报要求

16. 下列关于财务报告报出时间符合及时性要求规定的是（   ）。

　　A. 季度财务报告于季度终了 15 日内报出

　　B. 季度财务报告于季度终了 30 日内报出

　　C. 月度财务报告于月份终了 6 日内报出

　　D. 半年度财务报告于中期结束后 60 天内报出

　　E. 半年度财务报告于中期结束后 90 天内报出

17. 资产负债表提供的信息，可以帮助管理者（   ）。

　　A. 分析企业资产的结构及其状况　　　B. 分析企业目前与未来需要支付的债务数额

　　C. 分析企业的盈利能力　　　　　　　D. 分析企业的现金流量情况

　　E. 预测未来企业盈利能力

18. 关于存货项目的填列，下列说法不正确的是（   ）。

　　A. 根据低值易耗品和包装物账户余额相加填列

　　B. 只需将"原材料"账户余额加"材料成本差异"账户余额

　　C. 根据"库存商品"账户余额填列

　　D. 根据"原材料"账户余额加"库存商品"账户余额填列

　　E. 根据"原材料""库存商品""周转材料"账户余额相加后填列

19. 交易性金融资产项目，反映企业所持有的以公允价值计量且其变动计入当期损益的为交易目的的金融资产，具体包括（   ）。

　　A. 企业债券投资　B. 国债投资　　C. 股票投资　　D. 基金投资　　E. 权证投资

20. 如果企业在期末不对预提性费用进行调整，则会导致当期（   ）

　　A. 费用虚增　　B. 费用虚减　　C. 资产虚增　　D. 资产虚减　　E. 利润虚增

21. 下列各项中属于资产负债表的作用的有（   ）。

　　A. 了解企业拥有或控制的资产总额及其构成情况

　　B. 评价企业的偿债能力和筹资能力

　　C. 考察企业资本的保值和增值情况

D. 预测企业未来的财务状况和财务安全程度等

E. 反映企业的负债和所有者权益情况

22. 下列有关资产负债表项目的填列，符合《企业会计准则》与《企业会计制度》规定的有（　　）。

A. 一年内到期的长期负债在流动负债项目下列示

B. 存货项目应根据组成项目合计填列

C. 固定资产项目应以固定资产减去累计折旧再减去固定资产减值准备的净额列示

D. 应收账款科目的明细科目有贷方余额，应在预收账款下列示

E. 货币资金项目应以各组成项目合计填列

23. 下列账户中，可能影响资产负债表中"应付账款"项目金额的有（　　）。

A. 应收账款　　B. 预收账款　　C. 应付账款　　D. 预付账款　　E. 货币资金

24. 下列属于资产负债表所有者权益项目下列示内容的有（　　）。

A. 股本　　B. 资本公积　　C. 库存股　　D. 盈余公积　　E. 未分配利润

25. 应交税费项目反映企业按照税法规定计算应缴纳的各种税费，包括（　　）。

A. 增值税　　B. 消费税　　C. 车船税　　D. 印花税　　E. 房产税

26. 在建工程项目反映企业期末未完工程的实际支出，包括（　　）等项目的可回收金额。

A. 交付安装的设备价值　　　　B. 未完建筑安装工程已经耗用的材料

C. 工资和费用支出　　　　　　D. 预付出包工程的价款

E. 费用化的借款利息

27. 资产负债表"期末余额"栏内各项数字，根据明细账科目余额计算填列的报表项目有（　　）。

A. 交易性金融资产　　　　B. 短期借款　　　　C. 应收账款

D. 应付职工薪酬　　　　　E. 应付账款

28. 资产负债表"期末余额"栏内各项数字，根据有关科目余额减去其备抵账户余额后净额列示的项目有（　　）。

A. 长期股权投资　　B. 固定资产　　C. 在建工程　　D. 应收票据　　E. 应收账款

29. 资产负债表"期末余额"栏内各项数字，根据总账科目和明细科目余额计算填列的项目有（　　）。

A. 应付账款　　　　　　B. 预付账款　　　　　　C. 短期借款

D. 交易性金融资产　　　E. 应付票据

30. 资产负债表的"存货"项目应根据（　　）等总账科目的合计数填列。

A. 发出商品　　B. 自制半成品　　C. 在建工程　　D. 周转材料　　E. 原材料

31. 资产负债表的附表有（　　）。

A. 分部报表　　　　　　B. 股东权益变动表　　　　　　C. 应交增值税明细表

D. 资产减值准备明细表　　E. 财务情况说明书

32. 资产负债表中"货币资金"项目包含的内容为（　　）。

A. 银行存款账户余额　　　B. 库存现金账户余额　　　C. 应收账款账户余额

D. 其他货币资金账户余额　E. 交易性金融资产账户余额

33. 资产负债表中不属于非流动资产的项目包括（　　）。

A. 消耗性生物资产　　　　B. 存货　　　　C. 在建工程

D. 油气资产　　　　　　　E. 交易性金融资产

34. 资产负债表中的"存货"项目包含的内容有（　　）。
A. 代管物资　　B. 材料采购　　C. 原材料　　D. 库存商品　　E. 生产成本

35. 会计报表按照所反映的经济内容不同，可分为（　　）。
A. 反映财务状况的会计报表　　B. 反映经营成果的会计报表　　C. 个别会计报表
D. 反映现金流量的会计报表　　E. 反映费用成本的会计报表

36. 报表使用者通过利润表可以（　　）。
A. 了解企业资产变动情况　　B. 了解企业收入、成本和费用及利润的实现情况
C. 了解企业的获利能力　　D. 了解投资者投入资本的保值增值能力
E. 了解利润分配的主要依据

37. 利润表的格式有（　　）。
A. 单步式　　B. 账户式　　C. 多步式　　D. 报告式　　E. 顺序式

38. 利润表提供的信息包括（　　）。
A. 实现的营业收入　　B. 发生的营业成本　　C. 资产减值损失
D. 利润或亏损总额　　E. 企业的财务状况

39. 企业利润表将费用按功能划分为（　　）。
A. 营业成本　　B. 销售费用　　C. 管理费用　　D. 财务费用　　E. 所得税费用

40. 企业利润表利润披露层次为（　　）。
A. 营业利润　　B. 利润总额　　C. 净利润
D. 销售商品提供劳务产生的利润　　E. 投资产生的利润

41. 企业下列报表中，属于对外的会计报表的有（　　）。
A. 资产负债表　　B. 利润表　　C. 所有者权益变动表
D. 制造成本表　　E. 现金流量表

42. 下列等式正确的有（　　）。
A. 主营业务利润 = 主要业务收入 − 主营业务成本 − 税金及附加
B. 其他业务利润 = 其他业务收入 − 其他业务成本
C. 利润总额 = 营业利润 + 营业外收支净额
D. 期间费用 = 销售费用 + 管理费用 + 财务费用
E. 营业外收支净额 = 营业外收入 − 营业外支出

43. 下列各项利润表项目中，能够共同提供营业毛利润信息的有（　　）。
A. 营业收入　　B. 营业成本　　C. 销售费用　　D. 税金及附加　　E. 营业利润

44. 下列项目需要在利润表中列示的有（　　）。
A. 生产成本　　B. 其他业务收入　　C. 资产减值损失　　D. 主营业务收入　　E. 原材料

45. 下列项目中，影响营业利润的有（　　）。
A. 营业收入　　B. 管理费用　　C. 营业外收入　　D. 税金及附加　　E. 财务费用

46. 下列项目中，在税金及附加范围之内的是（　　）。
A. 增值税　　B. 消费税　　C. 车船税　　D. 所得税　　E. 印花税

47. 现金流量表中，正表是反映现金流量表各个项目的内容的部分，由（　　）等项目构成。
A. 经营活动产生的现金流量　　B. 投资活动产生的现金流量
C. 筹资活动产生的现金流量　　D. 汇率变动对现金的影响
E. 现金及现金等价物净增加额

48. 营业利润项目包含的内容有（ ）。
   A. 资产减值损失　　　　　　　B. 投资收益　　　　　　　　C. 公允价值变动收益
   D. 销售费用　　　　　　　　　E. 主营业务收入

49. 经营活动是指企业投资活动和筹资活动以外的所有交易和事项。对于制造企业而言，经营活动主要包括（ ）。
   A. 销售商品　　B. 提供劳务　　C. 购买商品　　D. 接受劳务　　E. 支付税费

50. 下列项目中属于现金流量表中的"筹资活动"的是（ ）。
   A. 发行股票　　B. 购入原材料　C. 出售库存商品　D. 出售材料　　E. 借入长期借款

51. 下列项目中属于现金流量表中的"经营活动"的是（ ）。
   A. 发行股票　　B. 购入原材料　C. 出售库存商品　D. 出售材料　　E. 购入无形资产

52. 下列项目中属于现金流量表中的"投资活动"的是（ ）。
   A. 购入固定资产　B. 购入原材料　C. 出售库存商品　D. 出售材料　　E. 购入无形资产

53. 现金等价物的特点有（ ）。
   A. 期限短　　　　　　　　　　B. 期限长　　　　　　　　　C. 流动性强
   D. 易转换为已知金额的现金　　E. 价值变动风险小

54. 财务报表按编报的期间不同，可以分为（ ）。
   A. 年度财务报表　B. 月报　　C. 长期财务报表　D. 中期财务报表　E. 半年报

55. 下列项目中反映企业利润总额构成部分的是（ ）。
   A. 产品生产成本　B. 制造费用　C. 投资净收益　　D. 存货　　　　E. 财务费用

56. 现金流量表中的筹资活动主要包括（ ）。
   A. 向银行借款　　　　　　　　B. 发行债券　　　　　　　　C. 购入原材料
   D. 在建工程的构建　　　　　　E. 发行股票

57. 现金流量表中的投资活动主要有（ ）。
   A. 购入固定资产　　　　　　　B. 购入无形资产　　　　　　C. 购入原材料
   D. 在建工程的构建　　　　　　E. 处置无形资产

58. 以下为筹资活动产生的现金流入项目的有（ ）。
   A. 销售商品　　　　　　　　　B. 取得借款收到的现金　　　C. 支付税费
   D. 收到的税费返还　　　　　　E. 吸收投资收到的投资

59. 以下为经营活动产生的现金流出项目的有（ ）。
   A. 偿还债务支付的现金　　　　B. 支付的各种税费
   C. 偿付利息支付的现金　　　　D. 购买商品
   E. 接受劳务支付的现金

60. 以下为经营活动产生的现金流入项目的有（ ）。
   A. 销售商品　　　　　　　　　B. 提供劳务收到的现金　　　C. 支付税费
   D. 收到的税费返还　　　　　　E. 处置固定资产所收回的现金净额

61. 以下为投资活动产生的现金流入项目的有（ ）。
   A. 销售商品　　　　　　　　　B. 取得投资收益收到的现金
   C. 处置固定资产收回的现金净额　D. 收到的税费返还
   E. 取得借款收到的现金

三、判断题

1. 企业中期报表是指半年度财务报表。（   ）
2. 对外报送的会计报表是由主表、附表和会计报表附注组成的。（   ）
3. 对于企业集团，除了母公司编制个别会计报表外，还应当编制集团的合并会计报表。（   ）
4. 会计报表附注是财务报告的有机组成部分。（   ）
5. 利用报表之间的勾稽关系，可以检查报表编制的正确性。（   ）
6. 年度、半年度、季度的企业财务报告包括会计报表、会计报表附注和财务情况说明书三项组成。（   ）
7. 企业应于每月编制会计报表时，编制财务情况说明书，并与会计报表一同报送有关部门。（   ）
8. 所有者权益变动表是静态报表。（   ）
9. 为了保证会计报表的及时性，可以提前结账。（   ）
10. 我国《企业财务会计报告条例》规定，年度结账日为公历 12 月 31 日；半年度、季度、月度结账日分别为公历年度每半年、每季、每月的最后一天。（   ）
11. 现金流量表是静态报表。（   ）
12. 月度财务报告在每月终了时编制，应于月份终了后 6 日内报出，至少应当包括资产负债表和利润表，需要编制会计报表附注的，从其规定。（   ）
13. 债权人主要关注的是投资的风险和投资报酬。（   ）
14. 资产负债表的格式主要有账户式和报告式两种，我国采用的是账户式，因此才出现财务报告这个名词。（   ）
15. 长期股权投资项目，反映企业以公允价值计量且其变动计入当期损益的金融资产内容。本项目应根据"长期股权投资"科目的期末余额，减去"长期股权投资减值准备"科目期末余额后的金额填列。（   ）
16. 如果"应付职工薪酬"账户为借方余额，则应将其作为债权披露在资产负债表中资产方。（   ）
17. 在我国，资产负债表的"上年年末余额"栏各项目数字，应根据上年年末资产负债表期末数栏内所列数字填列。（   ）
18. 资产负债表的"期末余额"栏各项目主要是根据总账或有关明细账期末贷方余额直接填列。（   ）
19. 资产负债表中"货币资金"项目反映企业库存现金、银行结算户存款、外埠存款、银行汇票存款和银行本票存款等货币资金的合计数，因此，该项目应根据现金、银行存款账户的期末余额合计数填列。（   ）
20. 资产负债表中应收账款项目应根据应收账款账户的各明细账户的期末借方余额合计填列。如果预付账款账户有关明细账户有借方余额的，也应包括在该项目内；如果应收账款账户有关明细账户有贷方余额的，也应包括在预付账款项目内填列。（   ）
21. 单步式利润表是将当期所有的收入列在一起，然后将所有的费用、支出等列在一起，两者相减得出净损益。（   ）
22. 净利润是指营业利润减去所得税后的净额。（   ）
23. 利润表的编制基础为权责发生制。（   ）
24. 目前国际上比较普遍的利润表的格式主要有多步式利润表和单步式利润表两种。为简便明晰

起见，我国企业采用的是单步式利润表格式。（ ）

25. 所有者权益是指企业投资者对企业净资产的所有权。（ ）

26. 负债是指企业债权人对企业净资产的所有权。（ ）

27. 通过利润表提供的不同时期的比较数字，可以分析企业的获利能力及利润的未来发展趋势，了解投资者投入资本的保值增值情况。（ ）

28. 营业利润扣减掉管理费用、销售费用、财务费用和所得税费用后得到净利润。（ ）

29. 对证券公司而言，编制现金流量表时，经营活动主要包括自营证券、代理承销证券、代理兑付证券、代理买卖证券。（ ）

30. 现金流量表的编制基础为收付实现制。（ ）

31. 现金流量表正表的"经营活动产生的现金流量净额"，与补充资料中的"经营活动产生的现金流量净额"应当核对相符。（ ）

32. 现金流量表中的现金等价物指企业持有的期限短、流动性强、易于转换为已知金额的现金、价值变动风险小的投资。其中，期限短一般是指在购买日之后的6个月内到期。（ ）

33. 现金流量表中现金的概念与库存现金的概念是相同的。（ ）

34. 会计报表附表主要有资产减值准备明细表、利润分配表、股东权益增减变动表、分部表等，是对主要会计报表的必要补充。（ ）

35. 会计报表附注应当说明企业生产经营的基本情况、利润实现和分配情况、资金增减和周转情况，以及对企业财务状况、经营成果和现金流量有重大影响的其他事项等。（ ）

36. 小企业编制的会计报表可以不包括现金流量表。（ ）

四、计算题

1. 2021年年末，某公司应收账款明细账借方余额合计为500 000元，假设预收账款余额为0，当年计提的坏账准备共计80 000元，则年末资产负债表上所列示的"应收账款"为（ ）元。

A.420 000   B.480 000   C.590 000   D.400 000   E.470 000

2. 宏大公司年末"长期待摊费用"科目有借方余额580 000元，经过分析，其中将在一年内摊销的长期待摊费用为70 000元，则该公司资产负债表中"长期待摊费用"项目应列示的金额为（ ）元。

A.650 000   B.510 000   C.500 000   D.580 000   E.70 000

3. 宏大公司"预付账款"科目的明细科目期末借方余额合计为1 000元，"应付账款"科目的明细科目期末借方余额合计为2 000元，期末贷方余额合计为3 000元；对预付账款计提的坏账准备期末贷方余额为200元，则宏大公司资产负债表中"预付账款"项目应列示的金额为（ ）元。

A.3 000   B.2 000   C.2 200   D.2 800   E.200

4. 华夏公司年末"固定资产"账户的借方余额为400 000元，"累计折旧"账户的余额为100 000元，"固定资产减值准备"账户的余额为100 000元，则华夏公司年末资产负债表上"固定资产项目"应列示的金额为（ ）元。

A.300 000   B.400 000   C.200 000   D.100 000   E.320 000

5. 某企业"材料采购"总账借方余额为300元，"生产成本"总账借方余额为560元，"制造费用"总账借方余额为50元，"库存商品"总账借方余额为400元。如果不考虑其他因素的影响，该企业资产负债表中"存货"项目的填列金额为（ ）元。

A.1 000   B.2 000   C.560   D.1 310   E.300

6. 某企业"应收账款"总账借方余额为 2 400 元,其中,"应收账款——A 公司"明细账借方余额为 1 500 元,"应收账款——B 公司"明细账借方余额为 1 200 元,"应收账款——C 公司"明细账贷方余额为 300 元。如果不考虑其他因素的影响,该企业资产负债表中"应收账款"余额为(　　)元。

  A.2 400   B.1 500   C.1 200   D.300   E.2 700

7. 某企业"在途物资"账户期末余额为 10 000 元,"原材料"账户期末余额为 100 000 元,"生产成本"账户期末余额为 50 000 元,"库存商品"账户期末余额为 80 000 元,"存货跌价准备"账户期末余额为 30 000 元,则该企业资产负债表中"存货"项目应填列(　　)元。

  A.210 000 B.230 000 C.100 000 D.150 000 E.270 000

8. 某企业 2021 年 6 月 30 日部分账户余额如下:"库存现金"246 元,"银行存款"74 052 元,"应收账款"31 900 元,"原材料"176 570 元,"库存商品"28 770 元,"固定资产"560 000 元,"利润分配"32 750 元,"生产成本"30 182 元(以上科目均为借方余额);"短期借款"76 000 元,"应付账款"37 350 元,"应交税费"8 620 元,"应付股利"16 000 元,"长期借款"55 000 元,"累计折旧"181 500 元,"实收资本"500 000 元,"盈余公积"25 000 元,"本年利润"36 000 元(以上科目均为贷方余额)。根据上述资料计算的该企业资产负债表中"未分配利润"的金额为(　　)元。

  A.36 000   B.32 750   C.50 000   D.2 750   E.3 250

9. 某企业 5 月底"无形资产"账户余额为 500 000 元,"累计摊销"账户余额为 60 000 元,该企业在填列资产负债表的"无形资产"项目时,应填列(　　)元。

  A.440 000 B.500 000 C.60 000 D.560 000 E.56 000

10. 2021 年度,宏大公司"主营业务收入"账户贷方发生额合计 280 000 元,"其他业务收入"账户贷方发生额合计 10 000 元,当年发生销售退回 40 000 元,则宏大公司利润表中"营业收入"项目应列示的金额为(　　)元。

  A.290 000 B.250 000 C.40 000 D.300 000 E.270 000

11. 某企业年初预收全年固定资产租金收入 36 000 元,则该企业 1 月应调整记入"营业收入"项目的金额为(　　)元。

  A.36 000   B.46 000   C.-36 000 D.-46 000 E.600

12. 某企业本期商品销售收入为 2 800 000 元,以银行存款收讫,"应收账款"账户期初余额为 1 000 000 元,期末余额为 400 000 元,另外,当期因商品质量问题发生的退货价款为 30 000 元,货款已通过银行转账支付。根据上述资料,该企业现金流量表中"销售商品、提供劳务收到的现金"为(　　)元。

  A.570 000 B.2 800 000 C.400 000 D.30 000 E.3 370 000

第九章 账务处理程序

学习目标与要求

知识目标： 1. 理解账务处理程序的概念，了解科学、合理地设置账务处理程序的意义。
2. 熟悉各种账务处理程序的操作步骤。
3. 掌握各种账务处理程序的特点，以及不同账务处理程序下凭证与账簿的设置与使用。
4. 掌握各种账务处理程序的优缺点和适用范围。
5. 掌握科目汇总表和汇总记账凭证的编制。

技能目标： 1. 能够熟练运用记账凭证账务处理程序进行会计核算。
2. 能够熟练运用科目汇总表账务处理程序进行会计核算。

本章重点与难点

- 账务处理程序的含义和种类
- 记账凭证账务处理程序和科目汇总表账务处理程序

本章导读

俗话说："没有规矩不成方圆。"会计人员应以国家财经法规为"规矩"，运用会计学基本原理、基本方法对会计专业问题进行判断，不断提高职业判断能力，树立良好的职业道德和职业素养，诚实守信，建立高度的社会责任感。

已经学习了借贷记账法、会计凭证、会计账簿和会计报表相关知识点的王棋，最近一周以来一直在思考：会计凭证种类很多，不同的凭证格式不同，会计账簿种类也很多，不同的账簿格式、登记方法不同，那么各种凭证之间、各种账簿之间、凭证与账簿之间以及最后对外提供的报表与账簿之间的关系到底是怎样的呢？带着这些问题，王棋来到会计系将自己一周以来思考得出的结论与系主任程老师进行了交流。程老师肯定了她主动思考且能够对前面所学的知识融会贯通，同时也对她结论中不周全的地方给予了补充。程老师还告诉王棋，她思考的问题属于账务处理程序的问题。王棋又问："账务处理程序是解决什么问题的？有哪些不同的账务处理程序，不同账务处理程序的具体程序是什么？各自有什么优缺点和适用条件呢？"带着王棋的这些问题，程老师与她开启了"会计学基础"课程中账务处理程序的学习。

第一节　账务处理程序概述

一、科学合理的账务处理程序的意义

账务处理程序也称会计核算组织程序或会计核算形式，是指会计凭证、会计账簿、会计报表相结合的方式，包括会计凭证和账簿的种类、格式，会计凭证与账簿之间的联系方法以及由填制和审核原始凭证到编制记账凭证、登记明细分类账和总分类账、编制会计报表的工作程序和方法等。

账务处理程序是否科学合理，会对整个会计核算工作产生诸多方面的影响。确定科学合理的账务处理程序，对于保证能够准确、及时地提供系统而完整的会计信息具有十分重要的意义，也是会计部门和会计人员的一项重要工作。

科学合理的账务处理程序的意义具体包括以下几点：

（1）有利于规范组织会计核算工作。会计核算工作是需要会计机构中各岗位会计人员之间密切配合的有机系统。建立了科学合理的账务处理程序，形成了规范的会计核算工作秩序，会计机构和会计人员在进行会计核算的过程中就能够做到有序可循，按照不同的职责分工，有条不紊地处理好各个环节上的会计核算工作。

（2）有利于保证会计核算工作质量。在进行会计核算的过程中，保证会计核算工作的质量是对会计工作的基本要求。建立科学合理的账务处理程序，形成加工和整理会计信息的正常机制，是提高会计核算工作质量的重要保障，进而能够提高会计信息质量。

（3）有利于提高会计核算工作效率。会计核算工作效率的高低，直接关系到提供会计信息的及时性和相关性。按照科学、合理的账务处理程序进行会计信息的处理，将会大大提高会计核算工作效率，保证会计信息整理、加工和对外报告的顺利进行，满足会计信息质量的及时性要求。

（4）有利于降低会计核算工作成本。组织会计核算的过程也是对人力、物力和财力的消耗过程，因此，要求会计核算工作本身也要讲求经济效益，根据"效益大于成本"原则设计账务处理程序。账务处理程序安排得科学合理，选用的会计凭证、会计账簿和会计报表种类适当、格式适用、数量适中，在一定程度上也能够降低会计核算工作的成本，节约会计核算方面的支出。

（5）有利于发挥会计核算工作的作用。会计核算工作的重要作用是对企业发生的交易和事项进行确认、计量、记录和报告，为会计信息使用者进行经济决策提供有用信息。为此，应切实保障会计核算的顺利进行，并保证记录的正确性、完整性和合理性。这种作用是通过会计核算和监督职能的发挥而体现出来的。建立科学合理的账务处理程序，保证了会计核算工作质量，提高了会计核算工作效率，能够在为会计信息使用者提供相关信息等方面更好地发挥会计核算工作的作用。

二、账务处理程序的种类

目前，我国企业、机关事业单位的会计常用的账务处理程序主要有三种：记账凭证账

处理程序、汇总记账凭证账务处理程序和科目汇总表账务处理程序。各种账务处理程序的主要区别在于对汇总凭证、登记总分类账的依据和办法的要求不同。

> **课堂思考**
> 1．举例说明科学合理的账务处理程序如何提高会计核算工作效率。
> 2．举例说明科学合理的账务处理程序如何降低会计核算工作成本。

第二节　记账凭证账务处理程序

一、记账凭证账务处理程序概述

记账凭证账务处理程序是最基本的账务处理程序，其他各种账务处理程序基本上都是在它的基础上发展形成的。记账凭证账务处理程序是根据经济业务发生以后所填制的记账凭证直接逐笔登记总账，并定期编制会计报表的一种账务处理程序。

记账凭证账务处理程序的特点是：**直接根据记账凭证登记总分类账**，在记账凭证和总分类账之间没有其他的中间环节；是会计核算中最基本的一种核算组织程序，也是其他核算形式的基础。

二、记账凭证账务处理程序设置的会计凭证、账簿和报表

（一）记账凭证账务处理程序设置的会计凭证

在记账凭证账务处理程序下，记账凭证可以采用收款凭证、付款凭证和转账凭证等专用记账凭证，也可以采用通用记账凭证，直接作为登记总分类账和明细分类账的依据。

（二）记账凭证账务处理程序设置的会计账簿

在记账凭证账务处理程序下，会计账簿一般应设借、贷、余（或收、付、余）三栏式现金日记账和银行存款日记账；各总分类账均采用借、贷、余三栏式；明细分类账可根据需要，采用借、贷、余三栏式、数量金额式或多栏式。

（三）记账凭证账务处理程序设置的会计报表

在记账凭证账务处理程序下，使用的会计报表主要有资产负债表、利润表和现金流量表等。报表的种类不同，格式也不尽相同。但由于在《企业会计准则》和《企业会计制度》中对会计报表的种类和格式已有统一规定，不论在什么样的账务处理程序下，会计报表的种类与格式都不会有大的变动。因此，在研究账务处理程序的过程中，对会计报表的种类与格式问题不再进行更进一步的探讨。

三、记账凭证账务处理程序的流程

记账凭证账务处理程序对经济业务进行账务处理的流程主要包括以下六个步骤：

1）经济业务发生以后，根据原始凭证或原始凭证汇总表填制各种专用记账凭证（收款凭证、付款凭证和转账凭证）或通用记账凭证。

2）根据收款凭证、付款凭证和转账凭证或通用记账凭证逐笔登记现金日记账和银行存

款日记账。

3）根据记账凭证并参考原始凭证或原始凭证汇总表，逐笔登记各种明细分类账。

4）根据各种专用记账凭证或通用记账凭证逐笔登记总分类账。

5）月末，将日记账、明细分类账的余额与总分类账的余额进行核对。

6）月末，根据总分类账和明细分类账编制会计报表。

记账凭证账务处理程序的流程如图 9-1 所示。

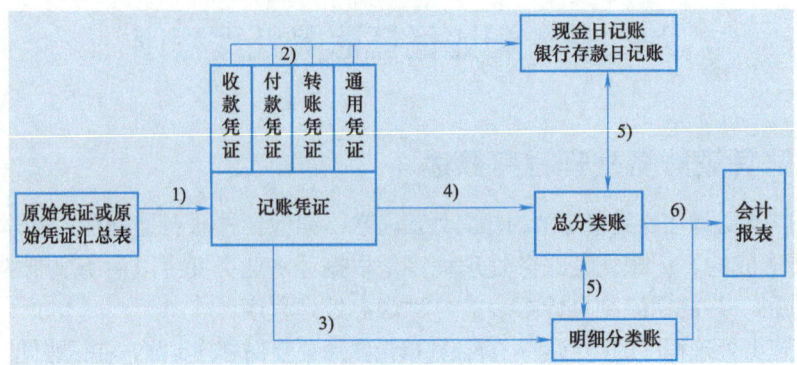

图 9-1　记账凭证账务处理程序的流程

四、记账凭证账务处理程序的适用范围

采用记账凭证账务处理程序，在记账凭证上能够清晰地反映账户之间的对应关系，在总分类账上能够比较详细地反映经济业务的发生情况；总分类账的登记方法简单，易于掌握。但是，总分类账登记工作量过大，账页耗用多，预留账页难以把握。因此，记账凭证账务处理程序一般**只适用于规模较小、经济业务量比较少、需要编制记账凭证不多的会计主体**。如果业务量过小，也可使用通用记账凭证，以避免因凭证种类的多样化而造成凭证购买上的过多支出。在实务中，采用 ERP 系统或会计信息化软件的大中型企业通常使用通用记账凭证。

> **课堂思考**
> 1. 记账凭证账务处理程序有哪些优点与缺点？
> 2. 记账凭证账务处理程序适用于什么类型的企业？

第三节　汇总记账凭证账务处理程序

一、汇总记账凭证账务处理程序概述

汇总记账凭证账务处理程序，也称分类汇总记账凭证核算程序，是根据汇总记账凭证登记总分类账的一种核算程序。汇总记账凭证也是一种记账凭证，它是根据收款凭证、付款凭证和转账凭证定期汇总编制而成的，分为汇总收款凭证、汇总付款凭证和汇总转账凭证。采用汇总记账凭证账务处理程序，应设置收款凭证、付款凭证和转账凭证，也应设置汇总收款凭证、汇总付款凭证和汇总转账凭证作为登记总分类账的依据。定期编制汇总记账凭证将

总账科目的不同时期的数据进行对比，便于分析资产、负债和所有者权益，以及资金运动的增减变化情况。

二、汇总记账凭证的内容

1．汇总收款凭证的内容

汇总收款凭证是指按"库存现金"和"银行存款"科目的借方分别设置的一种汇总记账凭证。它汇总了一定时期内库存现金和银行存款的收款业务。

2．汇总付款凭证的内容

汇总付款凭证是指按"库存现金"和"银行存款"科目的贷方分别设置的一种记账凭证。它汇总了一定时期内库存现金和银行存款的付款业务。

3．汇总转账凭证的内容

汇总转账凭证是指按转账凭证中的每一个贷方科目分别设置的一种汇总记账凭证。它汇总了一定时期内的转账业务。

三、汇总记账凭证账务处理程序的流程

汇总记账凭证账务处理程序对经济业务进行账务处理的流程主要包括以下七个步骤：

1）根据原始凭证或原始凭证汇总表填制各种收款凭证、付款凭证和转账凭证。

2）根据收、付款凭证和转账凭证登记现金日记账和银行存款日记账。

3）根据原始凭证或原始凭证汇总表和各种记账凭证登记各种明细账。

4）根据各种记账凭证汇总编制各种汇总记账凭证。汇总记账凭证分为汇总收款凭证、汇总付款凭证和汇总转账凭证。

5）根据各种汇总记账凭证登记总分类账。为了使总分类账的内容与各种汇总记账凭证一致，总分类账所采用的借、贷、余三栏式中的借、贷两栏应设有"对方科目"专栏。

6）月末，将现金日记账、银行存款日记账、各明细分类账的余额与有关总分类账的余额进行核对。

7）月末，根据总分类账和明细分类账编制会计报表。

汇总记账凭证账务处理程序的流程如图 9-2 所示。

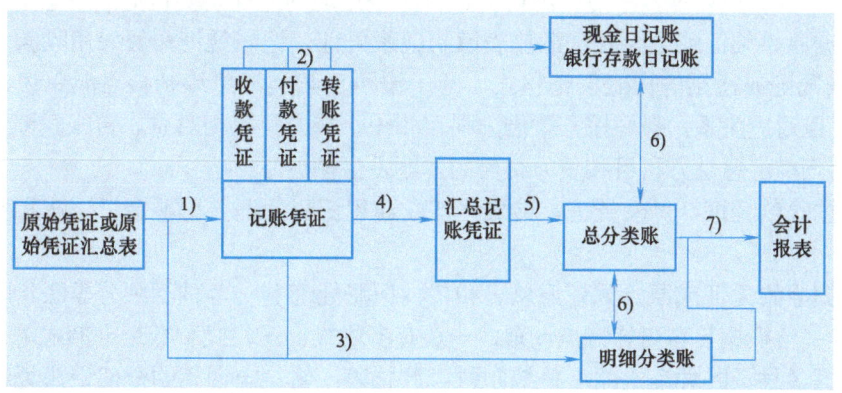

图 9-2　汇总记账凭证账务处理程序的流程

四、汇总记账凭证账务处理程序的适用范围

在汇总记账凭证账务处理程序下，汇总记账凭证上能够清晰地反映账户之间的对应关系，可以大大减少登记总分类账的工作量。但是，定期编制汇总记账凭证的工作量比较大，对汇总过程中可能存在的错误难以发现。因此，汇总记账凭证账务处理程序一般**只适用于规模较大、经济业务量比较多、专用记账凭证也比较多的会计主体**。

> **❄ 课堂思考**
> 1．汇总记账凭证账务处理程序有哪些优点与缺点？
> 2．汇总记账凭证账务处理程序适用于什么类型的企业？

第四节　科目汇总表账务处理程序

一、科目汇总表账务处理程序的定义

科目汇总表账务处理程序是指**根据各种记账凭证于月度中的固定日期分次（或于月末一次）按会计科目汇总编制科目汇总表，然后根据科目汇总表登记总分类账**，并定期编制会计报表的账务处理程序。

二、科目汇总表的编制方法

科目汇总表是根据一定时期内的全部记账凭证按科目进行归类编制的。在科目汇总表中，分别填入每个总分类科目的本期发生额，然后分别计算出科目汇总表的借方发生额合计数、贷方发生额合计数。科目汇总表可以每月汇总一次，编制一张，也可以 5 天或 10 天汇总一次，每月编制数张。根据记账规则"有借必有贷，借贷必相等"，在编制的科目汇总表内，全部总分类科目的借方发生额合计数应与贷方发生额合计数相等。

三、科目汇总表账务处理程序的流程

科目汇总表账务处理程序对经济业务进行账务处理的流程主要包括以下七个步骤：

1）根据原始凭证或原始凭证汇总表填制记账凭证。记账凭证一般采用收款凭证、付款凭证和转账凭证或通用的记账凭证格式。为了按科目归类汇总编制科目汇总表，所有记账凭证中的科目对应关系，最好按一个借方科目和一个贷方科目相对应。转账凭证最好一式两份，以分别归类汇总借方科目和贷方科目的本期发生额。

2）根据收款凭证、付款凭证、转账凭证或通用记账凭证登记现金日记账和银行存款日记账。

3）根据原始凭证或原始凭证汇总表和各种记账凭证登记各种明细分类账。明细账的格式可以由各单位根据其各自的特点设置，一般有多栏式、三栏式和数量金额式等。

4）根据各种记账凭证定期汇总编制科目汇总表。将一定期间的全部记账凭证按相同科目的借方和贷方归类，定期汇总每一会计科目的借方本期发生额和贷方本期发生额，填制在

科目汇总表的相关栏内。科目汇总表的编制时间根据企业经济业务量的多少来确定，可以按每1天、5天、7天、10天、15天、1个月等编制汇总一次。

5）根据科目汇总表登记总分类账。总分类账一般采用三栏式，其登记日期根据科目汇总表的编制时间而定。编制科目汇总表后，即可根据科目汇总表登记总分类账。可汇总一次，登记一次总分类账，或者按整月合计数于月末一次登记总分类账。

6）月末，将现金日记账、银行存款日记账和各明细分类账的余额与总分类账的有关账户余额进行核对。

7）月末，根据总分类账和明细分类账编制会计报表。

科目汇总表账务处理程序的流程如图9-3所示。

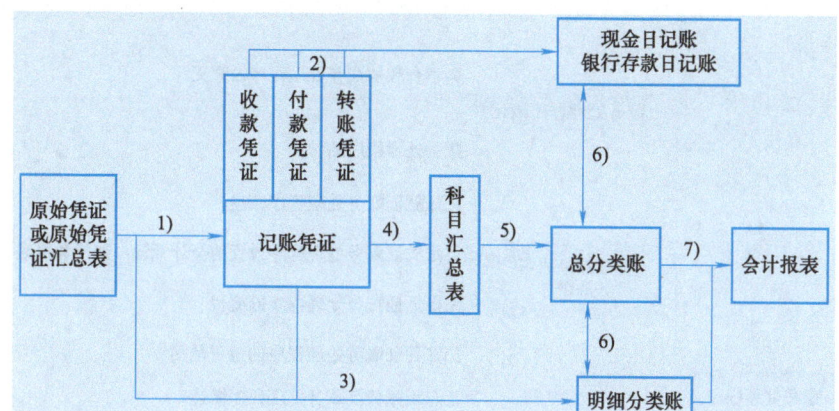

图9-3　科目汇总表账务处理程序的流程

四、科目汇总表账务处理程序的适用范围

采用科目汇总表账务处理程序，可以利用科目汇总表的汇总结果进行账户发生额的试算平衡，在试算平衡的基础上记账，能够在一定程度上保证总分类账登记的正确性；可以大大减轻登记总分类账的工作量；**适用性比较强**。但是，编制科目汇总表的工作量比较大；科目汇总表不能够清晰地反映账户之间的对应关系。企业不论规模大小，都可以采用科目汇总表账务处理程序。

> **课堂思考**
> 1. 科目汇总表账务处理程序有哪些优点与缺点？
> 2. 科目汇总表账务处理程序适用于什么类型的企业？

本章小结

本章主要介绍了账务处理程序的相关内容。

第一节首先介绍了科学合理的账务处理程序的意义，包括规范组织会计核算工作、保证会计核算工作质量、提高会计核算工作效率、降低会计核算工作成本等方面的内容。之后，介绍了账务处理程序的种类，包括各种账务处理程序的区别。

第二节主要介绍了记账凭证账务处理程序。首先阐述了记账凭证账务处理程序的基本内容及特点（概述），然后详细介绍了记账凭证账务处理程序下会计凭证、账簿、报表的设置，最后介绍了记账凭证账务处理程序的流程及适用范围。

第三节主要介绍了汇总记账凭证账务处理程序。首先介绍了汇总记账凭证账务处理程序的基本内容及特点（概述），然后介绍了汇总记账凭证的内容，最后阐述了汇总记账凭证账务处理程序的流程及适用范围。

第四节主要介绍了科目汇总表账务处理程序。首先介绍了科目汇总表账务处理程序的定义，然后介绍了科目汇总表的编制方法，最后讲述了科目汇总表账务处理程序的流程及适用范围。

思维导图

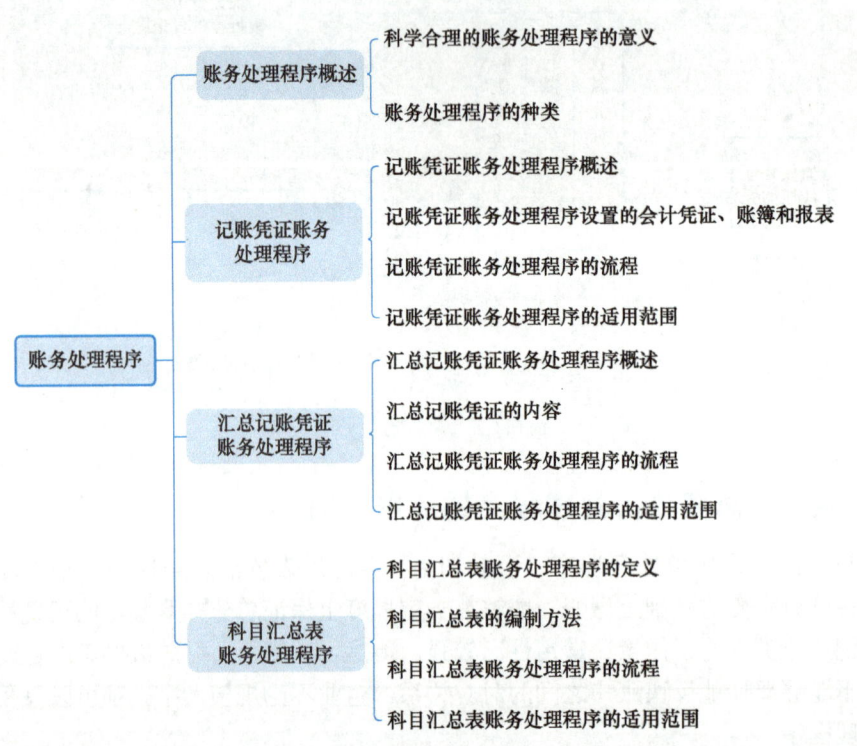

本章实训

一、单项选择题

1. 科目汇总表账务处理程序与汇总记账凭证账务处理程序的共同优点是（　　）。

　　A. 保持科目之间的对应关系　　　　B. 简化总分类账登记工作
　　C. 进行了所有科目余额的试算平衡　　D. 总括反映同类经济业务

2. 为了提高会计核算工作效率，保证会计核算工作质量，有效地组织会计核算，应科学、合理地选择适用于本单位的（　　）。

　　A. 会计凭证传递　　B. 会计账簿组织　　C. 会计工作组织　　D. 账务处理程序

3. 不能反映各科目的对应关系，不便于分析和检查经济业务的来龙去脉，不便于查对账目的是（　　）。
   A. 记账凭证账务处理程序　　　　　　　B. 汇总记账凭证账务处理程序
   C. 日记总账账务处理程序　　　　　　　D. 科目汇总表账务处理程序
4. 采用汇总记账凭证账务处理程序时，总账登记的时间是（　　）。
   A. 随时登记　　　　　　　　　　　　　B. 月末登记一次
   C. 随汇总日记账凭证的编制时间而定　　D. 按旬登记
5. 记账凭证账务处理程序一般适用于（　　）。
   A. 规模较大，经济业务比较复杂的企业
   B. 规模不大，但经济业务比较复杂的企业
   C. 规模不大，经济业务比较简单的企业
   D. 工业企业
6. 科目汇总表的汇总范围是（　　）。
   A. 全部科目的借方余额　　　　　　　　B. 全部科目的贷方余额
   C. 全部科目的借、贷方发生额　　　　　D. 全部科目的借、贷方余额
7. 科目汇总表账务处理程序是由（　　）发展而来的。
   A. 记账凭证账务处理程序　　　　　　　B. 汇总记账凭证账务处理程序
   C. 多栏式日记账账务处理程序　　　　　D. 日记总账账务处理程序
8. 在汇总记账凭证账务处理程序下，对于平时所编的转账凭证上的科目对应关系应保持（　　）。
   A. 一借一贷　　　B. 一借多贷　　　C. 一借一贷或一借多贷　　　D. 一借一贷或多借一贷
9. 在记账凭证账务处理程序下，设置的现金日记账、银行存款日记账和总分类账一般采用（　　）。
   A. 三栏式　　　　B. 多栏式　　　　C. 数量金额式　　　　D. 横线登记式
10. 在下列账务处理程序中，最基本的账务处理程序是（　　）。
    A. 日记总账账务处理程序　　　　　　　B. 记账凭证账务处理程序
    C. 科目汇总表账务处理程序　　　　　　D. 汇总记账凭证账务处理程序
11. 科目汇总表汇总编制的直接根据是（　　）。
    A. 原始凭证　　　B. 汇总原始凭证　　　C. 记账凭证　　　D. 汇总记账凭证
12. 各种账务处理程序的主要区别是（　　）。
    A. 总账格式不同　　　　　　　　　　　B. 登记明细账的依据不同
    C. 登记总账的依据和方法不同　　　　　D. 编制会计报表的依据不同

二、多项选择题

1. 以记账凭证为依据，按有关账户的贷方设置，按借方账户归类的有（　　）。
   A. 汇总记账凭证　B. 汇总转账凭证　C. 汇总付款凭证　D. 科目汇总表　E. 汇总收款凭证
2. 在记账凭证账务处理程序中，记账凭证可以是（　　）。
   A. 通用记账凭证　B. 收款凭证　C. 付款凭证　D. 转账凭证　E. 汇总记账凭证
3. 在实际工作中，常用的账务处理程序有（　　）。
   A. 日记总账账务处理程序　　　　　　　B. 记账凭证账务处理程序
   C. 科目汇总表账务处理程序　　　　　　D. 汇总记账凭证账务处理程序

E. 明细账账务处理程序

4. 账务处理程序的建立是由多种因素决定的，主要有（　　）。
   A. 经济活动　　　　　　B. 财务收支的实际情况　　　　C. 经营管理的需要
   D. 会计核算中的核算手续　　E. 管理层要求

5. 各种账务处理程序的相同之处表现为（　　）。
   A. 登记现金、银行存款日记账的依据和方法相同
   B. 登记明细账的依据和方法相同
   C. 登记总账的依据和方法相同
   D. 编制会计报表的依据和方法相同
   E. 编制汇总表的依据和方法相同

6. 各种账务处理程序登记明细账的依据有（　　）。
   A. 原始凭证　　B. 汇总原始凭证　　C. 记账凭证　　D. 汇总记账凭证　　E. 科目汇总表

7. 各种账务处理程序一般都包括的程序是（　　）。
   A. 根据原始凭证编制汇总原始凭证
   B. 根据原始凭证或汇总原始凭证编制记账凭证
   C. 根据收款凭证、付款凭证逐笔登记现金日记账和银行存款日记账
   D. 根据原始凭证、汇总原始凭证和记账凭证，登记各种明细分类账
   E. 登记科目汇总表

8. 汇总记账凭证账务处理程序的优点有（　　）。
   A. 减轻了登记总账的工作量　　　　B. 便于了解账户之间的关系
   C. 利于会计核算的日常分工　　　　D. 直接根据记账凭证登记总账
   E. 便于编制财务报表

9. 科目汇总表应填写的内容有（　　）。
   A. 会计科目　　　　　　B. 账页及记账凭证起讫号数　　　C. 本期借方发生额
   D. 本期贷方发生额　　　E. 凭证登记日期

10. 在各类账务处理程序中都要设置（　　）。
    A. 现金日记账　　B. 明细分类账　　C. 总分类账　　D. 银行存款日记账　　E. 科目汇总表

11. 总账记账的依据可以是（　　）。
    A. 记账凭证　　B. 明细账　　C. 科目汇总表　　D. 汇总记账凭证　　E. 资产负债表

12. 账务处理程序的主要内容包括（　　）。
    A. 会计凭证、会计账簿的种类及格式　　　B. 会计凭证与会计账簿之间的联系方法
    C. 登记明细分类账和总分类账　　　　　　D. 编制会计报表的工作程序和方法
    E. 会计报表编制方法

13. 账务处理程序是指（　　）等项目结合的方式。
    A. 会计报表　　B. 会计账簿　　C. 会计凭证　　D. 原始凭证　　E. 记账凭证

14. 科目汇总表账务处理程序的缺点有（　　）。
    A. 不能做到试算平衡　　　　B. 不能反映账户对应关系　　　C. 不便于查账
    D. 使用频繁　　　　　　　　E. 无法实现电算化

15. 在记账凭证账务处理程序中，现金日记账、银行存款日记账和总分类账一般采用三栏式，明

细分类账根据需要可以采用（　　）。

A. 三栏式　　　B. 多栏式　　　C. 数量金额式　　　D. 活页式　　　E. 卡片式

三、判断题

1. 如果企业采用汇总记账凭证账务处理程序，则该企业应为每一类转账业务编制汇总转账凭证。　　　　　　　　　　　　　　　　　　　　　　　　　　　　　　　（　　）

2. 对同一会计主体而言，由于采用不同的账务处理程序，其最终的核算结果应该不同。（　　）

3. 各种账务处理程序的根本区别在于会计报表的编制依据不同。　　　　　　　（　　）

4. 编制科目汇总表，虽然不能反映账户之间的对应关系，但可以起到试算平衡的作用。（　　）

5. 采用汇总记账凭证账务处理程序增加了填制汇总记账凭证的工作程序，增加了总账登记的工作量。　　　　　　　　　　　　　　　　　　　　　　　　　　　　　　（　　）

6. 根据科目汇总表可以全面反映企业发生经济业务的对应关系。　　　　　　　（　　）

7. 汇总记账凭证可以明确地反映账户之间的对应关系。　　　　　　　　　　　（　　）

8. 账务处理程序包括记账凭证账务处理程序、汇总记账凭证账务处理程序和科目汇总表账务处理程序，它们的账簿设置是基本相同的。　　　　　　　　　　　　　　　　（　　）

9. 汇总记账凭证账务处理程序和科目汇总表账务处理程序都有利于简化总账的登记工作。（　　）

10. 会计凭证、会计账簿、会计报表之间的结合方式不同，形成了不同的账务处理程序。（　　）

11. 记账凭证账务处理程序是其他核算组织程序的基础。　　　　　　　　　　（　　）

12. 记账凭证账务处理程序、汇总记账凭证账务处理程序、科目汇总表账务处理程序的不同之处在于登记明细账的依据和程序不同。　　　　　　　　　　　　　　　　　（　　）

13. 记账凭证账务处理程序登记总账的工作量大，所以适用于规模较小、经济业务量较少的单位。　　　　　　　　　　　　　　　　　　　　　　　　　　　　　　　（　　）

14. 在汇总记账凭证账务处理程序中，记账凭证除了分设收款凭证、付款凭证和转账凭证外，还应设置汇总收款凭证、汇总付款凭证、汇总转账凭证。　　　　　　　　　　　　（　　）

15. 科目汇总表账务处理程序的优点之一是科目汇总表能反映科目之间的对应关系。（　　）

16. 科目汇总表账务处理程序的主要特点是定期地将所有记账凭证汇总编制汇总记账凭证，再根据汇总记账凭证登记总分类账。　　　　　　　　　　　　　　　　　　　（　　）

17. 任何账务处理程序的第一步必须将所有的原始凭证都汇总编制为汇总原始凭证。（　　）

18. 由于各企业的业务性质、规模大小、业务繁简程度不同，所以各企业采用的账务处理程序也就有所不同。　　　　　　　　　　　　　　　　　　　　　　　　　　　（　　）

19. 汇总记账凭证账务处理程序的优点之一是汇总记账凭证反映了科目之间的对应关系。（　　）

20. 科目汇总表账务处理程序下，总分类账必须逐日逐笔地登记。　　　　　（　　）

第十章

会计工作组织

学习目标与要求

知识目标： 1. 了解会计工作组织。
2. 掌握会计人员的职责与权限。
3. 明确会计人员的职业道德。

技能目标： 1. 能够按要求配合组织会计工作。
2. 能够规范管理会计档案。

本章重点与难点

- 会计工作组织
- 会计档案的管理

本章导读

王棋的舅舅是一家小型服装企业的经营者，随着跨境电商的发展和国家政策的支持，他也利用电商平台做起了国际贸易，想把自己企业的产品卖到境外去。于是，他开始购置新厂房，添加生产线，招聘更多的工人，以扩大生产规模来完成境外客户的订单。

企业的财务工作原来只有一名资深会计人员负责，现在由于企业的规模扩大，财务工作需要招聘更多的会计人员来完成。但王棋的舅舅不知道中型企业的财务部门需要设置哪些岗位，招聘多少会计人员。他想到王棋在学习会计学专业，就来问王棋。但是，王棋对这个问题也不是非常清楚，就来到会计系办公室向程老师请教。

会计是经济管理的重要组成部分，会计主体为了完成会计的任务，使会计工作正常、高效运行，发挥会计的作用，必须建立健全会计工作的组织，正确地组织会计工作。让我们和王棋一起开始学习会计工作组织的相关内容吧！

第一节 会计工作组织概述

一、会计工作组织的概念及意义

（一）会计工作组织的概念

会计工作组织是指会计主体按照国家的会计政策和制度，设置自己的会计机构，合理配备会计人员并按照规定的会计准则和会计制度进行会计工作及保管会计档案的过程。会计工作组织是对会计工作的组织，而会计机构是直接从事和组织领导会计工作的职能部门，是加强会计工作，保证会计工作顺利进行的重要条件。企业和行政事业单位都要设置会计工作的专职机构，负责办理会计工作，同时，还必须考虑有关部门之间、有关人员之间的分工与协调。只有分工恰当、明确与协调，会计工作才会积极活跃，从而保证会计任务的圆满完成。

（二）会计工作组织的意义

会计工作的恰当组织是形成、提高与完善会计工作，保证会计工作质量与效率，充分发挥会计工作作用的前提条件。会计工作组织的主要意义如下：

1．为有效开展会计工作提供保证

会计工作的开展必须要有会计机构和人员，即使不具备设置会计机构条件的单位，也必须配备专职的会计人员，以保证对会计主体的经济业务进行核算与监督，使会计主体顺利地开展经济活动。

2．为会计工作提供基本依据与规范

会计工作组织要按照国家会计政策和会计制度制定本单位的会计政策与会计制度的基本内容及会计的原则、程序和方法。这些会计工作组织为本单位的会计工作处理提供了基本依据和规范。

3．有利于国家方针政策和财经纪律的贯彻

会计工作的组织是根据每个会计主体的规模和管理要求，设置相应的会计机构，合理配备会计人员，并按照规定的会计准则和会计制度进行的。因此会计工作的组织有利于贯彻国家方针政策和财经纪律，加强经济责任和员工的核算意识，强化经济核算。

4．保证会计工作的质量，提高会计工作的效率

会计工作是一项严密细致的工作。会计所反映和监督的经济活动是错综复杂的，对错综复杂的经济活动要经过从凭证到账簿再到报表的计算、记录、分类、汇总、分析、检查等一系列的处理程序和手续。通过这一系列的处理程序和手续，方能为经营管理提供所需的各种数据资料。在实际工作中，各道程序、各种手续和各项数据之间存在着密切的联系，任何一道程序的脱节、任何一项手续的遗漏或者是任何一个数据的差错，都会造成整个核算工作的结果达不到正确性和及时性的要求，从而贻误工作。正确地进行会计工作组织，使会计工作按照事先规定的处理程序和手续有条不紊地进行，可以在很大程度上防止差错，即使发生差错也易于纠正,从而保证会计工作的质量,提高会计工作的效率。

二、组织会计工作的要求

正确地组织会计工作,必须符合以下三点基本要求:

1. 遵循国家对会计工作的统一规定

会计所提供的各项数据资料,既是反映企事业单位遵循国家的方针、政策,执行计划和预算的结果,又是国家制定方针、政策,编制计划和预算的重要依据之一。为了充分发挥会计的重要作用,国家对会计工作的重要方面都做了统一的规定。国家的统一规定是各个企事业单位组织会计工作所要遵循的首要原则。

2. 适应本单位生产经营管理的特点

国家对会计工作的统一要求,只是从整个国家的情况和需要出发所做的原则性规定。由于各个单位的经济活动内容、业务繁简程度各不相同,经营管理对会计的具体要求也不尽相同。因此,要组织好会计工作,必须按照各单位生产经营管理的具体特点,做出切合实际的安排,以及提出具体的实施办法。

3. 符合"成本－效益"原则

在组织会计工作时,应在保证会计工作质量的前提下,尽量节约会计工作的时间和费用。所有会计凭证、账簿、报表的设计,各种会计处理手续和程序的规定,会计机构的设置和会计人员的配备等,均要考虑到"成本－效益"原则,以最少的人力、物力、财力消耗取得最大的工作效果。

三、会计工作组织形式

会计工作在组织形式上有集中核算和非集中核算之分。在会计机构内部要合理地配备会计人员,按照会计工作内容分工,建立健全岗位责任制度,促进会计人员努力提高业务能力和专业技术能力,做好会计工作。在组建会计工作组织时,必须按照国家统一规定结合本单位的具体情况进行,并与各种经营和管理工作密切配合,相互促进分工协作,共同完成任务。因此,正确组织会计工作是完成会计任务、发挥会计作用的重要前提。会计工作的组织要在保证工作质量的前提下,尽量节省会计工作时间和节省费用。

(一)集中核算

集中核算就是将企业的主要会计工作都集中在企业会计机构(会计部门)内进行。企业内部的各部门、各单位一般不进行单独核算,只是对所发生的经济业务进行原始记录,办理原始凭证的取得、填制、审核和汇总工作,并定期将这些资料报送企业会计部门进行总分类核算和明细分类核算。实行集中核算,可以减少核算层次,精简会计人员,但是不便于企业各部门和各单位及时利用核算资料进行日常的考核和分析。

(二)分散核算

分散核算就是企业的内部单位要对自身所发生的经济业务进行比较全面的会计核算。例如,在工业企业里,车间设置成本明细账,登记本车间发生的生产成本并计算出所完成产品的车间成本(在本车间完成的生产过程的成本,如在本车间加工的半成品的成本),厂部会计部门只根据车间报送的资料进行产品成本的总分类核算。又如，在商业企业里，把库存商品的明细核算和某些费用的核算等分散在各业务部门进行，只有会计报表的编制以及不宜分散核算的工作，如商品供销、现金收支、银行存款收支、对外往来结算等仍由企业会计部门集中办理。实行非集中核算，使企业内部各部门、各单位能够及时了解本部门，本单位的经济活动情况，有利于及时分析、解决问题，但这种组织形式会增加核算手续和核算层次。

> **课堂思考**
> 1．如何理解会计工作组织的意义？
> 2．会计工作组织形式的不同如何体现？

第二节 会计人员

会计人员是指从事会计工作、处理会计业务、完成会计任务的人员。企业、事业、行政机关等单位都应根据实际需要配备一定数量的会计人员。

一、会计人员的职责

会计人员的职责概括起来就是及时提供真实可靠的会计信息，认真贯彻执行和维护国家财经制度和财经纪律，积极参与经营管理，提高经济效益。会计人员的主要职责如下：

（一）进行会计核算

会计人员要以实际发生的经济业务为依据来记账、算账，做到手续完备、内容真实、数字准确、账目清楚、日清月结；要按期报账，如实反映财务状况、经营成果和款项收支情况。进行会计核算，及时地提供真实可靠的、能满足各方需要的会计信息，是会计人员最基本的职责。

会计核算的内容主要包括：

1．款项和有价证券的收付

款项是作为支付手段的货币资金，主要包括现金、银行存款以及外埠存款、银行汇票存款、银行本票存款、信用卡存款、信用证存款和各种备用金等其他货币资金。其中，外埠存款是指企业到外地进行临时或零星采购时，汇往采购地银行开立采购专户的款项；银行汇票存款是指企业为取得银行汇票而按规定存入银行的款项；银行本票存款是指企业为取得银行本票而按规定存入银行的款项；信用卡存款是指企业为取得信用卡而按规定存入银行的款项；信用证存款是信用证保证金存款的简称，是指企业为取得信用证而按规定存入银行的保证金；备用金是企业财会部门为了便于日常零星开支（如差旅费、零星采购等）的需要，预付给企业内部各单位或职工个人备用的款项。

有价证券是指表示一定财产拥有权或支配权的证券，如国库券、股票、企业债券等。

款项和有价证券属于会计要素中资产要素的内容，是流动性最强的资产。款项的收付是经常发生的，有价证券收付的频繁程度在大多数企业不及款项，但金额一般较大。款项和有价证券的收付业务绝大部分会直接造成一个企业的货币资金的增减变化，影响企业的资金运作能力。因此，必须加强对款项和有价证券的核算和管理。如果企业的款项和有价证券收付出现问题,不仅会影响企业的款项和有价证券本身,甚至会破坏企业的正常生产经营活动。各企业必须按照国家统一的会计制度的要求,建立健全内部控制等管理制度,及时、准确地核算款项和有价证券,保证款项和有价证券安全,提高款项和有价证券的使用效率。

2. 财物的收发、增减和使用

财物是财产物资的简称。企业的财物是企业用于进行生产经营活动且具有实物形态的经济资源,一般包括原材料、燃料、包装物、低值易耗品、在产品、库存商品等流动资产,以及房屋、建筑物、机器、设备、设施、运输工具等固定资产。这些财物在企业资产总额中往往占有很大比重。财物的收发、增减和使用,是会计核算中的经常性业务,对其核算也是会计在控制和降低成本、保证财物安全完整、防止资产流失等方面发挥的重要作用。因此,各企业必须加强对财物收发、增减和使用环节的核算,维护企业正常的生产经营秩序。

3. 债权、债务的发生和结算

债权是企业收取款项的权利,一般包括各种应收和预付款项等。债务则是指由于过去的交易、事项形成的企业需要以资产或劳务等偿付的现时义务,一般包括各项借款、应付和预收款项,以及应交款项等。债权和债务也是企业日常生产经营和业务活动中大量发生的经济业务事项。由于债权债务的发生和结算会涉及本企业与其他单位或有关方面的经济利益,关系到企业自身的资金周转,影响着企业的生产经营活动和业务活动,因此,各企业必须及时、真实、完整地核算本企业的债权债务,防止在债权债务核算环节发生非法行为。

4. 资本的增减

资本是投资者为开展生产经营活动而投入的资金。会计上的资本专指所有者权益中的投入资本。资本的利益关系人比较明确,用途也基本确定。办理资本业务的政策性强,一般都应以具有法律效率的合同、协议、董事会决议等为依据。各单位必须按照国家统一的会计制度的规定和具有法律效率的文书进行资本的核算。

5. 收入、支出、费用、成本的计算

收入是指企业在日常活动中形成的、会导致所有者权益增加的、与所有者投入资本无关的经济利益的总流入。支出是指企业所实际发生的各项开支,以及在正常生产经营活动以外的支出和损失。费用是指企业在日常活动中发生的、会导致所有者权益减少的、与向所有者分配利润无关的经济利益的总流出。成本是指企业为生产产品、提供劳务而发生的各种耗费,是按一定的产品或劳务对象所归集的费用,是对象化了的费用。收入、支出、费用、成本都是计算和判断企业经营成果及其盈亏状况的主要依据。企业应当重视收入、支出、费用、成本核算环节的管理,按照国家统一的会计制度的规定,正确核算收入、支出、费用、成本。

6. 财务成果的计算和处理

财务成果主要是指企业在一定时期内通过从事生产经营活动而在财务上所取得的结果,具体表现为盈利或亏损。财务成果的计算和处理一般包括利润的计算、所得税的计算、利润分配或亏损弥补的处理等。财务成果的计算和处理,涉及所有者甚至是国家的利益,因此,各企业必须按照国家统一的会计制度和其他法规的规定,正确对财务成果进行计算和处理。

7. 需要办理会计手续、进行会计核算的其他事项

对需要办理会计手续、进行会计核算的其他事项，企业也应按照国家统一的会计制度规定办理会计手续、进行会计核算。

（二）实行会计监督

各企业的会计机构、会计人员应对本单位实行会计监督，根据规定的成本、费用开支范围和标准，审核原始凭证的合法性、合理性和真实性，审核费用发生的审批手续是否符合企业规定。会计人员对不真实、不合法的原始凭证，应不予受理；对记载不准确、不完整的原始凭证，应予以退回，要求更正补充；发现账簿记录与实物、款项不符的时候，应当按照有关规定进行处理；无权自行处理的，应当立即向本企业相关负责人报告，请求查明原因，做出处理；对违反国家统一制度规定的收支，应不予办理。

（三）拟订本企业办理会计事务的具体办法

各企业的会计人员应根据国家财务会计法规和行业会计规定，结合企业特点，负责拟订本企业会计核算的有关工作细则和具体规定，报请相关负责人批准后组织实施。

（四）参与相关计划的拟定和执行

各企业的会计人员应按照规定参与企业经济计划，业务计划，考核、分析计划，以及财务计划的拟定和执行。

（五）办理其他会计事务

各企业的会计人员应在财务负责人的领导下，准确、及时地做好账务处理和结算工作，正确进行会计核算，填制和审核会计凭证，登记明细账和总账。除了履行上述四项职责外，企业会计人员还应具体负责编制企业月度、季度、年度会计报表，按规定进行年度会计决算和利润分配工作；负责企业固定资产的管理，按月正确计提固定资产折旧，定期或不定期地组织清产核资工作；负责企业税金的计算、申报和缴纳工作，协助有关部门开展财务审计和年检；负责执行收支计划的预算和总结工作，以及监督资金上拨和支出工作；及时做好会计凭证、账簿、报表等财会资料的收集、汇编、归档等工作；协助财务负责人做好财务内务工作，完成财务负责人临时交办的其他任务。

二、会计人员的权限

会计人员的权限主要包括以下三点：

1）会计人员有权要求有关部门、人员认真执行国家政策、法规，遵守财经纪律和财会制度；维护国家利益，抵制一切违法乱纪、贪污盗窃的行为；对于弄虚作假、营私舞弊、欺骗上级等违法乱纪行为，会计人员有权拒绝付款、拒绝报销或拒绝执行，并向本单位负责人或上级机关、财政部门报告。会计人员对违反制度、法令的事项，不拒绝执行又不向上级报告的，应负连带责任。

2）会计人员有权参与编制财务计划，制定定额、签订经济合同，对重大经济活动进行可行性研究，监督经济合同的履行；有权参加有关的生产、经营管理会议，单位负责人和有关部门对会计人员提出的有关财务开支和经济效果方面的问题和意见，要认真考虑，对合理

的意见要予以采纳。

3）会计人员有权监督、检查有关部门的财务收支、资金使用和财产保管情况，有关部门应如实提供资料和反映情况。对超出单位或部门预算的费用和成本支出，有权暂停付款，并向本单位财务负责人汇报。

三、会计人员的职业道德

职业道德是履职人员的职业品质、工作作风和工作纪律的统一。会计人员的职业道德又称会计职业道德，是会计人员在会计工作中应当遵循的与其特定职业活动相适应的行为规范。

会计职业道德要求会计人员在工作中正确处理人与人之间、个人与社会之间的关系，它体现了社会主义市场经济对会计工作的要求，是会计人员在长期实践中形成的行为规范和准则。加强会计职业道德建设，提高会计人员的道德素质，对于正确贯彻国家有关政策法令，加强管理，提高经济效益具有十分重要的意义。会计人员的职业道德主要应包括以下几个方面：

（一）敬业爱岗

热爱自己的职业，是做好一切工作的出发点。会计人员只有建立了这个出发点，才会勤奋、努力地钻研业务技术，使自己的知识和技能适应具体从事的会计工作的要求。敬业爱岗，要求会计人员应有强烈的事业心、进取心和过硬的基本功。这是因为在实际工作中往往会出现本来不是由于业务技术深浅的问题，而是由于粗心大意和缺乏扎实工作作风造成的一些失误。此外，会计工作政策性很强、涉及面较广，因而有些问题处理起来十分复杂。这就要求会计人员要有强烈的"追根求源"的意识，凡事要多问为什么，要有认真负责的态度。由于会计工作的性质和任务，大部分会计人员会长年累月、周而复始地进行着算账、报账、报表等事务工作，天天与数字打交道，工作细致而烦琐，如果不耐劳尽责，缺乏职业责任感，就会觉得工作枯燥、单调，就谈不上热爱会计工作，更谈不上精通会计业务，也就做不好会计工作。因此，会计人员应具备敬业爱岗这一职业道德。

（二）知法依法

严格实行会计监督，依法办事，是会计人员职业道德的前提。会计工作不只是单纯地记账、算账和报账，它时时、事事、处处涉及执法守纪方面的问题。会计人员不单自己应当熟悉财经法律、法规和国家统一的会计制度，还要能结合会计工作进行广泛宣传，做到在处理各项经济业务时知法依法、知章循章，依法把关守口。会计人员应当保证所提供的会计信息合法、真实、准确、及时和完整。会计信息的合法、真实、准确、及时和完整，不仅要体现在会计凭证和会计账簿的记录上，还要体现在财务报告上，使单位外部的所有者、债权人、社会公众以及社会监督部门能依照法定程序得到可靠的会计信息资料。会计人员应该树立自己的职业形象和职业尊严，敢于抵制歪风邪气和一切违法乱纪的行为。

（三）客观公正

会计人员在办理会计事务时，应当实事求是、客观公正。这是一种工作态度，也是会计人员追求的一种境界。做好会计工作,无疑是需要专业知识和专门技能的,但这并不足以保证会计工作的质量,实事求是的精神和客观公正的态度同样重要。因此,客观公正也是会计人员应具备的重要职业道德之一。

(四)做好服务

会计工作的特点决定了会计人员应当熟悉本单位的生产经营和业务管理情况,并运用所掌握的会计信息和会计方法,为改善单位的内部管理、提高经济效益做好服务。

(五)保守秘密

会计人员由于工作性质的原因,有机会了解到本单位的关键技术、工艺规程、控制手段和成本资料等信息。这些对于单位来说都是非常重要的机密,一旦泄露给明显的或潜在的竞争对手,会给本单位的经济利益造成重大的损害。所以,会计人员应当保守本单位的商业秘密,除法律规定的情况外,不能私自向外界提供或者泄露单位的会计信息。

四、会计专业技术职务

会计专业技术职务是区分会计人员从事会计业务工作的技术等级。会计专业技术职务由各单位根据会计工作需要,在规定的限额和批准的编制内设置。

会计专业职务名称一般有高级会计师、会计师、助理会计师、会计员。其中,高级会计师为高级职务,会计师为中级职务,助理会计师、会计员为初级职务。

(一)会计专业技术职务的任职条件

会计专业人员必须拥护中国共产党的领导,热爱祖国,遵守和执行《中华人民共和国会计法》,积极为社会主义经济建设服务。各级会计专业技术职务的任职条件如下:

1. 会计员

会计员的任职条件为初步掌握财务会计知识和技能,熟悉并能执行有关会计法规和财务会计制度,能担负相关岗位的财务会计工作,完成相关学历教育后在财务会计工作岗位上见习一年期满。

2. 助理会计师

助理会计师的任职条件为掌握一般的财务会计基础理论和专业知识,熟悉并能正确执行有关的财经方针、政策和财务会计法规、制度,能担负某个方面或某个重要岗位的财务会计工作。取得硕士学位、第二学士学位或研究生班结业证书,具备履行助理会计师职责的能力;本科毕业,在财务会计工作岗位上见习一年期满;专科毕业并担任会计员职务两年以上;或中等专业学校毕业并担任会计员职务四年以上。

3. 会计师

会计师的任职条件为较系统地掌握财务会计基础理论和专业知识,掌握并能正确贯彻执行有关的财经方针、政策和财务会计法规、制度,具有一定的财务会计工作经验,能担负一个单位或管理一个地区、一个部门、一个系统某个方面的财务会计工作。取得博士学位,并具有履行会计师职责的能力;取得硕士学位,并担任助理会计师职务两年左右;取得第二学士学位或研究生班结业证书,并担任助理会计师职务二至三年;大学本科或大学专科毕业,并担任助理会计师职务四年以上;掌握一门外语。

4. 高级会计师

高级会计师的任职条件为较系统地掌握经济、财务会计理论和专业知识,具有较高的政策执行水平和丰富的财务会计工作经验,能担负一个地区、一个部门或一个系统的财务会计管理工作。取得博士学位,并担任会计师职务二至三年;取得硕士学位、第二学士学位或研究生班结业证书;大学本科毕业,并担任会计师职务五年以上;大学专科毕业,取得会计师职称后,从事与会计师职责相关的工作十年以上。

(二)会计专业技术职务的基本职责

会计员负责具体审核和办理财务收支,编制记账凭证,登记会计账簿,编制会计报表和办理其他会计事务。

助理会计师负责草拟一般的财务会计制度、规定、办法,解释、解答财务会计法规、制度中的一般规定;分析检查某一方面或某些项目的财务收支和预算的执行情况。

会计师负责草拟比较重要的财务会计制度、规定、办法;解释、解答财务会计法规、制度中的重要问题;分析检查财务收支和预算的执行情况;培养初级会计人才(包括会计员和助理会计师)。

高级会计师负责草拟和解释、解答在一个地区、一个部门、一个系统或在全国施行的财务会计法规、制度、办法;组织和指导一个地区或一个部门、一个系统的经济核算和财务会计工作;培养中级(会计师)以上会计人才。

(三)会计专业技术职务的设置和聘任

各级会计专业技术职务的设置,应根据会计人员的编制定员、专业技术职务限额比例、所担负的任务和会计干部队伍的实际情况确定,并按规定的程序报请批准。

聘任(任命)会计专业技术职务人员,应由本人申请、单位推荐,经会计专业技术职务评审委员会(以下简称评审委员会)考核评议,确认符合相应的任职条件。

单位行政负责人应根据工作需要和规定的限额,在评审委员会确认的符合任职条件的人员中聘任或任命会计专业技术职务人员未经评审委员会确认符合任职条件的,不得聘任或任命。

各级评审委员会成员应由具有较高的会计专业水平或担任高一级会计专业职务、作风正派、办事公正的人员担任。在评审委员会成员中,具有较高会计专业水平的中、青年应占一定比例。

会计专业技术职务任期一般不超过五年,根据工作需要可以续聘或连任。在任期中工作成绩突出者,经评审委员会评议合格,可在规定的限额内提前晋职。

对由于专业技术职务名额的限制,未被聘任或任命的会计专业技术职务人员,各单位要区别情况,妥善安排。应允许和支持他们到其他单位任职,以促进人才的合理流动。

各单位要建立、健全会计专业技术职务人员的业绩考核制度,对任职会计专业技术职务人员的业务水平、工作态度和成绩进行定期或不定期的考核,记入档案,作为任职、调薪、奖惩和续聘的依据。

评议、聘任会计专业技术职务人员,应坚持任人唯贤的原则。各级负责人要认真掌握有关政策,保护聘任单位和会计专业技术职务人员双方的权益。对在聘任会计专业技术职务人员的过程中违背原则的相关负责人，或伪造学历、资历、谎报成果、骗取会计专业技术职务的人员，应视情节进行严肃处理。

> ❋ **课堂思考**
> 1. 会计人员进行会计核算的内容有哪些？
> 2. 会计人员的职业道德主要体现在哪些方面？
> 3. 会计人员有哪些权限？

第三节　会计机构

会计机构是指由专职会计人员组成，负责组织、领导和处理会计工作的职能部门。建立健全会计机构，配备与工作要求相适应、具有一定素质和数量的会计人员，是做好会计工作、充分发挥会计职能作用的重要保证。

一、会计机构设置

合理设置会计机构，配置有关会计人员，是企业进行会计工作的前提条件。《中华人民共和国会计法》第三十六条第一款对会计机构和会计人员的设置做了如下规定："各单位应当根据会计业务的需要，设置会计机构，或者在有关机构中设置会计人员并指定会计主管人员；不具备设置条件的，应当委托经批准设立从事会计代理记账业务的中介机构代理记账。"

由上述规定可知，各单位可以根据本单位的会计业务繁简情况决定是否设置会计机构。但是，无论是否需要设置会计机构，会计工作必须依法开展，不能因为没有会计机构而对会计工作放任不管，这是法律所不允许的。会计主体可以选择独立设置会计机构、将会计职能并入其他相关机构或者代理记账。

（一）独立设置会计机构

为了科学、合理地组织开展会计工作，保证本单位正常的经济核算，各单位原则上应独立设置会计机构。独立设置会计机构，要做到既能保证工作质量，满足工作需要，又能节约人力、物力和财力。

我国的大中型企业，具有一定规模的行政、事业单位，非营利组织，以及财务收支数额较大、会计业务较多的社会团体和其他经济组织，都应单独设置会计机构。单独设置会计机构可以设置会计（或财务）处、部、科、股、组等，以便及时组织本单位各项经济活动和财务收支的核算，实行有效的会计监督。

（二）将会计职能并入其他相关机构

对于不具备单独设置会计机构条件的单位，如财务收支数额不大、会计业务比较简单的企业、机关、团体、事业单位和个体工商户等，《中华人民共和国会计法》为适应这些单位的内部客观需要和组织结构特点，允许其在有关机构中设置会计人员并指定会计主管人员，将会计职能并入其他相关机构。这类机构一般应是单位内部与财务会计工作接近的机构，如计划、统计或经营管理部门，或者是有利于发挥会计职能作用的内部综合部门，如办公室等。不单独设置会计机构，只配备专职会计人员的单位，也必须具有健全的财务会计制度和严格的财务手续，其专职会计人员的专业职能不能被其他职能所替代。

（三）代理记账

不具备单独设置会计机构条件的单位，也可以委托经批准设立从事会计代理记账业务的中介机构代理记账。

代理记账是指由社会中介机构，即会计咨询、服务机构代替独立核算单位办理记账、算账、报账业务。这是随着我国经济发展出现的一种新的社会性会计服务活动。近年来，在我国经济飞速发展的同时，各单位的组织形式、经营规模都发生了很大变化，一些规模较小的企业、事业单位、个体工商户和其他经济组织大量出现，这就产生了现有会计人员的数量难以适应不断增长的各类经济组织进行会计核算要求的问题。一方面，一些经济组织很难找到业务素质相当的会计人员；另一方面，有些经营规模较小的经济组织难以承受配备会计和出纳的较高成本。在这种情况下，代理记账业务应运而生。

为了具体规范代理记账业务，财政部发布了《代理记账管理办法》，对从事代理记账业务的条件、代理记账业务范围、代理记账的基本程序、委托人的责任和义务、代理记账人员的从业规则等做了具体规定。

1．从事代理记账业务的条件

从事代理记账业务的机构，应当至少有三名具有从业资格的专职会计专业技术从业人员，同时可以聘用一定数量相同条件的兼职会计从业人员；主管代理记账业务的负责人必须具有会计师以上的专业技术职务资格；有健全的代理记账业务规范和财务管理制度；机构的设立须依法经过工商行政管理部门或者其他管理部门核准登记；除会计师事务所外，其他代理记账机构必须持有县级以上财政部门核发的代理记账许可证书。

2．代理记账业务范围

代理记账机构可以接受委托代表委托人办理的业务主要有：根据委托人提供的原始凭证和其他资料，按照会计制度的规定进行会计核算，包括审核原始凭证、填制记账凭证、登记会计账簿、编制财务报告等；定期向有关部门和其他会计报表使用者提供会计报表；定期向税务机关提供税务资料；承办委托人委托的其他会计业务。

3．代理记账的基本程序

首先，委托人与代理记账机构应在相互协商的基础上签订书面委托合同。委托合同除应具备法律规定的基本条款外，还应当明确以下内容：委托人、受托人对会计资料合法、真实、准确、完整应承担的责任；会计凭证传递程序和签收手续；编制和提供财务报告的要求；会计档案的保管要求及相应的责任；委托人、受托人终止委托合同应当办理的会计交接事宜等。其次，代理记账机构应根据委托合同约定，定期派人到委托人所在地办理会计核算业务，或者根据委托人送交的原始凭证在代理记账机构所在地办理会计核算业务。最后，代理记账机构为委托人编制的财务报告，应经代理记账机构负责人和委托人审阅并签章后，按照规定报送有关部门。

4．委托人的责任和义务

委托人应对代理记账机构在委托合同约定范围内的行为承担责任，同时委托人委托代理记账机构代理记账应当履行相应的义务，包括：对本单位发生的经济业务必须填制或者取得符合会计制度的原始凭证；应当配备专人负责日常货币资金收支和保管；及时向代理记账机构提供合法、真实、准确、完整的原始凭证和其他相关资料；对于代理记账机构退回要求按照会计制度进行更正、补充的原始凭证，应当及时予以更正、补充。

5．代理记账人员的从业规则

代理记账人员的从业规则主要包括：遵守会计法律、法规和统一的会计制度的规定，依法履行职责；对在执行业务中知悉的商业秘密负有保密义务；对委托人示意其做出不当的会计处理，提供不实的会计资料，以及其他不符合法律、法规规定的行为的，应当拒绝；对委托人提出的有关会计处理原则问题负有解释的义务。

二、会计机构会计人员的工作岗位设置

一个会计主体究竟需要配备多少会计人员，设置多少会计岗位，没有统一的标准，各单位可以根据本单位的组织结构形式和业务工作量、经营规模等因素来进行设置。

会计机构会计人员的工作岗位一般可分为：①会计主管；②出纳；③资金管理；④预算管理；⑤固定资产核算；⑥存货核算；⑦成本核算；⑧工资核算；⑨往来结算；⑩收入利润核算；⑪税务管理；⑫总账报表；⑬稽核；⑭会计信息化管理；⑮会计档案管理等。

这些岗位可以一人一岗、一人多岗或一岗多人。各单位可以根据本单位的会计业务量大小和会计人员配备的实际情况具体确定。

需要注意的是，为贯彻会计内部控制要求中的"账、钱、物分管"的原则，出纳人员不得兼管稽核、会计档案保管及收入、费用、债权债务账目的登记工作。对于企业的会计人员，应有计划地进行岗位轮换，以便会计人员能够比较全面地了解和熟悉各项会计工作，提高业务水平。会计人员调动工作或因故离职离岗，要将其经管的会计账目、款项和未了事项向接办人员移交清楚，并由其上级主管人员负责监交。

> **✳ 课堂思考**
> 1．各单位应如何合理设置会计机构？
> 2．怎样设置会计人员的工作岗位？

第四节　会计档案

为了加强我国的会计档案管理工作，提升会计档案管理工作水平，财政部对1998年8月21日发布的《会计档案管理办法》（财会字〔1998〕32号）进行了修订。修订后的《会计档案管理办法》自2016年1月1日起施行。

《会计档案管理办法》第五条规定："单位应当加强会计档案管理工作，建立和完善会计档案的收集、整理、保管、利用和鉴定销毁等管理制度，采取可靠的安全防护技术和措施，保证会计档案的真实、完整、可用、安全。"

一、会计档案的概念

会计档案是指单位在进行会计核算等过程中接收或形成的，记录和反映单位经济业务

事项的，具有保存价值的文字、图表等各种形式的会计资料，包括通过计算机等电子设备形成、传输和存储的电子会计档案。它是记录和反映单位经济业务的重要历史资料和证据，是国家全部档案的重要组成部分。

二、会计档案的内容

按照《会计档案管理办法》的规定，应当进行归档的会计资料包括：

（1）会计凭证，包括原始凭证、记账凭证。

（2）会计账簿，包括总账、明细账、日记账、固定资产卡片及其他辅助性账簿。

（3）财务会计报告，包括月度、季度、半年度、年度财务会计报告。

（4）其他会计资料，包括银行存款余额调节表、银行对账单、纳税申报表、会计档案移交清册、会计档案保管清册、会计档案销毁清册、会计档案鉴定意见书及其他具有保存价值的会计资料。

（5）电子会计资料。《会计档案管理办法》第八条规定，单位内部形成的属于归档范围的电子会计资料可仅以电子形式保存，形成电子会计档案，但这部分资料必须同时满足下列条件：

1）形成的电子会计资料来源真实有效，由计算机等电子设备形成和传输。

2）使用的会计核算系统能够准确、完整、有效地接收和读取电子会计资料，能够输出符合国家标准归档格式的会计凭证、会计账簿、财务会计报表等会计资料，设定了经办、审核、审批等必要的审签程序。

3）使用的电子档案管理系统能够有效地接收、管理、利用电子会计档案，符合电子档案的长期保管要求，并建立了电子会计档案与相关联的其他纸质会计档案的检索关系。

4）采取有效措施，防止电子会计档案被篡改。

5）建立电子会计档案备份制度，能够有效防范自然灾害、意外事故和人为破坏的影响。

6）形成的电子会计资料不属于具有永久保存价值或者其他重要保存价值的会计档案。

另外，满足上述条件的，单位从外部接收的电子会计资料附有符合《中华人民共和国电子签名法》规定的电子签名的，可仅以电子形式归档保存，形成电子会计档案。

三、会计档案的归档

单位的会计机构或会计人员所属机构（以下统称单位会计管理机构）按照归档范围和归档要求，负责定期将应当归档的会计档案整理立卷，编制"会计档案保管清册"。当年形成的会计档案，在会计年度终了后，可由单位会计管理机构临时保管一年，再移交单位档案管理机构保管。因工作需要确需推迟移交的，应当经单位档案管理机构同意。单位会计管理机构临时保管会计档案最长不超过三年。临时保管期间，会计档案的保管应当符合国家档案管理的有关规定，且出纳人员不得兼管会计档案。单位会计管理机构在办理会计档案移交时，应当编制"会计档案移交清册"，并按照国家档案管理的有关规定办理移交手续。

纸质会计档案移交时应当保持原卷的封装；电子会计档案移交时应当将电子会计档案及其元数据一并移交，且文件格式应当符合国家档案管理的有关规定。特殊格式的电子会计档案应当与其读取平台一并移交。单位档案管理机构接收电子会计档案时，应当对电子会计档案的准确性、完整性、可用性、安全性进行检测，符合要求的才能接收。

四、会计档案的保管期限与销毁

（一）会计档案的保管期限

会计档案的保管期限分为永久和定期两类。定期保管期限一般分为 10 年和 30 年。会计档案的保管期限从会计年度终了后的第一天算起。各类会计档案的保管期限原则上应当按照《会计档案管理办法》执行，《会计档案管理办法》规定的会计档案保管期限为最低保管期限。企业和其他组织会计档案保管期限见表 10-1，财政总预算、行政单位、事业单位和税收会计档案保管期限见表 10-2。

表 10-1　企业和其他组织会计档案保管期限

序号	档案名称	保管期限	备注
一	会计凭证		
1	原始凭证	30 年	
2	记账凭证	30 年	
二	会计账簿		
3	总账	30 年	
4	明细账	30 年	
5	日记账	30 年	
6	固定资产卡片		固定资产报废清理后保管 5 年
7	其他辅助性账簿	30 年	
三	财务会计报告		
8	月度、季度、半年度财务会计报告	10 年	
9	年度财务会计报告	永久	
四	其他会计资料		
10	银行存款余额调节表	10 年	
11	银行对账单	10 年	
12	纳税申报表	10 年	
13	会计档案移交清册	30 年	
14	会计档案保管清册	永久	
15	会计档案销毁清册	永久	
16	会计档案鉴定意见书	永久	

表 10-2　财政总预算、行政单位、事业单位和税收会计档案保管期限

序号	档案名称	保管期限			备注
		财政总预算	行政单位事业单位	税收会计	
一	会计凭证				
1	国家金库编送的各种报表及缴库退库凭证	10 年		10 年	
2	各收入机关编送的报表	10 年			
3	行政单位和事业单位的各种会计凭证		30 年		包括原始凭证、记账凭证和传票汇总表

(续)

序号	档案名称	财政总预算	行政单位事业单位	税收会计	备注
4	财政总预算拨款凭证和其他会计凭证	30年			包括拨款凭证和其他会计凭证
二	会计账簿				
5	日记账		30年	30年	
6	总账	30年	30年	30年	
7	税收日记账（总账）			30年	
8	明细分类、分户账或登记簿	30年	30年	30年	
9	行政单位和事业单位固定资产卡片				固定资产报废清理后保管5年
三	财务会计报告				
10	政府综合财务报告	永久			下级财政、本级部门和单位报送的保管2年
11	部门财务报告		永久		所属单位报送的保管2年
12	财政总决算	永久			下级财政、本级部门和单位报送的保管2年
13	部门决算		永久		所属单位报送的保管2年
14	税收年报（决算）			永久	
15	国家金库年报（决算）	10年			
16	基本建设拨、贷款年报（决算）	10年			
17	行政单位和事业单位会计月、季度报表		10年		所属单位报送的保管2年
18	税收会计报表			10年	所属税务机关报送的保管2年
四	其他会计资料				
19	银行存款余额调节表	10年	10年		
20	银行对账单	10年	10年	10年	
21	会计档案移交清册	30年	30年	30年	
22	会计档案保管清册	永久	永久	永久	
23	会计档案销毁清册	永久	永久	永久	
24	会计档案鉴定意见书	永久	永久	永久	

（二）会计档案的销毁

单位应当定期对已到保管期限的会计档案进行鉴定，并形成"会计档案鉴定意见书"。经鉴定仍需继续保存的会计档案，应当重新划定保管期限；对保管期满、确无保存价值的会计档案，可以销毁。会计档案鉴定工作应当由单位档案管理机构牵头，组织单位会计、审计、纪检监察等机构或人员共同进行。

（1）销毁程序。经鉴定可以销毁的会计档案，应当按照以下程序销毁：

1）单位档案管理机构编制"会计档案销毁清册"，列明拟销毁会计档案的名称、卷号、册数、起止年度、档案编号、应保管期限、已保管期限和销毁时间等内容。

2）单位负责人、档案管理机构负责人及经办人、会计管理机构负责人及经办人在"会计档案销毁清册"上签署意见。

3）单位档案管理机构负责组织会计档案销毁工作，并与会计管理机构共同派员监销。监销人在会计档案销毁前，应当按照"会计档案销毁清册"所列内容进行清点核对；在会计档案销毁后，应当在"会计档案销毁清册"上签名或盖章。

4）电子会计档案的销毁还应当符合国家有关电子档案的规定，并由单位档案管理机构、会计管理机构和信息系统管理机构共同派员监销。

（2）注意事项。在会计档案销毁时需要注意：

1）保管期满但未结清的债权债务会计凭证和涉及其他未了事项的会计凭证不得销毁，纸质会计档案应当单独抽出立卷，电子会计档案单独转存，保管到未了事项完结时为止。

2）单独抽出立卷或转存的会计档案，应当在"会计档案鉴定意见书""会计档案销毁清册"和"会计档案保管清册"中列明。

3）单位因撤销、解散、破产或其他原因而终止的，在终止或办理注销登记手续之前形成的会计档案，按照国家档案管理的有关规定处置。

五、会计档案的查阅、复制与交接

（一）会计档案的查阅、复制

单位保存的会计档案一般不得对外借出，确因工作需要且根据国家有关规定必须借出的，经本单位负责人批准可以提供查阅或者复制，并办理登记手续。查阅或者复制会计档案的人员，严禁在会计档案上涂画、拆封和抽换。各单位应当建立健全会计档案查阅、复制登记制度。

单位应当严格按照相关制度使用会计档案，在进行会计档案查阅、复制、借出时履行登记手续，严禁篡改和损坏。会计档案借用单位应当妥善保管和利用借入的会计档案，确保借入会计档案的安全完整，并在规定时间内归还。单位分立后原单位存续的，分立前的会计档案应当由分立后的存续方统一保管，其他方可以查阅、复制与其业务相关的会计档案。单位分立后原单位解散的，分立前的会计档案应当经各方协商后由其中一方代管或按照国家档案管理的有关规定处置，各方可以查阅、复制与其业务相关的会计档案。单位分立中未结清的会计事项所涉及的会计凭证，应当单独抽出由业务相关方保存，并按照规定办理交接手续。

（二）会计档案的交接

单位之间交接会计档案时，交接双方应当办理会计档案交接手续。移交会计档案的单位，应当编制"会计档案移交清册"，列明应当移交的会计档案名称、卷号、册数、起止年度、档案编号、应保管期限和已保管期限等内容。交接会计档案时，交接双方应当按照"会计档案移交清册"所列内容逐项交接，并由交接双方的单位有关负责人负责监督。交接完毕后，交接双方经办人和监督人应当在"会计档案移交清册"上签名或盖章。电子会计档案应当与其元数据一并移交，特殊格式的电子会计档案应当与其读取平台一并移交。档案接受单位应当对保存电子会计档案的载体及其技术环境进行检验，确保所接收电子会计档案的准确、完整、可用和安全。单位因业务移交其他单位办理所涉及的会计档案，应当由原单位保管，承接业务单位可以查阅、复制与其业务相关的会计档案。对其中未结清的会计事项所涉及的会计凭证，应当单独抽出由承接业务单位保存，并按照规定办理交接手续。单位合并后原各单位解散或者其中一方或多方存续其他方解散的，原各单位的会计档案应当由合并后的单位统一保管；单位合并后原各单位仍存续的，其会计档案仍应当由原各单位保管。建设单位在项目建设期间形成的会计档案，需要移交给建设项目接受单位的，应当在办理竣工财务决算后及时移交，并按照规定办理交接手续。

课堂思考
1. 会计档案如何保管？
2. 会计档案的查阅、复制需要符合什么要求？

本章小结

本章从总体上介绍了会计工作组织的相关知识，包括以下内容：

第一节阐述了会计组织工作的概念，接着介绍了会计工作组织的意义，同时明确了组织会计工作的三点基本要求，最后介绍了会计工作组织的两种形式：集中核算和分散核算。

第二节介绍了会计人员的职责，主要包括进行会计核算和实行会计监督等五项，同时介绍了会计人员的权限，依据职责和权限，阐述了会计人员的职业道德，最后介绍了会计专业技术职务。

第三节依据《中华人民共和国会计法》介绍了合理设置会计机构问题，其中对代理记账工作的具体规定进行了讲解，最后介绍了会计机构中会计人员的工作岗位设置问题。

第四节介绍了会计档案的概念，还详细地介绍了会计档案的内容。依据会计归档的内容，纸质档案和电子档案有不同的归档流程。不同的档案保管期限也不同，除了少数档案需要永久保存，大部分的会计档案到保管期限后，都可以按要求销毁。最后还介绍了会计档案的查阅、复制与交接工作的内容。

思维导图

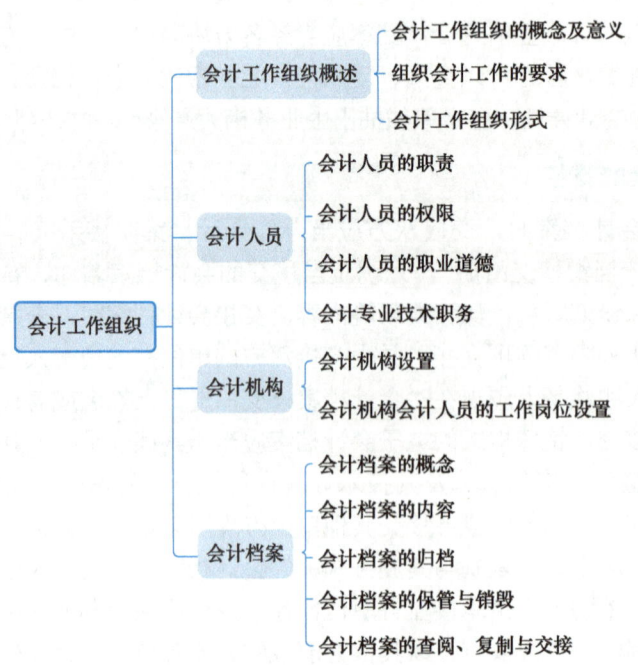

本章实训

一、单项选择题

1. 企业销毁保管期满的会计档案时,由（ ）负责。
   A. 本单位的档案管理机构和会计管理机构共同派人   B. 主管部门派人
   C. 同级财政部门派人   D. 同级政府派人

2. 其他单位如果因特殊原因需要使用原始凭证的,经本单位负责人批准（ ）。
   A. 不可以借出   B. 只可以查阅不能复制
   C. 不可查阅或复   D. 可以查阅或复制

3. 在会计档案内容中,原始凭证、记账凭证、汇总凭证属于（ ）。
   A. 会计凭证类   B. 会计账簿类   C. 财务会计报告类   D. 其他会计资料类

4. 在会计档案中,月度、季度、年度财务报告,会计报表,其他财务报告属于（ ）。
   A. 会计凭证类   B. 会计账簿类   C. 财务会计报告类   D. 其他会计资料类

5. 当年形成的会计档案,在会计年度终了,可暂由本单位财务会计部门保管（ ）。
   A.1 年   B.3 年   C.5 年   D.10 年

6. 定期保管的会计档案期限最长为（ ）。
   A.20 年   B.15 年   C.30 年   D.10 年

7. 固定资产卡片的保管期限为（ ）。
   A. 固定资产报废清理时   B. 固定资产报废清理后保管 10 年
   C. 固定资产报废清理后保管 5 年   D. 固定资产报废清理后保管 3 年

8. 《会计档案管理办法》规定的会计档案保管期限为（ ）。
   A. 最高保管期限   B. 最低保管期限   C. 平均保管期限   D. 适当保管期限

9. 会计档案销毁清册的保管期限为（ ）。
   A. 永久   B.20 年   C.15 年   D.10 年

10. 会计凭证、会计账簿的保管期限为（ ）。
    A.30 年   B.10 年   C.20 年   D.25 年

11. 企业年度财务报告（决算）的保管期限为（ ）。
    A.25 年   B.20 年   C.15 年   D. 永久

12. 现金和银行存款日记账的保管期限为（ ）。
    A. 永久   B.30 年   C.20 年   D.15 年

13. 行政单位和事业单位决算、税收年报（决算）的保管期限为（ ）。
    A. 永久   B.20 年   C.15 年   D.10 年

14. 行政事业单位的各种会计凭的保管期限为（ ）。
    A.10 年   B.5 年   C.20 年   D.30 年

15. 行政事业单位的总账、明细账的保管期限为（ ）。
    A.20 年   B.10 年   C.30 年   D.25 年

16. 银行存款余额调节表、银行对账单应当保存（　　）。
   A.3 年　　　　　B. 永久　　　　　　C.10 年　　　　　　D.15 年
17. 行政单位和事业单位会计月、季度报表的保管期限一般为（　　）。
   A.3 年　　　　　B. 永久　　　　　　C.10 年　　　　　　D.15 年
18. 会计档案保管期限的始算日期应从（　　）算起。
   A. 本年会计年度末　　　　　　　　B. 会计年度终了的当天
   C. 会计年度终了后的第一天　　　　D. 会计档案归档的当天
19. 下列各项中，不属于会计档案的是（　　）。
   A. 会计档案移交清册　　　　　　　B. 会计档案保管清册
   C. 财务会计报告　　　　　　　　　D. 年度工作计划
20. 在会计档案具体内容中，总账、明细账、日记账、固定资产卡片属于（　　）。
   A. 会计凭证类　　B. 会计账簿类　　　C. 财务报告类　　　D. 其他会计资料类

二、多项选择题

1. 会计档案的具体内容包括（　　）。
   A. 会计凭证类　B. 会计账簿类　C. 财务会计报告类　D. 其他会计资料类　E. 会计报表类
2. 会计档案是指（　　）等会计核算专业材料，是记录和反映单位经济业务的重要历史资料和证据。
   A. 会计凭证　　B. 会计账簿　　C. 财务会计报告　　D. 会计报表　　E. 财务报告附注
3. 会计凭证保管的内容包括（　　）。
   A. 整理会计凭证　　　　　　B. 装订会计凭证　　　　　　C. 归档存查会计凭证
   D. 加具封面并签章　　　　　E. 销毁会计凭证
4. 下列各项属于财务报告类的有（　　）。
   A. 会计报表　　　　　　　　B. 会计报表的附表、附注及文字说明
   C. 月度、季度、年度财务报告　D. 其他财务报告　　　　　E. 银行对账单
5. 下列各项属于会计凭证类的有（　　）。
   A. 原始凭证　　B. 记账凭证　　C. 汇总收款凭证　　D. 汇总转账凭证　　E. 银行对账单
6. 下列各项属于会计账簿类的有（　　）。
   A. 总账　　　B. 明细账　　　C. 日记账　　　D. 固定资产卡片　　　E. 辅助账簿
7. 下列各项属于其他会计资料类的有（　　）。
   A. 银行余额调节表　　　　　B. 银行对账单　　　　　　C. 会计档案移交清册
   D. 会计档案保管清册　　　　E. 辅助账簿
8. 按照《会计档案管理办法》的规定，保管期限为 30 年的有（　　）。
   A. 原始凭证　　B. 记账凭证　　C. 银行对账单　　D. 汇总凭证　　E. 现金日记账
9. 保管期限为 10 年的会计档案有（　　）。
   A. 企业月、季度财务报告　　　B. 基本建设拨、贷款年报　　　C. 原始凭证
   D. 银行对账单　　　　　　　　E. 现金日记账

10. "会计销毁清册"是销毁会计档案的记录和报批文件，一般应包括的内容有（　　）。
A. 拟销毁会计档案的名称　　　B. 卷号　　　C. 册数
D. 起止年度和档案编号　　　　E. 应保管期限

11. 下列各项属于会计凭证的有（　　）。
A. 原始凭证　　B. 记账凭证　　C. 单据　　D. 记账凭单　　E. 银行对账单

12. 下列会计档案为定期档案的有（　　）。
A. 会计档案保管清册　　　B. 会计档案销毁清册　　　C. 财政总决算
D. 总账　　　　　　　　　E. 明细账

13. 下列会计档案中，保管期限为 30 年的有（　　）。
A. 原始凭证　　B. 日记账　　C. 明细账　　D. 记账凭证　　E. 总账

14. 下列会计档案中，保管期限为 10 年的有（　　）。
A. 银行存款余额调节表　　B. 银行对账单　　　C. 纳税申报表账
D. 国家金库年报（决算）　　E. 明细账

15. 下列会计档案中，保管期限为 10 年的有（　　）。
A. 行政单位会计月、季度报表　　B. 事业单位会计月、季度报表　　C. 明细账
D. 企业月、季度财务报告　　　　E. 总账

16. 下列会计档案中保管期限为永久的有（　　）。
A. 年度财务会计报告　　　B. 会计档案销毁清册
C. 现金和银行存款日记账　　D. 会计档案移交清册
E. 总账

17. 保管期满，不得销毁的会计档案有（　　）。
A. 未结清的债权债务原始凭证　　B. 会计档案鉴定意见书
C. 行政单位的部门决算　　　　　D. 银行存款余额调节表
E. 原始凭证

18. 销毁会计档案时，需要在会计档案销毁清册上签署意见的人员有（　　）。
A. 单位负责人　　　　　　B. 档案管理机构负责人　　　C. 会计机构负责人
D. 档案管理机构经办人　　E. 会计机构经办人

19. 会计档案保管期满需要销毁时，可以按照下列程序销毁（　　）。
A. 由本单位档案机构会同会计机构提出销毁意见，共同鉴定和审查
B. 编制"会计档案销毁清册"
C. 单位负责人在"会计档案销毁清册"上签署意见
D. 销毁会计档案时，应当由档案机构和会计机构共同派员监销
E. 监销人在销毁会计档案前，应当按照"会计档案销毁清册"所列内容清点核对所要销毁的会计档案

20. 会计档案的定期保管期限分为（　　）等。
A. 3 年　　　B. 5 年　　　C. 10 年　　　D. 15 年　　　E. 30 年

三、判断题

1. 财会部门或经办人，必须在会计年度终了后的第一天，将应归档的会计档案全部移交档案部门，保证会计档案齐全完整。（　　）

2. 财政部门销毁会计档案，应由同级税务部门派员监销。（　　）

3. 各级人民政府财政部门和档案行政管理部门共同负责会计档案工作的指导、监督和检查。（　　）

4. 在会计档案的具体内容里，银行对账单应划分为财务报告类。（　　）

5. 属于定期保管的会计档案，保管期限分为 3 年、5 年、10 年、15 年、30 年五种。（　　）

6. 本单位档案机构为方便保管会计档案，可以根据需要自行对档案进行拆封并重新整理。（　　）

7. 当年形成的会计档案，在会计年度终了，可暂由本单位财务会计部门保管一年。（　　）

8. 移交本单位档案机构保管的会计档案，原则上应当保持原卷册的封装，个别需要拆封重新整理的，应当会同原财务会计部门和经办人共同拆封整理，以分清责任。（　　）

9. 保管期限为 15 年的会计档案有总账、明细账、日记账和税收票证分类出纳账。（　　）

10. "会计档案保管清册"是需要永久保存的会计档案。（　　）

11. 会计档案的保管期限，从会计年度终了时开始算起。（　　）

12. 会计档案的保管期限，根据其特点分为永久和定期两类。（　　）

13. 会计档案的重要程度不同，保管期限也不同。（　　）

14. 行政单位和事业单位的各种会计凭证保管期限为 25 年。（　　）

15. 月、季度的财务报告保管期限为 5 年。（　　）

16. 各单位保存的会计档案原则上不得借出，但如有特殊需要，经本单位负责人批准，可以借出。（　　）

17. 借出的会计档案，会计档案管理人员要按期如数收回，并办理注销借阅手续。（　　）

18. 银行存款余额调节表、银行对账单是会计档案，但不是原始凭证。（　　）

19. 《会计档案管理办法》规定的会计档案保管期限为最低的保管期限。（　　）

20. 查阅或者复制会计档案的人员，不得在案卷中涂画、标记和抽换，但可以根据需要对原卷册进行拆装。（　　）

21. 正在项目建设期间的建设单位，其保管期满的会计档案可以销毁。（　　）

22. 国家经济档案是会计档案的重要组成部分，是企业日常发生的各项经济活动的历史记录。（　　）

23. 会计档案销毁后，应当由会计人员在"会计档案销毁清册"上签名或盖章，并及时将销毁情况向本单位负责人报告。（　　）

24. 主管部门为方便保管会计档案，可以根据需要随时对档案进行拆封并重新整理。（　　）

参 考 文 献

[1] 中华人民共和国财政部. 企业会计准则：合订本 [M]. 北京：经济科学出版社，2020.
[2] 史玉凤，董小平，赵宪敏. 会计学原理 [M]. 2 版. 长沙：中南大学出版社，2020.
[3] 孙凤琴，谢新安. 会计学基础 [M]. 5 版. 北京：中国人民大学出版社，2020.
[4] 戴锋，陈丽虹. 基础会计 [M]. 西安：西安电子科技大学出版社，2016.
[5] 中国注册会计师协会. 会计 [M]. 北京：中国财政经济出版社，2020.
[6] 张捷，刘英明. 基础会计 [M]. 2 版. 北京：中国人民大学出版社，2019.
[7] 吴国萍. 基础会计学 [M]. 5 版. 上海：上海财经大学出版社，2019.
[8] 朱小平，徐泓，周华. 初级会计学 [M]. 7 版. 北京：中国人民大学出版社，2015.
[9] 陈国辉，迟旭升. 基础会计 [M]. 6 版. 大连：东北财经大学出版社，2018.
[10] 刘永泽，陈文铭. 会计学 [M]. 6 版. 大连：东北财经大学出版社，2018.
[11] 王振武，刘媛媛. 会计信息系统 [M]. 3 版. 大连：东北财经大学出版社，2014.
[12] 熊细银，王文冠. 初级财务会计 [M]. 天津：南开大学出版社，2014.
[13] 朱小英. 基础会计 [M]. 3 版. 上海：上海财经大学出版社，2017.
[14] 李海波，蒋瑛. 新编会计学原理 [M]. 16 版. 上海：立信会计出版社，2013.